MANUEL

DE

PÉDAGOGIE PSYCHOLOGIQUE

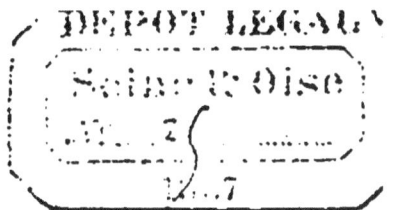
MANUEL

DE

PÉDAGOGIE PSYCHOLOGIQUE

PAR

J. CHAUMEIL

INSPECTEUR PRIMAIRE A PARIS; OFFICIER DE L'INSTRUCTION PUBLIQUE,
CHEVALIER DE LA LÉGION D'HONNEUR

DEUXIÈME ÉDITION

PARIS

LIBRAIRIE CLASSIQUE EUGÈNE BELIN

Vᵉ EUGÈNE BELIN ET FILS

RUE DE VAUGIRARD, Nº 52

—

1886

Tout exemplaire de cet ouvrage non revêtu de ma griffe sera réputé contrefait.

PRÉFACE

L'art d'enseigner ne reposait guère, il n'y a pas encore longtemps, que sur des observations de fait, des données empiriques, des procédés inventés pour diminuer la peine des maîtres plutôt que pour faire la lumière dans l'esprit des élèves.

Elever un enfant, c'était le plier à la discipline de l'école, remplir sa mémoire de mots plutôt que d'idées, contraindre, déprimer toutes les forces de sa nature plutôt que de les régler et de les diriger en vue de l'accomplissement de sa destinée.

Les exagérations, les paradoxes des philosophes qui se sont occupés d'éducation, la distance qui sépare la vie réelle des conceptions romanesques, ont rendu la philosophie suspecte en matière d'éducation. Cependant si la connaissance des facultés de l'esprit humain est nécessaire à quelqu'un, c'est bien à l'éducateur chargé de les cultiver, de les développer, de former l'homme moral.

La base la plus rationnelle de la *pédagogie* est la *psychologie*, partie de la philosophie qui a trait aux facultés morales et intellectuelles de l'homme.

Il faut donc que l'instituteur soit un peu philosophe; tout homme l'est lorsqu'il applique sa raison, le simple sens commun à s'étudier lui-même, à se rendre compte des motifs de ses actions et de ses sentiments.

Lorsqu'on se connait bien soi-même et qu'on a la force de se juger avec impartialité, il est facile de connaître les autres, de pénétrer dans leur conscience, de démêler les causes diverses des contradictions apparentes de leur nature.

Il ne s'agit pas pour l'instituteur d'apprendre une langue nouvelle, la langue de la philosophie ; mais de penser, de réfléchir dans sa langue aux phénomènes intimes de la vie intellectuelle et morale des enfants, de s'appuyer sur ses propres observations psychologiques plutôt que sur des définitions prétentieuses dont il ne trouverait pas l'application.

Nous avons consacré les trente-deux premiers chapitres de cet ouvrage à l'étude des principes de psychologie applicables à l'éducation.

Nous avons cherché à enlever son aridité à cette étude, à familiariser les esprits avec les idées philosophiques en les débarrassant d'un vain appareil scientifique ; nous avons tâché de faire de la philosophie de bon sens.

Nos lecteurs ne trouveront pas des réponses formulées sur toutes les questions des programmes des divers examens pédagogiques, dans notre modeste ouvrage ; mais s'ils prennent la peine de l'étudier, de le méditer, ils seront, pensons-nous, en état de les formuler toutes et même de répondre aux questions non prévues par les programmes, et ce sont les plus nombreuses. Nous sommes ennemi, au moins pour les maîtres, des formules et des questionnaires qui dispensent de réfléchir, qui entretiennent la paresse d'esprit, et ne donnent que l'illusion du savoir, source du pédantisme.

Après les principes de psychologie, nous traitons de l'organisation pédagogique des écoles. L'étendue des programmes, la durée des classes et des leçons, le nombre des élèves pouvant être utilement confiés à un seul maître ; tout cela ne peut être déterminé que par des considérations tirées de la puissance de travail, d'attention et de jugement des enfants ; de la connaissance des rapports de leurs facultés intellectuelles et physiques ; en un mot de la psychologie et de l'hygiène. C'est sur cette double base que nous nous sommes appuyé. Il faut, en effet, régler les exercices intellectuels sur le développement physique, et maintenir le plus possible l'équilibre entre toutes les forces de la nature.

L'intelligence humaine étant une malgré la diversité de ses manifestations, il y a des méthodes générales d'enseignement applicables à tous les objets d'étude. Ces méthodes sont l'*observation*, l'*analyse* et la *synthèse*. Leur principe a été expliqué dans les principes de psychologie ; nous y revenons à propos des détails de l'enseignement.

Mais l'analyse et la synthèse comportent des procédés différents selon qu'il s'agit de l'enseignement de la lecture ou de l'écriture, de la langue française ou du calcul, de l'histoire ou des sciences. Nous consacrons seize chapitres à des directions raisonnées pour enseigner chaque branche du programme des écoles primaires.

Nous n'avions pas à développer la théorie des connaissances à enseigner, mais à montrer les aptitudes de l'esprit dans leurs rapports avec ces connaissances.

Nous avons pourtant cherché à éclairer quelques points obscurs des règles du langage et de la théorie des nombres; mais nous nous défendons d'avoir voulu innover en grammaire et en arithmétique.

Nous ne critiquons aucune grammaire; nous donnons seulement la raison de certaines règles de grammaire qui paraissent de pure convention. Le convenu ne joue pas un aussi grand rôle qu'on pourrait le croire dans les connaissances humaines; la part de la logique est importante et si on la méconnaît, c'est souvent pour ne pas se donner la peine de remonter aux sources de la vérité.

Nous ne parlons que pour les instituteurs dans un traité de pédagogie. Nous voudrions contribuer à les mettre au-dessus de leur tâche, parce qu'alors cette tâche deviendrait plus facile, plus agréable et plus fructueuse. Savoir bien enseigner est plus nécessaire encore que savoir beaucoup. Le meilleur instituteur n'est pas celui qui a les livres de classes les plus nouveaux; mais celui qui peut tirer parti de tous les bons livres.

La quatrième partie de cet ouvrage traite de la discipline scolaire. Par discipline scolaire nous n'entendons pas seulement le respect du maître et du règlement, mais encore le respect de l'enfant pour lui-même, pour les personnes et pour les choses.

Le respect de soi et des autres comporte toutes les vertus morales, répond à toutes les nécessités sociales.

Cet apprentissage du respect doit se faire à l'école; mais l'instituteur a besoin de grandes lumières pour réussir dans cette partie la plus délicate de sa délicate mission.

Nous avons puisé pour lui à toutes les sources de lumière; mais nous ne citons pas de noms illustres, dans cette préface, dans la crainte d'être accusé de vouloir nous en faire une réclame.

Nous plaçons notre modeste ouvrage sous le patronage de nos collègues, ainsi que des instituteurs et des institutrices.

J. C.

10 mars 1885.

PÉDAGOGIE PSYCHOLOGIQUE

CHAPITRE PREMIER

Définitions.

Le mot *pédagogie* vient de *pédagogue*. Les anciens Grecs appelaient pédagogue ou conducteur d'enfants l'esclave qui menait à l'école les jeunes garçons. Le nom, qui ne désignait d'abord que le conducteur des élèves, passa par la suite aux maîtres donnant l'enseignement.

- La pédagogie est donc l'art d'enseigner.

Psychologique dérive de *psychologie,* mot fabriqué, toujours avec du grec, par le philosophe allemand Wolf, vulgarisateur de la philosophie de Leibnitz. *Psychologie* signifie science de l'esprit, de l'âme.

La *pédagogie psychologique* est l'art d'enseigner, basé sur la connaissance de l'esprit humain et des lois de son développement.

La pédagogie n'est pas l'éducation, mais une méthode d'éducation.

Elever un enfant, c'est le préparer à son rôle d'homme en vue de son propre bien et du bien de la société.

L'éducation commence dans la famille, se continue dans l'école et se complète dans la vie sociale.

De l'organisation de la famille, de l'école et de la

société dépend, par conséquent, le degré de perfection auquel peut atteindre la culture humaine, culture physique, intellectuelle et morale.

L'*éducation* tend à élever l'homme au niveau de la civilisation existante dans le milieu social où il se trouve placé. L'abandonner à ses instincts naturels, lui laisser recommencer toutes les expériences morales, retrouver toutes les vérités scientifiques, ce serait le condamner à une activité stérile, à des déceptions continuelles, à la révolte contre l'ordre de choses établi, à la haine contre la société qui lui imposerait des contraintes sans compensation, des efforts sans résultats.

La *civilisation* est l'héritage de vérités morales, de conquêtes scientifiques légué par les générations antérieures à la génération actuelle. Le progrès ne consiste pas à repousser cet héritage pour recommencer sur de nouveaux frais; mais à nous en servir et à le laisser accru aux générations futures.

Instruire, c'est gagner du temps sur le développement naturel de l'intelligence de l'enfant; c'est suppléer à son inexpérience en lui ouvrant des trésors d'expériences éprouvées; c'est le conduire au but poursuivi par des routes ouvertes, au lieu de le condamner à se frayer un chemin au milieu de difficultés inextricables et d'obstacles que la courte durée de la vie humaine rend insurmontables aux efforts individuels.

Dans des leçons de pédagogie, on ne peut parler qu'avec respect de Jean-Jacques Rousseau, l'immortel auteur d'*Emile*. L'éducation expérimentale, naturaliste, donnée à Emile réussit parfaitement. Mais l'*Emile* est un roman, c'est-à-dire une fiction. On fait tout ce qu'on veut d'un personnage imaginaire; on arrive avec lui à tout résultat désiré, mais le résultat ne prouve rien dans ce cas, au point de vue expérimental. D'ailleurs l'expérience fictive de Rousseau n'a pas lieu dans des conditions propres à une démonstration générale des principes d'éducation. Emile n'est pas un enfant du peuple, encore moins un enfant de la nature; c'est un favorisé de la civilisation. La lutte pour la vie n'existe pas pour lui. Si on lui fait apprendre un métier, c'est en vue d'éventualités éloignées qui ne l'inquiètent guère. Il est entouré de bien-être et de sollicitude; il vit dans un milieu calme et riant. Il est dirigé par un précepteur incomparable qui dogmatise peu, mais qui est pour lui un modèle vivant de raison et de sagesse. Dans ces conditions, comment ne pas devenir un honnête homme, un esprit capable de s'élever à la contemplation du vrai et du beau?

Les instituteurs ne sauraient trop méditer les idées pédagogiques du célèbre philosophe; mais ils n'ont rien à gagner à l'application chimérique qu'il en a faite dans Emile.

Pestalozzi, dans son grand amour de l'humanité, a cherché à appliquer à l'enseignement populaire les idées de Rousseau; il en a dégagé les principes d'une saine pédagogie renfermés dans la maxime suivante : « *Les choses avant les mots, l'éducation par les choses et non par les mots.* »

Mais l'enseignement par les choses trop systématisé devait tomber dans des procédés matériels mettant l'intelligence de l'enfant à l'étroit, l'étouffant sous des détails inutiles, des explications superflues, ne laissant aucune activité à la faculté d'intuition. C'est cependant cet enseignement qu'on a appelé intuitif.

Le domaine de l'enseignement par les choses était illimité ; *Frœbel* a voulu le circonscrire en ne se servant pour les leçons que d'objets de forme géométrique.

On peut certainement faire de bonnes leçons avec des lattes, des balles, des cylindres, des cubes, des parallélépipèdes; mais non une éducation complète. Il y a autre chose dans la vie que des vérités géométriques; il y a d'autres qualités à donner à l'enfant que la justesse du coup d'œil et l'habileté de la main pour le découpage ou le tressage.

Le père Girard prenait, avec plus de raison, pour pivot de l'éducation, l'enseignement régulier de la langue maternelle; mais il était, lui aussi, trop exclusif.

Les facultés de l'homme sont diverses; ses besoins moraux et matériels, multiples. L'observation psychologique porte à repousser tout système d'enseignement qui tend à développer une faculté de l'esprit au détriment des autres, à donner la prépondérance à un intérêt de la vie sur tous les autres intérêts.

Une éducation rationnelle consiste dans le développement harmonieux de nos facultés en vue de la satisfaction de tous nos intérêts légitimes et des intérêts de la société.

CHAPITRE II

Démonstration expérimentale des facultés humaines.

L'étude des facultés humaines, c'est-à-dire de l'homme considéré comme être sensible et pensant, est demeurée jusqu'ici étrangère à l'enseignement primaire. C'est, en effet, de la philosophie, et ce mot a le privilège d'effrayer beaucoup de monde. Pour les uns, les philosophes sont des esprits orgueilleux qui veulent expliquer l'inexplicable ; pour les autres, ce sont de graves savants dont la profondeur des pensées est inaccessible aux humbles. S'il en était ainsi, l'instituteur et l'institutrice de village n'auraient rien à voir à la philosophie ni à la psychologie, qui est une branche de la philosophie. Les programmes officiels de psychologie seraient inutiles et peut-être dangereux.

Mais tout le monde est en état de philosopher ; l'habitude de la réflexion suffit pour cela. Pascal a même dit, dans ses *Pensées*, que se moquer de la philosophie, c'est philosopher. On ne se moque pas de la philosophie de sens commun, qui est celle de nos lecteurs et la nôtre.

Réfléchir sur soi-même, sur les conditions de la vie, sur les conséquences de ses actes, sur sa destinée ; chercher à connaître le monde extérieur, poursuivre la vérité, ce n'est pas le partage exclusif des savants : c'est le champ ouvert à la pensée humaine, c'est l'aliment de l'activité de tout esprit qui n'est pas détourné de sa voie.

L'activité mentale appelée *pensée* prouve l'existence de l'esprit. L'esprit se connaît lui-même et cette connaissance réfléchie s'appelle la *conscience*. Tout fait qui tombe sous la conscience, c'est-à-dire qui est connu et jugé par elle, est un fait *psychologique*. Je cherche à résoudre un problème en marchant, mais mon esprit, absorbé par cette solution, laisse errer mes jambes à l'aventure ; la solution du problème est un fait psychologique ; la marche qui a lieu pour ainsi dire à mon insu est purement instinctive.

Dans le moment présent je pense à ce que j'écris et ma phrase est un travail psychologique. Mais je ne regarde ni à ma main ni à ma plume; mon esprit ne s'inquiète nullement de la forme des caractères; les mouvements produits et l'écriture tracée sont de l'ordre instinctif.

. Un enfant qui trace un caractère pour la première fois est obligé d'avoir son esprit tendu pour rendre la forme de ce caractère et ajuster les mouvements de ses doigts aux nécessités du tracé : son écriture est un acte psychologique.

La jeune fille qui apprend la gamme sur un piano est tout absorbée par le soin de ne frapper que les touches convenables : le mouvement si mesuré de ses doigts est de l'ordre psychologique. La maîtresse de musique, au contraire, n'est nullement occupée de ses mains, qui volent instinctivement sur le clavier.

On voit déjà que des faits psychologiques peuvent devenir instinctifs par la répétition et l'habitude. Cette remarque, qui sera développée lorsque nous traiterons de l'instinct et de l'habitude, a une grande importance en pédagogie.

L'homme n'est pas seulement esprit, et tous les phénomènes qui le concernent ne sont pas de l'ordre psychologique. On appelle *physiologiques* les phénomènes relatifs à la vie animale. Nous n'étudierons pas ces phénomènes en eux-mêmes, mais seulement dans leurs rapports avec les faits psychologiques. Le sang circule dans nos veines, la digestion s'opère dans notre estomac sans que notre esprit y prenne aucune part : ce sont des faits purement physiologiques. Reçoit-on une piqûre; l'impression qui en résulte est transmise au cerveau par l'intermédiaire des nerfs; la conscience transforme cette impression en sensation de douleur. L'ébranlement des nerfs et l'impression sont des faits physiologiques ; la sensation est un fait psychologique.

Nous ne connaissons les objets extérieurs que par l'idée de leurs qualités ou manières d'être.

Ces idées *objectives* sont rarement simples : l'idée d'arbre, par exemple, est composée des idées plus simples de tronc, de branches, de feuilles.

Esprit, *âme* sont, dans la langue psychologique, des mots de même signification qui désignent la personnalité morale, le *moi*.

L'idée d'*esprit* est une idée simple, mais qui gagne néanmoins à être rendue par d'autres idées répondant aux puissances de l'activité du *moi*. Ces puissances sont appelées *facultés*.

Chaque faculté de l'esprit se révèle par des faits de conscience d'un ordre déterminé. Un instituteur, dans sa classe, fait une leçon ; non seulement il pense, mais il cherche à faire comprendre sa pensée à ses élèves. Il explique, c'est-à-dire qu'il réduit une idée composée, difficile à comprendre, en idées simples plus saisissables ; il rapproche les faits nouveaux des faits déjà connus et en détermine les rapports ; il tire des conclusions de la connaissance de ces rapports. Ces faits psychologiques sont d'un même ordre ; ils supposent dans l'esprit la puissance de connaître, c'est-à-dire l'*intelligence*.

Le même instituteur, après une leçon convenablement donnée et fructueuse pour son auditoire, éprouve du contentement. Il éprouve de la peine lorsqu'il est obligé de punir les mauvais élèves. Ce sont encore là des faits psychologiques, puisque l'esprit les connaît ; mais ils sont d'une nature différente du travail purement intellectuel. Une nouvelle faculté se révèle, c'est la *sensibilité*.

La nécessité de la discipline scolaire, le devoir de répondre à la confiance des familles exigent que le maître ait de l'autorité sur les élèves, qu'il puisse faire observer le règlement de l'école. Il doit vouloir fermement ce qui est avantageux à ses élèves ; c'est la *volonté raisonnée*, c'est un acte psychologique.

Les élèves ont de la *volonté* aussi, mais une volonté déterminée par leurs impressions du moment, par leurs caprices.

La *volonté* est une condition nécessaire de l'activité consciente. C'est une faculté de l'esprit des plus essentielles ; on peut la définir : *la puissance de prendre une détermination d'après des motifs raisonnables.*

Intelligence, sensibilité et *volonté* sont des modes si intimes du *moi*, qu'ils ont été pris tour à tour pour le *moi* et donné lieu à autant de systèmes de philosophie ou de psychologie. Certains philosophes font tout découler de l'intelligence, d'autres de la volonté. La philosophie de sens commun n'est pas systématique et voit dans le *moi* une activité consciente d'elle-même, douée d'intelligence, de sensibilité et de volonté.

Les faits d'intelligence ou d'ordre intellectuel dérivant de la puissance de connaître, de penser, ont pu être réunis en un seul groupe. Cependant ces faits sont de diverses sortes, et l'esprit emploie des moyens différents pour les produire. Ces moyens, ou plutôt ces procédés, sont assez distincts pour former une nouvelle classification et donner à la faculté humaine de l'intelligence des facultés particulières, appelées *facultés intellectuelles.*

Nous vivons au milieu de mille objets ; la nature, si variée, se présente à nous sous des aspects toujours nouveaux : elle sollicite sans cesse l'activité de notre esprit. Mais notre esprit n'entre en communication avec le monde matériel que par les sens. Nous voyons un objet ou nous le touchons : l'impression produite par le sens de la vue ou du toucher, reconnue par l'esprit, c'est-à-dire saisie par la conscience, se transforme en connaissance élémentaire, en *notion*. La faculté intellectuelle qui nous révèle le monde extérieur s'appelle *perception extérieure*. L'ouïe, l'odorat et le goût donnent lieu, comme la vue et le toucher, à des perceptions. L'étude des sens et des sensations fera l'objet d'un ou de plusieurs chapitres spéciaux.

Les sens ne nous donnent que la notion des objets actuellement présents, et la perception ne dure qu'autant que dure l'expérience. Si l'intelligence n'avait pas le pouvoir de garder le résultat de cette expérience, aucune acquisition de connaissance ne serait possible. Ce pouvoir existe : c'est la *mémoire*. Mais pour se rappeler l'idée d'un objet, il faut que cette idée se représente à l'esprit et qu'elle soit connue comme ancienne. Sans la connaissance du retour de l'idée, on n'a plus un fait de mémoire, mais une simple *réminiscence*.

L'intelligence, agissant sur deux idées, les compare, aperçoit leur différence ou leur ressemblance, établit entre elles un rapport de convenance ou de disconvenance. Se prononcer sur les rapports qui existent entre deux idées, c'est juger, et le *jugement* est la faculté qui correspond à cette opération de l'intelligence.

La *raison* est la faculté humaine par excellence, c'est le pouvoir que l'intelligence possède de s'élever aux idées abstraites et générales, aux vérités premières, de concevoir les principes.

Mais souvent le mot raison est pris dans le sens de *raisonnement*. Raisonner, c'est établir des rapports entre deux jugements pour en faire un troisième, c'est prouver une chose par une autre chose. L'*induction*

et la *déduction* sont les deux modes de raisonnement ;
par l'induction on conclut du particulier au général,
et par la déduction du général au particulier.

Cet exposé rapide des facultés humaines sera repris
en détail dans la mesure commandée par notre sujet,
c'est-à-dire des nécessités pédagogiques.

CHAPITRE III

Ordre de développement des facultés humaines.

Si les facultés humaines se développaient successivement et dans un ordre déterminé, la marche de l'éducation et de l'enseignement serait toute tracée et la
méthode psychologique, la plus simple et la plus facile
des méthodes.

Il n'en est pas tout à fait ainsi, parce que la nature
travaille dans tous les sens au développement de
l'enfant ; ses facultés physiques et intellectuelles
reçoivent des accroissements parallèles tous les jours ;
chaque faculté en entrant en exercice réclame le concours d'autres facultés. L'homme intellectuel et moral
ne se construit pas de pièces et de morceaux ; il s'ouvre
à la vie et s'épanouit avec d'autant plus de puissance
que le milieu et la culture sont plus appropriés à son
développement.

La sensibilité physique est la première manifestation de la vie, et les premiers actes de l'enfant paraissent exclusivement déterminés par l'instinct de la
conservation.

La connaissance des soins physiques à donner aux

tout petits enfants n'est point déplacée dans un traité d'éducation ; mais cette connaissance est plutôt du domaine de la physiologie que de la psychologie. Les conseils d'un médecin valent mieux dans l'espèce que ceux d'un pédagogue.

Mais l'enfant ne demeure pas longtemps sous la seule direction de l'instinct de conservation. Le regard d'abord indifférent s'attache sur les visages qui se présentent à lui le plus fréquemment ; la sympathie se manifeste ; il éprouve des joies qui n'ont pas leur origine dans la satisfaction d'un besoin matériel : c'est une âme qui s'éveille.

Les premières expériences du toucher n'ont pas, chez l'enfant, une grande portée d'observation. Lorsqu'il s'empare des objets qui ont frappé ses regards par leur brillant ou l'éclat de leurs couleurs, c'est pour les porter indistinctement à sa bouche ; il les repousse sans examen lorsqu'il en est fatigué.

Pendant bien longtemps les objets mis à la disposition des enfants ne servent qu'à satisfaire leur besoin de mouvement. La curiosité, qui est un si puissant levier d'instruction, vient non du besoin physique, mais de l'activité intellectuelle. Les animaux prennent des ébats, jouent quelquefois avec des objets, mais ne manifestent jamais de véritable curiosité. L'observation réelle, intelligente, est tardive chez l'enfant. Voir et reconnaître après avoir vu, tiennent à la sensibilité ; observer est une opération intellectuelle qui demande une certaine maturité d'esprit.

Dans les premières années de la vie, les connaissances s'acquièrent plutôt par une expérience instinctive, irréfléchie, libre dans ses allures, que par l'observation commandée, réglée, dirigée. La nature travaille dans l'enfant avec une grande rapidité ; elle ébauche tout, pour ainsi dire, à grands traits, sauf à revenir sur son ouvrage pour le parfaire par des retouches successives.

Cette marche de la nature est une précieuse indication pour les éducateurs. N'enseignons pas trop tôt, ni trop vite, si nous ne voulons pas arrêter le développement de l'enfant au lieu de le favoriser. Ce que nous pouvons apprendre à un jeune enfant est bien peu de chose comparativement à ce qu'il apprend tout seul en regardant, en entendant et en reconnaissant. Nous nous plaignons de sa mobilité ; mais cette mobilité est nécessaire à l'acquisition rapide d'idées indispensables sur le monde extérieur. Il ne prend que ce qui lui est nécessaire pour le moment présent de chaque impression, de chaque sensation ; mais les sensations se succèdent rapidement, s'accumulent, se superposent et finissent par lui donner une quantité d'idées nettes qui nous étonne.

Comment un enfant apprend-il à parler ! N'est-ce pas en grande partie en écoutant volontairement, ou s'essayant lui-même, en étudiant seul pour ainsi dire ? Est-ce que les nourrices avec leur ramage bizarre, leurs mots altérés à dessein, leurs phrases décousues devraient parvenir à apprendre à parler aux enfants ? Elles y parviennent pourtant aussi vite que les mères plus instruites, pourvu que les conditions d'entourage soient les mêmes. C'est que l'enfant prend de toutes mains ; il écoute tous ceux qui l'approchent ; il entend parler avec profit alors même qu'on ne s'occupe pas de lui. Ce n'est pas le langage de la nourrice qu'il prend, mais celui de la maison.

Si les mères et les nourrices procédaient, pour apprendre à parler aux enfants, comme nous procédons plus tard pour leur enseigner la grammaire, qui

est l'art d'apprendre à parler à ceux qui savent parler,
l'espèce humaine perdrait l'usage de la parole, ou du
moins l'acquisition du langage serait bien retardée.
C'est que l'enseignement systématique a eu deux
torts : le premier de ne pas tenir assez compte des
procédés de la nature, qui ne finit pas son œuvre du
premier coup de pinceau, qui procède, au contraire,
par teintes superposées et n'arrive que successivement
à une grande fermeté de tons ; le second, c'est d'employer trop tôt les procédés compliqués du raisonnement, de vouloir épuiser un sujet avant de passer à
l'autre.

On prend les tendances, les produits de la sensibilité pour des phénomènes de l'ordre purement intellectuel. On s'adresse au jugement avant que le jugement soit formé ; on veut le former hâtivement et on
ne parvient qu'à le fausser. Tous les ressorts de l'âme
des enfants sont délicats, et il ne faut y toucher qu'avec
des précautions infinies et d'une main légère. L'éducation est une œuvre de temps surtout.

La *sensibilité* est la première dans l'ordre du développement des facultés humaines. De la sensibilité
découle la sympathie, et de la sympathie, l'imitation.
La sympathie, qui se transforme en affection, en
amour, est le fondement de l'éducation morale ; l'esprit
d'imitation nous donne une grande prise sur les
enfants et favorise singulièrement la transmission des
connaissances.

L'un des faits intellectuels les plus précoces chez
l'enfant, c'est la *volonté* ; il demande par ses cris ou
refuse par ses gestes avant de pouvoir parler. Ces actes
ne sont pas chez lui absolument instinctifs, puisqu'il
dédaigne souvent ce qu'il avait demandé avec persis-
tance, si on le fait trop attendre au gré de ses désirs.

Un animal doué de l'instinct le plus perfectionné n'a point de pareils mouvements. S'il a faim, il ne refuse point la pâture mise à sa discrétion, à quelque jeu que l'on se soit préalablement livré pour tromper son attente.

Si les enfants se laissent généralement conduire avec docilité, ce n'est pas par défaut de volonté, mais par conscience de leur faiblesse et de leur impuissance. Les enfants les plus intelligents sont les plus dociles; il ne faut pas compter comme indocilité les écarts involontaires de tempérament, l'obéissance à l'instinct de conservation et aux lois du développement physique qui commandent l'action, le mouvement.

La *mémoire* se manifeste aussi presque au début de la vie; mais la mémoire des jeunes enfants n'est pas de même nature que celle des adolescents et des adultes en possession de toutes les ressources du langage. Les adultes confient surtout des idées à la mémoire; les instruments de la pensée sont pour eux des mots, des signes abstraits représentant des objets, des qualités, ou exprimant des rapports, des jugements. Les enfants ne se rendent compte de leurs sensations que par le rappel des images des objets qui les ont occasionnées; pendant longtemps ils n'ajoutent aucun sens aux mots qu'ils prononcent; ils se rappellent un son comme ils se rappellent un visage. Plus tard ils ne verront souvent dans le mot écrit qu'une image du son. Les instituteurs doivent se tenir en garde contre ces tendances naturelles des enfants et ne jamais négliger de mettre en lumière les idées dont les sons et les mots ne sont que les signes.

On parle de la puissance d'*imagination* des enfants, parce qu'on ne réfléchit pas à la nature de leur mémoire qui est toute en images. Ils parlent comme ils se rappellent, et leurs souvenirs imagés sont pris pour de l'imagination, faculté créatrice qui ne se manifeste que dans la plénitude du développement intellectuel.

On dit encore que les enfants sont capables de se former des idées générales, de faire abstraction des différences pour ne s'occuper que des qualités communes et d'arriver ainsi à des collectivités d'individus comportant la même dénomination. Une observation attentive nous prouve au contraire que les prétendues généralisations des enfants ne sont que des assimilations résultant de la confusion des particularités plutôt que de la considération des ressemblances. Un petit enfant appelle d'abord *papa* tous les hommes; plus tard, lorsque *papa* est mieux distingué, il n'est plus pour la jeune intelligence un homme; les hommes, ce sont les étrangers. On ne peut guère appliquer le nom de généralisation à cette vue des choses en gros.

Les facultés qui tiennent au *jugement* se développant les dernières, il y a des inconvénients à trop raisonner avec les enfants. On s'empare mieux de leur volonté précoce par l'affection et la fermeté que par le *raisonnement*. Il est plus facile de créer en eux des habitudes que de poser des principes sur des bases solides, et nous pouvons dire que la première éducation consiste surtout dans la formation de bonnes habitudes.

Nous le répéterons, les facultés humaines n'ont pas de date relative de naissance bien précise; elles n'agissent pas isolément; elles varient en intensité selon les individus. Il est cependant utile d'adopter dans l'étude de ces facultés l'ordre qui nous semble être celui de leur apparition et de leur développement: Instincts, sensibilité, sensations, sympathies, sentiments, disposition à l'imitation, habitudes, volonté, mémoire, curiosité, jugement, raisonnement, imagination.

CHAPITRE IV

L'activité physique. — Les mouvements, les instincts, les habitudes corporelles.

L'activité physique dérive de la sensibilité. Le corps se met en mouvement pour obéir à l'instinct de la conservation, pour atteindre ce qui lui est utile et repousser ce qui lui est nuisible, pour apaiser la faim ou la soif, pour se mettre à l'abri des injures de l'air.

La peine et le plaisir sont les principaux ressorts de l'activité physique. Les premiers cris des enfants expriment la douleur, parce que la température de l'air agit fortement sur leur délicate constitution et peut mettre leur vie en danger. Le besoin de nourriture se traduit encore par des cris de douleur; et c'est la satisfaction de ce besoin qui donne lieu aux premiers mouvements, aux premières habitudes et aux premiers attachements.

Les premières manifestations de l'activité physique, c'est-à-dire les premiers mouvements des enfants, ne sont pas conscients, ne sont pas voulus, et cependant ils répondent à une fin importante, à des actes nécessaires.

Ces actes, commandés, réglés, coordonnés par une force naturelle indépendante de la volonté, sont dits *instinctifs*.

Les instincts sont donc des dispositions naturelles,

des forces agissant à l'insu de l'individu dans l'intérêt de sa conservation. Chez l'homme, toutes les fonctions, tous les mouvements sont instinctifs au début de la vie.

Mais à mesure que la raison se développe, que l'empire de la volonté grandit, les actes conscients et libres remplacent les actes instinctifs. L'esprit prend peu à peu le gouvernement de la matière, et l'homme s'élève à des hauteurs inaccessibles aux autres êtres qui vivent sur la terre.

La plupart des animaux sont mieux doués que l'homme sous le rapport de l'instinct. Le petit poulet à peine sorti de sa coquille marche, court à la recherche de sa nourriture, sait ajuster ses mouvements, mesurer son effort en vue du grain à becqueter ou de la mouche à saisir au vol. Le caneton à peine éclos nage dans la perfection. Le plus habile maître de natation n'aurait rien à reprendre à ses mouvements si rapides, si compliqués, si appropriés à l'effet obtenu.

L'éducation de la plupart des animaux est complète à leur naissance comme celle du petit poulet et du caneton. Ils semblent, du premier coup, familiarisés avec le milieu dans lequel ils vivent; ils n'ont pas d'hésitation dans leurs mouvements et les accomplissent la plupart du temps avec toute la régularité, toute la précision nécessaires.

L'enfant, au contraire, est d'abord tout à fait inhabile à des mouvements coordonnés. Il faut lui apprendre à voir, à toucher, à saisir, à mesurer ses efforts, à marcher.

Ce n'est que par *l'habitude* que toutes ses aptitudes physiques s'harmonisent pour assurer son développement, pour le rendre fort, agile, adroit, utile à lui-même et aux autres.

L'habitude bien dirigée fait chez l'enfant ce que l'instinct opère chez les animaux. L'enfant est à la fois l'œuvre de la nature et de l'éducation; l'animal doit tout à la nature. Nous ne parlerons ici que des habitudes physiques; nous retrouverons encore l'habitude dans l'ordre du développement intellectuel, où sa puissance n'est pas moins manifeste.

Le moindre. travail utile exige pour être exécuté d'une manière convenable et avec une certaine facilité une longue habitude. C'est l'acquisition de cette habitude que l'on appelle *apprentissage* dans les travaux manuels.

Une petite fille qui a pour la première fois une aiguille, du fil et un morceau d'étoffe en mains, est incapable d'en tirer aucun parti. Elle a vu piquer l'aiguille, rassembler deux morceaux d'étoffe par une couture. On lui indique le moyen d'en faire autant; malgré cette indication, elle pique son aiguille maladroitement, embrouille le fil et n'arrive à rien. Il faut beaucoup d'aiguilles brisées, de fil gaspillé, de morceaux d'étoffe perdus avant que la main ait acquis l'agilité, la précision, la sûreté nécessaires à un bon travail. Mais lorsque l'habitude est suffisante, la main de la jeune fille court sur l'étoffe sans effort, sans grande attention, les points également espacés s'alignent merveilleusement; on cause et on rit sans dommage pour la bonne exécution du travail. Plus grande est l'habitude, plus rapide et moins fatigante est la besogne.

Mettez un rabot entre les mains d'un jeune garçon intelligent, mais n'ayant jamais travaillé le bois; il s'en servira avec maladresse, se donnera beaucoup de peine pour gâter la planche au lieu de l'unir; le fer sera vite émoussé, et l'outil, au lieu de couler en quelque sorte sur le bois, fera des soubresauts très fatigants pour l'apprenti menuisier et fort dommageables pour la matière de ses premiers essais. Mais après quelques semaines, quelques mois, le rabot sera plus docile sous la main du jeune garçon, les planches seront bien dégrossies, il y aura déjà un travail utile. Les mouvements des bras et du corps se sont ajustés, appropriés, par la répétition, à l'effet désiré ; l'habitude les a rendus prompts et faciles. Une habitude plus grande fera l'ouvrier habile, maître de la matière, la transformant à son gré, cherchant non seulement l'utile, mais encore l'agréable et trouvant quelquefois le beau.

C'est sur la puissance de l'habitude qu'est fondée la division du travail, qui a donné à l'industrie moderne une si étonnante fécondité. Un ouvrier occupé d'une seule opération dans une fabrication quelconque, n'a qu'un petit nombre de mouvements à faire ; il arrive par l'habitude à les exécuter avec une rapidité et une précision merveilleuses.

L'activité physique et ses manifestations, les mouvements et les habitudes corporelles, ne constituent pas seulement pour l'homme des moyens d'action sur la matière, sur le monde extérieur, mais elles lui donnent encore prise sur lui-même, lui permettent de favoriser son propre développement.

L'exercice agit sur les principales fonctions vitales et particulièrement sur la circulation. Comme le sang nourrit les muscles et entretient l'action nerveuse, l'exercice qui active toujours la circulation doit être salutaire, produire une augmentation de chaleur et de force musculaire, entretenir la santé et donner à la vie toute sa puissance. Mais la vie n'est pas seulement puissance, elle est harmonie ; et le développement physique, comme le développement moral, doit s'opérer avec ensemble, avec proportion, avec étude, sous peine de ne pas atteindre à toute sa force, à toute la beauté dont la nature humaine est susceptible.

Dans quelle mesure faut-il exercer les facultés physiques des enfants? Nous n'avons qu'un guide à consulter, c'est la nature. Le mouvement trop prolongé produit la lassitude, et où commence la lassitude finit l'effet utile de l'exercice.

Mais l'habitude d'un exercice le rend plus facile et permet de le prolonger progressivement avec avantage. Le moment de la lassitude s'éloigne à mesure que l'habitude se contracte, et l'on peut arriver à une puissance d'efforts considérable après avoir commencé par des efforts très faibles, mais régulièrement répétés et insensiblement accrus.

Les habitudes utiles, qui demandent un effort quelconque, sont longues à prendre et faciles à perdre. Il importe, par conséquent, de maintenir les enfants dans une activité réglée, tendant à un but précis et d'y marcher sans précipitation comme sans défaillance.

L'activité désordonnée ne donne lieu à aucune habitude utile; elle se porte au contraire à des excès souvent pernicieux. Il y a des enfants turbulents qui prennent du mal en se livrant à des jeux insensés, des courses effrénées; d'autres restent dans une inaction débilitante parce qu'ils ne sont pas excités par leur tempérament. Le rôle de l'éducateur est de modérer les uns et d'exciter les autres, et de les amener tous à des habitudes réglées qui soient une sauvegarde pour leurs corps et pour leurs âmes.

CHAPITRE V

La sensibilité physique. — Le plaisir et la douleur, les besoins et les appétits.

La *sensibilité* est un phénomène de la vie bien difficile à définir avec précision, parce que c'est pour ainsi dire la vie elle-même.

Nous sentons, c'est-à-dire nous éprouvons du plaisir ou de la douleur, de la satisfaction ou de la peine. Les peines et les douleurs surtout ne sont que trop réelles. Notre premier cri est un cri de douleur et notre dernier soupir s'exhalerait dans la souffrance si l'impression physique était perçue par l'intelligence. Mais la nature nous épargne généralement les souffrances inutiles. Lorsque la lutte pour la vie est impossible, que la dissolution du corps est inévitable, les communications entre l'esprit et la matière sont interrompues et l'âme reste indifférente, insensible aux convulsions musculaires et ne s'aperçoit pas plus de sa sortie de ce monde qu'elle ne s'était aperçue de son arrivée.

Si la surveillance des fonctions physiologiques, la satisfaction des besoins de la vie avaient été abandonnées à la raison humaine, l'homme aurait été fort occupé seulement à *se faire vivre*. Mettre en mouvement le cœur, les poumons, l'estomac, le foie; régler la respiration; mesurer la quantité de nourriture nécessaire au développement ou à l'entretien du corps; déterminer la part à faire au repos et à l'action; ne rien perdre de vue une seule seconde, voilà une tâche bien assujettissante, bien compliquée et tout à fait au-dessus de la puissance humaine. Le cœur bat d'un rythme régulier et le sang est emporté dans son prodigieux circuit, vivifiant tout sur son passage, sans l'intervention de la volonté. Ce mouvement a lieu pendant le sommeil comme pendant la veille; il ne saurait être suspendu sans que la vie fût compromise : s'il y a arrêt, c'est la mort. Personne ne voudrait avoir le commandement, la garde de cette seule fonction; un oubli, une simple distraction créeraient un péril; oublier de faire battre son cœur serait un oubli irréparable. S'il fallait en même temps penser à ses poumons, aux muscles qui mettent ces soufflets naturels en mouvement, à l'estomac, délicat laboratoire de chimie où s'opèrent les analyses et les synthèses les plus merveilleuses, assurément toutes nos facultés n'y suffiraient pas. Nous voyons par là que la vie découle d'une force supérieure, que l'homme ne subsiste pas par sa propre puissance. Ce n'est pas lui qui commande, c'est lui qui est commandé.

Le commandement est transmis par le *plaisir* et la *douleur*.

Notre corps a-t-il besoin de nourriture, nous éprouvons une douleur particulière caractéristique appelée faim. La faim est d'autant plus vive que le besoin est plus pressant, c'est-à-dire que le danger est plus grand pour la santé. La satisfaction de la faim nous fait éprouver un plaisir : nous mangeons avec plaisir tant que nous avons faim. Le plaisir disparaît lorsque la satiété se montre; la satiété est un dégoût, une douleur obtuse, mais une douleur réelle.

Nous voyons que la sensibilité physique, manifestée par le plaisir et la douleur, est à la fois un aiguillon et un guide. La douleur nous avertit des dangers; le plaisir nous porte à agir. Lorsque l'action cesse d'être

utile au point de vue physiologique, le plaisir s'éva-
nouit; si l'action devient nuisible, la douleur recommence.

Les effets salutaires d'une promenade en plein air,
après une journée de travail sédentaire, ne sont pas
discutables. Cet exercice est un plaisir lorsque la course
est modérée et qu'on n'ajoute pas la fatigue physique
à la fatigue intellectuelle. La fatigue est une douleur
comme la satiété; il ne faut pas en négliger les avertissements.

La douleur physique est d'autant plus vive que l'action de l'agent qui la produit est plus destructive. La
brûlure produit une douleur intolérable; il n'y a pas
d'agent destructeur plus puissant et plus rapide que le
feu.

Le plaisir et la douleur peuvent être produits par la
même cause. Vous avez froid; en vous approchant d'un
bon feu vous éprouvez du plaisir à vous chauffer; si
vous approchez trop, la chaleur vous fatigue bientôt;
si le feu prenait à vos vêtements, vous seriez en danger de mourir dans d'atroces douleurs, sans de prompts
secours.

Il n'y a souvent dans les sensations agréables ou désagréables qu'une question de degré. Ce qui produit du
plaisir dans une certaine mesure produit de la souffrance dans une mesure différente. Cette mesure, c'est
l'utilité, la fin naturelle. Tout ce qui favorise notre fin
nous apporte une satisfaction, un plaisir; tout ce qui la
contrarie se manifeste par la souffrance, lorsque la
sensibilité n'a pas été pervertie.

La perversion résultant des mauvaises habitudes
fausse toutes les lois naturelles. Manger et boire immo-
dérément non pour apaiser la faim et la soif, mais
pour prolonger le plaisir du goût, conduisent à de dé-

plorables excès. L'estomac surchargé digère mal, l'appétit disparaît, et pour avoir trop recherché le plaisir, on perd tout plaisir. Pour raviver l'appétit, l'intempérant a recours à des excitants, et, d'abus en abus, il tombe dans un état d'anéantissement qui lui donne une vieillesse anticipée, vieillesse tourmentée par toutes les infirmités et tous les dégoûts.

Les sens ne se pervertissent pas seulement par excès d'exercice, mais encore par défaut. Un tempérament mou, lymphatique a de la répugnance pour une activité nécessaire. Si l'éducation ne vient pas modifier ces tendances fâcheuses, la fin naturelle n'est pas remplie. L'enfant délicat doit être excité, sans être fatigué. Pour lui, les exercices de corps doivent être d'abord de peu de durée, mais souvent répétés. On les prolonge ensuite progressivement en raison du développement des forces physiques.

L'endurcissement à la fatigue, aux privations, si utile pour préparer des générations fortes, de vigoureux défenseurs du pays, doit se faire de longue main pour ne pas contrarier les lois de la nature et aboutir à l'épuisement. Un exercice modéré prédispose à un exercice plus prolongé; tandis qu'une activité outrée produit des effets débilitants qui demandent beaucoup de temps pour être réparés. Ce n'est pas l'intensité de l'effort qui produit l'endurcissement à la fatigue, mais la répétition et l'accroissement progressif de cet effort.

La sensibilité physique est généralement en raison inverse de la vigueur du corps. Il semble que la nature ait voulu mesurer le cri d'alarme à l'imminence du danger. Les tempéraments délicats ont plus à redouter les influences extérieures que les tempéraments robustes; aussi la sensibilité des premiers est-elle plus vive, plus excitable que celle des derniers. Un bon éducateur doit tenir compte de toutes les différences de tempérament pour proportionner l'excitation au résultat à obtenir, pour rester équitable dans la distribution de l'éloge et du blâme.

Les impressions de souffrance et de plaisir résultant des modifications de l'organisme et portant à certains actes indispensables à l'entretien de la vie sont appelés *appétits*. Les appétits sont essentiellement intermittents; ils s'endorment dès qu'ils ont reçu satisfaction, pour se réveiller lorsque leur action est redevenue nécessaire. La faim, la soif sont des appétits qu'on ne peut négliger de satisfaire sans mettre la vie en péril.

Par *besoins physiques* on entend souvent les appétits; mais on peut donner plus d'extension au mot besoins.

Les besoins n'ont pas le caractère déterminé des appétits. L'habitude, le milieu dans lequel on vit, la maladie, la vieillesse influent sur les besoins. Les besoins du pauvre ne sont pas les mêmes que ceux du riche; ceux de l'homme civilisé, que ceux du barbare; ceux des habitants du Midi, que ceux du Nord. Les vieillards et les malades ont des besoins particuliers.

Les besoins factices créés par l'habitude deviennent quelquefois aussi impérieux que les besoins naturels.

L'homme le plus heureux n'est pas celui qui peut donner satisfaction à tous ses besoins, mais celui qui a le moins de besoins factices.

Une bonne éducation doit apprendre à se passer de ce dont on n'a pas besoin, c'est-à-dire garantir l'homme de l'esclavage des choses.

CHAPITRE VI

Les Sens. — Le Toucher.

Un objet touche-t-il notre corps, nous n'en éprouvons pas toujours du plaisir ou de la douleur, mais nous sommes immédiatement avertis de sa présence par une sensation que notre esprit localise, qu'il distingue d'autres sensations produites par d'autres causes extérieures.

Nous regardons ce même objet sans en être touchés, nous subissons une impression différente qui donne naissance à une sensation d'une autre nature que celle du simple contact.

Une voix humaine se fait entendre ; sans toucher ni voir la personne dont elle émane, l'idée de l'existence de cette personne s'empare immédiatement de notre esprit.

Nous voyons que les sensations sont diverses, qu'elles n'apportent pas la même idée à l'intelligence, mais qu'aucune idée ne naîtrait des impressions sans le concours de l'esprit qui les perçoit et leur donne de la réalité. Nous pouvons, en effet, avoir les yeux fixés sur un objet et ne pas le voir, si notre esprit est occupé ailleurs. Les personnes distraites se font répéter ce que leurs oreilles auraient pu entendre si elles avaient apporté la moindre attention à la conversation.

Les *Sens* sont les conditions nécessaires des sensations qui nous révèlent le monde extérieur sous ses aspects multiples.

Les corps ont une forme, ils occupent une place, ils offrent de la résistance au déplacement; la lumière les colore diversement; ils entrent en vibration sous certaines influences; ils changent d'état dans des conditions variées de température.

Cinq sens ont suffi pour diriger notre esprit dans l'étude de ces phénomènes, c'est-à-dire des rapports que les choses ont avec notre corps.

Par le *toucher* nous acquérons la notion de forme, de résistance, de température, et nous recevons l'impression d'un grand nombre de douleurs et d'un petit nombre de plaisirs physiques.

Avec la *vue* nous jugeons de la couleur, de la forme des objets, de leur situation par le jeu de l'ombre et de la lumière.

Les mouvements vibratoires qui forment les bruits, les sons, les cris, la parole, les chants sont perçus par l'*ouïe*.

Le *goût* saisit, dans des substances liquides ou en dissolution, certaines qualités qui échappent aux autres sens.

Les gaz, les parfums, les émanations des corps les plus subtiles, qu'on ne peut toucher ni goûter, qu'on ne saurait voir dans la plupart des cas, tombent sous le contrôle de l'*odorat*.

Les sens sont servis par des organes particuliers merveilleusement appropriés à leurs fonctions. L'étude de ces organes est du domaine de la physiologie, tandis que celle des sens appartient à la psychologie. Cette distinction est importante, parce qu'elle caractérise deux ordres de faits qu'il importe de ne pas confondre.

Dans l'ordre de l'apparition, du développement, de la sûreté et de l'importance des sens, le toucher tient incontestablement le premier rang.

Les impressions de contact sont reçues par la peau parsemée de papilles en communication avec les nerfs. Les nerfs sont les fils électriques conducteurs ; l'appareil récepteur, c'est le cerveau, et le lecteur de la dépêche, c'est l'esprit. Si la nouvelle est bonne, l'esprit éprouve du plaisir ; si elle est mauvaise, il ressent de la douleur. Le plaisir commande l'action ; la douleur la modère ou l'éteint.

Mais le contact n'est pas toujours suivi de douleur ou de plaisir. On n'éprouve souvent qu'une sensation de résistance, d'empêchement au mouvement. L'esprit est alors porté à étudier la cause de la résistance, et il conçoit l'idée des corps. Pour faire connaissance avec les corps, le simple contact ne suffit pas. Il faut les parcourir dans tous les sens avec la main, qui est l'organe principal du toucher, les palper avec continuité. Les papilles nerveuses sont multipliées à l'extrémité des doigts et la sensibilité du tact y est très grande. D'ailleurs la main peut se mouler sur les objets et rendre l'impression des reliefs, des formes. Une petite bille et un dé à jouer pressés dans la main ne produisent pas la même impression. Par les deux expériences l'idée de la sphère et du cube se révèlent grossièrement à notre esprit. Un cylindre est encore plus facilement distingué d'un prisme.

Les sensations tactiles de sphère, de cube, de cylindre, de prisme sont des sensations composées. Appuyez assez légèrement la main sur la pointe d'une aiguille pour ne pas être piqué, vous recevrez une sensation à peu près élémentaire de tact. Appliquez-la sur l'arête vive d'une règle, vous aurez la sensation d'une ligne, sensation composée d'autant de sensations élémentaires que l'arête de la règle rencontre de papilles nerveuses. Appuyez à plat la main sur une table, vous aurez la sensation d'une surface, sensation beaucoup plus composée que la précédente. Les organes des sens sont en quelque sorte des multiplicateurs, des condensateurs d'impressions élémentaires que l'esprit réunit dans une sensation unique.

La main est un instrument moins synthétique que l'œil et l'oreille. La main ne s'applique pas parfaitement sur une surface et encore moins bien sur un corps rond. Il y a toujours des parties de la surface qui ne sont pas touchées; les impressions manquantes ôtent à la sensation totale et à l'image qu'elle produit beaucoup de leur netteté et de leur précision.

La main ne donne au sens du toucher toute sa sûreté et toute sa précision que lorsqu'elle est employée comme instrument d'analyse. Mettez une petite clef dans votre main de manière à l'envelopper entièrement; la sensation totale donnera une image bien confuse, bien incomplète de la clef. Mais palpez-la du bout des doigts dans toutes ses parties et l'image s'éclairera, deviendra distincte et précise. Pour arriver à cette sensation totale, il y a eu des impressions multiples, superposées sur plusieurs points. L'esprit élague facilement ce qui est superflu dans les impressions pour ne retenir qu'une sensation unique répondant à l'objet de son examen.

Le toucher actif est un sens analytique, c'est-à-dire scientifique, qui vérifie les données des autres sens, qui les fait accepter ou rejeter par l'esprit, qui réalise les plus grandes conceptions artistiques après avoir fourni les moyens de pourvoir aux besoins les plus communs. La culture de ce sens comprend l'apprentissage de tous les métiers, de tous les arts et de la grande vertu du travail.

Cultivons les aptitudes de la main, tout en travaillant

au développement du corps et de l'intelligence. L'établi dans l'école n'est pas une conception hasardée; c'est, on le voit, une idée découlant des principes les plus certains de la psychologie.

Les impressions du contact involontaire, le froid, la chaleur, l'humidité, les mouvements instinctifs, les coups, les chutes, les blessures, appartiennent au toucher *passif*. Le toucher passif est du domaine de l'hygiène et de la discipline, par conséquent du domaine de l'école.

Le besoin de mouvement doit être favorisé, non seulement par des exercices réglés de gymnastique, mais encore par des promenades, des jeux en pleine liberté. Tous les muscles ont besoin d'entrer en action pour que le corps se développe avec harmonie. Les mouvements doivent être extrêmement variés pour le maintien de l'équilibre des forces. En suivant les indications de la nature, la meilleure des institutrices, nous ferons un peu de gymnastique et beaucoup d'exercices libres.

Le toucher passif donne lieu à des réactions qui constituent l'expérience. Un enfant veut jouer avec le feu, il se brûle; il cherche querelle à un de ses camarades, il est battu; il casse une vitre, et se blesse la main. Laissez faire, dit-on, le voilà corrigé : il ne jouera plus avec le feu, ne querellera plus ses camarades, ne cassera plus les vitres. La discipline des réactions naturelles est la meilleure des disciplines.

Examinons, la chose en vaut la peine. L'enfant a fait trois expériences dont deux pouvaient avoir les conséquences les plus graves. Le feu pouvait prendre à ses vêtements et sa première expérience eût été la dernière; un éclat de verre pouvait l'estropier. Nous n'aimons pas des expériences qui peuvent coûter si cher. L'expérience des coups reçus ne vaut pas mieux; l'enfant querelleur n'est pas corrigé, seulement il ne s'attaquera désormais qu'aux camarades moins forts que lui. La discipline des réactions naturelles l'aura conduit tout droit à la lâcheté.

Discipliner un enfant, n'est-ce pas le soumettre à des règles qui suppléent à son inexpérience?

Nous avons ouvert des routes, construit des ponts, établi des chemins de fer; est-ce qu'une nouvelle génération doit les abandonner ou les détruire pour recommencer sur nouveaux frais? Serait-ce le moyen d'augmenter son bien-être?

Ce qui n'est pas soutenable au point de vue des intérêts matériels, ne l'est pas davantage au point de vue des intérêts moraux.

L'expérience d'une génération doit profiter à la génération qui suit, sans cela, il n'y aurait point de progrès.

L'idéal de l'éducation, c'est de mener l'enfant au bien et au beau sans le faire passer par le mal et le laid.

CHAPITRE VII

La vue.

Le sens de la vue a pour objet propre la lumière et les couleurs, qui ne sont que des modifications de la lumière.

La lumière blanche du soleil est décomposée, on le sait, par un prisme de cristal, par une simple goutte d'eau, en sept couleurs, qui sont celles de l'arc-en-ciel. En l'absence de la lumière, l'œil ne reçoit aucune impression de couleur ni de forme. La forme des corps ne devient appréciable à la vue que par la différence d'éclairage ou le contraste des couleurs.

La vue ne nous donne tant de jouissances qu'en nous berçant d'illusions. Voici une jolie maison de campagne dans un riant paysage. On y arrive par une allée touffue où se joue la lumière. Le cadre de verdure est complété par de capricieux parterres, des massifs de fleurs, des guirlandes de vigne, des arbres qui portent des fruits ou qui protègent l'habitation contre les ardeurs du soleil. Cette blanche habitation aux contrevents verts, à la façade sobrement ornée, ne peut être qu'un asile de paix, de bonheur intime, où les souvenirs et l'espérance tiennent autant de place que les douces réalités. Ajoutez, à la limite de ce premier plan, une belle rivière aux eaux calmes et limpides donnant à la vallée sa fraîcheur et sa fécondité.

Au second plan, les coteaux et les cultures variées s'étagent et se terminent par un massif sombre, une forêt évidemment.

Au-dessus de la forêt s'élèvent des crêtes rocheuses que nous jugeons être les derniers sommets d'une puissante montagne qui se trouve au troisième plan.

Mettons-nous en marche pour la montagne ; à mesure que nous nous éloignons, la maison et les jardins se rapetissent, les tons et les formes s'altèrent, la large rivière n'est plus qu'un mince filet d'argent. La colline se redresse devant nous et la montée est plus raide qu'elle ne paraissait de loin ; les étages sont longs à gravir, et il nous semble que plus nous marchons, plus la forêt terminale s'éloigne. Nous l'atteignons enfin ; avant de nous y engager, jetons un regard sur la vallée ; une légère traînée de fumée nous frappe ; c'est un train qui passe sur la voie ferrée longeant la rivière. Le train n'est qu'une chenille noire, vu de la hauteur où nous sommes parvenus ; les mouvements de cette chenille sont à peine perceptibles ; elle rampe cependant, puisqu'elle traverse les cases de damier qui, vues de près, sont des prairies et des champs d'une importante superficie. L'étendue et le mouvement perçus à des distances de plus en plus grandes donnent lieu à des images de plus en plus petites, que la raison est souvent impuissante à rectifier. Nous connaissons tous le diamètre de la lune calculé avec précision par les savants ; mais quel est celui qui peut se former dans l'esprit, avec cette donnée précise, une image réelle de la lune ?

Nous voilà dans la lune, alors que nous devrions être dans la forêt et marcher vers la montagne ! Continuons notre voyage, mais sans obliger le lecteur de se fatiguer à nous suivre. Nous lui en avons assez dit pour asseoir sur l'expérience quelques remarques délicates à propos des sensations de la vue.

Le toucher nous a donné l'idée d'un cube, d'une sphère palpable, la notion réelle de l'étendue. L'étendue est caractérisée par le mouvement. C'est le mouvement de la main, la continuité de la même sensation de tact dans ce mouvement qui définit la surface. La sensation de volume et de forme résulte d'un ensemble bien lié de sensations de surfaces. Les formes des corps ne sont que des limites.

La vue ne nous donnerait que des sensations de couleur si l'expérience du toucher nous manquait. Mais cette expérience nous a appris que la vue d'un objet est d'autant plus nette qu'il est plus rapproché, que la vive lumière marque les points en saillie, que les changements d'éclairage indiquent des changements de plans. Les jeux de la lumière, soumis à l'expérience du toucher, nous révèlent les formes des corps ; le plus ou

moins de netteté de ces formes nous permet de les loca-
liser approximativement, c'est-à-dire d'obtenir par la
vue des sensations de distance et d'étendue.

. Lorsque nous étions à proximité de notre maison
blanche aux contrevents verts, l'image qu'elle provo-
quait était nette et vive ; les détails s'accusaient vigoureusement. Mais en nous éloignant, l'impression devenait de plus en plus vague ; les formes les plus délicates
disparaissaient les premières ; l'ensemble se rapetissait ;
le sentiment de paix et de bonheur éveillé en nous par
la vue de cette charmante retraite s'affaiblissait graduellement avec sa beauté propre devenue insaisissable.
Le paysage vu d'un autre point avait changé d'aspect ;
les moindres ondulations étaient devenues des collines,
les collines, des montagnes ; le gracieux avait fait
place au sévère. Les dimensions, les formes réelles
n'avaient pas changé assurément ; mais la vue avait
réalisé une autre combinaison de sensations.

La vue nous présente des arrangements nouveaux à
chaque pas. Les touristes, les artistes sont à la recherche
des plus belles combinaisons possibles. Les uns se contentent d'admirer ; les autres font participer le public à
leur admiration, en fixant ces combinaisons par la
plume ou le pinceau.

Mais, on l'a senti déjà, l'œil n'est pas un instrument
de précision ; il faut avoir recours au toucher pour
donner une rigoureuse exactitude aux idées éveillées
par le sens de la vue.

Les sensations visuelles peuvent acquérir une
certaine précision par le rappel des images les plus
vives et leur coordination dans l'esprit. Après avoir parcouru notre paysage dans tous les sens, il nous restera
une foule d'images différant comme les points de vue.
Chacune de ces images, nous pourrions dire chacun de

ces tableaux, a son premier plan ; avec les premiers plans de tous ces tableaux, l'esprit construit une image approchant d'autant plus de l'exactitude que le paysage a été vu sous un plus grand nombre d'aspects. Pour avoir une idée précise, quant à l'extérieur, de la petite maison blanche, il ne suffit pas de regarder la façade principale, il faut examiner aussi les trois autres, et les quatre impressions se réunissent dans notre esprit en une seule sensation qui approche de l'exactitude.

L'idée de mouvement peut être éveillée par une impression visuelle. Du haut de la montagne, nous avons vu un point noir se mouvoir sur de petits carrés verts ou bistres ; c'était la locomotive qui traversait à toute vapeur des prés et des terres. Le mouvement du point noir ne nous rappelait point la vitesse d'un convoi de chemin de fer, mais la progression presque insensible d'une chenillle rampante.

Lorsqu'on regarde par la portière d'un wagon en marche, ce sont les arbres qui paraissent s'enfuir à toute vitesse.

On a cru pendant de longs siècles que le soleil et les étoiles tournaient autour de la terre. Nous savons aujourd'hui que c'est la terre qui tourne ; mais nous n'avons aucune impression visuelle de son mouvement.

La notion de mouvement, comme celle d'espace, ne découle pas nette et précise des sensations visuelles.

La vue se complaît dans l'illusion, et l'art de tromper ce sens est un art très admiré. Le peintre reproduit les formes des corps, les reliefs, les profondeurs de l'espace sur une surface plane en combinant des effets d'ombre et de lumière. Ce qu'il y a de plus remarquable, c'est que l'illusion est plus complète pour une personne qui a appris à regarder que pour une personne inculte ou pour un enfant.

3.

Les habitants des campagnes sont peu touchés des merveilles de l'art. Ils ne voient dans un tableau que des couleurs et des contours. Une ombre leur donne la sensation d'une tache ; le relief leur échappe. Les enfants, qui aiment beaucoup les images pourtant, les voient mal. Pour bien voir, il faut savoir observer, et l'esprit d'observation ne se forme pas sans culture.

L'œil est un appareil de groupement d'impressions visuelles élémentaires. Chaque point lumineux d'un objet tombe sur la rétine, qui est en quelque sorte un canevas extrêmement serré formé par l'épanouissement du nerf optique. L'image de l'objet est donnée par l'ensemble de tous ces points de broderie. Le nerf optique transmet au cerveau une impression totale qui est perçue indivisiblement par l'esprit.

Pour que les impressions élémentaires soient liées, il faut qu'elles persistent pendant un temps très court après que la cause a cessé d'agir. Ainsi un roseau allumé à son extrémité donne la sensation d'un point lumineux ; si on lui imprime un mouvement de rotation, la sensation devient celle d'une circonférence de feu.

La vue est un sens essentiellement synthétique, mais les synthèses qu'il opère manquent souvent de précision. Il y a grande nécessité de le cultiver, c'est-à-dire d'apprendre aux enfants à regarder, à observer, à analyser les impressions visuelles en les soumettant au contrôle des impressions de tact.

Dans les leçons de choses, l'objet doit toujours accompagner l'image au début ; plus tard, lorsque le relief sera bien saisi par le jeu de la lumière et de l'ombre sur des surfaces planes, les leçons pourront se faire avec les images seules.

CHAPITRE VIII

L'ouïe.

L'ouïe est le sens par lequel on reçoit l'impression des sons.

Les sons proviennent des vibrations des corps élastiques. Ces vibrations sont-elles irrégulières, discontinues, nous n'entendons qu'un *bruit;* nous entendons un *son musical*, si les vibrations se succèdent avec assez de régularité et de rapidité pour former une sensation continue.

Les sons se distinguent les uns des autres par l'*intensité*, la *hauteur* et le *timbre*.

L'*intensité* du son, c'est-à-dire la facilité d'être entendu à des distances plus ou moins grandes, dépend de l'amplitude des vibrations. Une corde fortement tendue, mais légèrement pincée, s'écartera peu, en vibrant, de sa position de repos, et le son rendu sera peu intense. Si la corde est vivement écartée, les vibrations ont plus d'ampleur et le son est plus intense

Indépendamment de leur intensité, le sons sonts graves ou aigus, c'est-à-dire variables en hauteur. Ces variations sont mesurées par l'échelle des gammes.

La *hauteur* des sons dépend du nombre des vibrations produites dans un temps donné. Le son est d'autant plus aigu, plus perçant que le nombre des vibrations est plus grand dans le même temps. La note la plus basse, la plus grave donnée par les instruments de musique correspond à 33 vibrations par seconde; la note la plus aiguë a 6,960 vibrations.

La voix humaine, due aux vibrations des cordes vocales, a moins d'étendue : le son le plus grave correspond à environ 130 vibrations, et le plus aigu, à 2,088. Toutes les voix sont comprises dans ces limites ; mais chaque chanteur ne dispose que d'à peu près deux octaves, d'où il ressort que l'organe de la voix perd en notes aiguës ce qu'il gagne en notes graves.

Deux voix ou deux instruments donnant la même note sont dits à l'unisson. Les notes *do*, *mi*, *sol* sont dans un rapport de vibrations marqué par les chiffres 4, 5, 6 ; c'est un accord parfait. Une note d'un nombre double de vibrations d'une autre, en est l'*octave*. Plus généralement les octaves sont, quant au nombre des vibrations, des multiples ou des sous-multiples des notes fondamentales.

Les sons en rapports simples de vibrations s'harmonisent parfaitement, c'est-à-dire donnent lieu à des sensations agréables.

Les sons simultanés qui ne sont pas dans des rapports simples de vibrations produisent des impressions désagréables, probablement parce qu'ils imposent de la fatigue à l'esprit, qui ne peut les réunir dans une sensation unique.

La vibration simple, véritable élément du son, est insaisissable pour notre oreille. Il faut, nous l'avons dit, 33 vibrations par seconde dans un instrument de musique pour qu'il rende une note perceptible. Chaque vibration est pourtant quelque chose de réel, parce que trente-trois riens ne produiraient pas une sensation. Le bruit de roulement, le son si imposant du mugissement des vagues de la mer n'est qu'un composé, qu'une somme de petits bruits, lesquels pris isolément ne pourraient pas ébranler la membrane du tympan.

L'oreille, organe délicat et compliqué, est, on le voit,

un appareil de groupement, de condensation d'éléments sonores; l'esprit ne perçoit qu'un total, même dans les plus faibles sensations.

Un corps sonore mis en vibration ne donne pas une note unique; il y a toujours une certaine *résonnance* qui est le principe de l'harmonie. Voici une simple expérience qui explique la nature de cette réson· nance. Suspendez une pincette avec un mince cordon; appliquez les deux bouts du cordon à vos oreilles et faites frapper sur la pincette. Vous entendrez d'abord un son grave et fort comme celui d'une cloche dans le lointain; ces sons seront accompagnés d'autres sons plus faibles et plus aigus, véritables accords harmo· niques qu'une oreille exercée pourra reconnaître et classer.

Chaque corps a sa résonnance spécifique, par con· séquent des *harmoniques* qui lui sont propres, qui dépendent de son état, de sa constitution moléculaire. Les sons de la flûte ne se confondent pas avec ceux de la clarinette, même lorsque les deux instruments jouent à l'unisson; on distingue parfaitement une personne au timbre de la voix.

Le *timbre*, qualité qui différencie les sons, en dehors de l'intensité et de la hauteur, n'est autre chose que la résonnance, c'est-à-dire une sorte d'accompagnement harmonique de notes plus faibles qui renforcent le son principal. Ces harmoniques résultent de vibrations secondaires deux, trois, quatre et jusqu'à dix fois plus rapides que la note fondamentale. Le timbre dépend du nombre et de la combinaison de ces harmoniques.

L'intensité, la hauteur et le timbre des sons, tout en concourant à un effet d'ensemble, donnent lieu à des perceptions spéciales qui nous conduisent à des notions multiples sur le monde atteint par le sens de l'ouïe.

Ainsi l'intensité des sons nous donne une certaine connaissance de la situation des corps par rapport à nous, des idées vagues d'espace. Nous avons, en effet, observé qu'en nous éloignant d'une personne qui parle ou chante, sa voix semble s'affaiblir et peu à peu s'éteindre. En nous rapprochant la voix renaît, se fortifie et arrive à son maximum d'intensité lorsque nous touchons la personne. Au pied d'une cascade, ou mieux encore derrière l'arc qu'elle forme en s'élançant du sommet d'un rocher dans la vallée, on est assourdi par un bruit formidable d'écroulement continu qui couvre tous les bruits, toutes les voix; qui saisit au cœur comme la solitude, parce que vous ne communiquez plus avec ceux qui vous accompagnent que par le sens de la vue. En vous éloignant, tout ce fracas se transforme en un sourd roulement; le roulement devient murmure et enfin vous voyez la cascade déroulant en silence ses longs plis de gaze.

L'idée de proximité ou d'éloignement ne peut nous être donnée par les bruits et les sons, qu'autant que ces bruits et ces sons nous sont déjà connus dans leur cause. Un sourd roulement de tonnerre m'indique un orage dans le lointain; mais une voiture passant sous mes fenêtres m'a donné quelquefois la même sensation. Un orchestre de théâtre peut donner l'illusion d'une fanfare lointaine qui marche, qui s'avance, qui arrive. Cette illusion montre que l'esprit transforme en sensations d'étendue et de mouvement les impressions résultant des différences d'intensité des sons.

Le timbre, qualité spécifique des corps sonores et des voix naturelles, nous permet d'acquérir par l'ouïe des notions assez précises sur ce qui nous environne. Nous distinguons au timbre de la voix les personnes qui nous approchent, qui nous sont chères. « C'est une voix amie, disons-nous ; ou bien cette voix ne m'est pas connue, j'ai affaire à une personne étrangère. »

Le chêne qui craque, le roseau qui bruit, le brin d'herbe qui frémit, le torrent qui gronde, le ruisseau qui clapote, la fontaine qui gazouille sont autant de voix de timbres différents qui nous charment, nous étonnent ou nous effrayent.

L'aveugle distingue parfaitement, au son rendu, l'argent du cuivre, le cuivre du plomb, la pierre du bois, le bois dense du bois tendre, un corps mou d'un corps dur.

Le timbre est en quelque sorte la figure au naturel, la physionomie au repos ; l'expression tient aux modulations de la voix, à la variété des sons en hauteur.

Dans le langage ordinaire, les sons alternent avec les bruits. Les bruits sont des consonnes et les sons des voyelles. Articuler, c'est passer d'un bruit à un son et d'un son à un bruit.

Le langage articulé, particulier à l'homme, n'a pu d'abord consister qu'en une imitation des sons et des bruits qui caractérisent les objets ; en cris qui trahissent les émotions de l'âme. Les onomatopées et les interjections sont des restes du langage primitif, langage d'images transformé par la civilisation en langage de signes.

Les peuples peu avancés en civilisation, comme les enfants, ont un langage très imagé, et on leur prête une grande richesse d'imagination. Cette richesse n'est que de la pauvreté. Ils colorent vivement leurs pensées, mais ils n'en arrêtent pas les contours. Tout est indécis, diffus, noyé dans une lumière qui éblouit plutôt qu'elle n'éclaire. D'ailleurs les images ne naissent qu'en présence des objets ; elles peuvent, il est vrai, se conserver dans la mémoire, mais elles ne sont rappelées que par la vue d'objets analogues. Les opérations intimes de l'esprit, les idées abstraites, la notion de justice, de devoir, de morale demandent autre chose que des images sensibles.

Les aveugles de naissance, au moyen des signes de la parole, peuvent acquérir une grande élévation de pensées et de sentiments. Nous avons connu un aveugle poëte, faisant de fort bons vers, gai, content de son sort, n'enviant rien aux voyants qui, disait-il, vivent trop en dehors d'eux-mêmes.

Les sourds-muets, pour lesquels la nature n'est pas enveloppée d'épaisses ténèbres, peuvent-ils arriver au même degré de développement intellectuel et moral? Nous avons des raisons pour en douter. Des relations avec une famille qui avait une jeune fille sourde-muette, élevée dans une école spéciale, et l'un des plus brillants sujets de cette école, nous ont permis de faire d'intéressantes observations.

La jeune fille écrivait parfaitement, savait l'orthographe, dessinait avec goût, mais n'aimait pas la lecture. « Je ne comprends que ce qui a des rapports avec ce que j'ai vu ou senti. » Elle rendait l'idée de la mort en brisant une aiguille dont elle jetait les morceaux au loin. Point de nuance ; la mort d'un enfant ou d'un vieillard, c'était pour elle deux événements identiques.

Certainement, l'instruction donnée aux sourds-muets est un grand bienfait ; c'est un allégement à leur misère imméritée. Mais l'aveugle instruit vit plus de notre vie que le sourd-muet dans les mêmes conditions.

L'ouïe, qui permet aux hommes de communiquer par la parole, est le principal instrument de l'âme dans sa poursuite du perfectionnement intellectuel et moral.

CHAPITRE IX

Le goût et l'odorat.

Le goût est le sens qui donne lieu à la notion de saveur.

L'appareil du goût est constitué par la langue, la muqueuse de la bouche, les glandes salivaires, des nerfs, principalement le nerf lingual qui transmet l'impression de saveur au cerveau.

Les corps ne produisent une impression de saveur qu'à l'état de solutions pouvant imbiber les papilles de la langue. Les corps solides insolubles dans la salive n'affectent pas le goût. Il ne s'agit donc pas d'un simple ébranlement mécanique des nerfs, comme dans le toucher; mais d'une action chimique révélant à l'esprit les qualités intimes des substances en vue de l'alimentation. Le goût est une sorte de pierre de touche, faisant connaître par de simples traces les qualités de la masse soumise à l'essai.

Y a-t-il au fond de l'excitation nerveuse du goût un mouvement vibratoire provoqué par le mouvement moléculaire résultant d'une combinaison ou d'une désassociation chimique? C'est une conclusion d'autant plus tentante qu'elle ramène à une même loi tous les phénomènes matériels de nos sensations.

Mais ces questions osbcures ne peuvent pas être abordées en pédagogie; étudions les sensations de goût comme faits de conscience.

La conscience nous donne la notion de saveur douce, sucrée, amère, acide, alcaline, aromatique, âcre, etc.

Mais l'état de conscience peut varier sans changement de cause. Tel aliment qui flatte le goût lorsqu'on a faim, devient insipide lorsque la faim est apaisée. Le sucre paraît fade dans certaines affections de l'estomac ; dans d'autres, on trouve de la douceur aux substances amères. L'habitude transforme des saveurs désagréables en saveurs agréables ; l'abus des plaisirs du goût altère l'organe, qui n'apporte plus à la conscience que des impressions pénibles.

Le sens du goût est plus ou moins développé selon les individus ; il ne s'altère pas avec l'âge pour un homme de vie réglée.

C'est le goût qui garantit le bon exercice de la fonction de nutrition indispensable à la conservation individuelle ; aussi la nature fait apparaître ce sens avec puissance au début de la vie et le respecte jusqu'à la fin, si l'homme se respecte lui-même.

La gustation est une source de sensations agréables, mais passives, ne laissant à l'esprit que des souvenirs et des images vagues. Ce qui reste pour un esprit élevé d'une réunion de table, c'est le charme de la conversation, la douceur du rapprochement, les épanchements de l'amitié. Il n'y a pas de véritable fête si le cœur n'est de la partie.

Nous ne pouvons appeler fêtes, les dîners et les réceptions du *monde*, dans lesquels les convives ne se connaissent guère entre eux et ne sont pas toujours connus de leurs hôtes. On y sert des vins fins, des mets rares, des primeurs hors de prix. Mais ces primeurs si chères n'ont pas de saveur ; ces mets recherchés fatiguent l'estomac ; les vins fins n'ont tout leur bouquet que lorsque les mains qui tiennent les verres se sont déjà rencontrées dans de cordiales étreintes.

Le repas de famille simples, frugals, où règnent la

douce gaieté, les propos bienveillants, où s'inventorient les peines et les succès passés, les espérances de l'avenir, où tous les souvenirs et tous les projets heureux se donnent rendez-vous, élèvent l'homme au-dessus de la sensualité et font surgir de la satisfaction d'un besoin matériel un élément moral d'une grande puissance.

L'hospitalité antique, plus vantée qu'imitée de nos jours, a été le premier lien des sociétés en formation. Après avoir mangé le pain d'un étranger, c'est-à-dire avoir vécu de sa vie, on n'était plus un étranger, mais un frère. Le bienfait lie autant le bienfaiteur que l'obligé; il est même reconnu que l'on s'attache davantage par les services rendus que par les services reçus. Ce n'est pas une contradiction de notre nature, mais une de ces lois mystérieuses qui tendent à établir l'équilibre entre la force et la faiblesse dans un intérêt d'harmonie indispensable au bonheur de l'humanité.

Le sens du goût est vif chez le jeune enfant, et le plaisir qu'il lui procure n'est pas tempéré par la sensibilité intellectuelle et morale, qui ne fleurit que plus tard, qui ne fleurit jamais lorsque la sensualité se développe sans obstacle et sans règle.

Il faut ménager les enfants, composer leurs repas d'aliments peu sapides, comme ceux que la nature leur offre à leur entrée dans la vie. Le plaisir trop vif les pousserait à la gourmandise, la gourmandise à la gloutonnerie; la gloutonnerie deviendrait pour eux une source de maux et la cause d'une précoce dégradation morale.

Il faut surtout éviter d'amener les enfants à l'obéissance, à l'accomplissement du devoir par l'appât de friandises. Le moyen est aussi commode, aussi sûr dans son application qu'il est désastreux dans ses conséquences. Les mères qui l'emploient sont bien aveugles; elles payent plus tard cet aveuglement par des larmes amères; mais le mal est fait, et il est souvent sans remède.

Le plaisir du goût n'est utile que lorsqu'il est au service de l'appétit. Provoquer un appétit factice par des mets excitants, c'est une révolte contre la nature, révolte qui ne reste pas impunie, surtout lorsqu'elle devient une habitude.

Le goût non altéré par les mauvaises habitudes est un guide précieux. Il nous fait rechercher, à notre avantage, pendant l'été les fruits acidules et les boissons légères; pendant l'hiver, les substances grasses et acerbes, les boissons toniques. Chaque tempérament est averti par le goût, de l'alimentation qui lui convient le mieux.

La dépravation du goût trouble tous les rapports de l'économie et compromet la santé.

L'*odorat* est le sens impressionné par les odeurs.

L'appareil de l'odorat se compose d'une série de cavités anfractueuses, les fosses nasales, les sinus frontaux et maxillaires. Ces cavités sont tapissées par une membrane muqueuse dans laquelle s'épanouit le nerf olfactif.

Un corps n'a d'odeur que s'il est à l'état gazeux. Les odeurs sont des parties volatiles extrêmement ténues des substances odorantes. La volatilisation est favorisée par la chaleur; le froid la diminue. Les molécules volatiles doivent se dissoudre dans l'humidité de la membrane pituitaire, et se combiner avec l'oxygène, en contact avec les ramifications du nerf olfactif, pour produire une sensation. La sensation d'odeur résulte donc, comme celle de goût, d'un mouvement moléculaire produit par une action chimique. Chaque vibration de ce mouvement est un élément de l'impression ; l'esprit perçoit un total énorme dans une sensation unique d'odeur.

L'odorat nous prévient, avant le goût, de la qualité des aliments. Le goût demande, pour s'exercer, le contact des substances avec des muqueuses délicates ; l'essai des substances corrosives ou vénéneuses par le goût pourrait avoir de terribles conséquences.

L'odorat reçoit à distance des quantités infinitésimales des mêmes substances ; il les essaye avec moins de danger, et si l'épreuve est favorable, c'est-à-dire si l'odeur est agréable, on a généralement affaire à un aliment sain et savoureux.

Les sensations de saveur sont presque toujours compliquées de sensations olfactives. Otez le bouquet aux vins de Bordeaux et aux eaux-de-vie de Cognac, vous leur ôterez presque tout leur prix. Les pêches ne sont délicieuses que lorsqu'elles sont bien parfumées. Les épices réveillent les palais blasés, surtout par leur puissance aromatique.

La sensibilité olfactive varie beaucoup avec les personnes. Elle est très développée chez certains animaux. Les chiens se guident à la chasse par l'odorat ; c'est en flairant qu'ils suivent les traces de leur maître et savent le retrouver. Des vautours furent attirés d'Asie sur les champs de Pharsale par l'odeur des cadavres, qui s'y trouvaient entassés après la fameuse bataille qui donna l'empire du monde à César.

Les courants odorants ne formeraient-ils pas la carte qui guide les oiseaux dans leurs migrations et les fils qui ramènent à leur colombier les pigeons voyageurs ?

L'odorat, relativement peu développé chez l'homme, se perfectionne par l'exercice. Les dégustateurs reconnaissent au bouquet le cru des vins et des eaux-de-vie.

L'odorat s'émousse lorsque l'on séjourne dans des réduits où l'air est chargé de gaz méphitiques; il s'émousse encore par l'abus des sachets et de flacons à la mode.

L'air parfumé de la campagne détend les nerfs et guérit les migraines produites par leur excitation anormale.

La nature dose avec une admirable précision tous nos plaisirs; c'est en la méconnaissant et en la contrariant que nous attirons une foule de maux qui nous rendent injustes envers sa prévoyance maternelle.

CHAPITRE X

Secours que les sens se prêtent mutuellement.

Nous avons étudié chacun des sens d'après son mode d'action, d'après les services qu'il nous rend. Nous les réunirons maintenant dans un examen d'effet d'ensemble, pour mieux apprécier les ressources que la nature offre à l'homme dans l'intérêt de sa conservation et de la poursuite de sa destinée.

Le toucher est en quelque sorte le pivot de nos sensations. Ce sont les sensations de toucher qui rectifient et précisent toutes les autres. Mais la vue, l'ouïe, l'odorat et le goût étendent les relations entamées par le toucher avec le monde extérieur; elles les rendent plus sûres, plus utiles et plus agréables.

Le sens du toucher seul ne nous préserverait pas du choc des corps en mouvement, ne nous ferait pas éviter à temps un ennemi, ne nous avertirait pas de la proximité d'un danger, de la présence d'un ami dans le voisinage ; ne nous dirait rien de la fontaine qui coule à quelques pas, des fruits qui font plier les branches des arbres, des raisins qui mûriraient inutilement au haut de la treille.

La vue agrandit le toucher, multiplie les sensations d'espace et de mouvement par une palpation merveilleuse ayant, en quelque sorte, pour tentacules les rayons lumineux.

La vue nous met en garde de loin contre l'animal féroce qui rôde, contre l'ennemi qui guette, contre l'abîme qui s'ouvre béant sous nos pas. Guidés par la vue, nous allons droit à la source aux flots limpides pour nous désaltérer, et à l'ombrage d'un frais bosquet pour nous reposer. Nous ne sommes pas exposés à chercher notre nourriture dans des lieux stériles, à y périr faute de pouvoir en sortir après avoir tourné dans un cercle étroit, comme le voyageur égaré par la nuit dans les montagnes ou dans les plaines désertes.

La vue multiplie presque indéfiniment nos expériences, parce qu'elle nous ouvre en quelque sorte les trésors inépuisables de la nature.

Rien n'égale la variété des formes naturelles. Y a-t-il deux personnes qui se ressemblent bien exactement dans ce monde peuplé de plus d'un milliard d'habitants? Chaque fleur ne diffère-t-elle pas d'une autre fleur par sa structure, son modelé, sa couleur, ses tons, sa force vitale? Les feuilles, découpées avec un art d'une fécondité si ennemie de l'uniformité, attachées aux branches selon des dispositions combinées à l'infini; les troncs grêles ou robustes, humbles ou altiers ne donnent-ils pas à chaque essence d'arbre, peut-être même à chaque arbre son caractère, sa note propre dans ce concert que la vue seule est capable de faire goûter?

L'aveugle ne vivrait pas livré à lui-même; les ressources du sens du toucher seraient insuffisantes pour le préserver de mille causes de destruction pouvant l'atteindre à son insu. Une société d'aveugles ne peut exister qu'en rêve.

L'idée de la mort, particulière à l'homme, idée qui entretient le sentiment religieux et l'esprit philosophique, n'est éveillée que par le sens de la vue. Le corps mort offre la même résistance au toucher que le corps vivant, les formes ne s'altèrent et ne s'effacent qu'à la longue. Le froid cadavérique ne pourrait, sans l'expérience des autres sens, faire conclure à la destruction.

Le toucher, instrument de vérification si parfait, ne saurait, à lui seul, nous faire acquérir l'expérience suffisante pour vivre.

La vue lui prête un concours indispensable; mais ce n'est pas encore assez. La vue ne peut entrer en exercice dans la nuit, dans l'obscurité; elle ne pénètre pas le for intérieur, elle ne relie pas les âmes.

Lorsque la vue est interceptée par des obstacles, lorsque la lumière manque, que le contact ne peut avoir lieu, les avertissements sont donnés par l'ouïe.

Un cri se fait entendre; c'est celui d'un animal qu'il y a intérêt à éviter. La conscience, informée par le sens de l'ouïe, donne des ordres au sens de la vue pour fouiller du regard le fourré d'où le cri est parti. Le mouvement des branches indique la direction et même la vitesse du fauve. Cette nouvelle information de la conscience est suivie d'ordres donnés au toucher et à la vue pour que la rencontre puisse être évitée ou la défense préparée.

Prenons un autre exemple. Nous sommes assis sur un moelleux tapis de mousse à l'ombre de beaux arbres. Un bruit d'herbes froissées nous fait tourner la tête ; c'est un serpent sur lequel nous allions peut-être nous rouler. Nous nous levons comme mus par un ressort et le serpent disparaît dans les buissons voisins.

Voilà les sens de l'ouïe, de la vue et du toucher mis simultanément en jeu dans l'intérêt de notre conservation.

Le bruit ou le cri ont évité une surprise ; la vue nous a mis à même d'approprier nos mouvements au mode de défense le plus convenable dans la situation. A défaut de l'ouïe, la vue et le toucher n'ayant pas été excités, le mal pouvait être irréparable dès la première atteinte de l'ennemi. La vue et l'ouïe pouvaient faire juger de la nécessité de la défense, mais ils n'avaient pas la puissance de la réaliser sans le concours du toucher, c'est-à-dire de mouvements musculaires assurant la fuite ou permettant la lutte. Tous les sens sont solidaires dans la vie réelle, et la perte d'un sens est une diminution de la vie.

Remarquez que les sens ne sont pas toujours excités par les impressions qui sont de leur domaine particulier. Dans les cas cités, l'ouïe a été impressionnée par un son ou par un bruit ; mais la vue et le toucher ont été mis directement en éveil par la conscience alarmée. Les sens peuvent imposer leurs impressions à la conscience, à l'esprit ; mais l'esprit prend vite la direction, et, en commandant à tous les sens, affirme sa supériorité.

Les services du sens de l'ouïe s'étendent au delà des besoins matériels.

Sans audition point de cri utile, mais surtout point de parole. La communication verbale est pourtant le lien le plus puissant entre les hommes, la principale condition de leur développement intellectuel et moral, la source de leurs jouissances les plus pures, des consolations les plus efficaces dans leurs misères sans nombre.

Les signes de nos mouvements intérieurs les plus vifs, de nos passions nous ont été donnés par la nature. Ce sont le rire, les larmes, les cris, les soupirs, les regards, les émotions du visage, les gestes, qui constituent une langue universelle. Mais cette langue manque de variété et de souplesse : elle est impuissante à rendre les nuances de nos sentiments, les détails de nos impressions, la multiplicité de nos désirs.

Les sons articulés, combinés selon des conventions adoptées par des groupes d'hommes ayant des intérêts communs, ont formé les langues particulières. Ces combinaisons pouvant être infinies, tous les besoins, tous les sentiments, toutes les formes de la pensée ont eu leur expression. L'homme a pu étudier son semblable, il a pu s'étudier lui-même, il a pu lire dans le grand livre de la nature la noblesse de sa destinée.

Mais les pensées de l'homme sont fugitives ; il a cherché à les fixer. Les sons articulés étaient devenus les signes de sa pensée ; les sons auront leurs signes figurés, et sa pensée se dégagera en son absence et même après sa mort de l'écrit qui la renferme.

L'œil du lecteur est devenu entendant.

Par la parole écrite, le passé se trouve relié au présent, le présent à l'avenir, et chaque génération ajoute au fonds de richesses intellectuelles qui est le patrimoine sans cesse accru de l'humanité.

Il ne faut pas renier ce patrimoine et recommencer toutes les expériences, sous peine d'un arrêt dans le progrès, d'un absurde piétinement sur place.

Les élèves de la nature seraient distancés par ceux à qui les expériences inutiles seraient épargnées. N'oublions pas qu'élever les enfants, c'est les armer pour la vie de principes qui suppléent à leur inexpérience, et les rendent assez forts pour ne point subir l'esclavage de passions désordonnées.

Le goût se rattache à l'odorat et même à la vue. Les expériences combinées de ces trois sens nous trompent rarement sur la qualité des aliments que la nature nous offre avec libéralité, lorsque le toucher, qui est le grand pourvoyeur, ne s'endort pas dans une funeste oisiveté. Le travail a pour instrument principal le toucher, guidé lui-même par les sens de la vue et de l'ouïe.

Toutes nos sensations, on le voit, s'enchaînent pour entretenir notre activité physique et morale. Cet enchaînement démontre l'unité du but dans la diversité des moyens et la nécessité de développer avec harmonie toutes les facultés de l'enfant pour en faire un homme.

CHAPITRE XI

Éducation des sens.

Les sens sont les instruments de nos pensées et les gardiens de la vie matérielle. En les perfectionnant, on perfectionne l'existence elle-même sous son double aspect physique et moral.

Les sens se perfectionnent par un exercice judicieux. Il est également préjudiciable de surmener l'activité ou de la laisser s'éteindre dans une funeste oisiveté.

.Le toucher, nous l'avons déjà dit, est actif ou passif. Nous recevons des impressions de chaud ou de froid, de pesanteur ou de résistance : c'est le toucher passif. L'habitude modifie ces impressions. Un enfant élevé mollement ne peut supporter sans danger pour sa santé ni la grande chaleur ni le grand froid ; le plus léger fardeau l'incommode, un effort prolongé l'épuise. Point de mollesse par conséquent dans l'éducation.

L'enfant bien nourri n'a pas besoin de fourrures pour conserver sa chaleur naturelle. Qu'il se donne du mouvement, qu'il marche, qu'il coure et la bise ne le mordra pas. Il n'y a de dangereux que les changements de température non suivis de réaction. Rester immobile dans un milieu froid, c'est s'exposer à des troubles physiologiques pernicieux pour la santé.

Mais qu'est-ce qu'un milieu froid? Le froid n'est pas une température déterminée ; c'est le rapport de deux températures. Une cave est chaude en hiver et froide en été ; cependant il est bien établi que la température des bonnes caves est la même en été et en hiver. Ce qui change, c'est le rapport de la température variable extérieure à la température invariable de la cave. L'été, l'air extérieur est plus chaud que l'air de la cave ; en entrant dans la cave, nous éprouverons une sensation de froid. En hiver, nous éprouverons une sensation de chaleur, parce que l'air de la cave est plus chaud que l'air extérieur.

Il faut donc moins veiller à établir autour des enfants une température déterminée qu'à maintenir l'équilibre des rapports de milieux.

Pendant les hivers rigoureux, en chauffant trop les classes, on rend l'écart entre la température intérieure et la température extérieure plus considérable, et par conséquent les impressions de froid plus vives. Ce qui

est à craindre pour la santé, c'est moins la température absolue que l'amplitude des variations de l'échelle
thermométrique. On peut contracter une fluxion de
poitrine en passant brusquement, pendant l'été, d'une
température de trente degrés à une température de
douze degrés et demi. Douze degrés et demi, cependant, c'est le *tempéré*, indication fort rassurante pour
ceux qui considèrent le froid comme quelque chose de
défini.

Les Sénégaliens nouvellement débarqués grelottent
à Paris au mois de mai, les Lapons n'y sont jamais plus
heureux qu'à la Noël. Un peu de neige ne gâte rien
pour ces derniers. Nos poètes trouvent que la terre
est ensevelie par la neige ; les Lapons, qu'elle en est
parée. Froid, chaleur, beauté, tout est relatif au milieu
dans lequel la nature nous a placés.

Un changement de milieu est souvent funeste à
l'homme fait. Quant à l'enfant, il s'acclimate mieux,
c'est-à-dire que sa nature se plie, s'adapte aux conditions nouvelles. Son développement a lieu dans le sens
des nécessités du climat.

Nous avons insisté sur la variabilité, la relativité
des impressions du toucher pour que chacun puisse
faire justice de certaines doctrines d'éducation qui,
sous des dehors séduisants, ne contribueraient pas à
former des nations fortes de tempérament et de caractère.

La doctrine de l'endurcissement physique poussée
trop loin présente des inconvénients ; mais ces inconvénients sont moins graves que ceux qui résulteraient
d'une éducation efféminée.

Il faut élever un enfant pour son milieu. Ce milieu
est-il un salon, un entourage de serviteurs qui épargne
à l'enfant toutes les expériences, qui rende son activité

inutile, l'empêche de vivre pour lui épargner les peines inhérentes à la vie? Non, cette hypothèse est inadmissible, parce qu'elle est contraire à toutes les lois naturelles.

Le milieu qui attend l'enfant riche comme l'enfant pauvre s'étend au delà du toit paternel. Les enfants doivent être prémunis contre les hasards de la vie, l'inconstance de la fortune, préparés aux exigences du devoir. L'enfant devenu homme ne sera peut-être pas toujours suffisamment vêtu par les temps froids; la pluie peut le surprendre en rase campagne; des marches forcées peuvent devenir nécessaires dans une expédition militaire. Si son éducation physique n'a pas été bien dirigée, l'expiation commence par la souffrance et peut aller jusqu'à la mort. Que la tendresse des mères médite bien ces conséquences qui n'ont rien de chimérique. S'aguerrir au froid, au chaud, aux privations, à la fatigue dans le jeune âge, c'est augmenter sa force de résistance contre bien des causes de destruction; c'est augmenter aussi sa puissance morale.

L'éducation physique doit commencer de bonne heure, se poursuivre avec mesure et persévérance. Tous les jeux qui mettent le corps en action, qui assouplissent les membres, donnent de l'adresse, de la confiance en leurs propres forces sont bons pour les enfants. Il vaut mieux produire par l'exercice la chaleur nécessaire à une réaction utile que de la demander à des vêtements trop étoffés.

La question des vêtements se rattache à l'éducation du toucher passif. Mais c'est bien délicat de toucher à une petite idole parée selon les caprices de la mode, gourmée, solennelle, sentant l'importance de son rôle dans les préoccupations vaniteuses de sa mère. Si un cri nous échappe à la vue d'un enfant paré, ce n'est pas un cri d'admiration, mais de pitié. Pauvre victime ! Voyez ces bras, ces jambes nus, tout rouges de froid ; pour les réchauffer, c'est-à-dire pour rétablir l'équilibre entre la partie couverte et la partie découverte, il faudrait courir, sauter à la corde, lancer un volant et le rattraper sur la raquette, crier, rire. Y pensez-vous, que deviendrait la toilette? Que deviendrait la gravité d'allures nécessaire à l'effet attendu d'un costume nouveau, d'une création nouvelle, pour parler le langage du *Journal des Modes?* Création meurtrière, madame ; votre enfant souffre de l'insuffisance de son vêtement ; il souffre de ne pouvoir prendre ses ébats en pleine liberté, d'être tenu éloigné des jeux des enfants de son âge. Il s'étiole, et vous dites qu'il est délicat ; non, il est malade. Si vous voulez le guérir, habillez-le simplement ; que ses vêtements ne gênent aucun de ses mouvements ; qu'il coure, qu'il joue, qu'il soit bon camarade. Le séraphin deviendra peut-être un petit diable ; mais il y a bien des chances pour que le petit diable devienne un homme de cœur, l'honneur et la joie de sa mère. Cela vaut bien la peine de se priver d'une poupée à ressorts, habillée à la dernière mode.

Ces conseils ne sont pas nouveaux ; Montaigne parlait à peu près dans le même sens, il y a trois siècles. Nous ne saurions mieux terminer cet article qu'en nous appuyant de l'autorité de la plus haute personnification du bon sens français.

« Endurcissez votre enfant à la sueur et au froid,
» au vent, au soleil et aux hasards qu'il lui faut mé-
» priser. Otez-lui toute mollesse et délicatesse au
» vêtir et au coucher, au manger et au boire ; accou-
» tumez-le à tout ; que ce ne soit pas un beau garçon

» et dameret; mais un garçon vert et vigoureux. En-
» fant, homme vieil; j'ai toujours cru et jugé de
» même. »   (*Essais,* livre I, chapitre xxv.)

CHAPITRE XII

Éducation des sens

L'éducation du toucher passif emprunte ses préceptes, ses règles à l'hygiène. Le toucher actif reçoit
sa direction de l'intelligence et son perfectionnement
de l'habitude.

Nous n'avons pas besoin de rappeler les merveilles
d'habitude réalisées dans certaines industries, celle de
la fabrication des aiguilles, par exemple. Apprêter
le fil d'acier, le rendre aussi fin qu'un cheveu, le cou-
per de dimensions convenables, aiguiser tous ces
tronçons, ce n'est rien, comparé à la difficulté de percer, de faire le *chas* de chacune de ces fines aiguilles
avec un poinçon qui porte toujours juste, malgré la
rapidité des mouvements et la ténuité de la partie
estampée. La main qui tient le poinçon ne dévie pas;
celle qui tient le marteau mesure exactement l'effort à
l'effet à obtenir, et un seul ouvrier dans sa journée
perce l'œil d'une quantité énorme d'aiguilles.

L'éducation de la main se fait, en général, simultanément avec celle de l'œil. Dans l'exemple précédent,
l'œil de l'ouvrier a guidé le poinçon et le marteau;
mais le toucher avait préalablement précisé la relation
de l'aiguille aux outils qui servent à la percer.

Le toucher est le précepteur de la vue; mais une
fois l'élève bien formé par des expériences suffisantes

pour créer des habitudes, le maître est dépassé. Les impressions sont multipliées et agrandies : voir, c'est toucher avec mille mains d'une délicatesse et d'une puissance merveilleuses. L'œil, armé d'un télescope, sonde les profondeurs du ciel, suit dans leurs révolutions autour de notre soleil des mondes inconnus. Le rapport établi dans notre esprit, grâce à l'expérience du toucher, entre l'éloignement et la grandeur des objets, nous fait voir dans chaque étoile un soleil, source de lumière et de chaleur pour d'autres mondes.

Les sensations de la vue peuplent l'immensité et fournissent à l'esprit l'occasion de contempler l'infini en grandeur. L'homme est placé en quelque sorte entre deux infinis. Qu'il quitte le télescope et qu'il observe avec le microscope une goutte d'eau, un peu de cette boue qu'il foule aux pieds, il y découvrira les mondes de l'infiniment petit, non moins merveilleux que les mondes de l'infiniment grand. La vie et le mouvement s'y révèlent sous les formes les plus extraordinaires. L'homme inhabile, il n'y a qu'un jour, à comprendre ces deux infinis, portait cependant dans sa conscience des aspirations que l'expérience des sens et la science ont secondées et excitées sans les satisfaire complètement. L'amour insatiable de la vérité est encore un infini.

Mais ne perdons pas de vue l'éducation pratique des sens au moyen du contrôle réciproque des indications fournies par chacun d'eux. Un enfant qui voit une personne en conçoit une idée nette, précise ; il la confondra rarement avec une autre. Il s'agit en effet d'une impression visuelle composée d'une image définie par un groupement particulier de surfaces, de lignes, de couleurs. L'image est bien arrêtée ; la sensation ne saurait donner lieu à une idée par trop vague. Mais lorsqu'il s'agit d'apprécier la grandeur des objets et leurs distances, c'est-à-dire de les rapporter à une commune mesure, le sens de la vue manque de prise. L'éloignement rompt la relation entre l'image et la grandeur de comparaison. Cette relation ne peut être rétablie que par l'habitude résultant de nombreux exercices de superposition. Dites à un enfant qui connaît bien le système métrique de tracer au tableau noir une ligne de dix-sept centimètres, par exemple ; il n'y réussira pas tout d'abord : la ligne tracée sera plus longue ou plus courte. Ce n'est qu'à la longue et après des exercices multipliés qu'il arrivera à un résultat passable.

Dans une école, ces exercices de mesurage au coup d'œil peuvent prendre un vif intérêt. Un élève est envoyé au tableau noir pour y tracer une ligne d'une longueur donnée ; il la trace selon son inspiration. Un second, un troisième, un quatrième élève vont successivement tracer des lignes répondant à la même question. On mesure les quatre lignes ; l'élève qui a le plus approché de la vérité se trouve encouragé par ce succès, et l'amour-propre des autres est piqué au point de provoquer des expériences particulières très profitables à la poursuite du but à atteindre. Les résultats surprendront les maîtres qui auront confiance dans le procédé et qui l'appliqueront avec persévérance.

Ce procédé n'est pas limité aux dimensions pouvant être tracées sur le tableau noir. Les distances, à la ville, des quartiers ; à la campagne, des hameaux habités par les élèves, sont bien connues des maîtres. Les questions peuvent porter sur ces distances ; elles peuvent porter sur les distances qui séparent deux villes dont on montre la situation sur une carte géographique ; l'échelle de la carte servant de mesure sera tracée sur le tableau noir.

De la mesure des lignes à vue d'œil, on peut passer à la mesure des angles. De deux angles égaux, celui qui a les côtés les plus longs paraît le plus aigu. Cette illusion disparaîtra après de nombreux exercices vérifiés au rapporteur. L'élève arrivera également par l'habitude de la vérification à tracer assez exactement, sans instruments, des angles d'une amplitude donnée. Lorsqu'il jugera bien au coup d'œil de la longueur des lignes, de l'ouverture des angles, de la proportion des figures, il sera admirablement préparé à l'étude du dessin. Si le dessin a tant de peine à se vulgariser, c'est que l'on veut faire rendre des effets de relief avant d'avoir fait l'éducation géométrique de l'œil.

> Ce que l'on conçoit bien s'énonce clairement,
> Et les mots pour le dire arrivent aisément.

Dans l'espèce, l'élément de la conception nette, c'est la perception visuelle exacte des formes et des grandeurs déduite par l'habitude de l'image perspective. Les mots, ce sont les lignes qui sortiront bien vite nettes et pures d'une main dirigée par un œil ayant la sûreté du compas.

Quel avantage immense ne résulterait-il pas encore pour l'enfant de l'éducation du sens du toucher et de la vue appliqués à l'appréciation du poids des corps ? Beaucoup d'hommes n'ont dû leur fortune qu'à la faculté de juger à vue d'œil du poids et par conséquent de la valeur d'animaux amenés en foire, d'apprécier l'importance d'une coupe de bois par une inspection rapide des arbres, de saisir les avantages d'un marché quelconque par une estimation juste quoique sommaire.

Les enfants habitués à manier une balance et des poids ne sont pas en état d'attribuer un poids approximatif à un objet qu'ils soupèsent, s'ils ne sont pas exercés à comparer leurs impressions de toucher aux résultats des pesées. Mais avec un exercice approprié, la main peut devenir une balance, comme l'œil un compas. De l'idée de volume on peut même passer à l'idée de poids, sans grave erreur, lorsque l'éducation des sens a été bien dirigée et que l'habitude est suffisante.

Le sens de l'ouïe ne peut pas atteindre toute sa perfection dans l'enfance. L'expression du langage et de la musique tient aux passions de l'âme, qui ne se développent que dans l'âge adulte. Il faut se borner à apprendre aux enfants à bien articuler, à parler et à lire avec clarté et naturel. Un débit trop animé deviendrait vite faux et déclamatoire. Dans le chant, on visera surtout à rendre la voix juste et l'oreille sensible à la mesure et à l'harmonie.

Il n'y a pas à stimuler le sens du goût chez les enfants, mais plutôt à en réprimer les tentations. C'est à tort que l'on a prétendu que la gourmandise est une passion de l'enfance, disparaissant au premier souffle des passions d'un autre âge. Les passions s'ajoutent sans se supplanter, et les plus basses sont celles qui résistent le mieux au temps et à toutes les diversions. Si l'ivrognerie est héréditaire dans certaines familles et dans certaines contrées, n'est-ce pas l'effet de l'exemple et d'habitudes précoces? Ne dit-on pas tous les jours que la table fait plus de victimes que la guerre? L'éducation ne doit pas négliger une question de cette importance. Mais l'instituteur n'a guère à s'occuper des repas de ses élèves, et lorsqu'il visite les paniers, il a généralement plus à regretter l'insuffisance de la nourriture apportée qu'un luxe d'aliments pouvant faire naître ou entretenir la gourmandise.

Ce n'est qu'au point de vue de l'éducation générale que nous parlons de la sobriété : mais nous croyons qu'elle est une condition essentielle de la santé du corps et de l'âme des enfants.

CHAPITRE XIII

Illusions des sens.

Il y a illusion des sens lorsque les impressions ne répondent pas à la réalité.

Un bâton droit paraît courbe plongé dans l'eau ; une tour carrée paraît ronde vue de loin ; un amputé souffre dans le membre qu'il n'a plus.

La sensation produite par le bâton dans l'eau n'est pas modifiée par l'expérience, c'est le jugement qui est redressé. L'esprit averti juge le bâton tel qu'il est ; mais la sensation visuelle reste celle d'un bâton brisé au point de sa pénétration dans le liquide.

Le voyageur qui voit de loin une tour qu'il sait être carrée n'en a pas moins la sensation d'une tour ronde ; son esprit voit mieux que son œil.

Une personne amputée d'un bras éprouve des sensations de froid, de chaud, de picotement à la main qu'elle n'a plus ; le souvenir de son malheur rectifie l'idée ; mais la sensation subsiste malgré l'expérience.

Les sens nous apportent les matériaux de nos idées ; mais c'est l'esprit qui les met en œuvre après les avoir contrôlés.

Toutes les sensations, même celles du toucher, ont besoin du contrôle de l'esprit, contrôle exercé par le rapprochement des impressions de plusieurs sens.

Une sensation a pour antécédent un ébranlement nerveux produit par des causes externes. Je touche un corps chaud, l'avertissement est immédiatement donné au cerveau par les nerfs qui se terminent dans les papilles du bout des doigts. J'ai conscience non seulement de l'impression de chaleur, mais encore du point de départ de l'ébranlement nerveux qui a donné lieu à la sensation. L'habitude fait rapporter la sensation au point de contact. On dit : j'ai froid aux pieds, j'ai mal aux doigts, quoique les pieds soient incapables de juger de l'insuffisance de la température et les doigts de l'acuité de la douleur. C'est cette localisation qui donne lieu aux illusions du toucher. Dans l'amputation, les nerfs ne disparaissent pas, ils ne sont que raccourcis. Si le tronçon d'un nerf se terminant autrefois à l'extrémité du petit doigt est touché, l'impression sera rapportée à son lieu ordinaire, et le petit doigt revivra dans une sensation d'habitude.

Les illusions de la vue sont plus fréquentes que celles du toucher, parce que la localisation des sensations visuelles a beaucoup d'étendue et peu de précision. Le nerf optique est impressionné par la lumière tombant sur le réseau formé par ses dernières ramifications, sur la rétine située à l'intérieur du globe de l'œil. En rapportant la sensation au point d'ébranlement des nerfs, tous les objets devraient paraître situés à la même distance, et en contact, sinon avec la rétine, du moins avec le globe de l'œil. C'est ce qui a lieu pour les enfants et pour les adultes aveugles de naissance, après une opération qui leur permet de voir. Les aveugles opérés ne distinguent d'abord absolument rien : le monde extérieur leur apparaît comme un écran peint de couleurs variées. Le mouvement des yeux et de la tête transforme les dessins à la manière d'un kaléidoscope. Les objets bien différenciés par le toucher ne le sont pas avant de longues expériences par la vue. La main cherche auprès des yeux tout ce que le regard embrasse ; elle veut toucher la montagne qui ferme l'horizon, comme la fleur qui s'épanouit à sa portée. Lorsque l'opéré a acquis quelque expérience, on le voit encore souvent se tromper, étendre la main au delà de l'objet qu'il veut saisir ou la porter en deçà. Les dégradations d'ombre et de lumière n'ont un sens pour lui qu'après de nombreux rapprochements entre les sensations du toucher et de la vue. Ce n'est que peu à peu que l'espace se creuse, que les reliefs s'accusent, que les formes se distinguent, que la nature se révèle à l'œil inexpérimenté.

L'habitude localise les impressions visuelles non sur la rétine, où a lieu l'ébranlement nerveux, mais au point d'où partent les rayons lumineux qui vont la frapper.

Les impressions visuelles ne sont que des illusions ; c'est par un travail de rapprochement, de comparaison fort compliqué, que l'esprit transforme ces impressions en sensations d'espace et de formes ; qu'il établit des rapports entre la proximité des objets et la netteté des images, entre leur éloignement et le vague des tons. L'habitude rend ce travail mental très rapide et presque instinctif, ce qui porte faussement à penser que les idées de forme et d'espace sortent toutes faites des sensations de la vue. La transformation des illusions des sens en connaissances précises est une preuve bien forte de la vie psychologique indépendante de la vie physiologique.

Les enfants apprennent à voir presque à l'insu de leur nourrice et de leurs parents ; mais ils voient mal fort longtemps et restent toujours inhabiles à saisir la délicatesse des tons, l'harmonie des nuances, sans une éducation spéciale.

On est fort surpris qu'un petit enfant demande qu'on lui donne la lune; mais la lune ne lui paraît pas plus élevée que la maison qui la lui dérobe, ni plus éloignée que le coteau qu'elle paraissait toucher en se levant. On ne le tire pas de son illusion par des raisonnements qu'il prend pour des prétextes de refus. Menez-le sur un point plus élevé que celui où il se trouve, il verra alors la lune s'élever à mesure qu'il montera lui-même et sera bientôt convaincu de la folie de sa poursuite. L'enfant ne voit ni ne touche comme nous; les illusions des sens n'ont pas pour lui le contre-poids de l'expérience. Multiplions avec les enfants les expériences faciles et frappantes; toute illusion tombée diminue leur présomption et augmente leur confiance dans ceux qui les éclairent sans blesser leur amour-propre. C'est ainsi que les illusions des sens peuvent servir à un bon maître pour s'emparer de l'esprit de ses élèves.

Les illusions de localisation des sensations ne sont pas les seules dont il faille se garder; la réviviscence des sensations, la force ou la faiblesse des images rappelées, les mouvements qu'elles impriment à l'esprit, les réactions réciproques des nouvelles sensations sur les sensations passées faisant partie du caractère, la surveillance doit être bien active.

Les sensations persistent à l'état latent dans l'esprit; leur retour souvent inopiné, plus souvent encore provoqué par quelque sensation analogue, par une conversation, une lecture, s'appelle réviviscence.

Vous avez voyagé dans des lieux pittoresques; ce voyage a été marqué par des incidents peu ordinaires.

Il vous reviendra souvent à l'esprit avec une netteté de détails surprenante. Vous repartez en quelque sorte de nouveau avec vos compagnons de route ; votre cheval prend le devant. Vous cotoyez une rivière profondément encaissée, bondissant de rocher en rocher, écumant et grondant par impatience des obstacles accumulés sur sa route. Ici c'est un rocher qui surplombe l'étroit chemin que vous suivez ; là, un vieux pont jeté sur un abîme ; au milieu du pont à double pente, se trouve une niche renfermant une madone, mise là, sans doute, pour rassurer les voyageurs. Plus loin, la vallée se bifurque, et au point de bifurcation se trouve un village qui n'a de remarquable qu'un clocher nouvellement blanchi à la chaux. Les maisons sont noires et sales. Vous n'êtes pas suivi, il faut attendre les autres cavaliers. La halte n'est pas de longue durée, et, cette fois, personne ne veut rester en arrière. On galope toutes les fois que le chemin le permet et même lorsqu'il ne le permet pas. La vallée se resserre, et il faut passer sur l'autre rive du torrent ; impossible, pour effectuer la descente, de courir et même de rester à cheval. On se dédommagera à la montée. D'ailleurs, une voiture vous attend au prochain village, où vous arrivez avant l'heure prévue. On se repose, on se restaure, on voit partir beaucoup de voitures pour le but du voyage ; la vôtre n'arrive pas. Enfin la voilà ! C'est un mauvais tilbury dans lequel vous ne pouvez manquer d'être vigoureusement secoué. Vous êtes arrivé trop tôt ; vous partez trop tard. La nuit et l'orage vous surprennent en route. Le torrent gronde, les sapins mugissent, la pluie vous fouette, l'obscurité devient de plus en plus complète, le conducteur ne voit plus sa route, le cheval marche toujours. Un léger écart, un faux pas de l'animal peuvent vous précipiter dans l'abîme qui est là hurlant. Serez-vous sa proie? Non ; une lumière apparaît dans le lointain, puis deux, puis beaucoup : ce sont les fenêtres éclairées d'un splendide hôtel, où vous avez bien vite oublié le danger couru. Mais la scène se représente souvent à votre imagination, et l'illusion est peut-être plus pénible que la réalité.

C'est encore par suite d'une illusion que vous vous attendrissez à un drame bien joué.

Que d'illusions dans les biens et les maux de la vie !

Les sensations réagissent les unes sur les autres pour nous livrer aux illusions. La vue d'un beau fruit *nous fait venir l'eau à la bouche*, c'est-à-dire provoque une sensation illusoire de goût. L'apparition de la bouteille renfermant une potion désagréable, provoque quelque-fois des nausées chez le malade. Les maladies imagi-naires peuvent amener des accidents très réels. La vue d'une plaie vive au genou de quelqu'un nous fait éprouver au genou une douleur fugitive bien caracté-risée. Il semble que les mouvements vibratoires de l'impression douloureuse causent un ébranlement des mêmes nerfs chez les simples témoins des souffrances. Ce sont les notes harmoniques de la sympathie.

Puisque les illusions des sens peuvent renouveler et multiplier nos douleurs et nos plaisirs, il convient de ne laisser arriver à l'âme des enfants que des im-pressions saines, fortifiantes, et d'éloigner d'eux tout ce qui peut les passionner, les exalter d'une manière fâcheuse.

La peine et le plaisir sont de puissants stimulants de l'activité ; les récompenses et les punitions peuvent, par conséquent, être considérées comme des moyens éducatifs d'ordre naturel. L'illusion centuple le prix de la récompense et fait trouver des moyens de répression et d'amélioration dans quelques paroles d'avertissement ou de blâme, dans une froide attitude, dans un regard simplement désapprobateur.

C'est encore à l'illusion, au réveil spontané de certaines sensations que les rêves sont dus. Celui qui a l'imagination bien ordonnée ne fait point de mauvais rêves. On ne rêve que des choses qui sont entrées dans l'esprit pendant la veille. Ces choses ne se coordonnent pas dans le sommeil; ce sont les impressions les plus vives qui renaissent avec le plus de facilité. Le rêve doit par conséquent être, en général, une sorte de mosaïque composée de sensations de toutes dates, appartenant à des événements les plus divers, et former un ensemble d'une étrange bizarrerie.

Les rêves lucides ne sont pas des rêves, mais des hallucinations. Dans l'hallucination, des sensations se produisent sans cause extérieure. Il y a sans doute rappel d'une image avec une telle force, qu'une localisation au dehors s'ensuit. Une image localisée devient une sensation, et l'illusion est prise pour la réalité. La peur et toutes les impressions qui ébranlent le système nerveux au delà de certaines limites, créent des fantômes. Le malade, car il s'agit dans l'espèce d'une véritable maladie, est affecté par le produit de son imagination surexcitée, comme il le serait, dans les circonstances ordinaires, par les impressions des objets réels. Il est de bonne foi en affirmant qu'il a vu, qu'il a entendu; ses sens ont été effectivement ébranlés; mais l'excitation vient du dedans au lieu de venir du dehors. Les miracles de la double vue et des apparitions ne tiennent qu'à la localisation, qu'au transport au dehors des images intérieures rappelées avec une énergie extraordinaire.

« Mais, nous ont dit beaucoup de personnes, nous avons fait des rêves qui se sont réalisés. » — Rien d'étonnant. Vous avez une affaire qui vous préoccupe vivement ; vous en avez longuement médité les chances favorables et défavorables ; votre esprit . s'est prononcé en quelque sorte à votre insu. Pendant le sommeil, le travail mental recommence, et la conclusion vague de l'état de veille se reproduit sans les circonstances qui l'atténuaient. L'événement justifie cette conclusion et vous la prenez pour une révélation du rêve, oubliant le jugement, mêlé d'autres impressions, que vous aviez porté étant bien éveillé.

Que l'on soumette toutes les superstitions venant de l'illusion des sens à une froide analyse psychologique, et elles tomberont sans retour.

CHAPITRE XIV

L'intelligence.

La signification multiple des mots est un grand obstacle aux progrès dans la connaissance des choses. Plus la matière est délicate, plus le langage devrait être précis. Il n'en est malheureusement pas ainsi, et les disputes de mots tiennent toujours une trop large place dans les discussions philosophiques surtout. Pour éviter toute obscurité, il n'y a qu'à prévenir les lecteurs de l'acception dans laquelle on prend le terme employé.

Vulgairement, l'intelligence est la facilité de comprendre. Un élève intelligent comprend vite la leçon du maître et est lent à l'oublier. « *A bon entendeur, demi-mot* » : c'est-à-dire que l'homme intelligent comprend sans beaucoup d'explications.

L'homme est une intelligence servie par des organes.
Voilà le mot intelligence pris dans une acception différente. Intelligence est ici synonyme d'âme, d'être spirituel.

*Les facultés de l'esprit sont l'intelligence, la sensibi-
lité et la volonté.* Par intelligence nous ne désignons
plus l'âme tout entière, mais un de ses attributs.

C'est à ce dernier point de vue que nous envisage-
rons l'*intelligence*, et nous la définirons *le pouvoir de
connaître, de se représenter ce qui est, d'avoir des idées,
de penser.*

Idée signifie *image.* Lorsque nous voyons un oiseau,
un arbre, une montagne, il reste dans notre esprit une
image de la montagne, de l'arbre ou de l'oiseau; nous
en avons l'idée. Nous avons l'idée d'une mélodie après
l'avoir entendue; de la saveur d'un fruit après l'avoir
goûté; du parfum d'une fleur, lorsque la fleur s'est
trouvée à portée de notre odorat. Les aveugles ne peuvent se faire une idée des couleurs; les sourds, des sons
et de la musique.

Les idées dues aux objets sensibles, c'est-à-dire à la
perception extérieure, forment l'humble point de départ de nos connaissances, que la réflexion et la raison
portent à des hauteurs indéfinies.

Réfléchir, c'est retenir ou rappeler une idée pour en
faire un examen plus approfondi, pour la rapprocher
d'autres idées, afin d'établir des rapports de similitude
ou de différence.

Établir des rapports entre deux ou plusieurs idées,
c'est *raisonner :* se prononcer sur leur convenance ou
sur leur opposition, c'est *juger.*

Juger et raisonner sont des opérations purement
mentales. Les idées provenant des sensations ne sont
que des matériaux sur lesquels notre esprit s'exerce

pour former des pensées. *Penser*, c'est peser, méditer, combiner. La plus simple pensée comporte, outre l'idée, l'image de l'objet sensible, la distinction de cet objet de son milieu, de ce qui n'est pas lui. L'esprit établit des rapports de différence, de discontinuité. Par exemple, nous voyons une fleur ; nous jugeons immédiatement qu'elle diffère des feuilles et de la plante qui la porte ; que cette plante diffère d'autres plantes plus grandes ou plus petites ; que les plantes diffèrent du sol qui les produit. C'est par la pensée, c'est-à-dire une combinaison de rapports, que l'idée simple d'un objet se dégage de sensations multiples. Une sensation continue, non limitée par d'autres sensations, ne donnerait lieu à aucune image, et constituerait un état indifférent si la sensation n'avait pas eu d'antécédent. On souffre par comparaison, on est heureux par comparaison, la vie n'est qu'une succession d'états différents connus de l'être vivant. Si cette connaissance, appelée *conscience,* manque, il n'y a point de vie proprement dite.

La *conscience* ou *perception interne,* qu'il ne faut pas confondre avec la conscience morale, juge de nos actions, est la faculté de s'apercevoir de ce qui se passe en nous ; c'est le sentiment du *moi* dans chacun des phénomènes dont il est le sujet ou la cause.

Je pense et j'écris dans ce moment, j'ai le sentiment intime du *moi agissant* dans ces deux actes. Ce sentiment, c'est la conscience.

En écrivant, ma main et mes doigts font une foule de mouvements presque inaperçus par mon esprit ; ces mouvements, quoique voulus, n'affectent que faiblement la conscience.

Il y a donc des degrés dans la manifestation du sens intime ou de la conscience. L'habitude, c'est-à-dire la répétition prolongée des mêmes actes ou des mêmes impressions, rend en quelque sorte la conscience moins attentive; la rareté des sensations ou des émotions la rend paresseuse. L'activité poussée jusqu'à l'étourdissement enlève l'homme à lui-même et abrège sa vie comme les chemins de fer abrègent les distances. L'inertie le réduit à une sorte de vie végétative, inconsciente pour autre chose que pour l'ennui. C'est dans l'activité réglée, dans la conscience réfléchie que l'homme trouve le développement de sa personnalité intellectuelle et morale.

La conscience réfléchie donne *au moi* la connaissance de lui-même; l'âme se distingue de ses impressions, se dégage de ce qui n'est pas elle et devient l'objet de sa propre pensée.

Se rendre compte à soi-même de soi-même est évidemment un acte de raison.

Se dégager des impressions extérieures pour se replier par la conscience sur soi-même, c'est un fait de liberté.

L'activité intellectuelle, c'est-à-dire la pensée, est la preuve de l'existence dans l'homme d'un principe spirituel; la conscience réfléchie ne laisse aucun doute sur la raison et la liberté humaines.

Il est pourtant de mode de douter avec esprit de l'esprit, de ne voir dans l'homme qu'une machine savamment organisée, de parler beaucoup de la dignité humaine et d'abuser de tous les travaux anatomiques pour démontrer que l'homme est le plus proche parent des singes les plus ignobles. Merci de cette noblesse : elle ne nous obligerait pas à grand'chose de beau et de bon. Il y a mieux à proposer, Dieu merci, pour inspirer des sentiments élevés aux enfants de nos écoles.

Voulez-vous faire comprendre à ces enfants, par une

démonstration sensible et saisissante, que l'esprit est supérieur à la matière, que la force physique est subordonnée à la puissance intellectuelle, présentez-leur une montre, par exemple.

« D'où vient le mouvement des aiguilles, leur direz-vous? — Des rouages. — Les rouages se mettent-ils d'eux-mêmes en mouvement? — Non, ils reçoivent leur impulsion du grand ressort. — Le grand ressort est donc en quelque sorte l'âme de la montre? — Oui. — Si je vous disais que c'est un esprit véritable qui a donné à la montre le mouvement et qui entretient ce mouvement? — La montre ne marcherait pas sans le grand ressort. — Non, mais le grand ressort agit-il constamment sans secours? — Il faut remonter les montres tous les jours. — La force véritable vient donc de la main qui remonte la montre : le ressort ne fait en quelque sorte que l'emmagasiner, que la distribuer lentement après l'avoir reçue d'une impulsion plus vive. Lorsqu'on ne pense pas à monter sa montre au temps voulu, continue-t-elle à marcher? — Assurément non. — Ainsi donc c'est la pensée de l'homme, son esprit, qui est la cause première du mouvement de la montre, et il suffit d'une distraction de cet esprit pour que le mécanisme devienne inutile. »

L'immense machine de l'univers, dont l'attraction est le grand ressort, doit avoir aussi une intelligence pour premier moteur.

L'intelligence est une activité si nécessaire dans l'homme presque dénué d'instinct, qu'elle doit être placée sous la sauvegarde d'un stimulant naturel puissant. Ce stimulant, c'est la *curiosité*.

La curiosité est le désir sans cesse renaissant de connaître des objets nouveaux. La satiété ne l'atteint pas, au contraire : plus on lui donne d'aliment, plus elle grandit. Elle rend les enfants questionneurs et les adultes studieux.

On voit sans peine tout le parti que les parents et les maîtres peuvent tirer de ce penchant, pour l'instruction des enfants.

Les questions des enfants doivent toujours être prises au sérieux ; si on les accueille comme des importunités, on perd beaucoup. Les enfants deviennent peu communicatifs, et on voit la vivacité de leur intelligence s'éteindre insensiblement. Les réponses oiseuses, le manque de sincérité nous font perdre leur confiance, et sans confiance de l'élève pour le maître, il n'y a pas d'éducation possible.

Il y a cependant une mesure à garder. Les petits raisonneurs sont insupportables ; souvent même ils visent plus à satisfaire leur vanité que leur curiosité.

D'ailleurs la curiosité peut dégénérer en une légèreté d'esprit qui compromet tout progrès réel. Elle doit être plutôt alimentée par l'attrait des leçons que par leur multiplicité.

Les hommes superficiels tiennent beaucoup de place et sont de peu d'utilité. Les chercheurs persévérants, opiniâtres dans la même voie, réalisent seuls les grandes découvertes qui font avancer l'humanité.

CHAPITRE XV

De la Mémoire.

La mémoire est le fondement de la pensée, par conséquent de la personnalité humaine. C'est par la mémoire que l'esprit se meuble, s'enrichit, entretient son

activité et augmente ses conquêtes scientifiques et morales.

On ne saurait penser sans se rappeler quelqu'un ou
quelque chose. Un enfant pense à son père absent;
cette pensée consiste dans le rappel de son image aimée, le souvenir de sa bonté, de ses caresses, de sa
sollicitude pour tous les membres de la famille, de ses
soucis, de ses efforts pour assurer l'avenir de chacun.
Supprimez le souvenir du passé, l'esprit de l'enfant sera
incapable d'embrasser autre chose que l'impression
présente; le père absent sera pour lui comme s'il n'existait pas et comme s'il n'avait jamais existé.

Je pense à un riant paysage, à une œuvre d'art, à un
beau livre. Ces pensées se rattachent certainement à
des souvenirs qui les ont provoquées. Les pensées
s'évanouiront avec les souvenirs.

Il en est de même des sentiments les plus vifs. Perdez le souvenir de la personne aimée, où sera l'amour?
Oubliez le bienfait, où sera la reconnaissance?

Si une sensation était oubliée dès que la cause de
l'impression a cessé d'agir, l'esprit ne pourrait pas établir de rapport entre deux sensations successives. Si
l'esprit ne compare pas, il n'y a ni grand ni petit, ni
beau ni laid, ni bon ni mauvais; la conscience elle-
même est anéantie. Pour affirmer *que l'on est, parce
que l'on pense*, il faut se souvenir que l'on a pensé, que
l'on a été au moins dans deux états successifs différents.

Si l'on oubliait chaque jour ce que l'on a fait et pensé
le jour précédent, l'homme du lendemain ne serait plus
le même que l'homme de la veille; il y aurait dans le
même homme autant de personnalités morales différentes que sa vie compterait de jours.

Sans la mémoire, l'aiguillon du besoin, la souffrance,

ne suffirait pas pour assurer la conservation de l'individu. Un sauvage a trouvé une fontaine limpide dans son désert; s'il l'oublie après s'y être désaltéré, il court risque de mourir bientôt de soif. L'arbre qui porte des fruits lui devient inutile, dès que cet arbre n'est pas à portée de sa vue, s'il ne s'en souvient pas.

Sans mémoire, nous ne parlerions pas; les sons ne rappelleraient aucune idée à notre esprit. Les sons ne peuvent devenir les signes de nos idées, c'est-à-dire un langage, que par suite de conventions longues à établir. La possession de ces signes, de leurs nombreuses combinaisons, nécessaires pour rendre toutes les nuances de la pensée, demande beaucoup de mémoire.

Tous les hommes ont de la mémoire, puisqu'ils parlent tous, à moins d'infirmité spéciale.

Il y a des degrés dans la puissance de la mémoire, comme dans la perfection du langage. Le développement de l'intelligence est intimement lié au développement de la mémoire : *savoir, c'est se souvenir.*

Mais quelle est la nature de la mémoire que nous pouvons définir : *le pouvoir de l'esprit de conserver les idées fournies par des sensations passées, de les reproduire, de les reconnaître, d'en constituer le fonds, que nous nommons expérience et savoir.*

Le cerveau de l'enfant, dit-on, est comme une cire molle qui reçoit toutes les empreintes. Une pensée, une image immatérielle faisant une empreinte sur le cerveau qui est une substance matérielle; cette substance recevant d'innombrables impressions, les conservant avec netteté, les reproduisant spontanément ou sur l'appel de la volonté, voilà des faits bien extraordinaires, bien mystérieux. L'explication n'est pas lumineuse et ne vaut guère mieux que l'ignorance absolue.

Il a été fait d'autres hypothèses pour expliquer le

phénomène de la mémoire. L'une des plus importantes consiste à assimiler la mémoire à l'habitude. Les ébranlements nerveux créeraient des *prédispositions* à reproduire les mêmes impressions, que l'esprit transformerait en sensations renouvelées. La répétition de la même sensation réelle augmenterait la prédisposition au rappel de l'idée, donnerait même assez de mobilité à l'organe pour que l'impulsion devînt automatique.

Mais il y a des faits intellectuels isolés qui laissent des souvenirs aussi vivaces que ceux qui ont été cent fois répétés. Il n'est pas admissible non plus que le travail intellectuel ne constitue que des habitudes, qu'il n'élève pas l'esprit, qu'il n'ajoute rien à la personnalité morale.

La théorie de la mémoire, encore bien incertaine, ne nous serait pas d'un grand secours pour le but que nous poursuivons. Il suffit de nous bien pénétrer de cette vérité que les idées conservées par la mémoire sont les matériaux sur lesquels l'esprit travaille; que plus ces matériaux sont abondants et de bonne qualité, plus les progrès de nos élèves sont importants, plus leur avancement intellectuel et moral est considérable.

Il n'est pas indifférent de confier à la mémoire des enfants toutes sortes de matériaux, de laisser arriver à leur esprit toutes sortes d'impressions. Ces impressions donnent lieu à des idées qui ne s'effacent pas à la volonté de l'éducateur, à la volonté du sujet lui-même. Si les impressions sont mauvaises, les idées fausses ou vicieuses, le fond du caractère en est atteint; les produits ultérieurs de l'esprit porteront des traces de ce mauvais ferment. Si, au contraire, l'intelligence n'a reçu que de bonnes impressions, toutes les conceptions sont conformes aux saines idées dominantes, et la vie s'ordonne sans effort dans le sens le plus avantageux pour l'individu et la société.

La mémoire est une faculté unique, indivisible, quoiqu'elle se manifeste sous des formes multiples, qu'elle présente des qualités diverses.

On parle de la mémoire des mots, de la mémoire des faits, de la mémoire des lieux, de la mémoire des sons, de la mémoire des couleurs, etc. Cela veut dire simplement que les impressions les plus vives, les plus intenses sont celles que fournit la vue pour certaines personnes, l'ouïe pour d'autres, le toucher pour d'autres encore. Une différence dans la mémoire provient le plus souvent d'une différence dans l'intensité de la sensation ou dans le degré d'attention que l'esprit lui accorde. On peut donc augmenter sa mémoire en disciplinant son esprit, en le forçant à être attentif aux impressions des sens et à ses propres opérations.

Lorsque la mémoire est rebelle par suite de la faiblesse d'un certain ordre de sensations, on l'assouplit, on l'améliore par la répétition. De faibles sensations ajoutées produisent un effet total équivalent au résultat d'une sensation unique qui laisserait par son intensité une trace profonde dans la mémoire.

Les impressions conservées peuvent différer pour un même objet. On peut penser à une personne sans se représenter sa figure, sa taille, son costume, sa démarche. Il suffit pour cela que son nom vous vienne à la mémoire. Si vous cherchez, au contraire, sans succès, son nom, vos efforts pour le dégager aboutissent à réveiller une foule d'images représentatives, se rapportant à la physionomie, à la manière d'être extérieure.

Les noms sont des signes rappelant des généralisations. Le nom *arbre* ne me donne l'image d'aucun arbre en particulier, mais il me rappelle un ensemble de qualités communes à tous les arbres : un tronc, des branches, des feuilles. Le nom propre *Lafontaine* n'éveille pas seulement dans l'esprit l'idée d'un homme, d'un poète, mais celle d'un genre de poésie, d'une supériorité dans ce genre.

La mémoire des jeunes enfants est tout entière en images ; aussi leurs idées ont-elles peu d'étendue. Par le langage, par la généralisation qui commence dès qu'ils font un emploi judicieux des mots, des noms communs surtout, le mouvement intellectuel prend toute son activité.

On parle de la mémoire des mots comme d'une mémoire inférieure, en admettant plusieurs sortes de mémoires. C'est exact si les mots ne représentent que de vains sons ; mais si les mots appellent ou réalisent des généralisations, ils constituent la meilleure de toutes les acquisitions pour la mémoire.

Négliger la culture de la mémoire, c'est négliger la culture de l'esprit. Si on a fait de fausses applications de la faculté de retenir, si on a forcé l'esprit à garder des choses vaines, ce n'est pas une raison pour médire d'une faculté merveilleuse d'acquisition. Nous considérons la direction de la culture de la mémoire comme une des questions les plus importantes de la pédagogie ; aussi consacrerons-nous encore deux chapitres à l'analyse de cette faculté maîtresse.

CHAPITRE XVI

Association des idées.

La mémoire est proprement la faculté de retenir les idées fournies par les perceptions, en quelque sorte le magasin où s'accumulent tous les matériaux de la pensée. Mais le passage d'un ordre d'idées à un autre est souvent rapide, et le cours de nos pensées bien changeant. A chaque instant il doit sortir de la mémoire ou, pour continuer la métaphore, du magasin, certaines idées pour en remplacer d'autres qui rentrent, qui se perdent pour la conscience jusqu'à un nouveau rappel.

La force qui fait comparaître les matériaux de la pensée devant la conscience tient principalement à l'*association des idées*.

Les idées, en effet, s'appellent les unes les autres. Nous ne pensons pas à la maison paternelle sans qu'une foule de souvenirs d'enfance nous reviennent à l'esprit. Les personnes que nous avons aimées et qui ne sont plus revivent dans notre pensée; notre cœur se réchauffe dans cette apparition mentale; les doux entretiens, les sages conseils, les bontés et les bienfaits prodigués avec désintéressement, tout est évoqué par une première pensée qui se rattache par un simple rapport de lieu aux idées qui en ont découlé.

Une date mémorable nous rappellera les événements qui se sont passés à l'époque indiquée, les personnages

qui ont été le plus en vue, leurs faits et gestes, les conséquences de leur conduite, l'influence heureuse ou
malheureuse qu'ils ont exercée sur les destinées de leur
pays, leurs titres de gloire, leurs œuvres, etc. A côté
des hommes, nous verrons aussi les choses, l'état de
prospérité ou de misère, le degré de développement de
l'agriculture, du commerce et de l'industrie, le mouvement littéraire et scientifique, le progrès des institutions politiques. On le voit, l'association des idées repose ici sur un rapport de temps ; les faits rappelés sont
simultanés. Les événements successifs formant une
sorte de chaîne sans solution de continuité sont également faciles à rappeler ; une fois que l'esprit est saisi
du premier anneau, il les déroule tous sans effort.

Le seul ordre successif de certaines idées souvent
répétées suffit pour établir entre elles une liaison difficile
à rompre. Tous les maîtres savent que des enfants qui
récitent imperturbablement une leçon ne sont pas toujours en état de répondre aux questions qui pourraient
leur être posées sur la même leçon. Demandez, par
exemple, à un enfant, dans quel département se trouve
Rambouillet ; il ne répondra pas toujours. Mais la question : Quelles sont les sous-préfectures du département
de Seine-et-Oise ? provoquera généralement la réponse :
Corbeil Étampes, Mantes, Pontoise et Rambouillet.
L'enfant a appris les noms des sous-préfectures par
ordre alphabétique ; il s'est formé une association d'i-
dées dans ce rapport d'ordre. Rompez l'ordre, le rapport n'existe plus et la mémoire est en défaut. Si l'enfant a oublié le premier terme de la série, il est souvent
dans l'impossibilité de répondre. Nommez-lui, par
exemple, Pontoise, pour le mettre sur la voie, après la
question précédente, il dira : Pontoise et Rambouillet ;
mais son embarras subsistera probablement pour

Mantes et Etampes. Si on lui rappelle Corbeil, il débitera rapidement une réponse complète.

Les premiers vers d'une pièce de poésie oubliée nous la remettent en mémoire ; une citation dans le milieu de la pièce ne produirait pas le même effet.

Les vers sont plus faciles à retenir que la prose, à cause de la mesure et de la rime. La mesure est un ordre de succession, la rime une similitude de sons.

Les associations d'idées par similitude ou ressemblance sont un puissant appui pour la mémoire. Cet ordre d'association fait le fond de l'esprit d'imitation qui domine toutes les autres facultés chez les enfants et les rend susceptibles d'éducation. Les hommes lui doivent leurs aptitudes artistiques ; l'art n'est que l'imitation de la nature. Un portrait nous montre la personne avec ses avantages extérieurs et nous fait penser à ses qualités morales ; il alimente nos sentiments et adoucit l'absence.

Les bons dessins, les photographies nous donnent une idée plus exacte des lieux ou des objets représentés que la meilleure, la plus savante description. Il y a beaucoup plus de plaisir à refaire un voyage par la pensée, avec la ressource d'une collection de photographies, que de s'abandonner à des souvenirs d'autant plus vagues que l'époque du voyage est plus éloignée. L'impression produite par la lecture d'une tragédie n'est pas comparable à celle qu'on éprouve à sa représentation par de bons artistes.

L'enseignement expérimental, improprement appelé enseignement intuitif, découle des associations d'idées par ressemblance.

Les contrastes produisent aussi des associations d'idées familières à l'esprit : le froid fait penser au chaud, le laid au beau, le vice à la vertu. L'antiphrase ou ironie consiste à rendre une idée par des termes répondant à une idée complètement opposée. Le joueur, dans Regnard, après avoir tout perdu, s'écrie :

> Je te loue, ô destin, de tes coups redoublés;
> Je n'ai plus rien à perdre et mes vœux sont comblés!

L'esprit saisit sans peine l'accent du désespoir sous l'expression du contentement.

Les idées s'associent surtout par des rapports de cause et d'effet : une belle statue nous fait penser à un statuaire de mérite; un beau tableau, à un habile peintre; une montre, à un horloger; l'harmonie de l'univers, à une puissance intelligente supérieure à l'humanité.

Les rapports de but et de moyen ne sont pas moins féconds en association d'idées. Une fortune honnêtement acquise nous fait penser à de longs et intelligents travaux, à des fatigues, à des ennuis, à des obstacles multipliés surmontés par de persévérants efforts, à une grande activité d'esprit et de corps. Lorsque la fortune arrive trop vite et trop facilement, nous ne la jugeons pas honorablement acquise, à moins de circonstances tout à fait exceptionnelles ou d'un talent hors ligne.

Une nation augmente ses forces militaires, nous lui supposons justement l'intention de faire la guerre. L'idée d'une agression à repousser amène celle de la création d'un armement suffisant.

Un diplôme conquis reporte à l'idée d'études longues et sérieuses. Les études spéciales nous font penser aux fonctions publiques auxquelles elles conduisent.

Le signe et la chose signifiée sont toujours liés intimement dans la pensée. Ce genre d'association d'idées a donné lieu au langage, à l'écriture, et par conséquent à tous les progrès de l'humanité.

Les associations se forment de mille manières; mais toutes rentrent dans les catégories que nous venons d'indiquer. Nous pourrions même ramener toutes les associations d'idées à deux catégories principales : associations rationnelles; associations arbitraires. La première repose sur des rapports nécessaires, tenant à la nature des choses, rapports d'identité, de substance et de qualité, d'effet et de cause, de principe et de conséquence. La seconde est fondée sur des rapports de juxtaposition, d'ordre de succession, de contraste, de signe et de chose signifiée, rapports accidentels, spontanés et souvent sans continuité.

Mais que les associations d'idées soient rationnelles ou arbitraires, l'effet est le même au point de vue du souvenir; l'un des deux termes du rapport apparaissant, l'autre survient à sa suite. La lucidité du souvenir ne dépend pas de la nature du lien qui unit deux idées qui s'appellent, mais de la vivacité de l'impression primitive, de l'attention que l'esprit lui a donnée.

L'habitude des associations d'idées rationnelles, découlant de l'exercice de la volonté, donne de la profondeur et de la méthode au raisonnement, de la justesse à l'esprit, de la rectitude au jugement. Elle produit les penseurs, les observateurs de la nature ; les savants, les hommes de caractère, constants dans leurs goûts, mettant de la discipline dans leurs pensées et de la suite dans leurs actions.

Les associations arbitraires, spontanées, ne peuvent produire que la légèreté d'esprit, la futilité des goûts, l'impuissance à l'application et l'effacement du caractère. Elles donnent une mobilité d'impressions, une facilité à saisir les contrastes, les oppositions, les ridicules, à voir la surface de toutes choses, qui étonnent, qui plaisent, qui séduisent souvent. Mais mieux vaut être un homme utile qu'un homme d'esprit.

Les associations d'idées sur des rapports faux produisent les préjugés, les superstitions, les jugements erronés, les funestes déterminations.

On fait encore associer aux enfants l'idée de ténèbres avec l'idée de danger et quelquefois de revenants ; ils seront peureux la nuit peut-être toute leur vie. Rattacher à certains nombres, à certaines dates, des idées de malheur ou de chances favorables, c'est ouvrir l'esprit aux superstitions. Mépriser une profession honnête, un travail utile, quels qu'ils soient, est un préjugé détestable.

Il importe de lier ses idées par des rapports logiques, répondant à la vérité des choses. La bonne éducation des enfants repose sur l'habitude de l'association des idées dans ses rapports les plus conformes au bien et au beau.

Il faut éviter de laisser s'établir des rapports, des liens entre des idées d'étude, de travail, de devoir et des idées d'ennui, de fatigue et de souffrance.

Il est facile à un bon maître de donner de l'intérêt, de l'attrait à son enseignement, de faire aimer l'école. Rendons les enfants heureux, et ils profiteront de nos soins.

CHAPITRE XVII

Culture de la mémoire.

Il y a beaucoup de personnes qui se plaignent de leur mémoire ; cependant aucune autre faculté intellectuelle n'a été aussi libéralement répartie à l'espèce humaine. Les individus que l'on dit dépourvus de mémoire en ont beaucoup. Ils n'oublient pas les noms de leurs proches, des personnes qu'ils voient souvent, des aliments à leur usage, des objets qui leur sont familiers ; ils se rappellent longtemps ce qui leur a fait de la peine ou du plaisir, une correction reçue, un témoignage de satisfaction ou une marque d'intérêt.

La mémoire est donc une faculté universelle ; mais elle se manifeste à des degrés bien différents selon les individus. Elle prend même des formes diverses ; telle personne apprend facilement de longues pièces de vers, des pages d'histoire, qui ne se rappelle sans beaucoup de difficulté la physionomie d'une personne, l'aspect d'un paysage ; qui ne sait pas se guider dans une grande ville, qui se désoriente facilement et perd son chemin. Il y a des personnes qui retiennent bien la prose et les vers et qui ne peuvent pas retenir les chiffres ; d'autres qui gardent admirablement les chiffres et qui ne sauraient se rappeler un air de musique souvent entendu. Les musiciens, au contraire, retiennent généralement les airs après un petit nombre d'auditions, après une seule quelquefois.

Ces différences dans les manifestations de la mémoire ont fait croire à plusieurs sortes de mémoires : mémoire des mots, mémoire des nombres, mémoire des lieux, mémoire des sons. Mais la mémoire est une ; elle est au service de toutes nos sensations, de toutes nos perceptions. Plus les sensations sont vives, les perceptions distinctes, plus les impressions de la mémoire sont profondes et durables.

Ainsi la culture de la mémoire repose sur l'exercice des sens, l'attention de l'esprit et les affections de l'âme.

La mémoire des mots tient à la perfection de la vue et de l'ouïe. Une répétition mentale suffit souvent pour répéter un morceau ; la répétition à demi-voix est la plus favorable ; mais il y a des personnes qui n'apprennent par cœur que si elles répètent à haute voix. La répétition, c'est-à-dire l'accumulation des impressions, leur transformation en habitudes est le plus puissant moyen de fortifier la mémoire. Le souvenir, d'un autre côté, est d'autant plus tenace qu'il se rattache à plus d'impressions différentes. Les enfants qui ne savent rien apprennent plus difficilement une leçon que ceux qui savent lire. Les premiers ne sont affectés, en étudiant, que par le sens de l'ouïe ; les seconds puisent à la fois à deux sources : l'ouïe et la vue. Les mots forment des images ; la lecture mentale n'est que le rappel des idées par la vue des signes conventionnels du langage. La mémoire de l'arrangement, de l'ordre de succession de ces signes nous rappelle la suite d'idées qu'ils représentent. Les sons ne deviennent langage qu'en devenant images, signes de nos idées. La perception des sons qui rappelle certaines idées ne peut que les graver dans la mémoire. La lecture et la récitation sont des moyens précieux pour cultiver la mémoire, qu'on les emploie simultanément ou successivement.

Savoir l'orthographe ce n'est que posséder l'image des mots du langage. L'orthographe s'apprend surtout par les yeux ; un mot mal orthographié frappe d'abord par sa forme inusitée ; après l'essai d'autres formes, on se décide pour la moins choquante, qui est généralement la bonne. Les sons ne rappellent pas toujours l'image des mots ; il y a dans les mots des lettres nulles pour la prononciation ; les lettres ne se prononcent pas toujours de la même manière dans leurs combinaisons pour former des mots. La prononciation n'est pas un appui solide pour la mémoire dans l'étude de l'ortho-

graphe, c'est-à-dire de la forme écrite des mots;
aussi l'épellation, c'est-à-dire l'analyse parlée des
formes orthographiques, devient tout à fait indispensable dans presque toutes les langues.

La mémoire des nombres repose aussi sur les impressions de la vue et de l'ouïe. Une date que l'on lit
sur un monument se retient sans peine ; nous n'avons
pas besoin d'écrire, pour nous en souvenir, le jour,
l'heure d'une visite agréable à faire ou à recevoir ;
l'avare sait au juste le nombre de pièces de son trésor et la valeur qu'elles représentent, sans confier son
secret au papier.

Les idées de nombre peuvent entrer dans l'esprit par
un seul sens et demeurer dans la mémoire ; mais elles
sont plus sûrement retenues lorsqu'elles entrent dans
l'esprit par deux sens à la fois ; l'impression est encore
plus vive et plus ineffaçable si les attaches se multiplient davantage, si les associations d'idées viennent
fortifier les impressions des sens. Ainsi la date lue sur
un monument forme une image inséparable de l'image
du monument lui-même, et toutes les idées associées
à l'idée de ce monument peuvent rappeler le chiffre
observé. L'heure d'une visite agréable, le chiffre de la
somme formant un trésor, s'unissent dans l'esprit à
l'idée de plaisir, et rien, sinon la douleur, n'est plus
capable de graver les faits et les dates dans la mémoire.
Le plaisir et la douleur que nous avons montrés précé-
demment comme les régulateurs de nos sens, de l'exercice de nos facultés physiques, interviennent aussi, on
le voit, dans nos opérations mentales, en donnant une
plus grande fixité à la mémoire.

La mémoire des lieux repose sur la faculté de bien
voir. Il faut assurément pour cela une certaine perfection dans le sens de la vue ; mais l'esprit d'observation

n'est pas moins nécessaire. Observer, c'est considérer les choses avec soin, avec attention, avec méthode. C'est l'habitude de bien observer qui constitue la faculté de bien voir. Une habitude ne se contracte que par une longue répétition des mêmes exercices, et ne se conserve que par une activité bien disciplinée. Apprenons aux enfants à voir sous tous les aspects les objets qu'ils ont sous la main; guidons-les dans leurs investigations, mais laissons-leur le plaisir de la découverte, qui double leur ardeur, qui frappe leur esprit et y laisse de profondes traces. Les associations d'idées viendront encore à notre secours, associations rationnelles liées par des rapports d'espace, de grandeur mesurable, de qualité, ou associations irrationnelles reposant sur l'opposition, le contraste.

Dans une leçon de géographie, par exemple, il y a, pour frapper l'esprit et laisser dans la mémoire des traces durables, l'observation directe des lieux, ou indirecte, au moyen de vues, de plans, de cartes. Il y a les associations rationnelles, qui permettent de rattacher des événements historiques, des faits économiques, au canevas purement topographique. On peut même avoir recours aux associations d'idées arbitraires, aux contrastes, qui réveillent si énergiquement l'attention fatiguée. Voici un exemple du parti que l'on peut tirer des contrastes. Vous étudiez les ports militaires, et lorsque vous êtes amenés à parler de Lorient, vous demandez aux élèves où est situé ce port. — A l'ouest de la France, vous répond-on. — Il est bien singulier qu'une ville située à l'occident s'appelle Lorient; seriez-vous contents de connaître la raison de cette singularité? — Oui! Oui! — La ville et le port de Lorient furent fondés, en 1709, par la Compagnie des Indes orientales, près de l'embouchure du Blavet, sur des terrains concédés par l'État, pour y recevoir les marchands et les marchandises qui venaient de l'Orient. La ville prit le nom de la provenance de son trafic ; elle l'a conservé après la disparition de la Compagnie, le retour à l'État et la transformation du port marchand en port militaire.

De pareilles digressions dans une leçon sont un puissant appui pour la mémoire. Un maître ingénieux trouvera toujours le moyen de river ainsi son enseignement à des idées piquantes qui le sauveront de l'oubli.

Tout ce qui peut nous aider à réagir contre les défaillances de la mémoire est bon et utile. Les récitations textuelles, littérales, ne sont mauvaises que lorsqu'elles sont inintelligentes, lorsque l'élève ne comprend pas ce qu'il récite, qu'il répète des mots, des sons qui n'éveillent aucune idée en lui. Au contraire, lorsqu'une leçon a été bien expliquée et suffisamment comprise, il n'y a qu'avantage à la rattacher à un texte clair et précis par une récitation littérale. Le résumé pris dans un livre est toujours plus correct que celui que peut faire l'élève et souvent le maître. Lorsque la récitation n'est pas toute la leçon, que le texte à réciter est préalablement développé par le maître, que l'attention des élèves est soutenue par des questions bien choisies, que les réponses ne dégénèrent pas en formules invariables, la possession exacte du texte est un avantage considérable. Lorsque la traduction de nos idées par le langage est vague, la mémoire est rebelle ; si elle est nette et précise, on retient sans effort.

. Les mots réveillent les idées ; lorsque les idées se présentent les premières, elles rappellent les mots. La forme et le fond se tiennent ; ils se prêtent un mutuel secours dans la mémoire.

Expliquer, c'est-à-dire montrer tous les rapports de conformité ou d'opposition de faits nouveaux avec des faits mieux connus ; frapper l'esprit en faisant la lumière la plus vive sur ces rapports ; intéresser la sensibilité par le plaisir ou la peine ; créer des habitudes par la répétition des actes, le rappel des idées et l'association des signes avec les choses signifiées, tels sont les moyens d'acquérir et de conserver, de meubler l'esprit et de fortifier la mémoire.

CHAPITRE XVIII

Imagination.

L'imagination est la faculté de nous représenter vivement, de faire revivre dans notre esprit les images des objets qui ne sont plus sous nos yeux, de revoir en quelque sorte ces objets.

L'imagination, jointe à une certaine discipline de l'esprit, nous porte à rapprocher les impressions, à les comparer, à les combiner, à esquisser de nouvelles images, à créer de nouvelles formes, en un mot à *inventer*.

Il y a des auteurs qui réduisent l'imagination au talent de combiner et d'inventer, quoique ce talent tienne plus à la réflexion et au jugement qu'à l'imagination proprement dite, qui est spontanée et souvent si irréfléchie qu'on l'a surnommée : *la Folle du logis*.

L'imagination tient à la mémoire et, à son premier degré, on l'a nommée *mémoire imaginative*. En effet, on ne peut revoir les objets en esprit que si la mémoire en a conservé l'image bien nette, bien vive ; on ne peut créer de nouvelles formes qu'à l'aide de matériaux fournis par la mémoire, empruntés à des images déjà connues.

C'est surtout dans l'enfance que l'imagination n'est qu'une forme de la mémoire, que la mémoire et l'imagination se confondent. L'enfant n'a point d'idées abstraites ; il se rappelle plutôt des images que des signes, et les signes deviennent souvent pour lui des images sans signification. Penser, pour un enfant, c'est occuper son esprit de formes concrètes plutôt que de mots répondant à des idées, c'est remettre mentalement en scène les personnages et les objets qui ont eu le pouvoir de captiver son attention.

Les enfants aiment les images parce que la nature a parlé à leurs yeux avant que la voix de leurs mères ou de leurs nourrices ait pris un sens pour eux. Ils ont une très grande facilité à faire revivre leurs impressions, à leur donner un corps, à créer des symboles. Leurs jeux ne sont généralement qu'une grossière représentation de ce qu'ils voient faire le plus fréquemment. Avec un fouet et une corde, il y a de quoi jouer au cocher pour deux enfants. L'un d'eux est attaché par les bras avec les deux extrémités de la corde ; l'imagination le transforme en cheval retenu par des guides, le fouet claque, et voilà l'équipage parti. Le cheval s'emporte, le cocher fait de grands efforts pour le contenir, il n'y réussit pas et la voiture est renversée. — « La voiture ! se récriera-t-on ; mais il n'y avait rien pour la simuler. » — L'imagination des enfants y a pourvu, et si vous les interrogez, ils vous diront que la voiture avait quatre roues, de belles portières à marchepieds mécaniques, un siège devant pour le cocher, qui a sauté prestement lors de l'accident et qui est sain et sauf; mais que le *groom* qui était sur le siège de derrière s'est fait beaucoup de mal en tombant, qu'il a été transporté à la pharmacie voisine. Cela dit avec une grande animation, le jeu recommence et l'équipage devient simple cheval de course; celui qui tient les rennes est devenu jockey; il a l'air de se courber sur l'encolure de son cheval, son fouet est une cravache qui sillonne les flancs de la pauvre bête. On atteint le but; il y a des applaudissements, des couronnes, et les vainqueurs se font admirer à des tribunes et à des spectateurs imaginaires. N'y a-t-il là que de la mémoire imaginative? Les créations dramatiques des poètes et des romanciers sont mieux étudiées, mieux ordonnées, sans doute, mais on ne peut s'empêcher de reconnaitre un certain air de parenté entre les œuvres d'esprit de l'âge adulte et les jeux d'imagination de l'enfance.

Voyez une petite fille avec sa poupée : elle la couche, elle la lève; elle la met à table, lui reproche son mauvais maintien, sa gaucherie, quelquefois sa gourmandise. Si la petite fille est menée à l'école, elle se transformera, pour sa poupée, en institutrice douce ou sévère selon les dispositions observées chez ses maîtresses. La poupée recevra des leçons de morale; on lui montrera les lettres de l'alphabet avec le plus grand sérieux; elle sera félicitée un moment de ses progrès et grondée le moment d'après de sa paresse. Ce sera le tableau de la classe, mais non la reproduction servile : dix enfants de la même classe donneront autant de copies sensiblement différentes du type unique qu'elles auront eu sous les yeux.

A mesure que les enfants trouvent plus de ressources dans le langage, que les idées abstraites représentées surtout par les noms communs et les qualificatifs leur deviennent plus familières, il semble que leur imagination diminue. L'imagination ne diminue pas, mais elle se transforme. Le signe prend la place de la chose signifiée ; la mémoire rappelle moins d'images et plus d'idées. La pensée perd peut-être en vivacité, mais elle gagne en étendue, en complexité. L'esprit n'est plus un simple daguerréotype qui ne peut recevoir plusieurs images à la fois sans confusion, mais une lyre dont les cordes multiples rendent des sons simultanés très distincts dans leur variété.

C'est le perfectionnement du langage qui amène la séparation de la mémoire proprement dite de l'imagination. Les enfants et les peuples arriérés ne rendent leurs pensées qu'en accumulant les images, les comparaisons, parce que les éléments de ces pensées ont dans leur esprit une forme concrète peu flexible. Les adultes en possession d'un fonds suffisant d'idées abstraites, correspondant aux termes du langage, n'ont plus à conserver dans la mémoire les représentations des choses ; par des combinaisons appropriées d'un nombre limité de signes conventionnels, ils peuvent exprimer clairement un nombre indéfini d'idées, manifester toutes leurs impressions et penser sans le secours souvent embarrassant d'images trop arrêtées. Le pouvoir de se rappeler les signes conventionnels de nos idées constitue la mémoire dans son vrai sens. La mémoire ainsi comprise n'appartient qu'à l'homme et est d'un ordre plus élevé que la reviviscence des images dues aux sensations, réviviscence qui constitue la mémoire des animaux et l'imagination des enfants.

Le mot *triangle* ne répond pas à une image déterminée puisque on peut faire une infinité de triangles différents les uns des autres. On peut concevoir un polygone régulier de mille côtés, mais l'image précise de ce polygone échappe à l'esprit. On chiffre la distance de la terre aux autres planètes, mais notre imagination ne peut pas se représenter nettement des longueurs si énormes. Nous connaissons le diamètre du soleil : cette connaissance ne fait pas naître dans notre esprit l'image d'un globe comparable à cet astre. C'est par les signes conventionnels des idées abstraites que nos conceptions s'élèvent au-dessus des données des sens.

Mais les sensations et les images qui en résultent forment le fonds de l'imagination qui, chez les adultes, comprend deux opérations bien distinctes, ou plutôt dépend de deux conditions essentielles : la vivacité des impressions et la tendance à voir des analogies entre des états de conscience successifs. L'imagination ne retrace pas seulement avec de vives couleurs les objets qui ont frappé les sens, mais elle compose, avec des couleurs et des traits naturels, des tableaux qui n'ont pas de modèle dans la nature.

Vous avez à peindre un coucher de soleil. Tout le monde voit le coucher du soleil ; nous n'en dirions pas autant du lever. On risque de tomber dans la banalité, malgré la beauté du spectacle, si on ne rencontre pas des circonstances propres à rendre quelque nouveauté, quelque originalité à la peinture.

Vous vous êtes placé sur le bord d'un lac qui s'étend à perte de vue du côté du couchant. L'horizon est formé par des montagnes paraissant peu élevées ; au-dessus des montagnes, il y a des nuages diversement éclairés. A côté d'un entassement de nuages semblables à des toisons d'une éclatante blancheur, vous en voyez d'autres d'un gris plus ou moins foncé, passant par toutes les dégradations et allant jusqu'aux teintes les plus sombres. Les tons se fondent harmonieusement d'un côté, de l'autre ils se heurtent ; l'ensemble donne lieu à des formes bizarres, mal définies, que l'imagination peut transformer à son gré en visions de toutes sortes. Le soleil décline; il entre dans la zone des nuages blancs qui prennent une légère teinte dorée. A mesure que l'astre descend davantage, il rencontre des couches plus opaques; l'horizon rougit, il devient incandescent, c'est l'image d'un incendie. Les nuages en se déchirant donnent la sensation de murailles qui s'abîment dans les flammes; ces flammes s'élèvent, s'agitent, se reflètent dans les eaux du lac qui deviennent éblouissantes. L'incendie semble se circonscrire; il se change en fournaise. Vous voyez le métal fondu dans un immense creuset; c'est une coulée de feu qui tout à coup rompt ses digues et fait irruption dans le lac. Ce spectacle grandiose vous saisit, vous rend muet d'admiration jusqu'à ce que le soleil se plongeant dans la nuit mette fin à ce sublime jeu de l'ombre et de la lumière.

Tous les traits de ce tableau sont empruntés à la réalité.

La *fiction* est une combinaison d'éléments purement arbitraires, chimériques, n'ayant que des rapports éloignés avec la nature sensible. Les fictions les plus ingénieuses sont celles qui s'éloignent le plus de la vérité. Les fables, certaines conceptions poétiques qui prêtent aux animaux et aux choses inanimées la volonté, l'intelligence, les passions humaines, reposent sur des combinaisons dont les matériaux sont empruntés à la nature; mais ces produits de l'imagination ne répondent à rien d'existant ou de possible.

Il ne faut pas confondre la fiction avec l'idéal. *L'idéal*, que l'on pourrait appeler l'imagination artistique, conçoit la nature embellie, dépouillée de ses imperfections. Elle tend à renfermer dans une œuvre tous les traits de beauté épars dans les productions analogues de la nature. Une véritable œuvre d'art n'est qu'une synthèse esthétique. L'imagination artistique doit s'élever jusqu'à la beauté morale, sous peine de ne produire que des œuvres froides, dénuées de véritable grandeur.

Les sciences comme les arts sont tributaires de l'imagination. Pour avancer dans les sciences, il faut observer et expérimenter. Expérimenter, c'est combiner des faits acquis, des actions connues pour produire des résultats soupçonnés, c'est-à-dire imaginés. La réalisation des hypothèses sur lesquelles les expériences sont basées constitue une découverte, une invention. Toutes les inventions n'ont pas été prévues par leurs auteurs; mais l'expérimentation raisonnée a fait faire plus de progrès à la science que le hasard aveugle.

Nous indiquerons prochainement dans quelle mesure et avec quelles précautions il convient de développer l'imagination des enfants.

CHAPITRE XIX

Culture de l'imagination.

L'enfant et l'homme sont essentiellement imitateurs. L'imitation est une conséquence de l'imagination. On n'imite, en effet, que ce que l'on a vu, entendu, éprouvé d'une manière quelconque; et l'imitation est d'autant plus parfaite que l'impression a été plus forte, l'image plus vive, plus nette, plus en relief.

Les efforts de l'esprit sont provoqués par l'exemple; les hommes sont instinctivement portés à se mettre à l'unisson avec leurs semblables, ils désirent même les surpasser. Mais il faut que l'exemple, pour être frappant, pour entraîner à l'imitation, prenne une forme sensible, un corps, c'est-à-dire que l'imagination reproduise avec force toutes les scènes de la vie déjà observées, qu'elle mette les observateurs à la place des acteurs, qu'elle crée de nouveaux rôles, qu'elle évoque le passé où l'expérience faite, et qu'elle porte ses regards sur l'avenir ou l'expérience à faire.

Sans imagination, il n'y a pas de culture intellectuelle et morale possible. Un enfant d'imagination faible est entièrement absorbé dans le présent, qu'il ne rattache par aucune image vive au passé; il est plus impuissant encore à envisager l'avenir, à se nourrir d'espérances, à combiner des efforts pour atteindre un but qu'il ne voit pas. Il est égoïste non pas toujours par insensibilité, mais faute de pouvoir lier ses impressions, donner de la lumière à des images trop vagues, de la chaleur à des mouvements trop faibles. Il est triste, ennuyé, indolent, et la vie, enfermée dans d'étroits horizons, sans retours sur le passé et sans élans vers l'avenir, se consume pour lui sans jeter de flamme, c'est-à-dire dépourvue d'intérêt moral.

Chez les enfants bien doués, l'imagination paraît d'abord exubérante. Leur langage est plein de comparaisons hyperboliques, de rapprochements imprévus; les images surabondent; de grands mots sont employés pour exprimer de petits événements; il n'y a pas de mesure, de proportion, de gradation; les couleurs sont criardes, le sentiment des nuances fait défaut. Nous pouvons comparer l'état de ces intelligences à celui des terres fertiles, mais encore incultes, qui ont produit par l'action seule des influences ambiantes de hautes herbes, des ronces vigoureuses, un fouillis végétal qui ne les pare ni ne les enrichit.

L'imagination est une force naturelle qu'il faut contenir et diriger pour la rendre féconde, mais qu'il ne faut pas énerver sous peine d'ôter tout ressort à l'éducation et de la rendre stérile.

Chez les jeunes enfants, la faculté représentative a une très grande puissance ; leur ignorance les expose à la crédulité. Il n'y a pas de phénomènes naturels pour eux ; ce qui est naturel, c'est ce que nous connaissons par expérience ou par étude. Avant la connaissance des lois de la physique, une foule de phénomènes que nous regardons aujourd'hui comme naturels, appartenaient au monde du merveilleux qui va se rétrécissant avec le progrès de la science. L'imagination des enfants marche plus vite que l'acquisition de solides connaissances ; voilà pourquoi il faut la modérer pour qu'ils ne se nourrissent pas d'illusions qui prendraient la place de la vérité et que la vérité aurait de la peine à déloger plus tard.

Les enfants attribuent de la vérité aux plus étranges conceptions ; ils donnent de la vie, de l'action à tout ce qu'ils voient et se complaisent dans de continuelles émotions. Heureusement leur imagination n'est pas créatrice ; ils ne font qu'accepter ce qui les frappe dans leur contact avec les hommes et la nature ; ils n'ont ni regret du passé, qui n'existe pas pour eux, ni souci d'un avenir qui ne se révèle pas encore. L'enfance est l'âge heureux, parce que le présent seul l'occupe, qu'elle trouve contentement dans l'expansion de son activité, dans la satisfaction du besoin de mouvement, condition de son développement physique.

Mais ce temps de quiétude complète ne dure guère ; chaque jour apporte son expérience ; le monde s'agrandit dans l'espace et la vie dans le temps. On désire renouveler le plaisir ou éviter la peine de la veille ; le lendemain se remplit d'espérance. Les déceptions entrent dans la vie avec l'espérance ; le bien et le mal se succèdent, se mêlent, provoquent des désirs et des efforts dans des sens différents. L'imagination prend une forme nouvelle ; elle ne fait pas seulement revivre les sensations passées, mais elle se prête encore à des combinaisons ayant pour but d'éviter les peines déjà éprouvées et de renouveler, d'accroître les plaisirs qu'on a goûtés.

C'est alors qu'il convient de s'emparer de la confiance des enfants pour diriger leur imagination vers le bien et le beau. Les enfants accordent facilement leur confiance aux personnes qui ont de l'autorité sur eux et surtout qu'ils aiment ; mais ils ne veulent pas être trompés ; ils ont une étonnante perspicacité à démêler les motifs qui font agir ceux qui leur imposent leur volonté. Il faut que ces motifs leur paraissent désintéressés pour qu'ils s'abandonnent sans réserve ; s'ils s'aperçoivent qu'on manque de sincérité à leur égard, ils peuvent conserver de la complaisance, mais l'adhésion de l'esprit fait défaut et la direction morale est compromise.

L'imagination, qui est un puissant levier avec la confiance, devient, avec le doute, une force d'inertie ; la défiance peut même porter l'élève à prendre le contrepied des enseignements qui lui sont donnés.

Les enfants sont plus frappés de l'exactitude dans la forme que de la vérité dans le fond. Faites-leur un récit, débitez-leur un conte, ils vous les redemanderont si vous avez su les rendre intéressants. Mais si en les répétant vous oubliez quelques circonstances ou changez quelques détails, vous serez interrompu et ramené au premier thème qui a laissé dans l'imagination des traces profondes formant un tout qu'on ne peut altérer sans produire une impression de surprise et de désappointement.

L'imagination aime à se nourrir d'émotions et de sensations familières à l'esprit. L'audition d'une mélodie déjà connue nous cause plus de plaisir qu'un air nouveau, absolument comme la vue d'un ami ou d'un simple familier nous réjouit plus que celle d'un étranger. Tout ce qui entre dans notre imagination tend à s'ordonner, à se mettre en harmonie : la non-conformité des impressions nouvelles avec l'ordre intérieur préexistant produit des dissonances qui fatiguent l'esprit jusqu'à ce que l'assimilation de l'aliment nouveau de la pensée soit bien opérée. Les images se fortifient par la répétition des impressions ; l'habitude influe sur l'imagination comme sur les autres facultés de l'âme.

Les vocations professionnelles sont déterminées par les milieux qui tiennent l'imagination enfermée dans un cercle étroit, qui n'offrent à son activité qu'un exercice peu varié. Les vocations de marins sont rares dans les pays de montagnes ; dans les villes de garnison, il y a plus d'engagés volontaires qu'ailleurs. Chaque contrée, chaque ville, nous pourrions dire chaque famille a ses tendances professionnelles, en rapport avec ses habitudes. Les enfants ont toujours plus de dispositions naturelles pour la profession de leurs parents que pour toute autre profession. Leur imagination s'est renfermée dans la limite du cercle d'activité de la famille. S'il est aussi commun aujourd'hui que le fils dédaigne la profession du père, c'est que le père a parlé trop souvent devant ses enfants des inconvénient de sa profession et trop rarement des avantages qu'elle lui a procurés. L'imagination des enfants ne s'est attachée qu'au revers de la médaille; lorsqu'il est question de la profession d'autrui, on n'en considère que le beau côté, le seul éclairé de loin.

L'imagination des enfants n'est pas une ennemie à combattre. Au contraire, avec des précautions et de la clairvoyance, on peut donner à cette force une direction utile. L'écueil à signaler, c'est la confusion des possibilités entrevues par l'imagination avec les probabilités calculées par la raison. Nous courons tous des dangers soit en marchant dans les rues, soit en voyageant dans les chemins de fer; la foudre fait des victimes dans les champs. Qui est-ce qui s'inquiète à l'avance des chances de ces accidents? L'imagination ne les grossit pas, et chacun vit à cet égard dans une sécurité à peu près complète. Il n'en est pas de même des chances favorables; les loteries à gros lots réussissent toujours, parce que les preneurs de billets ne considèrent que la possibilité du gain et que l'imagination les rend en espérance possesseurs d'une fortune. L'illusion est quelquefois si grande que le placement des fonds attendu d'un bon mouvement de la roue de la fortune ou plutôt de la loterie ne laisse pas le porteur de billets sans soucis : les châteaux en Espagne qu'il bâtit subsistent dans son imagination jusqu'après le tirage de la loterie. Si on disait à cette espèce de joueurs qu'il y a quelquefois moins de chances à gagner le gros lot qu'à être tué par la chute d'une cheminée, on ne trouverait qu'incrédulité. C'est pourtant exact; mais lorsque l'imagination est au service d'une passion, elle ne s'appuie que sur la possibilité. Il faut discipliner l'imagination par l'habitude de se rendre compte de la probabilité des événements, et on peut le faire d'une manière suffisante par la simple réflexion.

Dans la vie, les grands succès sont rares et généralement obtenus par des qualités et des efforts dont peu
de personnes sont capables. L'imagination conduira
toujours à des déceptions si elle n'embrasse pas à la
fois le but et les moyens de l'atteindre.

Il y a des romans et même des historiettes pour les
enfants dont les héros sont constamment favorisés par
la chance la plus extraordinaire ; la fortune ne se lasse
jamais de les combler ; tous leurs désirs deviennent des
réalités, et le chemin de la vie est toujours pour eux
sémé de fleurs. Il n'y a pas d'impossibilité pour chaque
événement pris en particulier, ce qui donne quelque
intérêt à la lecture ; mais la réunion du grand nombre
de circonstances favorables à chaque situation et la concordance des situations rendent l'ensemble peu vraisemblable. L'imagination des enfants est livrée par des
lectures de ce genre à d'énervantes illusions. Les livres
d'imagination ne peuvent être utiles qu'autant qu'ils
ne s'éloignent pas trop de la marche des choses humaines. Les enfants savent de bonne heure que la vertu
n'est pas toujours récompensée, que les méchants ne
sont pas toujours punis ; ils n'ont pas plus de confiance
dans les livres aux peintures infidèles que dans les
maîtres manquant de sincérité.

Cependant toutes les réalités de la vie ne sont pas
bonnes à être mises sous les yeux des enfants ; le mal
ne leur inspirerait pas toujours de l'éloignement, ni
le bien un attrait irrésistible. Faisons-leur envisager
la vie comme une lutte dans laquelle les chances les
plus heureuses sont pour la bonne conduite, l'activité
soutenue, les désirs modérés, l'amour de la justice et
de la vérité.

Une imagination saine résulte de dispositions naturelles et d'habitudes acquises. L'éducation influe beau-

coup sur les habitudes; elle n'est pour ainsi dire que l'art de créer les bonnes habitudes.

L'imagination trouve son appui dans l'observation de la nature. On ne rend avec vérité que les impressions éprouvées ; les meilleurs exercices d'imagination consistent par conséquent à faire revivre ces impressions dans des narrations orales ou écrites.

La récitation de morceaux de prose et de poésie irréprochables au point de vue littéraire et moral, de fables bien choisies ; les leçons d'histoire naturelle et de géographie; la lecture des faits les plus intéressants de l'histoire; les relations de voyages, peuvent être d'une grande utilité pour la culture de l'imagination.

CHAPITRE XX

Attention et réflexion.

Voir les objets si divers qui se déroulent sous nos yeux, assister en quelque sorte au défilé des pensées qui se succèdent rapidement dans notre esprit, ce n'est pas prendre une connaissance sérieuse des choses ni de nous-mêmes; ce n'est guère que rêver éveillé. Ces rêves, en se perpétuant, nous laisseraient dans une grande indigence intellectuelle et morale.

Pour connaître un objet, c'est-à-dire pour le distinguer, pour le différencier d'autres objets, il faut une certaine application de l'esprit. Cette application, qui nécessite généralement un effort de volonté, est appelée *attention*.

L'attention se portant sur les objets extérieurs prend le nom d'*observation*.

L'attention peut être provoquée ou voulue. Tout ce qui est nouveau, extraordinaire, curieux, appelle l'attention; mais la volonté seule la fixe, la soutient un temps suffisant pour que l'observation soit sérieuse et constitue une expérience utile.

Le maître qui enseigne ne fait qu'appeler l'attention de ses élèves sur des faits et des vérités qu'ils ignorent. Il leur fait remarquer dans les choses des qualités distinctives au milieu de caractères communs; dans les hommes, des tendances en rapport avec des intérêts multiples et des passions diverses. Il leur donne en quelque sorte une expérience anticipée.

Si l'attention provoquée peut s'appeler enseignement, l'attention volontaire mérite le nom d'étude. Étudier c'est en effet concentrer son activité intellectuelle sur un sujet déterminé pour se familiariser avec les vérités qu'il renferme et mettre à profit les lumières ainsi acquises pour augmenter notre fonds moral et intellectuel.

Une fois l'objet d'observation ou d'étude choisi, tout acte d'attention détourné de cet objet s'appelle *distraction*. Les distractions sont de plus d'une sorte, et il nous semble important de faire quelques remarques sur leur caractère et sur l'influence qu'elles peuvent exercer comme habitudes d'esprit.

Le savant arraché à ses méditations en est poursuivi au milieu d'une conversation étrangère; il fait souvent des réponses qui dénotent qu'il ne suit pas la conversation. On dit qu'il est distrait. Non, il ne l'est pas; il a eu au contraire la puissance d'esprit de s'isoler au milieu d'une société faite pour le distraire. L'objet principal pour la société, c'est la conversation; pour le savant, la vérité qu'il poursuit. Les points de vue sont différents, et ce qui est distraction pour les uns est attention pour l'autre.

Celui qui se laisse détourner de l'objet principal de ses observations ou de ses méditations, qui est accessible à toutes les impressions, à toutes les idées, est en état perpétuel de distraction. Dans ces conditions la vie n'a pas d'unité ; l'homme du moment présent n'est plus l'homme de l'heure passée, et les vues sur l'avenir n'ont pas de base solide.

La discipline peut s'appliquer au gouvernement de l'esprit comme au gouvernement des sens, et cette discipline devient plus facile à mesure qu'elle se prolonge, qu'elle se transforme en habitude. L'habitude de l'attention soutenue forme les esprits sérieux et fortifie la volonté : les esprits légers, les caractères sans force n'ont jamais eu qu'un regard superficiel pour toutes choses et ne se sont pas mis en peine de mesurer le degré de leur attention à l'importance de l'objet qui la sollicitait.

Soutenir l'attention des enfants est une condition essentielle de succès dans l'enseignement qui leur est donné.

La nouveauté et la variété éveillent l'attention, mais ne la soutiennent pas. L'intérêt ménagé, allant toujours en croissant sans jamais affecter trop vivement la sensibilité des enfants, sans leur occasionner des étonnements extraordinaires, est le meilleur moyen de soutenir leur attention, de leur faire désirer des leçons, et de les disposer à étudier de leur propre mouvement.

Les enfants ne sont distraits que lorsque les leçons manquent d'intérêt ou qu'elles se prolongent jusqu'à la fatigue. Mesurer ses leçons, s'arrêter à temps, ne paraît pas une condition difficile ; c'est pourtant le défaut des

bons maîtres. Ils sont pleins de leur sujet ; ils le développent avec un plaisir qui leur fait oublier que leur
jeune auditoire se fatigue à les suivre ou les empêche
de s'apercevoir qu'ils ne sont plus suivis.

La clarté, la précision et l'ordre sont des qualités
maîtresses dans l'enseignement. La lumière, au moral
comme au physique, apporte toujours du plaisir. La
profusion des explications est plus nuisible qu'utile :
quelques poteaux placés de distance en distance guident
mieux le voyageur que tous les arbres d'une forêt ne le
feraient étant distribués sans ordre sur le même terrain.
La gradation nous fait trouver dans les premières difficultés vaincues un point d'appui pour en surmonter
de plus grandes. Le but poursuivi dans la plus modeste
éducation est assez élevé pour qu'on ne puisse l'atteindre que par degrés. L'important n'est pas de gravir
trop vite ces degrés, mais de ne faire aucun mouvement en arrière.

L'attention n'est pas également sollicitée par les
mêmes objets chez toutes les personnes. Un habitant
de la campagne reste indifférent à la vue du plus magni-
fique paysage ; il ne le voit qu'en gros, il n'apprécie
ni la richesse des détails ni l'harmonie de l'ensemble.
Un peintre, un poète seront ravis ; aucune beauté ne
leur échappera, et ils seront en état de les rendre toutes
par le pinceau ou par la plume. Le premier a regardé
comme les seconds ; mais regarder n'est pas voir.
Pour bien voir, il faut avoir l'habitude d'observer, c'est-
à-dire de considérer les objets sous toutes leurs faces,
d'où résulte une idée plus exacte de l'ensemble ; il faut
renfermer dans l'idée complexe de l'objet, les idées
simples de ses qualités.

Montrez un cube à un enfant ; il sera en état de distinguer la forme cubique d'autres formes ; mais il ne

saura pas la définir. L'idée du cube est pour lui une idée simple, et les idées simples ne se définissent pas. Si vous lui avez fait remarquer que le cube a six faces égales et que ces faces sont des carrés, l'idée du cube est pour lui une idée complexe qui lui en rappelle plusieurs autres. Il pourra définir le cube, c'est-à-dire l'idée complexe, par l'énumération du nombre, de la forme et de l'égalité des faces. L'idée d'unité est une idée simple, mais celle du nombre six est une idée complexe. Encore une idée complexe que celle de carré, que l'on définit par l'énumération des idées plus simples de surface renfermée par quatre lignes égales formant quatre angles droits. Les personnes qui n'ont pas d'étude, c'est-à-dire d'observation, ne conçoivent qu'une seule idée par la vue du cube ; les autres trouvent renfermées dans cette idée complexe les idées plus simples de lignes, d'angles droits, de surface, de carré, de nombre, de solide. L'intérêt de l'observateur s'est accru avec les points d'observation et par conséquent l'attention a été plus vivement sollicitée.

L'utilité des leçons de choses pour fixer l'attention si mobile des enfants ressort de ce que nous venons de dire. Faire une leçon de choses, ce n'est que décomposer l'idée complexe fournie par un objet en idées plus simples répondant à ses principales qualités ou propriétés. La connaissance des idées simples peut seule faire comprendre toute la portée de l'idée complexe.

L'attention appliquée aux faits de conscience constitue la *réflexion*. Réfléchir, c'est penser une seconde fois, c'est-à-dire ramener les idées ou les données intellectuelles devant la conscience pour les soumettre à un nouvel examen, afin de mieux les déterminer, de les rendre plus claires et plus fixes.

Les perceptions directes ou primitives sont obscures,
faciles à se mêler et à se confondre. Cela tient à l'imperfection de notre intelligence, qui ne peut embrasser
un grand nombre de notions à la fois, qui est obligée
de restreindre, de circonscrire ses perceptions, d'en
préciser, d'en limiter l'objet pour les rendre plus claires
et se les assimiler. C'est par la réflexion que nous
démêlons les éléments divers des données de l'observation, que nous les différencions, que nous les caracté-
risons, que nous les groupons après les avoir séparés,
en un mot que nous analysons et recomposons.

L'attention s'exerce au moyen des sens et se dirige
vers un objet à connaître ; la réflexion dispose des perceptions extérieures pour les contrôler, les ratifier ou
leur faire subir des modifications, et préparer l'assentiment de la volonté. Le travail de la réflexion est un
travail essentiellement intellectuel.

Les enfants sont capables d'attention ; ils ont une
grande docilité de mémoire et une curiosité très avide.
Mais la réflexion leur est pénible : un travail purement
intellectuel les fatigue et les rebute. C'est que la nature
a voulu qu'ils fissent provision de matériaux par l'observation ; elle veille à la conservation de ces matériaux en
les emmagasinant dans la mémoire, ce n'est que plus
tard que ces matériaux seront mis en œuvre par la
réflexion. Vouloir forcer les enfants à réfléchir avant
l'âge, c'est vouloir obliger un ouvrier à faire un
ouvrage sans matière première.

Dirigeons l'attention des enfants vers les choses
bonnes et utiles, soutenons-la par l'intérêt de nos
leçons ; donnons-leur l'habitude d'observer avec soin,
de suspendre leur jugement lorsque les données de
l'observation sont insuffisantes.

En agissant ainsi nous ne formerons pas des savants; mais nous préparerons au pays des hommes de bon sens, ce qui n'est pas un léger service.

CHAPITRE XXI

De l'abstraction et de la généralisation.

Abstraction et généralisation, voilà des mots bien effrayants pour les personnes peu familiarisées avec la langue de la philosophie. Mais tout le monde fait à chaque instant des abstractions sans le savoir, comme M. Jourdain faisait de la prose. Fleur, oiseau, arbre, blanc, noir, rouge, etc., voilà des termes bien usuels et cependant ces termes représentent des idées abstraites.

Le mot *fleur* ne désigne pas une chose déterminée; les variétés de fleurs sont innombrables. *Oiseau* est aussi un terme général qui désigne une espèce animale et non un individu.

Cependant les sens ne nous donnent que des impressions individuelles. Nous ne voyons pas une fleur, un oiseau en général; mais telle fleur, tel oiseau. Un oiseau observé nous laisse une image particulière dans l'esprit; lorsqu'un nouvel oiseau se présente à nous, l'image du premier est rappelée. L'esprit compare l'impression actuelle avec l'image rappelée, saisit les ressemblances et les différences, et le même mot est employé pour désigner deux individus qui sont loin d'être identiques, mais qui ont des caractères communs. Un troisième, un quatrième, un cinquième animal ayant des plumes, des ailes et deux pattes, quoique très différents des premiers et les uns des autres, seront mis dans la classe des oiseaux.

Le caractère commun de ces animaux est d'avoir deux pattes, des ailes et des plumes. L'esprit ne considère que ce caractère, à l'exclusion de tous les autres : il fait une abstraction.

C'est encore par l'abstraction que nous avons l'idée de couleur, de température, de son, de saveur, de senteur, d'étendue, et nous pourrions dire que les sens sont les intruments dont l'esprit se sert pour séparer les qualités différentes des corps, les grouper et en former des notions *abstraites.*

Les *couleurs* n'existent qu'unies à des substances, ou plutôt sont des propriétés de substances. Il n'y a pas de rouge sans quelque chose de rouge, de bleu sans un objet bleu ; mais l'esprit peut considérer la couleur indépendamment de l'objet coloré et se former séparément une idée du bleu, du blanc et du rouge. C'est l'exercice de la faculté d'abstraction.

Vous touchez différents corps d'inégale température, vous vous formez de la *chaleur* une idée bien nette indépendante des corps touchés, c'est une idée abstraite.

L'idée de *surface* est une idée absolument abstraite, c'est-à-dire sans réalité ailleurs que dans l'intelligence. La surface de la feuille sur laquelle j'écris disparaîtrait si je faisais disparaître l'épaisseur du papier. Il n'y a que des corps dans la nature, et il n'y a pas de corps sans les trois dimensions : longueur, largeur et épaisseur. La ligne qui n'a ni largeur ni épaisseur est une pure conception de l'esprit ; il en est de même de la surface qui n'a point d'épaisseur.

Le cercle, le triangle, toutes les figures de géométrie sont des conceptions de l'esprit, des abstractions. Dans une table ronde, on trouve l'idée de cercle en ne considérant que la surface. Si l'esprit ne considère que la limite de la surface de la table, il en résultera une idée plus abstraite encore, celle de circonférence.

L'idée de *nombre* vient de la faculté d'abstraire. On a vu un, deux, trois hommes ; un, deux, trois chevaux ; un, deux, trois arbres. Assurément trois arbres, trois chevaux, trois hommes ne sont pas des groupes identiques ; mais l'esprit y a vu une circonstance commune, la réunion de trois sujets de même espèce dans chaque groupe. Cette circonstance considérée séparément a donné lieu à l'idée abstraite du nombre *trois*. Les nombres peu étendus se sont formés de cette manière : les grands nombres échappent à l'expérience, mais suivent la même loi de formation.

L'esprit ne peut décomposer avec précision les grandes masses. Plusieurs spectateurs voyant une foule composée de plusieurs milliers de personnes ne seront certainement pas d'accord sur le nombre de ces personnes ; c'est parce qu'il s'agit d'une idée concrète trop complexe pour être facilement saisie par l'esprit. Il n'y a que les nombres abstraits qui soient maniables dans tous les états de grandeur et de complexité.

L'abstraction, on le voit, nous fait passer des individus aux groupes, des idées particulières aux idées générales. Il n'y a dans la nature que des individus, c'est-à-dire des êtres qui n'ont jamais entre eux une ressemblance parfaite : il n'y a pas plus deux arbres que deux hommes absolument semblables.

D'un autre côté, les objets que la nature offre à notre étude sont innombrables. Procéder à un examen individuel, ce serait nous condamner à l'ignorance. La faculté d'abstraction nous porte à négliger les différences et à nous emparer des ressemblances pour former des groupes, des classes qui abrègent l'observation, soulagent la mémoire et nous permettent d'apercevoir le plan de la nature et d'admirer l'ordre de l'univers.

Nos premières idées sont des idées concrètes, individuelles. L'enfant qui voit pour la première fois un oiseau, attache au mot oiseau une idée concrète, répondant à une image déterminée ; si on lui présente un autre oiseau qui ne soit pas semblable au premier, il ne lui appliquera pas le nom d'oiseau. Mais si vous lui dites que c'est encore un oiseau, que les oiseaux ont des plumes et des ailes, il ne sera plus dans l'embarras et l'idée générale d'oiseau ne sortira plus de son esprit. Il a saisi l'abstraction ; il ne voit plus que des plumes et des ailes dans l'oiseau.

La nature présente à la fois un grand nombre d'objets à l'observateur ; pour se reconnaître, il a besoin de constituer des groupes, de réunir tout ce qui présente des traits de ressemblance bien accusés. Mais lorsque ces notions générales sont possédées, l'esprit est porté à pénétrer plus avant, à diviser les masses, à former de nouveaux groupes en s'appuyant sur des caractères distinctifs plus délicats. De groupe en groupe, on descend, par la considération de différences de moins en moins sensibles, aux espèces qui ne renferment que des individus d'une grande ressemblance entre eux.

C'est ainsi que la classification naît de l'observation des choses, de l'abstraction portant d'abord sur les caractères les plus remarquables et se continuant ensuite par la séparation des objets jusqu'à la limite de la ressemblance individuelle à peu près parfaite.

Les naturalistes ont établi d'excellentes classifications par des abstractions souvent très hardies. Une première abstraction a fait diviser la nature en deux règnes : le règne organique et le règne inorganique. Le règne

organique a formé deux groupes par la séparation des
plantes des animaux. Les animaux ont formé quatre
embranchements : les vertébrés, les annelés, les mol-
lusques et les zoophytes. Les *vertébrés*, qui ont pour
caractère commun la chaîne osseuse appelée colonne
vertébrale, se subdivisent en cinq classes : les mammi-
fères, les oiseaux, les reptiles, les batraciens et les pois-
sons. Les *oiseaux* ont été distribués en six ordres : les
rapaces, les passereaux, les grimpeurs, les gallinacés,
les échassiers et les palmipèdes. Les *gallinacés* se
divisent en plusieurs familles : coqs, faisans, paons,
dindons, pintades, perdrix, cailles, pigeons. Les *coqs*
comprennent plusieurs genres et les genres plusieurs
espèces.

Ainsi le mot *coq* rend déjà une idée abstraite,
mais moins générale que gallinacés; *gallinacés*, une
idée moins générale qu'oiseaux; *oiseaux*, que vertébrés; *vertébrés*, que animaux; *animaux*, que règne
organique.

L'esprit ne passe pas de l'idée de coq à l'idée de gallinacés ou de vertébrés; mais de l'idée de tel coq à
l'idée d'animal, c'est-à-dire de l'image concrète à l'abstraction la plus étendue. Une fois que l'esprit a em-
brassé le champ de ses investigations, qu'il a reconnu
des différences dans l'ensemble, il divise la difficulté
pour la surmonter plus facilement; il forme des groupes
en se basant sur quelques caractères communs des
objets; il subdivise ces groupes jusqu'à ce qu'il revienne
au point de départ. Ainsi l'esprit passe naturellement
de la notion très abstraite d'animaux à la notion moins
vague de vertébrés; de la notion de vertébrés, à la
notion encore moins vague d'oiseaux; d'oiseaux à gallinacés, la notion continue à se préciser; elle est déjà
bien claire lorsque nous arrivons à *coq*, c'est-à-dire à

la famille. Les tribus, les genres et les espèces étudiés dans la famille donnent lieu à des remarques pleines d'intérêt.

Nous en conclurons que la marche de l'esprit dans l'acquisition des connaissances positives est plutôt analytique que synthétique. La synthèse n'est qu'une reconstruction qu'il est impossible d'opérer sans avoir séparé et classé les matériaux par l'analyse.

L'abstraction ne donne pas seulement lieu à la classification des innombrables productions de la nature ; mais encore à la connaissance et à la généralisation des phénomènes, à la constatation des lois qui régissent l'univers. La chute d'une pomme sans cause apparente a mis l'illustre Newton sur la voie de la grande découverte de l'attraction universelle. La pomme ne peut tomber que sollicitée par une force qui l'attire vers la terre ; tous les corps suspendus tombent de la même manière lorsqu'ils sont abandonnés à eux-mêmes. Les planètes tournent autour du soleil ; la force centrifuge développée par le mouvement de rotation devrait les en éloigner rapidement. Il y a par conséquent une force qui les maintient dans leur orbite ; cette force est une attraction exercée par le soleil. En généralisant les phénomènes observés, Newton a été conduit à leur donner une cause analogue, et la loi de l'attraction universelle proclamée est devenue une des pierres angulaires de la science. C'est en s'appuyant sur cette admirable découverte que l'homme a sondé les cieux, assigné des routes certaines à toutes les planètes connues, déterminé la position d'autres planètes avant de les connaître, remis la terre à la modeste place qu'elle occupe dans l'univers et agrandi l'idée du créateur en montrant l'immensité de l'œuvre de la création.

Si les phénomènes particuliers nous conduisent par

la généralisation des causes à la connaissance des lois de la nature ; les lois une fois connues peuvent nous donner l'explication des phénomènes isolés observés pour la première fois.

Dans les contre-vallées des Alpes, les brouillards présentent quelquefois un phénomène singulier. Ils montent, ils descendent pour remonter et redescendre encore, et cela durant de longues heures. Pendant ce temps la vallée principale est souvent inondée de soleil ; le soleil illumine aussi les hauts sommets et les glaciers.

Nous savons que les brouillards sont de la vapeur d'eau qui a déjà subi un commencement de condensation ; nous connaissons la loi de la dilatation des corps par la chaleur, principalement des gaz ; nous sommes en mesure d'expliquer le phénomène. Les vapeurs d'eau invisibles de la vallée chauffées par les rayons du soleil se dilatent, montent, se portent vers les gorges, se condensent assez en atteignant des régions plus froides pour devenir brouillards ; en montant plus haut, elles se condensent davantage, et l'excès de densité acquise, aidé du vent qui les refoule, les fait redescendre dans les régions chaudes où elles se dilatent de nouveau, reviennent sur leurs pas pour continuer un mouvement de va-et-vient qu'on appelle la danse des brouillards. Le dernier mouvement a lieu vers les montagnes où les brouillards, nous allions dire les danseurs, s'évanouissent emportés par les vents ou condensés en perles liquides suspendues à tous les brins d'herbe.

Nous démontrerons, dans le chapitre suivant, que le langage n'est qu'une méthode d'abstraction et de généralisation.

CHAPITRE XXII

Rapports entre le langage et la pensée.

Les enfants, avant de pouvoir parler, ont reçu une foule d'impressions, manifesté de la peine et du plaisir, marqué des sympathies ou des répulsions. Ils ont un langage. très expressif, langage d'exclamations, de mouvements, de jeu de physionomie. Ils poussent des cris de joie à la vue des personnes ou des choses qui leur plaisent, tendent leurs bras, allongent tout leur corps pour les atteindre. Ils retirent leurs bras, se reculent, se tordent pour éviter les personnes qu'ils ne connaissent pas ou qu'ils n'aiment pas; ils repoussent les objets qui leur déplaisent ou dont ils sont fatigués. Ils témoignent du plaisir par le rire, de la souffrance par les pleurs. Ils rougissent dans les surprises agréables et pâlissent par l'effet de l'étonnement et de la frayeur.

Ce langage naturel, langage d'action et de sons inarticulés, traduit au dehors tous les mouvements de l'âme des enfants, sert à la manifestation de leurs besoins et de leurs désirs, mais n'est pas encore l'instrument de la pensée. Les enfants ne s'occupent plus, après le résultat, du signe employé; le signe ne se lie pas à l'image de la chose, au fait de sensibilité, et ne les remplace pas par conséquent. L'esprit travaille sur des images, sur des sensations rappelées, la mémoire est purement imaginative. Les idées sont vives, mais peu étendues. L'activité intellectuelle ne s'exerce que dans les étroites limites des expériences journalières, et elle ne sortira pas de ces limites jusqu'à ce que les signes se substituent aux images, qu'il y ait des signes pour désigner les groupes, les espèces, les genres ; en un mot, la pensée, ne prend son essor que lorsqu'elle a à son service le langage abstrait.

Sans le secours de la généralisation, il faudrait un signe, un mot pour désigner chaque objet. Le mot arbre ne désignerait qu'un certain arbre ; il faudrait mille mots, mille noms pour désigner mille arbres de la même espèce. Deux arbres de la même espèce ne se ressemblent pas absolument, et, si l'on ne faisait pas abstraction de leurs différences, il faudrait deux noms pour les désigner. Une langue qui n'aurait que des noms particuliers ou noms propres ne se prêterait pas à la rapidité du mouvement de la pensée. Même en multipliant les noms propres au delà de toute limite accessible à la meilleure mémoire, on n'arriverait pas à des connaissances de quelque étendue ; pour connaître une forêt, il faudrait avoir autant d'idées dans l'esprit et autant de mots dans la mémoire que la forêt renferme d'arbres. Quel est le général qui pourrait connaître son armée, s'il lui fallait garder dans la mémoire le nom de chaque soldat ? Le chef qui oublierait des noms éprouverait le sentiment de pertes d'hommes, puisque l'idée de collectivité, de troupe, de nombre ne saurait exister sans la faculté de généralisation.

Tous les noms communs et la plupart des autres mots d'une langue expriment des notions générales et ont été formés par abstraction. Monde, homme, arbre, fleur, bonté, prudence, vertu, petit, grand, beau, laid, etc., sont autant de termes abstraits qui donnent corps à des idées générales, qui les fixent, qui les rendent propres à être conservées par la mémoire et utilisées par la réflexion.

Il serait bien difficile d'énumérer tout ce que renferment les notions d'*homme*, de *prudence*, de *vertu*, de *beauté*, quoique ces mots paraissent clairs et précis à notre esprit, par suite de la fréquence de leur application. Nous n'y voyons même d'abord que des idées simples; ce n'est qu'à la réflexion que nous y découvrons des synthèses formées par abstraction, de véritables combinaisons que la pensée, dans sa rapidité, emploie de préférence aux idées individuelles.

La bonté, la prudence ne peuvent être rendues par des images sensibles. Cependant les pensées éveillées par ces mots sont suffisamment claires pour l'esprit.

Rien de plus variable que les caractères de la beauté, rien de plus insaisissable que ce qui en constitue l'essence. Mais tous les esprits délicats ont le sentiment du beau, et le langage abstrait leur fournit un terme pour rendre ce sentiment. La beauté d'un monument n'est pas celle d'une statue; celle de la mer n'est pas celle des montagnes; celle d'un vieillard, celle d'une jeune femme. Cependant l'émotion que nous éprouvons à la vue d'un beau monument, d'une belle statue, de l'immensité de la mer, de la majesté des montagnes, de la sérénité d'un vieillard, de la grâce d'une femme, présente des mouvements semblables, des rapports de rythme émotionnel que l'expression *beauté* condense pour les rendre accessibles à la pensée, sans l'embarras des images particulières.

Ainsi l'emploi des mots a pour résultat d'éveiller les idées sans avoir recours à leur origine concrète. C'est un immense résultat, car il n'y aurait pas de progrès possible pour l'humanité si chaque mot ne représentait qu'un individu, une image particulière. Les signes concrets n'ont pas de sens pour celui qui n'a pas l'expérience de la chose signifiée. Un nom propre n'éveille aucune idée dans celui qui l'entend pour la première fois ; il ne sait s'il s'applique à une personne, à une ville, à un cours d'eau. Si ce nom paraît par analogie de forme s'appliquer à une personne, il ne dit rien de plus que le mot homme. Il dit même moins, puisqu'il laisse l'esprit dans l'indécision sur le caractère général ou particulier de la notion attachée au mot entendu.

Les hommes ne peuvent entrer en communication par le langage qu'autant qu'ils ont des idées communes signifiées par les mêmes mots. Les idées communes ne se forment que par abstraction et ne se rendent que par des termes généraux. Pour être compris, il faut parler un langage intelligible à ses auditeurs, c'est-à-dire éveiller en eux des idées simples, familières à leur esprit par des termes connus, propres à leur faire saisir une idée plus complexe. L'idée intégrale peut être nouvelle, pourvu que les éléments dont elle se compose ne soient pas eux-mêmes nouveaux.

Les langues se sont formées synthétiquement, c'est-à-dire par voie de généralisation. Les signes du langage n'ont d'abord représenté que des objets particuliers, des idées individuelles. La nécessité d'un échange rapide d'idées, dans les relations créées par l'état social, a fait appliquer les signes désignant des individus à des groupes formés sur des rapports de ressemblance. D'un autre côté, les innombrables productions de la nature mettaient en défaut l'observation isolée. L'homme n'a d'abord connu son séjour que par ses rapports avec les objets environnants, n'a eu d'attention que pour ce qui était indispensable à ses besoins les plus pressants, à la conservation de son existence. Mais l'homme est doué d'intelligence, il est avide de connaître. Il s'est efforcé de différencier les impressions qui lui étaient apportées par les sens, et, dans l'impossibilité de fixer sa pensée sur chaque sensation différente, il l'a arrêtée sur des masses présentant des ressemblances et offrant sur d'autres masses des différences tranchées. Il fallait un petit nombre de signes pour désigner ces grandes classes. Les mille voix de la nature lui ont offert les signes de la plus haute abstraction.

L'air en mouvement, le vent, est un puissant archet qui fait gronder la mer, gémir les forêts, bruire l'herbe des champs. La pierre qui tombe, la branche qui se casse, le vase qui se brise, la flèche qui siffle donnent lieu à des bruits spécifiques qui ne pouvaient manquer d'être remarqués. Tous les animaux ont des cris pour exprimer le plaisir et la douleur; l'homme traduit ses émotions subites par des exclamations; les oiseaux chantent les joies de la famille.

Toutes ces voix se distinguent par leur timbre ou leur véhémence; elles sont faciles à différencier et se prêtent, par conséquent, à l'imitation. Il reste dans toutes les langues des traces de cette imitation sous le nom d'*onomatopées.* Les interjections, qui peignent par un seul mot une agitation de l'âme, appartiennent aussi au langage naturel.

· Les rapports entre les hommes se multipliant, les observations et les expériences utiles s'accumulant, les recherches spéculatives s'ajoutant au travail pour la vie, le langage a dû répondre à des idées de plus en plus complexes, se prêter à l'expression de toutes les nuances de la pensée, s'élever de manière à donner aux besoins de l'esprit une satisfaction trop exclusivement réservée aux besoins matériels dans l'enfance de l'humanité. Les signes conventionnels, c'est-à-dire les mots désignant des généralisations, ont enrichi les langues, agrandi en même temps le domaine de la pensée, ouvert une voie plus large à la civilisation et à la moralité.

Le langage naturel, composé de signes expressifs, de sons rappelant certaines propriétés des choses, a quelque puissance par lui-même; la pensée de tout homme peut être mise en mouvement par ce langage. Il n'en est pas de même du langage conventionnel, composé de mots qui n'ont de signification que pour ceux qui en comprennent l'usage et qui laissent absolument froids tous ceux qui sont étrangers à cet usage.

On peut faire de curieuses observations si l'on se trouve à une table nombreuse où tout le monde cause dans une langue que l'on ne connaît pas soi-même. Les couteaux jouent; les fourchettes se lèvent et s'abaissent avec un certain rythme; le bruit de ces instruments sur les assiettes est accompagné de paroles échangées sans grande animation. L'étranger n'est pas plus frappé par les voix humaines que par le bruit des fourchettes; le concert lui paraît bizarre; il ne lui trouve même pas l'harmonie du frôlement des feuilles des arbres agitées par le vent; il va se soulager auprès du ruisseau qui murmure et même du torrent en courroux. Les voix de la nature lui sont plus familières que celles des hommes qui ne parlent pas sa langue.

Une semblable expérience serait capable de ramener de leurs illusions les *réalistes* et les *nominalistes* les plus convaincus. Les mots ne sont que les étiquettes des idées; les étiquettes ne sont rien, si elles ne sont pas appliquées à propos.

L'homme parle parce qu'il pense; sans la pensée il n'y aurait point de langage. Le langage abstrait tient plus aux rapports que l'esprit établit entre les choses qu'à la perception des images de ces choses. La vue de deux, de trois, de quatre arbres ne nous conduirait pas à la notion abstraite, signifiée par le mot *arbre,* si l'esprit n'établissait des rapports de ressemblance entre toutes les images d'arbres connus. Abstraire, c'est donc former une notion avec des rapports de ressemblance et fixer cette notion complexe par un signe unique.

Les enfants arrivent dans les écoles avec un bagage considérable de mots formés par abstraction ; ils les appliquent avec une certaine sûreté dans la conversation ordinaire pour les choses qui leur sont familières. Ils sont même plus portés à étendre la signification des mots qu'à la restreindre ; leurs idées sont vagues et ils sont toujours embarrassés pour les préciser. Cela tient à ce qu'ils ont reçu les termes généraux tout faits, qu'ils ne se doutent pas de l'artifice de leur composition, qu'ils sont incapables de passer d'une conception mal définie à une notion mieux arrêtée.

Les enfants ont donc besoin de réapprendre leur langue. Les termes généraux doivent être définis, et nous savons que la définition consiste à énumérer les idées simples renfermées dans l'idée complexe. Il faut choisir entre les idées simples que comporte la définition celles qui sont le plus à la portée des enfants, avoir recours, au besoin, à des comparaisons frappantes à l'observation directe des choses.

CHAPITRE XXIII

Jugement, bon sens, sens commun, raison.

Le jugement est l'opération la plus familière à notre esprit, la plus commune en même temps que la plus délicate ; c'est en quelque sorte la manifestation de l'esprit.

La pensée n'est qu'une suite de jugements, et elle est d'autant plus claire que les jugements portent sur des faits mieux connus, sur des observations plus complètes.

L'observation ne donne lieu à des jugements, à des pensées, que par la considération des rapports des objets observés à d'autres objets connus. Une idée ne nous frappe que parce qu'elle est en conformité ou en opposition avec des idées déjà perçues par l'esprit.

Si nous disons : *Cet homme est généreux*, nous portons un jugement, c'est-à-dire que nous affirmons que la qualité exprimée par l'adjectif *généreux* appartient à l'homme dont il s'agit. Il y a eu dans notre esprit une comparaison très rapide, presque inaperçue par la conscience. Cette rapidité tient à l'habitude de l'exercice de la pensée et au caractère général de la notion exprimée par le mot *généreux*. Il y a une différence tranchée entre les hommes généreux et ceux qui ne le sont pas ; notre esprit se contente de cette large comparaison et ne descend pas aux nuances qu'une analyse plus délicate ferait découvrir dans les caractères de la générosité. Nous faisons entrer cet homme dans une classe, la classe des hommes généreux. Ainsi nos jugements aboutissent presque toujours à des généralisations.

Ceci est bon, cela est mauvais, pauvreté n'est pas vice, la santé est la compagne de la tempérance. Par ces jugements nous faisons entrer l'objet désigné par le mot *ceci* dans la classe de tout ce qui est bon, l'objet désigné par *cela* dans la classe de tout ce qui est mauvais ; nous nions que la *pauvreté* appartienne à la classe des vices ; nous exprimons une relation d'effet à cause entre la *santé* et la *tempérance*.

A la première vue d'une surface limitée par trois lignes, nous dirons : *C'est un triangle ;* nous faisons entrer, sans autre examen, cette figure dans la classe la plus générale des triangles. Mais s'il s'agissait d'une espèce particulière de triangles, par exemple des triangles *rectangles*, avant d'y faire entrer notre figure, de dire : C'est un triangle rectangle, il faudrait vérifier avec soin si l'un des angles est droit. Sans cette vérification le jugement pourrait être erroné.

Notre esprit est moins sujet à se tromper dans les jugements qui consistent à affirmer qu'une chose appartient à une classe, lorsque la classe comporte une grande généralité. A mesure que la généralité se circonscrit, se resserre, l'affirmation doit perdre de sa hardiesse. Pour saisir les rapports particuliers des choses, il faut plus d'attention, plus d'étude, plus de soin que pour en observer les rapports généraux. — « *Voilà un arbre* », dit un enfant ; son jugement est probablement juste. — « *Voici un sapin, un pin, un mélèze* » ; vous n'admettrez pas son jugement sans vérification, parce que les caractères qui différencient ces espèces demandent une observation très attentive.

Les erreurs dans les jugements viennent de deux

causes principales : de la précipitation et d'une observation insuffisante.

La précipitation nous fait prendre le change sur les rapports ; nous mettons à la place de rapports réels des rapports préconçus, ou de pures illusions de l'esprit. L'insuffisance de l'observation nous trompe sur la nature des rapports, nous fait souvent prendre l'accessoire pour le principal, l'accidentel pour le permanent, l'effet pour la cause.

Nous voyons, par ce qui précède, que *le jugement est l'affirmation de la convenance ou de la disconvenance de deux idées.*

L'attribut ou la qualité affirmée d'un sujet renferme souvent elle-même un rapport. *Le temps est froid; le café est chaud; cet enfant est beau; cet homme est sage :* voilà quatre jugements, quatre propositions dont les attributs *froid, chaud, beau, sage,* ne sont pas des notions simples, mais des idées de rapports, idées intellectuelles par excellence.

En effet, le froid et le chaud ne sont pas des qualités absolues des corps. L'idée de *froid* est une idée négative : un corps n'est froid que par comparaison avec un corps d'une trempérature plus élevée ; un corps n'est *chaud* que par comparaison avec un corps d'une température moins élevée.

La beauté et la sagesse ne sont pas non plus des réalités absolues. Un enfant n'est *beau* que par comparaison avec des enfants de traits moins agréables ; un homme n'est *sage* que par comparaison avec d'autres de folle conduite.

Ces attributs sont formés par comparaison, et les idées qu'ils expriment n'ont que la valeur de rapports. Ces rapports sont l'ouvrage de notre intelligence ; leur nombre dépend de l'activité intellectuelle, la

8.

nature offrant des termes de comparaison à l'infini.

Former des rapports, porter des jugements sur des idées fournies par l'observation et engendrer ainsi des idées purement intellectuelles ; poursuivre la vérité jusqu'aux limites entrevues mais sans cesse déplacées, s'éloignant d'un pas égal à celui de la poursuite ; tendre vers l'infini sans espoir de l'atteindre, telle semble être la vocation de l'âme humaine.

Le jugement n'est autre chose que le *bon sens*, lorsqu'on entend par jugement la puissance au lieu de l'acte de juger. La distinction n'est cependant pas sans importance.

Le bon sens ou la puissance de bien juger est une lumière naturelle qui nous fait distinguer les rapports, les qualités des choses, le vrai du faux, le juste de l'injuste.

Le jugement est un acte, une décision de la conscience dont la sagesse dépend à la fois du bon sens et de l'expérience.

Moins une personne a de bon sens et d'étude, moins elle est embarrassée dans ses jugements. Mais quelle est la valeur de jugements précipités rendus par l'ignorance et la présomption ? Ce sont le plus souvent des actes contraires à la vérité, à la prudence, à l'intérêt ou au devoir.

Le sens commun est une vue d'ensemble, une intuition de notre nature qui en embrasse toutes les puissances, qui en pressent les destinées, qui répugne à tout ce qui contrarie ces destinées et se prête à tout ce qui les favorise.

Personne ne naît absolument dépourvu de *sens commun*. Les axiomes sont des vérités de sens commun. *Le tout est plus grand que sa partie,* par exemple : voilà une vérité de sens commun. Toute explication est superflue ; nous dirons plus, une explication ne pourrait qu'embarrasser la vérité, la rendre moins claire, moins évidente. L'évidence de sens commun, de raison, est la base de l'évidence de démonstration, de raisonnement.

Le sens commun est souvent un guide plus sûr que la philosophie dans la distinction de la matière et de l'esprit, dans l'appréciation de la nature et des phénomènes de l'âme humaine, dans la contemplation du vrai, du juste et du bien.

La philosophie, en voulant faire pour ainsi dire l'autopsie de l'âme, en divisant ce qui est indivisible, en séparant ce qui est inséparable, se perd souvent dans une analyse infinitésimale. Elle est déroutée par la variété infinie des phénomènes à observer, et les systèmes naissent de son impuissance inavouée. C'est sous le poids du sens commun que tous ces systèmes s'écroulent, laissant, il faut le reconnaître, au milieu des ruines accumulées, des vérités éparses dont le bon sens lui-même fait son profit.

Le sens commun est peu perfectible ; le bon sens, au contraire, se perfectionne par l'habitude de la réflexion, et nos jugements sont d'autant plus sûrs que nous sommes plus familiarisés avec les sujets mis en délibération.

Du sens commun à la *raison*, il n'y a guère qu'une question de degré.

La *raison est la faculté par laquelle l'homme connaît, juge et prévoit.*

L'expérience représente l'enseignement du passé ; cet enseignement nous serait absolument inutile s'il ne servait de guide pour l'avenir, c'est-à-dire si la raison ne nous éclairait pas sur ce qui doit être à propos de ce qui a été. Nous avons vu le soleil se lever

hier, avant-hier, tous les jours précédents : notre
raison nous dit qu'il se lèvera demain et les jours suivants ; nous avons assisté à la succession et au retour
des saisons : notre raison ne nous laisse aucun doute
sur le même ordre de phénomènes dans l'avenir ; nous
voyons tout ce qui a vie mourir : nous ne saurions
douter raisonnablement que nous mourrons un jour.
Des Phéniciens, marchands de *natron* (carbonate de
soude), en faisant cuire leurs aliments sur le sable,
s'aperçurent que les deux blocs de *natron* qui suppor-
taient la marmite, se combinant par l'action de la chaleur avec le sable, avaient produit une matière trans-
parente. Le verre était trouvé, et personne n'a douté
depuis qu'en chauffant un mélange convenable de
soude et de silice on n'obtienne constamment du verre.
Un Français, Denis Papin, découvrit la force élastique
de la vapeur d'eau : de cette idée sont nées les merveilles produites par la machine à vapeur. Si la raison
n'avait conclu à la permanence de la propriété de la
vapeur d'eau, l'humanité n'aurait retiré aucun profit
de l'expérience de Papin.

On nous dira peut-être que nous parlons de vérités
inductives et que l'*induction* n'est pas la *raison*. Nous
savons très bien que pour les uns l'*induction* est une
faculté spéciale de l'entendement, pour d'autres un
mode de raisonnement. Mais nous ferons remarquer
que tout jugement inductif, restant enfermé dans
l'ordre purement empirique, ne peut s'élever à la hauteur d'une vérité générale, et que, cependant, nier la
généralité de la plupart des inductions scientifiques
serait nier la science elle-même. Nous sommes absolument sûrs que, tant que nous disposerons de la vapeur
d'eau, nous disposerons d'une force immense ; que,
tant que la soude, la silice et le feu ne manqueront pas,

nous produirons du verre à volonté. Cette certitude absolue ne comporte pas de démonstration : elle vient de la raison ; sans cela point de conviction dans notre esprit.

Il est facile de distinguer l'induction rationnelle du raisonnement inductif. La première a toute la clarté d'un axiome ; le second n'obtient l'assentiment de l'esprit que sur raisons démonstratives. L'induction rationnelle atteint tout d'un coup son plus haut degré de certitude ; le raisonnement inductif passe par des degrés successifs de probabilité. Le savant fait des découvertes par le raisonnement inductif ; la raison donne à ces découvertes la certitude et la généralité scientifiques.

Nous pouvons regarder la *prévoyance* humaine comme un fait de raison.

La prévoyance semble toujours être en rapport avec le développement de la raison. Une personne très prévoyante est une personne de haute raison ; l'imprévoyance et la déraison vont généralement de compagnie.

Les animaux manquent de prévoyance, sans quoi nous ne les aurions jamais réduits à l'état de domesticité. Le bœuf comme le veau, le mouton comme l'agneau vont à la boucherie sans se douter de rien, et ils meurent de la main de l'homme sans que l'idée de la mort entre dans l'intelligence des survivants.

La raison serait un funeste don de la nature, si elle ne nous laissait entrevoir l'avenir que pour augmenter les amertumes du présent ; si elle ne faisait concevoir l'espace sans bornes que pour nous humilier dans le sentiment de notre petitesse ; la durée infinie, que pour ne pas nous laisser oublier le néant de notre existence terrestre ; si elle ne nous élevait à la contemplation du beau que pour nous désoler par l'horreur de la mort. La mort, fin unique de la vie, enlèverait toute grandeur à nos pensées, toute moralité à nos actions, tout sérieux à la science elle-même. Si la mort nous replongeait dans le néant, toute science serait vaine.

CHAPITRE XXIV

Du développement de la raison.

La *raison* est une puissance intellectuelle qui existe *virtuellement* dans tout homme ; mais qui ne se manifeste, ne s'exerce, ne se développe que sous l'influence des impressions extérieures et de l'enseignement social.

Victor Cousin a dit : « Otez l'expérience, rien dans les sens, rien dans la conscience, par conséquent, rien dans l'entendement. »

Bossuet, lui-même, après avoir établi la supériorité de l'entendement sur les sens, ajoute : « Il faut pourtant reconnaître qu'on n'entend point sans imaginer, ni sans avoir senti ; car il est vrai que, pour un certain accord entre toutes les parties qui composent l'homme, l'âme n'agit pas, c'est-à-dire ne pense et ne connaît pas sans le corps, ni la partie intellectuelle sans la partie sensitive. »

La raison humaine est essentiellement dépendante ; elle n'entre en exercice et ne se développe qu'en subissant l'action de la vie du dehors. C'est en quelque sorte l'étincelle renfermée dans le caillou et qui n'en jaillit que par le choc de l'acier ; c'est la flamme qui ne se conserve, qui ne grandit que par l'accumulation des matières combustibles.

Le spectacle de la nature, le contact des choses, les besoins physiques sont-ils des excitants et surtout des aliments suffisants pour permettre à la raison de se manifester et de se développer?

L'expérience prouve le contraire. Le sauvage ne s'élève guère au-dessus des instincts de la brute. Une jeune fille trouvée, en 1751, dans une forêt de Soigny, près de Châlons, fut reconnue dépourvue d'idées par Louis Racine qui eut la curiosité de la voir.

L'abbé Sicard a fait le tableau suivant de l'indigence intellectuelle et morale du sourd-muet : « Borné aux seuls mouvements physiques, il n'a pas même, avant qu'on ait déchiré l'enveloppe sous laquelle sa raison demeure ensevelie, cet instinct sûr qui dirige les animaux. Le sourd-muet est seul dans la nature sans aucun exercice possible de ses facultés intellectuelles, qui demeurent sans action, sans vie... à moins qu'une main bienfaisante ne parvienne à le retirer de ce sommeil de mort. Quant au moral, il n'en soupçonne même pas l'existence. Rapporter tout à lui, obéir avec impétuosité à tous ses besoins naturels, satisfaire tous ses appétits, s'irriter contre les obstacles, voilà toute la morale de cet infortuné ; il n'a des yeux que pour le monde physique, et encore quels yeux! Il voit tout sans intérêt. Le monde moral n'existe pas pour lui, et les vertus comme les vices sont sans réalité. Tel est le sourd-muet dans son état naturel; le voilà tel que l'habitude de l'observation, en vivant avec lui, m'a mis à même de le dépeindre. »

L'homme isolé de la société soit par l'état sauvage, soit par un accident quelconque, soit par une infirmité profonde, ne se développe pas au point de vue intellectuel et moral. Sa raison sommeille, et le réveil n'a lieu que dans un milieu favorable et par la communication sympathique avec ce milieu.

L'âme de l'enfant s'ouvre, s'épanouit sous l'influence de l'âme de la mère. La raison naissante trouve un excitant salutaire dans la raison adulte qui la prend sous sa protection, qui la guide, qui l'encourage, qui lui épargne les expériences trop longues et trop pénibles, qui lui inspire confiance ; qui, par des secours généreux, des soins tendres, la dispose à des retours affectueux et lui fait trouver la nature bienfaisante.

Mieux un enfant est traité dans sa famille, plus il est confiant et ouvert avec les étrangers, plus il est accessible à l'enseignement de l'entourage. Cet entourage est-il bon, poli, éclairé, l'enfant sera aimable, sensé, plein de bonne volonté et de bonnes intentions. Il aura même quelquefois des idées au-dessus de son âge.

Un instituteur qui a du discernement juge très bien par les enfants du niveau intellectuel des parents. L'école lui révèle la situation morale de la commune. Lui-même exercera une influence plus ou moins grande sur les enfants, selon la puissance de sa personnalité intellectuelle et morale.

Les enfants d'un hameau sont plus arriérés sous le rapport du développement intellectuel que ceux d'un village, ceux d'un village que ceux d'une petite ville, ceux d'une petite ville que ceux d'une grande cité. La décharge électrique morale qui met en mouvement les puissances latentes de l'entendement humain semble être en rapport avec le nombre des éléments employés, c'est-à-dire des personnes qui influent sur l'enfant.

La société rudimentaire, la famille, donne une première et précieuse excitation ; mai cela ne suffit pas.

Le sauvage vit en famille, cependant il reste sauvage, inculte tant que les familles demeurent isolées les unes des autres.

Le monde s'est civilisé par le rapprochement des hommes, par les assemblées religieuses et politiques, par les écoles, par les livres, par tous les échanges d'idées.

Plus ces échanges sont actifs, plus la fermentation des esprits est grande, plus le milieu devient favorable au développement intellectuel.

Si le mouvement se ralentit, si le milieu change, l'humanité recule. L'histoire nous montre les ténèbres de l'ignorance succédant aux lumières de la science, la civilisation s'effaçant sous les étreintes de la barbarie.

Mais la raison humaine ne périt pas avec les sociétés. Revenue à son point de départ, confinée dans l'individu et la famille, elle recommence son œuvre, reforme de petits foyers intellectuels qui échauffent d'abord les éléments les moins réfractaires. La flamme s'étend de proche en proche, et après un temps plus ou moins long, selon les obstacles, une nouvelle civilisation éclaire le monde.

Voilà une *évolution* qui repose sur des faits plus précis, sur des lois plus certaines que l'évolution naturaliste.

Les conséquences de l'évolution naturaliste sont résumées dans la phrase suivante des principes de psychologie de Herbert Spencer, traduction de M. Ribot : « *La généralité des inférences est entièrement une question de degrés*, et, à moins de soutenir que la raison de l'Européen cultivée est spécifiquement différente de celle de l'enfant ou du sauvage, on ne peut conséquemment soutenir qu'il y a une *différence spécifique* entre la raison de la brute et celle de l'homme. »

Disons d'abord que l'évolution qui fait de l'animal l'ancêtre de l'homme, repose sur la confusion de l'instinct naturel avec l'habitude acquise.

Les habitudes se contractent par la répétition prolongée des mêmes mouvements, des mêmes actes, et elles peuvent donner l'illusion de faits instinctifs. Un pianiste exécutant un morceau de musique n'est pas occupé de ses doigts, et cependant ses doigts, par l'habitude, suivent sa pensée sans qu'il en ait conscience. Une femme exercée fait un tricot sans regarder à ses aiguilles, et sans cesser de prendre part à la conversation la plus animée. L'esprit lui-même subit l'influence de l'habitude ; c'est par l'habitude de la réflexion qu'il acquiert de la profondeur et de la pénétration ; c'est d'une attention habituelle que naît la puissance de comparer et de juger ; c'est l'habitude du bien qui constitue la vertu.

L'habitude et l'instinct ne se confondent pas pour cela. La première a son origine dans l'activité volontaire ; elle est personnelle et intransmissible. Le second vient de la nature et se transmet de génération en génération sans augmentation ni diminution importantes.

L'*évolution naturaliste* consisterait dans la *consolidation* des habitudes en instincts, en aptitudes et dans leur transmission par voie de génération.

Si nous l'admettons, il faut admettre aussi que, dans la suite des temps, les habitudes *consolidées* en instincts, les instincts *consolidés* en aptitudes, produiront des familles d'architectes qui édifieront d'instinct des monuments merveilleux, sans avoir pris la peine d'étudier les règles de l'architecture ; des familles de peintres qui nous donneront des chefs-d'œuvre, sans s'être jamais exercé l'œil et la main ; des familles de musiciens qui chanteront comme les oiseaux chantent, et dont les mains seront familiarisées avec tous les instruments avant de les avoir touchés ; des familles de savants qui se moqueront de l'analyse et de la synthèse.

Nous n'exagérons pas. Puisque, selon les adeptes de l'*évolution naturaliste*, il n'y a qu'une différence de degré entre l'instinct de la brute et la raison de l'homme, différence qui tend à se combler par l'évolution, il n'est pas admissible que les habitudes des hommes, *en se consolidant*, produisent des effets moins merveilleux que l'instinct des animaux, qui provient aussi d'habitudes *consolidées*.

Mais l'expérience, mais un simple regard autour de nous, nous montre que la *raison*, au lieu de procéder de l'habitude consolidée, d'être un degré supérieur de l'instinct, est dans l'enfant plus infirme que l'instinct chez les petits des animaux. Ces derniers sont bien mieux prémunis contre toutes les causes de destruction et de souffrance que les enfants qui ne subsistent que grâce au dévouement prolongé de leurs parents, qui ne voient leur raison se développer que progressivement et sous l'influence du milieu social.

Le milieu social, indispensable au développement de la raison, n'est pas seulement un entourage d'activités intelligentes, mais encore un trésor d'expériences, de méthodes, de découvertes, de richesses intellectuelles où les nouveaux venus peuvent puiser à pleines mains. La science est l'héritage que nous ont légué les générations antérieures; mais nous ne saurions en tirer des fruits que par une culture individuelle incessante. La part de chacun, dans l'héritage de la civilisation, est en rapport avec ses efforts personnels.

Fort heureusement que l'évolution naturaliste n'est qu'un rêve, sans quoi les habitudes intellectuelles, plus fortement consolidées dans certaines familles que dans d'autres, constitueraient une aristocratie naturelle autrement redoutable et ennemie de l'égalité politique que l'aristocratie de convention.

Mais l'enfant du philosophe est obligé d'apprendre les lettres de l'alphabet comme l'enfant de l'artisan, et quelquefois le dernier y réussit mieux que le premier. Le fils d'un mathématicien peut n'avoir aucune aptitude pour le calcul. Beaucoup de savants et d'hommes d'État sont fils de paysans.

Nous admettons une évolution; mais c'est une évolution morale fondée sur les bons exemples, sur les traditions de travail, d'ordre, d'économie, d'honneur de la famille.

Mais si ces traditions sont interrompues, si la fortune acquise ne sert plus que d'aliment à l'oisiveté et au désordre, il semble qu'une puissance supérieure brise cet instrument inutile, qu'elle en relègue les débris au dernier rang. La nécessité rend aux hommes tombés une nouvelle vigueur, le travail les moralise, ils s'élèvent de nouveau jusqu'à ce qu'ils soient de nouveau dégradés par la paresse et l'inconduite.

Si nous pouvions suivre l'histoire des familles comme celle des nations, nous verrions, même à travers les anciens préjugés de castes, que le développement de chaque famille obéit à certaines lois morales générales; que la période de décadence s'est toujours trouvée très rapprochée de la période de grandeur; que le relèvement n'est survenu que par le travail, dont l'abandon avait amené la chute.

Nous dirons donc à nos lecteurs : Vous êtes des travailleurs, des hommes utiles, vous montez, vous vous ennoblissez; ceux qui ne travaillent pas ou qui ne font pas un travail utile, descendent.

CHAPITRE XXV

Du raisonnement

Raisonner, c'est prouver une vérité au moyen d'autres vérités incontestables, c'est tirer un jugement d'autres jugements, c'est passer de rapports connus à des rapports inconnus pour en faire voir l'identité.

Le raisonnement a donné lieu à un art subtil appelé *logique*. Mais la logique n'a pas toujours été l'art de mettre la lumière en évidence, de dégager la vérité de l'erreur, de faire disparaître la confusion dans les idées complexes. On en avait fait un instrument de vaines disputes dans lesquelles la recherche de la vérité était le moindre souci des champions.

Au fond, l'art de raisonner roule sur un axiome de mathématiques : *deux quantités égales à une troisième sont égales entre elles.* En effet, cet axiome, sans cesser d'être une intuition de l'esprit, peut prendre les formes suivantes : *Deux rapports égaux à un troisième sont égaux entre eux; deux attributs semblables à un troisième sont semblables entre eux.* Les rapports de similitude sont moins précis et donnent lieu à des raisonnements moins parfaits que les rapports de quantité; mais ils ont une très grande importance en raison de leur étendue, de la multiplicité de leurs applications, et, s'ils n'atteignent pas l'évidence, ils donnent souvent un degré élevé de probabilité.

Le *syllogisme* est un raisonnement composé de trois propositions dont la dernière est la conséquence des deux premières appelées *prémisses*.

Toute personne qui veut apprendre, doit écouter.
Vous voulez apprendre :
Donc vous devez écouter.

La première proposition s'appelle encore la *majeure*; la seconde, la *mineure*, et la troisième, la *conclusion*.

La majeure exprime une idée générale qui contient la conclusion. On ne saurait, en effet, tirer une conséquence d'un jugement qui ne la renfermerait pas, comme on ne tire un métal d'un minerai que parce que le minerai contient le métal.

La mineure ne sert qu'à montrer que la conséquence est contenue dans la majeure. *Vous voulez apprendre*, il y a par conséquent pour vous nécessité d'écouter.

Le syllogisme, on le voit, est un raisonnement déductif. On part d'une idée générale pour arriver à une conclusion particulière. Dans l'exemple choisi, la majeure établit qu'il y a nécessité d'écouter pour une certaine classe, composée de toutes les personnes qui veulent apprendre; la mineure affirme que vous appartenez à cette classe. L'esprit est ainsi conduit à vous attribuer individuellement l'obligation de la classe.

Les plantes qui ont les feuilles à fibres parallèles faciles à séparer, sont des monocotylédonées;
Or les feuilles de maïs ont les fibres parallèles :
Donc le maïs est une monocotylédonée.

La majeure établit un caractère essentiel d'une classe de plantes; la mineure indique que le maïs a le caractère de la classe; par la conclusion, on fait entrer le maïs dans la classe des monocotylédonées.

Nous pourrions établir le même raisonnement dans une forme presque mathématique.

Il existe un rapport constant entre les dispositions

des fibres des feuilles et le nombre des cotylédons de leur graine.

Le rapport général entre les plantes ayant les feuilles à fibres parallèles et la graine monocotylédone est le même que celui du maïs à ses propres feuilles ; donc le maïs est une plante monocotylédonée. Ce qui confirme le principe : *Deux rapports égaux à un troisième sont égaux entre eux.*

Les formes classiques du syllogisme sont nombreuses et embarrassantes pour l'esprit, qui n'y a pas recours dans la pratique.

Les règles les plus importantes découlent du principe, résultant de la nature du syllogisme, *que la conclusion doit être contenue dans les prémisses.* Le particulier n'est pas renfermé dans le particulier, mais dans le général ; les prémisses doivent renfermer au moins une idée générale.

Tous les hommes sont mortels ;
Pierre est un homme :
Donc Pierre est mortel.

La conclusion est juste, parce que la majeure exprime une idée générale renfermant la conclusion.

Il y a des hommes savants ;
Pierre est un homme :
Donc Pierre est savant.

La conclusion est fausse, parce que les hommes savants sont loin d'être la généralité et qu'on ne peut rien conclure de deux propositions particulières.

On ne peut pas tirer non plus de conclusion de deux propositions négatives. Il ne saurait, en effet, sortir de deux dissemblances une similitude ni aucun rapport avec une troisième dissemblance.

Si une des prémisses est négative, la conclusion doit aussi être négative, toujours parce que la conclusion doit être contenue dans les prémisses et qu'une affirmation ne peut sortir d'une négation.

Du général on peut conclure au particulier comme dans l'exemple précédent : *Tous les hommes sont mortels, Pierre est mortel.* Mais on ne peut pas conclure du particulier au général : de ce que quelques hommes sont savants, il ne s'ensuit pas que tous les hommes soient savants.

Si l'une des prémisses est particulière, la conclusion aussi doit être particulière.

Il est utile de mettre de l'ordre dans ses affaires;

Nous avons mis quelque ordre dans notre comptabilité :

Donc nous avons fait quelque chose d'utile.

On part souvent d'une hypothèse pour établir un raisonnement, ce qui donne la forme syllogistique suivante :

Si le minerai essayé est riche, la mine sera exploitée;

Or le minerai est riche :

Donc la mine sera exploitée.

On voit que la plupart des recherches scientifiques ou industrielles reposent sur des raisonnements hypothétiques.

Quelquefois la vérité à démontrer est si claire que la mineure peut être sous-entendue.

Tout ce qui déprave l'esprit est funeste :

Donc les mauvaises lectures sont funestes.

Cette sorte de syllogisme est appelée *enthymène.*

Le syllogisme complet serait :

Tout ce qui déprave l'esprit est funeste ;

Or les mauvaises lectures dépravent l'esprit :

Donc les mauvaises lectures sont funestes.

On appelle *dilemme* un raisonnement composé dans lequel on conclut du tout, ce que l'on a conclu de chaque partie. C'est un argument qui frappe des deux côtés; mais pour que les coups soient assurés, il faut que le dénombrement des parties soit parfait.

Les pyrrhoniens prétendent qu'on ne peut rien savoir. On peut leur répondre :

Ou vous savez ce que vous dites, ou vous ne le savez pas.

Si vous savez ce que vous dites, on peut donc savoir quelque chose;

Si vous ne savez ce que vous dites, vous avez tort d'assurer qu'on ne peut rien savoir; car on ne doit pas assurer ce qu'on ne sait pas.

Il y a des raisonnements plus composés encore et dont l'attribut de chaque prémisse est expliqué par une ou plusieurs propositions. Cette forme composée de raisonnement est appelée *sorite.*

On arrive, par exemple, à prouver que les avares sont misérables par le sorite suivant :

Les avares sont pleins de désirs;

Ceux qui sont pleins de désirs manquent de beaucoup de choses;

Ceux qui manquent de beaucoup de choses sont misérables :

Donc les avares sont misérables.

Dans le discours et dans la conversation familière, on ne fait pas usage du syllogisme dans sa forme sèche et compassée; mais le syllogisme se trouve toujours au fond de tout raisonnement.

Un discours sérieux, bien ordonné et concluant, n'est que le développement d'un syllogisme.

Supposons qu'un orateur ait à demander une augmentation de traitement en faveur des membres du corps enseignant. Il devra se poser un argument analogue au suivant :

Les services importants doivent être bien rétribués;

*Les membres du corps enseignant rendent des ser-
vices importants :*

*Donc les membres du corps enseignant doivent être
bien rétribués.*

Ce syllogisme ferait peu d'effet dans une assemblée
délibérante ; aussi l'orateur ne le considèrera que
comme le canevas rudimentaire de son discours.

Il développera la *majeure* en faisant ressortir l'avantage général d'attirer dans les services importants des
hommes capables, consciencieux, dévoués. Il récla-
mera pour eux l'indépendance matérielle et morale,
par conséquent une situation qui ne leur laisse d'autre
souci que celui de bien remplir leurs fonctions.

Dans la *mineure*, il élèvera l'enseignement public à
la hauteur d'une institution de salut social dominant
toutes les institutions, puisque les institutions ne
valent que par les hommes et que les hommes ne seront
que ce que les écoles de tous les degrés les auront faits.

Dans la *conclusion,* il comparera la somme d'intelligence, de travail, de dévouement exigée des membres
du corps enseignant avec la situation matérielle faite
à beaucoup d'entre eux ; il mettra dans la balance les
services rendus et le prix de ces services. La nécessité
d'un meilleur équilibre des plateaux de la balance s'im-
posera à toutes les consciences.

Il ressort de tout ce qui précède que le raisonnement peut être réduit à trois opérations de l'esprit.

1° Au rappel d'une notion acquise par l'expérience
et la réflexion, capable de servir de terme de comparaison pour le jugement à porter.

2° A confronter l'objet en question avec le type
choisi pour en saisir les ressemblances ou les dissemblances.

3° A se prononcer sur la conformité ou la non-conformité aperçue.

Je veux, par exemple, démontrer que ma chambre est carrée.

La notion à rappeler est celle du carré, c'est-à-dire d'une figure de quatre côtés égaux formant quatre angles droits.

La confrontation consiste à vérifier si les quatre côtés de ma chambre sont égaux et s'ils forment quatre angles droits.

La conclusion est affirmative ou négative selon les résultats de la vérification.

C'est pour n'avoir pas l'habitude de suivre un plan rationnel dans le développement de leurs idées, que les élèves des écoles primaires ont tant de peine à s'exprimer avec précision, à mettre de l'ordre, de la mesure et de la suite dans leurs rédactions.

Nous ne voulons pas faire de nos instituteurs des logiciens et de nos élèves des ergoteurs. Mais la discipline de l'esprit est utile à tous, et nous croyons que les principes du raisonnement syllogistique, très accessibles aux instituteurs dans ce qu'ils ont d'essentiel, peuvent contribuer à assurer cette discipline.

CHAPITRE XXVI

De l'analyse et de la synthèse

Les sens ne nous donnent d'abord que des impressions complexes. Nous ne voyons les choses qu'en gros au premier regard. Démêler les détails dans cet ensemble, entrer dans le secret de l'arrangement naturel des parties dans le tout, de la distribution de ces parties et de l'effet qu'elle produit dans l'harmonie de l'ensemble, c'est *analyser*.

Lorsqu'on a atteint, dans une excursion, un point de vue remarquable, la première impression produit un saisissement d'admiration que nous ne saurions communiquer à autrui par la parole. Pour décrire un paysage comme pour le peindre, il faut en avoir distingué les parties essentielles, le fleuve qui coule dans la vallée, les prairies arrosées par le fleuve, les collines qui encadrent les prairies, les forêts qui couronnent les collines, les montagnes qui ferment l'horizon et le ciel qui s'abaisse sur les montagnes. Ce n'est pas tout, il faut donner de la vie à chacun de ces groupes ou plutôt les représenter avec la vie qui leur est propre. Il y a des villages et des hameaux dans la vallée, des habitations étagées sur la colline ; les forêts sont diversement éclairées ; les montagnes sont plus ou moins imposantes de grandeur, et présentent des rochers de formes variées ; les nuages courent sur les sommets et donnent au ciel des aspects changeants qui modifient à chaque instant l'impression générale.

Le vulgaire s'écrie : C'est beau ! L'artiste analyse toutes les beautés qu'il admire et fait partager son admiration par les absents.

Observer, c'est analyser. L'observation consiste, en effet, à limiter le champ de ses impressions, à distinguer un objet dans la foule d'objets que le regard embrasse, à saisir dans chaque objet des traits particuliers, à noter toutes les nuances caractéristiques.

La nature nous présente des groupes, des ensembles que nous devons démembrer pour bien connaître. L'analyse ne consiste pas seulement à décomposer, à séparer, mais encore à examiner le rapport des parties au tout et celui des parties entre elles.

Dans le paysage dont nous venons de parler, on n'oubliera pas le fleuve en admirant les prairies qui le bordent ; les collines ne s'isoleront pas de la vallée ; les montagnes ne cesseront pas un instant de se rattacher à l'ensemble du tableau, dans l'esprit de l'observateur. L'esprit reconstitue avec une rapidité merveilleuse les impressions totales décomposées par l'analyse. Dans l'analyse, toute la lumière de l'intelligence s'est concentrée successivement sur chaque point de l'objet ; en avançant, cette lumière ne laisse pas l'ombre effacer tout derrière elle ; le point scruté conserve toute sa netteté, et l'ensemble sort de l'expérience illuminé de toute la puissance du rayon concentré sur chaque partie.

L'étude de la nature se fait par l'analyse ; l'imitation de la nature demande une méthode inverse appelée *synthèse*.

Le peintre qui s'est bien rendu compte par l'analyse de l'effet d'un paysage, qui a gardé dans l'esprit une impression nette des détails et de l'ensemble, doit, pour transformer cette impression en tableau, peindre successivement chaque partie après les avoir toutes disposées dans leurs rapports naturels. Certains détails seront accusés ; d'autres seront plus vagues. La gradation des tons, la fermeté ou l'indécision des traits sont des artifices nécessaires pour donner la sensation de relief et d'éloignement.

Une femme voit une robe de forme nouvelle qui lui plaît. Si elle se mettait à tailler dans l'étoffe sans avoir bien examiné le modèle, elle risquerait de gaspiller l'étoffe en essais infructueux.

Mais si elle a la robe modèle à sa disposition, qu'elle puisse la découdre, la démonter pièce à pièce. elle pourra facilement tailler chaque pièce séparément, ajuster toutes les pièces et les coudre de manière à avoir une robe semblable.

Découdre la robe, la démonter pièce à pièce, c'est en faire l'analyse.

Tailler d'après un modèle chaque pièce d'une robe, ajuster toutes les pièces et les coudre ensemble, c'est faire la synthèse.

L'analyse est, on le voit, une méthode d'étude, de recherche, de découvertes.

La synthèse est une méthode de reconstruction, d'imitation, de vérification.

Ferait-on un bel édifice en entassant les unes sur les autres des pierres taillées sans plan et disposées sans ordre arrêté à l'avance? Évidemment non. Un édifice, avant d'être exécuté, doit être conçu par un architecte. Cette conception comprend un aperçu d'ensemble et un examen complet des détails. L'analyse est faite par l'architecte, le maçon fera la synthèse.

L'analyse chimique nous apprend que l'eau est composée de deux volumes d'hydrogène et d'un volume d'oxygène. La synthèse consiste à recomposer de l'eau avec ces deux gaz. En faisant passer une étincelle électrique dans un eudiomètre renfermant deux volumes d'hydrogène contre un volume d'oxygène, on obtient de l'eau. Cette synthèse vérifie l'analyse chimique.

L'analyse de l'eau a conduit à la connaissance de deux gaz ayant des propriétés très différentes de leur combinaison liquide; ces deux gaz ne sont pas moins différents entre eux. Par l'analyse d'une substance nous en avons formé trois. C'est une véritable conquête, non seulement au point de vue spéculatif, mais au point de vue pratique, parce que l'hydrogène et l'oxygène ont des emplois utiles, différents de l'emploi de l'eau dont l'utilité est déjà si grande.

La synthèse ne comporte, dans ce cas et dans beaucoup d'autres, qu'une utilité de vérification de l'analyse. Il ne serait pas pratique, en effet, de se procurer de l'eau au moyen de la combustion des gaz hydrogène et oxygène.

Le caractère des méthodes analytique et synthétique peut être rendu encore plus sensible par l'exemple suivant, emprunté à Dugald-Stewart.

Si l'on nous présentait, pour éprouver notre sagacité, un nœud d'une forme très compliquée et qu'on nous demandât de chercher une règle au moyen de laquelle nous pourrions faire un nœud semblable, nous arriverions à une prompte solution ou à des tâtonnements inextricables, selon que nous emploierions la méthode analytique ou la méthode synthétique.

Par la méthode analytique, nous suivrions le nœud au travers de toutes ses complications, en défaisant ou déroulant successivement chaque tour de la corde dans un ordre rétrograde, depuis le dernier jusqu'au premier. Si, après être arrivé à ce premier tour, on parvenait, en répétant l'opération dans l'ordre inverse, à reconstituer les complications primitives, on aurait une règle infaillible pour faire des nœuds semblables. Ici la synthèse a suivi l'analyse comme moyen de vérification ; c'est tout ce qu'on pouvait lui demander.

Si l'on avait eu recours d'abord à la synthèse comme méthode d'investigation, on aurait dû tenter successivement toutes les combinaisons de nœuds suggérées par l'imagination jusqu'à ce qu'on fût arrivé à la forme particulière désirée. On voit que la solution dépend ici du hasard, car les combinaisons possibles sont innombrables.

On dit que beaucoup de découvertes sont dues au hasard, c'est-à-dire à des combinaisons fortuites. C'est faire beaucoup trop d'honneur au hasard au préjudice de l'intelligence humaine.

Dans le cours des recherches entreprises pour un but particulier, il peut arriver que l'on rencontre des vérités qui n'étaient pas contenues dans l'hypothèse du point de départ. Mais il n'y a que les investigateurs méthodiques qui peuvent compter sur ces heureuses chances : *Ces hasards*, a dit Fontenelle, *ne sont que pour ceux qui jouent bien.*

On dit avec raison que pour enseigner avec fruit, il faut *aller du connu à l'inconnu.* En procédant ainsi, suit-on la méthode analytique ou la méthode synthétique? La question est plus embarrassante qu'elle ne le paraît. Si nous voyions pour la première fois une montre, nous la démonterions pièce par pièce pour en connaître le mécanisme, pour pénétrer la cause du mouvement des aiguilles. Nous irions ainsi d'un effet connu, le mouvement des aiguilles, à une cause inconnue, l'action du grand ressort. Nous aurions décomposé un tout en ses parties et, par conséquent, fait une analyse.

Si nous avions trouvé la montre démontée, nous aurions examiné chaque pièce séparément, cherché à combiner toutes ces pièces de manière à obtenir un mouvement régulier. Nous partons d'une force connue par expérience, le grand ressort; nous partons d'organes de transmission de cette force, les roues et les pignons également connus par observation, pour arriver à un effet inconnu, le mouvement des aiguilles sur le cadran. C'est la synthèse ou méthode de reconstruction, et néanmoins on a encore procédé du connu à l'inconnu.

Y a-t-il une méthode où l'on procède de l'inconnu au connu ou de l'inconnu à l'inconnu? Assurément non.

L'esprit n'a pas besoin de se mettre en mouvement pour aller à ce qui lui est connu; l'inconnu ne saurait être un point de départ, et, s'il n'y a pas de point de départ, il n'y a pas de point d'arrivée probable.

Prendre pour point de départ dans le raisonnement, dans la recherche de la vérité, une hypothèse, ce n'est pas raisonner de l'inconnu à l'inconnu. L'hypothèse est la supposition d'une vérité connue, d'une donnée précise; cette supposition doit être admise comme fait positif dans tout le développement du raisonnement. Si les conséquences justifient l'hypothèse, la démonstration est faite; si elles l'infirment, le raisonnement est à recommencer sur une nouvelle base hypothétique.

Chacun de ces essais est une expérience.

Nous sommes, par exemple, en présence d'un corps dont nous ne connaissons pas les propriétés; nous ne les connaîtrons que par des expériences résultant de raisonnements hypothétiques. Pour savoir si le corps est fusible, nous le soumettrons à la chaleur; si l'expérience réussit, nous affirmerons la propriété qui n'avait été que supposée. Nous avons affaire à une pierre que nous soupçonnons être du carbonate de chaux; nous versons de l'acide sulfurique sur la pierre; s'il y a effervescence, nous concluons qu'elle est du carbonate de chaux ou pierre à chaux. Sans supposition préalable dans l'esprit, point de raisonnement et, partant, point d'expérience utile.

Avant toute expérience, toute recherche, il y a une idée déterminante dans l'esprit; cette idée est fondée sur l'analogie des faits ou des objets étudiés avec des faits ou des objets déjà connus. Une recherche sans but, sans direction ne conduirait à rien.

Les inspirations du génie ne sont que des hypothèses que les faits confirment le plus souvent, mais qui ne peuvent se passer de cette confirmation. La chute d'une pomme donna à Newton l'idée de la gravitation universelle. Jusqu'à sa confirmation par l'expérience et le calcul, cette conception admirable n'était qu'une hypothèse.

Tous les calculs de la vie humaine reposent sur des hypothèses plus ou moins fondées selon la sagacité des individus; tous les ressorts de notre activité sont mis en mouvement par des espérances qui ne se réalisent jamais entièrement. La prudence consiste à diriger sa marche vers l'avenir, selon l'expérience du passé; mais l'avenir ne ressemble jamais absolument au passé; voilà pourquoi la prudence humaine, fondée sur des hypothèses, est si souvent en défaut.

Les méthodes sont des routes diversement jalonnées pour conduire à la vérité. Elles doivent toutes s'appuyer sur des vérités de sens commun ou sur des connaissances acquises pour aboutir sûrement à de nouvelles vérités.

La méthode analytique et la méthode synthétique se contrôlent l'une par l'autre. Avec la première, on arrive de la connaissance vague d'un ensemble à la connaissance précise des détails, de phénomènes compliqués à des lois simples. Par la synthèse on remet chaque élément à sa place pour reconstituer le corps analysé; on explique les phénomènes par les lois.

La nature ne nous offre que des ensembles, des combinaisons, des phénomènes. Pour lui arracher quelques-uns de ses secrets, il faut diviser la difficulté, s'attacher successivement à chaque partie, en un mot *analyser*.

Les impressions des sens sont complexes chez les enfants; ils se servent de mots représentant des idées abstraites, générales, alors qu'ils n'ont que des idées concrètes, particulières. L'enseignement de l'école doit mettre de l'ordre dans ce chaos; l'instrument dont il faut se servir est indiqué par la nature des choses : c'est la méthode *analytique*.

CHAPITRE XXVII

De l'erreur dans les jugements et les raisonnements

L'erreur consiste à admettre le faux pour le vrai, l'injuste pour le juste, le mal pour le bien.

Les principales causes d'erreur sont l'ignorance, la paresse, l'amour-propre, l'intérêt et la passion.

L'ignorance porte à juger sans preuves suffisantes; l'ignorant ne voit qu'un seul côté de la question, le plus apparent, le plus grossier; il lui est impossible de l'examiner sous toutes ses faces, de saisir les nuances délicates qui séparent souvent l'erreur de la vérité. Si l'ignorant a beaucoup de preuves en main sur un fait particulier, il ne sait pas les faire valoir en les disposant avec ordre et méthode.

Les hommes aussi bien que les enfants sont en général si distraits, si incapables d'une attention prolongée qu'il faut, pour leur faire goûter la vérité, les captiver d'abord par l'agrément du langage, et les conduire ensuite sans effort, sans fatigue, par la route la plus riante possible jusqu'au point où la lumière est si complète que la vérité s'impose d'elle-même à l'esprit.

La paresse est une cause d'erreur des plus funestes, non seulement parce qu'elle engendre l'ignorance, mais parce qu'elle rend vaines, inutiles toutes les richesses naturelles ou acquises de l'intelligence.

L'homme instruit tombé dans la paresse est plus exposé à l'erreur que celui qui a toujours été dans l'ignorance. L'ignorant de bon sens doute, et le doute est ici le commencement de la sagesse. L'homme qui se repose sur des études antérieures ne reçoit pas l'avertissement du doute, il ne s'embarrasse de rien et a réponse à tout.

Molière, dans *le Malade imaginaire*, fait demander pourquoi l'opium fait dormir. On répond que c'est parce qu'il a une vertu dormitive. Demander pourquoi l'opium fait dormir, c'est demander pourquoi l'opium a une vertu dormitive. Ainsi la réponse reproduit la question sous une autre forme et n'apprend absolument rien. C'est ce qu'on appelle *pétition de principe*, sophisme qui consiste à supposer vrai ce qui est en question.

Pourquoi l'aimant attire-t-il le fer? — Parce que l'aimant possède une force attractive agissant exclusivement sur le fer. C'est encore une *pétition de principe*, parce que demander pourquoi l'aimant attire le fer, c'est demander pourquoi l'aimant possède une force attractive agissant exclusivement sur le fer.

Avec les mots abstraits *propriété, vertu, force*, appliqués à désigner des causes naturelles inconnues, on peut se tirer d'embarras; mais si la vanité y gagne, la morale et la vérité y perdent.

Rien ne coûte tant à l'esprit humain que de suspendre son jugement ou d'avouer son impuissance. Lorsqu'un événement se produit et que la cause en est inconnue, au lieu de reconnaître que l'on ignore la véritable cause, on prend pour cause les phénomènes qui ont précédé ou accompagné l'événement, sans qu'il existe d'autre liaison entre l'effet et la cause prétendue que celle d'antécédence ou de simultanéité.

Lorsque le ciel est serein dans les nuits du mois de mai, encore fraîches, la gelée est à redouter pour les jeunes pousses des plantes. Dans ces belles nuits, la lune apparaît sans voiles. Elle est, si nous pouvons nous exprimer ainsi, témoin des désastres agricoles causés par les gelées tardives. C'en était assez pour la faire charger de tout le mal : *la lune rousse* a une terrible réputation parmi les agriculteurs qui n'ont aucune notion de météorologie.

Des comètes ont apparu dans des années où le temps a été particulièrement favorable à la vigne. L'abondance et la qualité du vin ont été attribuées par l'opinion populaire à la comète. *Le vin de la comète* ne peut être qu'un vin supérieur.

C'est par de faux jugements de même espèce que se sont formés une foule de préjugés et de superstitions qui déshonorent l'esprit humain.

La vie est semée de bien et de mal; mais les jours parfaitement heureux sont plus rares que les jours qui nous apportent quelque peine. Il n'est pas difficile de trouver pour une date quelconque des événements malheureux répétés. Cette date a été assurément sans influence sur les évènements; il n'y a qu'une coïncidence fortuite; il faudrait chercher les causes ailleurs. On n'en prend pas la peine; il est plus commode d'attribuer à la date réputée néfaste, à un simple nombre, une force surnaturelle nuisible. Il y a encore des gens qui ne voudraient pas prendre place à une table de treize convives, qui n'entreprennent rien d'important le treize du mois.

C'est encore pour ne pas donner aux effets leurs véritables causes que l'on commet l'erreur et souvent l'injustice de juger la conduite d'autrui sur les événements plutôt que sur les actes. Pour le plus grand nombre, un homme heureux est un homme intelligent et sage ; celui qui ne réussit pas est jugé coupable ou du moins inhabile et imprudent.

Si l'on se donnait la peine de remonter aux véritables causes, on verrait souvent que les succès extraordinaires ne sont dus qu'au hasard et se sont produits malgré des fautes accumulées ; que des échecs désastreux sont survenus malgré des prodiges d'intelligence, de soins bien calculés, de droiture, par suite d'événements que l'on ne pouvait prévoir ou de menées ténébreuses et déloyales.

« Il n'a pas réussi, donc il a tort. » C'est ainsi que l'on raisonne dans le monde, parce que les hommes qui ne connaissent pas les véritables causes de l'événement sont toujours empressés d'en trouver de conformes au résultat, et que ceux qui les connaissent ont peu de goût pour s'embarrasser dans une partie perdue.

Par suite d'une erreur de jugement d'un côté, et d'une défaillance de caractère de l'autre, l'opinion n'a de sourires que pour les gens heureux.

Les *inductions* défectueuses sont aussi une source débordante de faux raisonnements.

Induire, c'est tirer une conséquence générale de faits particuliers toujours concordants ; c'est faire l'analyse des effets pour s'élever aux causes.

Une pierre abandonnée à elle-même se précipite vers le centre de la terre ; toutes les fois que la même expérience a été faite sur des corps pesants, on a obtenu le même résultat. On en a tiré, par induction, la loi de *l'attraction terrestre*. Cette loi a été étendue à tous les mouvements célestes et a pris le nom de *gravitation universelle*.

Les géomètres ont démontré, pour un grand nombre de triangles, que la somme des trois angles égale deux angles droits ; ils en ont conclu que la somme des angles de tout triangle égale deux angles droits. L'induction est légitime quoiqu'on puisse varier à l'infini les formes du triangle.

Mais lorsqu'on n'est pas en présence de faits permanents de la nature, que l'on ne dispose que de données accidentelles, il est dangereux de conclure du particulier au général.

Les étrangers qui ne liraient que nos mauvais journaux nous prendraient pour des fous et des dépravés. Mais heureusement cette presse éhontée ne reflète les sentiments que d'un nombre infime d'individus. Elle fait du mal cependant par suite de la propension de l'esprit humain à conclure du particulier au général.

Dans un corps honorable, un membre vient-il à faillir, on se hâte, par une fausse induction, de déverser la honte sur le corps entier.

Une famille se trouve flétrie, par suite de la même erreur de jugement, lorsqu'un de ses membres encourt une flétrissure.

Un scandale privé arrive-t-il dans une ville, la ville en est stigmatisée.

Pour rendre l'opinion publique plus juste et plus généreuse, il est nécessaire de réformer les habitudes de raisonnement, et on ne le peut que par les écoles primaires qui préparent le plus gros facteur de l'opinion.

Ce qui attache souvent les hommes à une idée plutôt qu'à une autre, c'est moins l'amour de la vérité qu'un intérêt personnel que l'on cherche à dissimuler aux autres et à soi-même. Les anciennes classes privilégiées ne jugent pas la marche des affaires du pays comme la bourgeoisie, la bourgeoisie comme la classe ouvrière.

Mais qu'un ouvrier fasse fortune, il pensera et jugera comme le bourgeois ; le bourgeois allié à la noblesse est plus dédaigneux de la bourgeoisie que le noble de race.

Ce qui change ainsi n'a rien à voir avec la vérité. C'est la passion substituée à la raison ; tous les raisonnements faits dans cet état d'esprit sont entachés d'erreur et d'injustice.

Déplaisez à certaines gens, alors toutes vos bonnes qualités reconnues se changeront en défauts, à leur jugement ; on doutera de votre capacité, de votre prudence et même de votre honneur.

Les illusions de l'amour-propre peuvent nous conduire jusqu'à donner notre opinion comme critérium de la vérité. Nous avons affirmé : donc tous ceux qui ne sont pas de notre sentiment se trompent.

Mais les autres peuvent raisonner avec autant de partialité de leur côté. Alors on se plaint qu'il n'y ait plus de bonne foi sur la terre, que la notion du juste et de l'injuste soit obscurcie, et on fait les plus sombres prédictions sur l'avenir de l'humanité.

L'humanité ne s'en portera pas plus mal, parce que les faux jugements arrivent rarement à se traduire en actes, parce que les illusions ne sont préjudiciables qu'à ceux qui s'en nourrissent, et que l'amour-propre individuel trouve son correctif dans les amours-propres rivaux.

On voit des personnes se faire des reproches mutuels, se renvoyer des imputations graves et cela parce qu'elles diffèrent de sentiment. Chaque personne juge les autres opiniâtres, sans s'apercevoir que son attitude à leur égard est absolument semblable, et que vouloir leur imposer son opinion n'est autre chose que s'attribuer une supériorité de raison.

Si l'amour-propre obscurcit nos jugements, il est une passion qui leur enlève toute sincérité, toute dignité, c'est l'envie.

L'amour-propre aspire à la superiorité, l'envie est ennemie de toute supériorité; l'amour-propre peut être une force productive, l'envie n'a de puissance que pour détruire.

L'envieux, le jaloux, ne se contente pas de trouver ce qu'il pense, ce qu'il dit, ce qu'il fait, meilleur que ce que les autres pensent, disent et font; mais il trouve tout ce qui ne vient pas de lui inutile ou mauvais.

L'esprit de contradiction, si commun parmi les hommes, prend sa source dans la vanité et la jalousie. La source n'est pas bonne; la contradiction de parti pris ne devrait pas exister chez les honnêtes gens. L'esprit de contradiction est, en effet, incompatible avec la sincérité, la loyauté, la recherche de la vérité.

Celui qui contredit pour contredire, s'inquiète peu de la solidité des opinions émises, si ce n'est pour trouver des raisons spécieuses à leur opposer; il ne s'agit pas pour lui d'éclairer la question, mais de l'obscurcir et de l'embarrasser, pour triompher de ses adversaires. Il ne triomphe de personne, car réduire au silence, ce n'est pas persuader.

Pour persuader, il faut ménager tous les amours-propres, s'oublier soi-même et dégager les questions de tout intérêt personnel. La modestie sert toujours mieux une bonne cause que la présomption.

Mais le désir de plaire ne doit pas nous porter à tout louer, à tout approuver; ce serait jeter les autres dans l'illusion et encourir la responsabilité des actes qui dé-

10

couleraient des raisonnements faux ayant obtenu notre assentiment.

Pour faire un bon usage de sa raison, il faut savoir écouter, savoir garder le calme nécessaire pour bien peser toutes les opinions, rester libre de tout engagement pouvant nous obliger à des compromis de conscience, être sans complaisance pour ses propres idées et sans sévérité pour celles que les autres produisent de bonne foi.

Il y a une relation si étroite entre bien penser et bien agir, que l'on ne peut aimer la vérité sans aimer la vertu.

CHAPITRE XXVIII

Sensibilité morale, sens moral

Nous avons suivi l'ordre du programme officiel dans ses grandes divisions. La sensibilité physique et la sensibilité morale y sont distinguées à ce point que l'une figure au commencement et l'autre presque à la fin du programme. Il semble qu'on ait craint de donner lieu à de graves confusions en rapprochant les deux phénomènes. Nous nous sommes inspiré de cette sage préoccupation, quoiqu'il soit facile de différencier nettement le sentiment de la sensation.

Vous éprouvez le froid, le chaud, la faim, la soif, la fatigue, le besoin de mouvement, l'agrément d'une promenade; vous ressentez la douleur d'un coup ou d'une blessure; un parfum vous enivre, une mauvaise odeur vous suffoque; un vacarme vous étourdit; des sons harmonieux vous ravissent : voilà des sensations agréables ou désagréables, du plaisir ou de la douleur.

Vous avez reçu un témoignage d'affection ou d'estime, remporté un avantage, appris de bonnes nouvelles, soulagé une misère, séché des larmes : voilà des joies qui n'ont pas grand'chose de commun avec les plaisirs des sens.

Vous éprouvez une déception, vous perdez une espérance, une amitié disparaît, la calomnie vous déchire, le malheur vous frappe : vous ne sauriez assimiler ces peines aux douleurs physiques.

Les appétits et les besoins du corps ne sont pas continus ; ils s'éteignent dès qu'ils sont satisfaits pour reparaître périodiquement. Les appétits se révèlent par une sensation pénible qui augmente avec l'attente, qui se tranforme en sensation agréable pendant la satisfaction, pour retomber dans l'indifférence par la satiété ; si le but de la nature est dépassé, la satiété dégénère en dégoût et en souffrance.

Les *sentiments* diffèrent des appétits et des besoins physiques par leur origine et leur mode d'action. Ils ne viennent pas du corps ; ils n'agissent pas périodiquement et ne connaissent point la satiété.

L'esprit et le cœur de l'homme sont insatiables. Le cœur d'une mère ne se refroidit jamais pour ses enfants. Le savant, tant qu'il jouit de la plénitude de ses facultés, ne devient pas indifférent pour la science ; le philosophe, pour la vérité ; l'artiste, pour son art. L'ambitieux ne renonce pas volontairement au pouvoir ; le vaniteux, à l'éclat et au bruit. L'avare a toujours les mêmes yeux pour son trésor.

Les sentiments prennent leur source dans des besoins instinctifs, antérieurs à l'expérience, appelés *penchants* ou *inclinations*. Les inclinations deviennent des *désirs* en entrant en activité.

Les besoins de l'ordre psychique forment deux grandes classes : *besoins de connaître* et *besoins d'aimer*, ou besoins de l'esprit et besoins du cœur.

C'est aux besoins du cœur que l'on réserve communément le nom de *sentiments*.

Le besoin de connaître se manifeste par la *curiosité*. La curiosité apparaît de très bonne heure chez les enfants et elle est en rapport avec l'énergie intellectuelle. Un enfant très curieux est un enfant très intelligent.

La curiosité de l'enfant se *porte*, dans les premières années de la vie, sur les faits et les choses qui intéressent son existence, son développement physique. Lui donne-t-on un objet, il le porte immédiatement à la bouche. L'alimentation est le premier besoin ; les premières expériences inspirées par la curiosité ont trait à la satisfaction de ce besoin.

Le besoin de mouvement accompagne ou du moins suit de près le besoin d'alimentation. Mouvoir ses membres avec sécurité est pour l'enfant une affaire importante qui réclame toute sa vigilance ; sa curiosité doit tendre à l'observation des objets extérieurs qui pourraient contrarier ses mouvements ou le blesser.

Aussi les enfants bien portants sont-ils toujours en mouvement, prenant un objet, le repoussant, en prenant un autre, le repoussant encore, et acquérant dans ce jeu, qui semble inconscient, une foule d'idées que l'on est étonné de trouver plus tard, lorsqu'il nous semble que rien n'existe dans ces jeunes intelligences parce que l'on n'y avait encore rien mis.

La nature a travaillé avant l'art ; elle a pu se faire entendre de l'enfant, alors que nous étions impuissants à communiquer avec lui. Ce ne sont ni les mères ni les nourrices qui en réalité apprennent à parler aux enfants ; les enfants apprennent des mères et des nourrices. La

différence est importante : d'après la première façon de
dire, le rôle actif dans l'acquisition du langage par l'enfant appartiendrait à la mère ou à la nourrice ; le rôle
actif appartient au contraire à l'enfant. Dans un temps
relativement court, son penchant à la curiosité l'a mis
dans le secret des signes vocaux de nos idées. Il n'apprend pas, il découvre, et chaque découverte lui procure un plaisir intellectuel qu'il aime à reproduire.
Entendez-lui gazouiller le même mot aussi longtemps
qu'il est nécessaire pour se le rendre familier, et vous
serez convaincu qu'il possède d'instinct la méthode la
plus efficace, *la répétition*, pour arriver à la connaissance du langage.

Une fois en possession des mots les plus usuels, il
devient *questionneur*; il veut avoir des termes pour désigner tous les objets qui le frappent. Il saisit vaguement les rapports entre les choses et a recours à
l'analogie des mots pour les rendre. C'est cette analogie
qui lui fait comprendre les termes abstraits avant que
son esprit soit capable d'abstractions raisonnées.

Un signe pour une idée suffit ; la curiosité naturelle
ne nous porte pas à avoir plusieurs signes pour la
même idée. L'étude de plusieurs langues peut être très
utile dans les relations de la vie ; mais elle n'est pas de
nécessité naturelle. Voilà pourquoi les progrès dans
une langue étrangère sont si lents et qu'il est si rare de
trouver de bons traducteurs.

La curiosité s'attache à tout dans l'enfance ; mais elle
s'épuise vite sur le même objet, et la connaissance qui
en résulte est très superficielle.

Plus tard des goûts particuliers se révèlent, l'attrait
spécial fixe l'esprit, et la curiosité déploie toute son activité dans un champ limité de recherches. La connaissance acquiert alors plus de sûreté et de profondeur.

Les rôles utiles sont divers; ils doivent être tous remplis sous peine de malaise social. La nature y a pourvu en variant les aptitudes, c'est-à-dire les inclinations ; en dosant la curiosité dans les proportions convenables pour que chacun puisse se trouver heureux dans sa situation.

On peut dire que le désir de connaître est une tendance naturelle vers *le vrai*.

Le *vrai* est la conformité de la notion acquise avec les faits ou les objets, avec les rapports qui lient les faits ou les objets.

Les anciens, s'en tenant aux apparences, croyaient que la terre était immobile au centre de l'univers, qui tournait autour d'elle. La notion n'était pas conforme à la réalité des faits, elle était fausse.

Les rapports entre les choses ne conduisent qu'à des vérités de même espèce que les rapports eux-mêmes. Les rapports de temps ne peuvent que donner des notions de temps ; les rapports d'espace, que des notions d'espace ; des rapport de succession, que des notions de mouvement. La succession des phénomènes, non plus que leur simultanéité, ne saurait donner la notion de cause et d'effet.

Beaucoup de préjugés et de superstitions viennent des dispositions de l'esprit à former des rapports. et de la paresse à examiner la convenance de ces rapports. On attribue une influence heureuse ou malheureuse à des faits insignifiants, à des coïncidences indifférentes, sans rapport réel avec le bonheur ou le malheur.

L'amour de la vérité, ou le sentiment attaché à la satisfaction du besoin de connaître, est un élément essentiel du véritable bonheur.

L'amour de la vérité appliqué aux conditions de la destinée humaine constitue le sens moral.

C'est par le sens moral que nous nous élevons à l'idée de justice et de devoir.

La justice, c'est le respect des intérêts moraux et matériels des autres, c'est la conception du bien général.

Le devoir découle de la considération de notre destinée dans ses rapports avec la destinée d'autrui.

Les émotions qui dérivent de la contemplation de ce qui est moralement beau, ne sont pas de même nature que celles qui naissent d'un désir égoïste satisfait.

Un acte de courageux dévouement accompli sous nos yeux nous remue jusqu'au fond l'âme, sans que nous ayons aucun intérêt à la personne secourue ou à celle qui se dévoue. Un sentiment spontané d'une grande intensité nous fait souhaiter tous les biens à la personne qui s'est dévouée. Une récompense accordée pour cet acte méritoire, loin d'éveiller en nous des sentiments égoïstes, nous fait éprouver une nouvelle émotion bienveillante puisée dans le sentiment inné de la justice.

Les émotions désintéressées sont si naturelles à l'âme humaine, que l'on s'enflamme pour un héroïsme que l'on sait être fictif, que l'on s'attendrit sur des infortunes imaginaires imméritées. Il y a des spectacles et même de simples lectures qui nous arrachent des larmes.

L'égoïsme, on le voit, n'est pas le fond de notre nature qui est au contraire essentiellement morale, c'est-à-dire propre à aimer le bien pour le bien et le beau pour le beau.

Lorsque nous sommes témoins d'une bonne ou d'une mauvaise action, nous éprouvons un sentiment de plaisir ou de peine, nous concevons l'action comme juste ou injuste et l'auteur comme ayant mérité ou démérité.

Les qualités qui excitent d'agréables sentiments

dans l'âme au spectacle d'une bonne action constituent la *beauté morale*.

La *laideur morale* est la cause des sentiments pénibles que nous éprouvons à la vue d'une mauvaise action.

L'idée de justice se rattache à celle de beauté morale, et celle d'injustice à celle de laideur morale; mais ces idées ne se confondent pas.

Le spectacle de la punition d'un coupable nous attriste, malgré la justice de l'acte.

Le juste et l'injuste sont des qualités des actions perçues par la raison plutôt que par le sentiment. Mais le plus souvent le sentiment et la raison s'unissent pour célébrer la vertu et flétrir le vice.

Non seulement les actions vertueuses accomplies par les autres hommes nous procurent des émotions bienveillantes; mais elles font naître en nous une disposition à contribuer à leur bonheur. Le premier sentiment est passif; le second, actif.

Pour contribuer au bonheur de quelqu'un, il faut lui procurer quelque chose qu'il n'a pas, qui lui est nécessaire ou agréable.

Rien de plus moral que la récompense qui dérive des dispositions provoquées par le spectacle de la beauté morale.

Mériter, c'est être digne de récompense, c'est-à-dire digne que les autres s'intéressent à notre bonheur.

Celui qui met par ses actes quelque intérêt moral ou matériel en danger provoque des sentiments hostiles, une attitude défensive qui peut aller jusqu'à la répression par la puissance publique.

La perte de la bienveillance des autres et toutes les conséquences qui en découlent, le *remords*, qui est le sentiment pénible de la perte de la beauté morale, font du coupable un malheureux qui n'a pas le droit de se plaindre de son sort.

Démériter, c'est se priver volontairement du bonheur que procurent la conscience morale et la sympathie de nos semblables. Cette privation, cette punition est toujours légitime.

La légitimité des autres punitions ne peut découler que de la nécessité de mettre le coupable dans l'impossibilité de nuire, ou de la considération de la possibilité de le ramener au bien.

Nous établirons plus tard sur ces principes les règles d'une bonne discipline scolaire.

CHAPITRE XXIX

Affections de l'âme humaine.

Nous recherchons tous notre propre bonheur, nous nous aimons ; mais nous nous intéressons aussi au bonheur de nos semblables, nous les aimons.

La bienveillance pour autrui ne procède pas d'un calcul égoïste, elle est antérieure à toute expérience, à toute considération d'intérêt. Nous sommes entraînés par une force naturelle à nous rapprocher de nos semblables. Les plus petits enfants recherchent les autres enfants, quoiqu'ils ne soient pas en état de prendre part à leurs jeux. Repoussés, maltraités, ils pleurent, mais ils reviennent toujours. Ils se passent de témoignages d'affection, ils se contentent d'être témoins passifs des plaisirs des autres, pourvu qu'ils ne soient pas seuls.

La solitude ne pèse pas moins à l'homme qu'à l'enfant. Les malheureux qui sont entrés en lutte contre la société, qui semblent avoir perdu tout sentiment humain, ne peuvent supporter l'isolement absolu; ils appréhendent plus la prison cellulaire que le bagne.

Les hommes les mieux doués, les plus enthousiastes de la nature, ont besoin de communiquer aux autres leurs impressions; il semble que les satisfactions intellectuelles augmentent par le partage. Les plus prodigues sont les plus riches, en fait de richesses morales et intellectuelles.

Toute affection bienveillante est accompagnée d'une émotion agréable. L'intérêt que nous prenons à la lecture d'ouvrages pathétiques, à leur interprétation sur la scène, tient au besoin naturel d'émotions bienveillantes.

L'homme porte en lui-même des instincts sociaux qui doivent être satisfaits sous peine de trouble dans sa destinée morale.

La société a pour base la famille. La longue impuissance des enfants, les soins prolongés dont ils doivent être l'objet pour atteindre l'âge adulte, demandaient une affection instinctive très énergique de la part des parents. Aussi il n'y a pas de tendresse comparable à la tendresse d'une bonne mère pour ses enfants. L'amour des enfants pour les parents est moins instinctif; il découle principalement de la reconnaissance. La nature semble avoir voulu prolonger l'enfance de l'homme pour resserrer les liens de la famille, pour obliger les parents à des sacrifices sans nombre, et les enfants à une reconnaissance en rapport avec ces sacrifices. La durée de la tâche commune du père et de la mère crée entre eux des habitudes qui maintiennent leur union après que le devoir à l'égard des enfants est rempli.

Les membres d'une même famille qui ont puisé à la

même source les aliments de leurs premières émotions bienveillantes, conservent des sentiments d'affection après leur dispersion pour constituer de nouvelles familles. Voilà un premier lien social ; d'autres liens se forment par une sympathie spontanée ; d'autres par le simple instinct social : les hommes sont bien près de s'entendre et de s'aimer lorsqu'aucun intérêt ou aucun préjugé ne les sépare.

Les sentiments de famille tirent une grande force de la communauté d'intérêts et de devoirs, de la solidarité d'honneur et de réputation, de la conformité d'éducation, de l'influence de cette éducation sur les goûts et la manière de penser.

La *patrie* n'est qu'une extension de la famille. Il y a, en effet, entre les habitants d'une même nation, des intérêts et des devoirs communs ; une solidarité d'honneur ; des rapports dans les mœurs, dans la tournure d'esprit, dans le caractère, provenant des usages reçus, d'un même régime politique, des idées religieuses dominantes.

La *patrie* n'est pas une des divisions de l'humanité, une circonscription politique, une abstraction ; c'est en quelque sorte le moule de notre esprit et de notre cœur, c'est le milieu le plus favorable à l'accomplissement de notre destinée.

Les lieux qui nous ont vu naître ont déposé dans notre esprit des types d'images auxquels nous rapportons involontairement les impressions que nous recevons d'autres lieux.

La nature est-elle riche, harmonieuse dans notre patrie, notre imagination participera de cette richesse et de cette harmonie ; est-elle agreste et sévère, notre esprit sera froid et réservé.

Notre âme s'est-elle éveillée dans une atmosphère

de sentiments bienveillants et généreux, elle sera prédisposée à la bienveillance et à la générosité.

Lorsque la patrie nous manque, tout semble nous manquer, même au milieu des commodités de la vie matérielle. C'est que la terre étrangère ne fait pas vibrer les fibres de notre imagination du même rythme que la terre natale, et la dissonance qui en résulte plonge notre âme dans la tristesse. Les oppositions d'habitudes, de caractères, d'aspirations morales, nous isolent dans la société qui n'est pas la Patrie.

La vie sur la terre étrangère n'a pas plus de charme pour nous qu'une conversation dans une langue que nous savons à peine épeler. S'acclimater moralement à l'étranger est encore plus difficile que de s'approprier le génie d'une langue qui n'est pas notre langue maternelle.

Lorsqu'on rencontre un compatriote en pays étranger, une douce émotion s'empare de notre âme ; pour peu qu'il soit aimable, l'inconnu qui parle notre langue, qui s'habille comme nous, qui porte en quelque sorte l'empreinte de la patrie devient notre ami.

Il y a dans cette attraction spontanée plus qu'une association d'idées. Le compatriote ne nous rapelle pas seulement la patrie, il est une partie de la patrie. Son accent est une voix de la patrie ; ses mouvements, ses allures, toute sa manière d'être répondent à un fond d'impressions toujours prêt à vibrer en nous, à se mettre à l'unisson.

Une plante, un arbre, une œuvre d'art, un objet quelconque provenant de la patrie nous intéresse d'une manière particulière. La plante et l'arbre sont une portion de la nature qui nous a souri dans notre enfance, de cette nature où nous avons puisé nos premières notions sur le monde extérieur. L'œuvre d'un artiste compatriote répond généralement mieux à notre conception du beau que celle d'un étranger. Le beau absolu est intraduisible par l'art ; la beauté relative n'est pas indépendante de l'habitude, de la conformité de l'objet avec le type que l'observation prolongée a formé en nous.

Ceux qui n'aiment pas la patrie ne sont guère capables d'aucune affection bienveillante ; ils manquent de sensibilité morale. Comme la sensibilité morale est la source de nos plus pures, de nos plus nobles jouissances, ceux qui en sont dépourvus ne sauraient être heureux.

L'amour de soi est insuffisant pour assurer le bonheur ; il est même souvent un obstacle au bonheur.

L'amour de soi est cependant un principe actif de notre nature qui nous porte à la poursuite du bonheur.

Mais, dans cette poursuite, on se trompe souvent d'objet, si on n'obéit qu'au principe instinctif. Ce qui nous paraît désirable ne l'est pas toujours ; nous pouvons faire consister le bonheur en la possession de choses qui feront notre malheur. L'expérience, la raison, la bienveillance doivent corriger le principe instinctif de l'amour de soi, pour que cet amour ne tourne pas à notre désavantage en dégénérant en *égoïsme*.

L'égoïsme n'est pas moins contraire, le plus souvent, à notre propre bonheur qu'au bien de nos semblables. L'égoïsme fait l'isolement autour de nous et par conséquent contrarie un des penchants les plus énergiques de notre nature, le penchant social.

L'intempérant qui condamne sa famille à des privations pour satisfaire des passions désordonnées est un égoïste. Mais il ne s'aime pas, car ce n'est pas s'aimer que de compromettre sa santé dans des excès, d'encourir le mépris de ses semblables, de se priver d'une foule de jouissances délicates à la portée de chacun.

Nous ne disons pas non plus que l'avare s'aime trop, qu'il se fait la part de bonheur trop belle. Nous le plaignons au contraire de se condamner à l'indigence au milieu des richesses, de faire des économies aux dépens de sa santé, de rendre stériles pour lui et pour les autres des biens qu'il ne verrait pas finir en en usant avec modération. Nous taxons avec raison de folie la prudence de l'avare; sa prévoyance nous fait pitié : demain peut-être son trésor passera entre les mains d'héritiers qu'il n'aime pas, qui se moqueront de son avarice. On le voit, l'égoïsme n'est pas inspiré par une affection de l'âme, mais par une perversion de l'instinct de conservation.

Le philosophe qui poursuit la vérité, le savant qui interroge la nature, l'artiste qui se passionne pour le beau ne sont pas soutenus par le soin de leur propre bonheur, mais entraînés par une sorte de vocation indépendante de toute considération égoïste.

La destinée sociale de l'humanité s'oppose à ce que nous puissions trouver le bonheur dans l'égoïsme. Il faut le chercher dans la culture des tendances bienveillantes et l'observation de la justice.

L'injustice nous révolte, c'est-à-dire change nos sentiments de bienveillance en sentiments de malveillance.

Si nous étions frappés à l'improviste, sans provocation, immédiatement l'indignation s'emparerait de notre âme, nous nous mettrions en défense, et, si nous n'usions pas de représailles, nous exigerions du moins une réparation. Mais si l'offense n'avait pas été voulue, si nous avions été frappés par mégarde, notre ressentiment s'apaiserait tout de suite.

Il n'y a pas, par conséquent, de tendances naturelles

malveillantes dans l'âme humaine, il n'y a que des conflits d'intérêts entre les hommes.

Si l'enfant est habitué de bonne heure à ne froisser, à ne gêner personne, à respecter la justice qu'il connaît d'intuition, il sera peu accessible plus tard aux sentiments malveillants.

La malveillance naît plutôt du mécontentement de soi-même que des torts des autres. Lorsque la conscience accable, on cherche à rejeter le fardeau sur les autres; on se croit victime de l'injustice d'autrui, alors qu'on n'est victime que de ses propres passions.

Celui qui a des motifs d'aversion contre lui-même les retourne bientôt contre ceux qui l'entourent. Personne ne saurait donner ce qui n'est pas en sa possession; le méchant n'a point la paix du cœur, il ne peut que troubler la paix des autres.

La recherche directe du bonheur est un mauvais calcul, car les préoccupations de cette recherche sont un premier obstacle au bonheur.

N'envisageons que le devoir, faisons-en le régulateur de notre conduite et nous serons aussi heureux qu'il est possible de l'être.

CHAPITRE XXX

Relations entre les affections de l'âme et leur expression extérieure.

Dans une nature vive, franche, qui ne s'est pas étudiée à prendre une physionomie de convention, les émotions de l'âme se traduisent au dehors avec une grande vérité. Nous connaissons l'expression naturelle de la joie, de la douleur, de la sérénité, de la tristesse, de la satisfaction, de l'ennui, de la sympathie, de la répulsion.

La dissimulation n'est jamais assez bien jouée pour nous tromper absolument, si nous savons observer.

On distingue parfaitement les personnes qui rient *de bon cœur* de celles qui ne rient que *des dents*. Les signes de la douleur vraie, muette, profonde, nous donnent des frissons sympathiques; tandis que la douleur bavarde, superficielle, nous laisse indifférents et nous paraît souvent ridicule.

Il n'y a que les vaniteux incurables qui se laissent prendre à des éloges outrés. Les protestations extraordinaires d'intérêt et d'amitié inspirent de la méfiance plutôt que de l'abandon.

La vérité a une expression indéfinissable qui la caractérise; toutes les imitations pèchent par quelque point, comme la fausse monnaie. Ici c'est la couleur qui diffère; là, le son; ailleurs, l'empreinte; ailleurs encore, le poids. Il s'agit seulement de ne pas se laisser aveugler par la prévention ou l'étourderie.

Mais non seulement les affections de l'âme se traduisent par des expressions corporelles; la réaction du moral sur le physique peut produire des effets matériels étonnants.

Un malade imaginaire est un véritable malade; si l'on ne parvient pas à guérir le moral, la constitution physique s'altère.

La peur peut produire des désordres graves dans l'économie. Des personnes ont vu leurs cheveux blanchir subitement par l'effet d'une peur.

D'agréables distractions, des satisfactions morales ou intellectuelles contribuent au maintien de la santé et peuvent exercer une influence salutaire en cas de maladie.

Si l'on nourrit son imagination de pensées riantes, bienveillantes, de longs espoirs, on est bien près d'être heureux.

Les passions tristes, le doute, la crainte, la méfiance, l'aversion font plus de mal à ceux qu'elles dominent que de nombreux ennemis extérieurs. On peut se mettre à l'abri des coups des ennemis du dehors; on reste à la merci des ennemis du dedans. Le plus grand obstacle à notre bonheur, c'est nous-mêmes.

Le moral réagit sur le physique, nous en avons donné des preuves qui pourraient être multipliées. Mais il nous importe davantage en ce moment de faire ressortir l'influence du physique sur le moral, de l'aptitude de l'expression émotionnelle à produire des émotions similaires par imitation sympathique.

Vous êtes avec des personnes qui s'ennuient, vous vous ennuyez; l'une de ces personnes se prend à bâiller, vous bâillez. Le spectacle de la souffrance vous fait souffrir.

On se met bien vite à l'unisson dans une société aimable et gaie; la vie s'y embellit, et, à la longue, les caractères les moins heureux s'y modifient à leur avantage.

L'éducation de famille se fait surtout par imitation sympathique. Les rapports d'habitudes, de goûts, de caractères que l'on remarque dans les membres d'une même famille, dans les habitants d'une même ville, d'une même nation proviennent de l'usage des mêmes signes, des mêmes expressions émotionnelles.

L'empreinte laissée par cet usage fait que nous entrons mieux dans les sentiments de nos proches que de nos simples compatriotes, et de nos compatriotes que des étrangers.

Les habitants du Midi deviennent froids et réservés

par un séjour prolongé dans les pays du Nord, au milieu de populations peu expansives. Les habitants du Nord, au retour de longues excursions dans d'autres climats, sont trouvés moralement changés par leurs compatriotes.

Le climat n'aurait pas eu le temps de faire son œuvre ; ces transformations ne peuvent être attribuées qu'à l'imitation sympathique.

On rapporte que Socrate devenait tout à coup silencieux lorsqu'il sentait la colère s'allumer en lui. L'attitude calme qu'il imposait à la matière lui ramenait le calme dans l'esprit et il étouffait ainsi dans leur germe les mouvements contraires à la bienveillance dont il s'était fait une loi.

Le célèbre physionomiste Campanella ne se contentait pas de faire des observations sur les visages humains qu'il trouvait un peu remarquables, il s'efforçait de les copier avec un talent mimique extraordinaire, et, une fois arrivé à une imitation parfaite, il se disait en possession de leurs sentiments. On prétend que, par l'emploi de cette méthode, il arrivait à faire les plus étonnantes révélations.

Il est mieux démontré qu'un acteur doit rendre l'expression physique des passions du personnage de son rôle pour se passionner lui-même et passionner les spectateurs.

Nous conclurons de ces faits, avec Dugald-Stewart, que l'imitation d'une expression tend à éveiller en nous, à quelque degré, la passion correspondante, et que la suppression du signe extérieur tend à calmer la passion qu'il exprime.

Ces principes, on le comprend, sont d'une extrême importance en éducation.

L'instituteur qui se sent porté à l'impatience n'a qu'à

détendre ses nerfs pour se trouver calme presque immédiatement. Les nerfs lui obéiront s'il le veut bien ; mais
il ne faut pas que la lutte soit directe, sans quoi l'issue
en serait incertaine.

Qu'il ne s'efforce pas de surmonter les mouvements
qu'il éprouve, mais qu'il cherche à se mettre dans l'attitude physique d'un homme calme, et lorsqu'il sera
pervenu à imiter convenablement cette attitude, il sera
tout surpris de se trouver sans agitation.

L'expérience a réussi à tous ceux qui l'ont faite de
bonne foi. Un jeune maître, un peu trop ardent, mais
plein de bonne volonté, auquel je l'avais conseillée, m'a
écrit : « J'ai parfaitement réussi. Lorsque j'entre dans
ma classe sans avoir mis mes nerfs dans le même état
qu'ils ont lorsque toute ma personne est parfaitement
calme, je me mets, à la moindre occasion, à fulminer
comme de coutume ; j'ai beau vouloir me modérer, je
n'y réussis guère. Mais lorsque j'ai pris mes précautions, rien ne peut m'émouvoir ; mes élèves, par contre-
coup, sont admirables de calme, et j'obtiens une bonne
discipline en me disciplinant moi-même. »

Un maître ennuyé se plaint du manque d'activité
et d'intelligence de ses élèves. Il ne se doute pas
que son air, son attitude exercent sur sa classe la fâcheuse influence qu'il attribue à des causes diverses.
Chaque élève imite sympathiquement l'attitude du
maître, cette attitude réagit sur l'âme qui tombe
dans une sorte d'inertie. L'impression fâcheuse se
multiplie en raison du nombre des élèves, chaque
élève subissant l'influence de tous ses camarades.
L'ennui devient de la torpeur, et l'intelligence ne
se réveille que loin de la lourde atmosphère morale
de la classe.

Au contraire, le maître qui se plaît dans sa classe

porte sur sa physionomie l'expression de son contentement intérieur. Ses élèves composent inconsciemment
leur physionomie sur celle du maître ; le physique
opère sur le moral ; un courant de vie et d'intelligence
s'établit dans la classe. Le maître n'a qu'à prendre la
direction de ce mouvement, ses élèves se laisseront
conduire docilement. Il s'anime lui-même sous l'influence de son auditoire ; il se surpasse, et son enseignement recueilli par des esprits sympathiques porte
les meilleurs fruits.

L'imitation sympathique a aussi une grande
influence au point de vue purement éducatif.

Un maître qui se possède, qui conserve en toute
circonstance une parfaite égalité d'humeur, qui fait
toutes choses avec simplicité, mais avec dignité, trouve
rarement de la résistance de la part de ses élèves et
encore moins un manque de respect. Son calme détend
par sympathie les natures irritables ; les mauvaises dispositions se taisent d'abord et se transforment ensuite
pour s'harmoniser avec le milieu serein d'une école
habilement dirigée.

Une parole franche est toujours accompagnée d'une
expression de physionomie qui commande la franchise.
Le mécontentement se manifeste mieux par une
attitude de commisération que par des paroles offen-
santes. La satisfaction lue dans les yeux du maître est
une plus douce récompense que les paroles les plus
élogieuses.

Nous ne nierons pas qu'il n'y ait des natures ingrates
peu accessibles aux émotions sympathiques. Mais il n'y
en a guère d'absolument réfractaires à l'influence de
l'imitation. Un bon milieu scolaire agira toujours sur
elles avec une certaine efficacité. Le silence les portera
par imitation au silence, pourvu que leurs écarts ne

soient pas réprimés bruyamment. L'exemple constant de l'ordre finira par former en eux des habitudes d'ordre. On ne peut pas se dispenser de travailler lorsque tout le monde travaille autour de soi. Les nerfs sont excités par les attitudes des travailleurs; ils finissent par se monter au point que l'inaction devient une souffrance. Il n'y a pas d'enfant bien portant qui refuse de travailler, lorsqu'il se trouve dans un milieu plein d'émulation pour le travail.

On parle de l'influence de l'exemple du maître sur les élèves; cet exemple est puissant assurément. Mais il n'est pas à comparer à celui d'une classe bien homogène, c'est-à-dire composée d'élèves animés du même esprit; dans cette classe, l'influence directrice est multipliée par dix, s'il y a dix élèves; par cinquante, s'il y a cinquante élèves.

Le secret des bons maîtres consiste à se faire des auxiliaires de chaque élève et à établir ainsi dans l'école un courant moral irrésistible. Les nouveaux arrivants sont pris par ce courant qui ne laisse pas à leurs anciennes habitudes le temps de réagir. Du reste, la réaction s'affaiblirait promptement, parce que, pour aller à l'encontre d'une impulsion générale, il faut dépenser plus de force que pour la suivre.

Lorsqu'une lutte s'établit entre la force d'une habitude prise et la puissance de l'imitation sympathique, l'imitation l'emporte d'autant plus vite qu'elle est provoquée par des éléments plus nombreux, agissant avec plus d'ensemble, plus de concordance.

Une bonne école est un milieu très favorable au développement intellectuel et moral des enfants. L'enseignement particulier, toutes conditions égales d'ailleurs, n'a pas la même puissance éducative. L'élève a bien des tendances à se modeler sur son précepteur;

mais le modèle déroute la faculté imitative par défaut de parité. Un enfant n'acquiert pas, par imitation, avant l'âge, les qualités d'un homme fait; il n'est sympathique qu'aux vertus de son âge. L'émulation n'existe qu'entre égaux; des avantages naturels ou acquis, trop manifestes d'un côté, mettent l'autre partie en défiance d'elle-même et sont plus propres à la décourager qu'à l'exciter. L'excitation des enfants par les enfants est une précieuse ressource qui fait défaut à l'enseignement particulier, lequel se trouve ainsi dans des conditions d'infériorité à l'égard de l'enseignement public.

Mais, il ne faut pas que les instituteurs s'y trompent, l'influence de l'imitation sympathique peut devenir désastreuse dans une école lorsque l'ordre et le travail y sont sans attrait, les bons sentiments sans écho, les mauvais sentiments sans réprobation. Le mal est contagieux comme le bien, plus contagieux encore peut-être.

Soyons vigilants pour ne pas laisser dégénérer en nos mains le plus utile instrument que la nature nous offre pour le perfectionnement intellectuel et moral des enfants qui nous sont confiés.

CHAPITRE XXXI

Volonté. — Liberté.

Je désire, je souhaite, je veux, sont des idées qui présentent beaucoup d'analogie; il en est de même de je crains, je redoute, je ne veux pas. Chacune cependant indique, sinon un mode distinct de l'activité de l'âme, du moins une des nuances de ses sentiments si variés.

Le *désir* est un mouvement de l'âme qui la porte vers l'objet qui lui plaît, qu'elle aime.

Dans le *souhait*, l'âme donne en outre son adhésion aux moyens nécessaires pour réaliser le désir.

La *volonté* n'est pas une simple aspiration, une pure adhésion sentimentale, c'est la puissance intérieure qui nous détermine à agir ou à ne pas agir.

Cette puissance gouvernementale est libre, tout en agissant de concert avec la sensibilité, l'intelligence et la raison. Si nos déterminations étaient en désaccord avec nos pensées et nos sentiments, ce ne serait pas de la liberté, mais du désordre. Si nous n'avions pas la possibilité de nous déterminer librement, nous n'aurions aucune influence sur notre destinée, nous serions irresponsables de nos actes, qui ne seraient ni bons ni mauvais.

Que penserions-nous d'une personne qui, après avoir étudié un projet, après l'avoir jugé favorable à ses intérêts et conforme à ses désirs, le rejetterait uniquement pour faire acte de volonté, pour ne subordonner sa liberté à aucune considération déterminante? Évidemment nous ne dirions pas que cette personne est une puissante individualité, mais plutôt qu'il y a trouble dans ses facultés et que sa personnalité disparaît au lieu de s'affirmer.

D'un autre côté, nous ne rendons pas une personne responsable du mal qu'elle fait sans le vouloir, comme nous ne lui tenons pas à mérite le bien qu'elle fait sans intention.

La personnalité morale disparaît dans les déterminations sans motifs ou sans mobiles; elle n'existe pas sans la volonté consciente de sa liberté.

On ne peut disconvenir que le tempérament, l'habitude, l'éducation, le milieu dans lequel nous vivons n'aient une grande influence sur nos déterminations.

Un homme vigoureux, ardent, met généralement une grande vivacité dans l'expression de sa volonté, beaucoup de promptitude dans ses déterminations, beaucoup d'énergie dans l'exécution. Un tempérament mou, maladif, semble se refuser à l'effort de vouloir; il se détermine lentement et il agit souvent contrairement à ses déterminations pour s'épargner une fatigue.

On dit de ces derniers tempéraments qu'ils manquent de volonté; ce n'est pas exact. Ce sont les moyens d'exécution qui sont insuffisants. Les manifestations de la volonté s'accentueront si le tempérament se fortifie.

La nature ne nous a pas condamnés à des efforts stériles; la raison et l'expérience nous donnent la mesure du possible. La volonté n'est pas détruite par une impossibilité; elle s'exerce dans un autre sens. Ne pas vouloir est aussi bien une manifestation de la volonté que vouloir. Il n'y a que l'indifférence qui pourrait être considérée comme absence de volonté; cette indifférence n'est jamais absolue dans le domaine de la pensée ; dans le domaine des faits, elle tient souvent à des conditions matérielles défavorables.

L'*habitude* nous rend tout facile, tout acceptable; elle crée même en nous des besoins qui demandent satisfaction, souvent avec autant de force que les besoins naturels.

Les actes habituels ménagent l'effort volontaire, mais ne détruisent pas la volonté. S'il n'est pas toujours facile de rompre avec des habitudes prises, cela n'est pourtant pas impossible. L'issue de la lutte de la volonté contre une habitude tient moins à la puissance de l'habitude qu'à la trempe du caractère, qu'à la vigueur de l'attaque. Il semble que l'habitude soit un emmagasinement d'efforts volontaires d'autant plus résistants que l'accumulation est de plus longue durée. Mais la volonté persévérante vient à bout de toute habitude en créant une habitude contraire.

L'influence de l'*éducation* et du *milieu* sur la volonté a de l'analogie avec l'influence de l'habitude. En éducation, il ne s'agit pas d'habitudes aveugles, irréfléchies, d'une sorte de dressage ; mais d'une initiation au gouvernement des instincts et des passions par l'intelligence et la raison. Élever l'homme au-dessus des instincts brutaux, l'affranchir des mauvaises passions, ce n'est certainement pas porter atteinte à sa liberté, mais en régler l'usage.

Le bon usage de la liberté, c'est la VERTU ; *le* VICE, *c'est le mauvais usage habituel de la liberté.*

Les preuves d'une volonté libre dans l'homme ne sauraient être trop multipliées. Il est bon de réagir contre des doctrines humiliantes pour l'humanité. La liberté fait toute la dignité de l'homme ; toute moralité découle de la liberté.

La meilleure preuve de la liberté du *moi*, c'est que le *moi* dirige à volonté ses pensées, qu'il en est maître.

Une pensée se présente-t-elle à notre esprit, nous pouvons la repousser, en appeler une autre, nous y attacher. Comme nos actions dépendent de nos pensées, toute notre conduite est sous l'empire de la volonté.

L'instinct lui-même n'échappe pas à cet empire. Une arme à feu, déchargée inopinément à nos côtés,

nous ferait tressaillir involontairement; avertis, nous
demeurerions impassibles. On ne passerait pas une
allumette enflammée devant nos yeux, sans que nous
fermions instinctivement les paupières; mais si nous
étions prévenus et que nous fixions notre regard sur
un point déterminé avec la ferme volonté de ne pas
l'en détourner, l'allumette enflammée ne produirait
pas de clignement de paupières. La plupart des prétendus miracles du magnétisme animal sont dus à la
puissance de la volonté chez les comparses des ma-
gnétiseurs.

. La volonté paraît se manifester de bonne heure et
avec beaucoup d'énergie chez les enfants. Mais ce
n'est pas cette volonté libre qui constitue la personnalité. L'enfant est poussé à désirer plutôt qu'à vouloir, par tous ses instincts, par toutes ses activités
fonctionnelles. Sa vie n'est qu'une succession rapide
d'essais de ses facultés : son âme enregistre des sensations, se reconnaît des puissances, se complaît
dans l'exercice des forces constatées, mais ne s'empare pas encore du gouvernement. Les manifestations de la volonté ne sont pas indépendantes; les
actes ne sont pas libres, et par conséquent il n'y a pas
de responsabilité.

On n'a d'abord prise sur les enfants que par la
contrainte et les affections sympathiques. Plus tard,
l'esprit d'imitation nous vient en aide pour leur faire
contracter de bonnes habitudes.

A mesure que leur intelligence se développe, les
enfants considèrent les conséquences de leurs actes.
Ils n'obéissent plus exclusivement à l'impulsion de
leurs instincts, de leurs petites passions; ils font un
choix dans les mobiles qui les sollicitent; ce choix
est déjà une manifestation de la liberté. Nous avons

affaire à des êtres responsables, à des personnalités morales.

Mais la personnalité morale n'arrive à sa plénitude que lorsque la volonté n'a d'autre guide que la raison.

Nous passons ainsi par trois états. Dans la première enfance, nous sommes dominés par les instincts de notre nature : l'esprit obéit au lieu de commander ; point de liberté, point de personnalité morale. Un peu plus tard, l'intelligence différencie la qualité des satisfactions et se détermine pour celles qui lui semblent préférables. Lorsque nous nous sommes élevés jusqu'à la prévoyance, nous repoussons un bien présent qui serait la cause d'un mal dans l'avenir ; nous acceptons une peine présente en vue d'un bonheur futur.

La volonté est sollicitée par des motifs différents ; elle reste libre en se déterminant pour le plus avantageux.

Mais les motifs d'intérêt personnel, intérêt immédiat ou éloigné, ont une force qui est au moins une gêne pour la liberté de la détermination. Il faut que l'homme s'élève plus haut pour devenir plus libre, qu'il répudie tout sentiment égoïste, qu'il place le bien au-dessus de l'utile, qu'il voie le bien dans l'ordre général, qu'il cherche le bonheur où il se trouve réellement : il se trouve dans le soin de contribuer au bonheur des autres.

On parle de la culture de la volonté, de l'éducation de la volonté. Apprendre aux autres à vouloir, c'est-à-dire à affirmer leur personnalité, à se diriger eux-mêmes, semble une contradiction. En effet, recevoir des instructions, accepter des conseils, c'est s'effacer devant des personnalités plus accusées. Mais la liberté ne consiste pas seulement à donner à nos actes l'empreinte de notre personnalité ; elle se manifeste dans le choix des modèles de conduite qui nous semblent les plus conformes au devoir et au bien. On fait tout aussi bien acte de liberté en adhérant à certains principes qu'en les repoussant.

La volonté n'est chez les enfants en bas âge que la prédominance momentanée d'un instinct. Comme les instincts cessent d'agir dès qu'ils sont satisfaits, les enfants ne veulent pas longtemps la même chose.

Cultiver la volonté consiste alors à fixer l'activité de l'esprit sur ce qui est utile, à combattre la dissipation, c'est-à-dire l'éparpillement des forces, à diriger ces forces, à leur donner de la cohésion par l'habitude.

Les enfants *veulent* beaucoup, *veulent* trop. Il n'y a pas à les exciter, mais à les modérer, à leur faire comprendre que rien de sérieux ne s'obtient qu'avec le temps et qu'au prix d'efforts continus.

La continuité des efforts dans un même sens, voilà la gymnastique la plus favorable pour donner aux caractères une trempe vigoureuse, pour assurer le triomphe de la volonté sur les instincts.

Un maître ferme qui semble laisser peu de liberté d'action à ses élèves, exerce une influence plus favorable au développement de leur volonté, de leur personnalité, qu'un maître faible qui n'est pas écouté. Le désordre n'est pas la liberté.

La liberté n'est entière que lorsqu'elle obéit à la raison. Si nous n'obéissons pas à la raison, en effet, nous agissons sous l'empire des instincts ou des passions et alors où est la liberté?

Nous disons qu'un homme a de la volonté lorsqu'il est persévérant. La force qui nous maintient dans une ligne de conduite librement choisie découle en effet de la volonté. Mais si la persévérance approuvée par la raison peut être appelée *volonté*, la persévérance en désaccord avec la raison n'est que de l'opiniâtreté.

Pour être persévérant dans le bien, dans le vrai, il nous faut beaucoup de vigilance sur nos inclinations et sur nos facultés. Nous sommes obéis sans effort par nos tendances naturelles et bien servis par nos facultés, si elles sont rompues à la discipline; mais si la volonté est intermittente, elle trouve des résistances sans cesse renouvelées.

Un homme distrait est un homme qui n'a pas assez d'empire sur son intelligence pour retenir la pensée présente; un homme superficiel est celui qui n'a pas eu assez de volonté pour se livrer à des études suivies. Nous rêvons lorsque la volonté ne gouverne pas l'imagination; il y a des personnes qui rêvent toujours parce que l'habitude a détendu les ressorts de leur volonté.

Habituons les enfants à un travail soutenu, à des efforts persévérants, nous formerons des caractères fermes, des hommes sachant vouloir et agir.

CHAPITRE XXXII

Dualité de la nature humaine

S'il n'y avait pas deux principes dans l'homme, l'esprit et la matière, l'*âme* et le *corps*, la psychologie, c'est-à-dire l'étude de l'âme, de ses facultés, de ses opérations serait une science vaine. Psychologie et matérialisme sont deux mots qui s'excluent; la psychologie n'est qu'une continuelle réfutation du matérialisme.

Mais le matérialisme n'a pas besoin d'être réfuté,

il se réfute de lui-même par ses contradictions, par ses impossibilités. Il n'y a que des phénomènes pour le matérialiste; or les phénomènes sont complexes, variables, changeants, tandis que la vérité et la science sont positives.

Un homme sérieux tient à être tenu pour véridique dans ses affirmations; pourtant s'il n'est que matière, s'il n'a de vie que par le mouvement incessant de la matière, ses affirmations cessent d'être vraies avant d'être complètement formulées; son jugement n'a pu s'asseoir, se fixer un instant, pas plus que son cœur n'a pu cesser de battre. Vous m'affirmez que la matière seule est une réalité, je ne puis vous croire si vous n'êtes vous-même qu'un phénomène éphémère.

Nous avons foi dans la science et le progrès; mais dans une science qui est autre chose que le phénomène qui passe, dans un progrès qui est plus qu'une instable nouveauté.

Si la science est la vérité démontrée, permanente; si le progrès est une conquête durable de l'esprit sur la matière, l'esprit de l'homme n'est pas un phénomène matériel, c'est une force indépendante, une cause. C'est même la seule cause que nous puissions atteindre aisément : je pense, je veux; je n'ai pas besoin d'autre expérience pour savoir que le *moi* est le sujet pensant et voulant.

Tout homme, même un matérialiste, dit : Mon corps. Le corps n'est pas le *moi* qui possède, mais simplement l'objet possédé. On ne dit pas : Mes jambes marchent, mon pied souffre, mes mains ont froid; mais je marche, je souffre, j'ai froid. Ainsi le sens commun est d'accord avec la psychologie pour attester que le corps ne fait pas l'action, qu'il n'éprouve pas la souffrance, qu'il ne perçoit pas la sensation.

En percevant une sensation, en faisant une action, l'esprit se sent distinct de l'opération et de la sensation; il se sent cause indépendante des effets.

Si le *moi* se modifiait avec les sensations, il perdrait son identité, et l'homme ne serait plus un être responsable. Si nous ne sommes, en effet, que ce que nous fait la sensation présente, nous ne pouvons répondre de ce que nous avons dit ou fait pendant l'état dû à la sensation précédente; nous ne pouvons rien conclure pour l'état qui sera déterminé par la sensation suivante.

Les sensations des accusés à la barre des tribunaux ne sont pas assurément celles qu'ils ont éprouvées au moment de la perpétration de leurs crimes. L'homme qui est devant le juge ne doit pas être condamné pour l'homme qui a frappé la victime, si ce sont deux hommes aussi différents que les sensations qui occupaient leur cerveau à deux moments qui ne se ressemblent pas.

Nous ne pourrions avoir aucune certitude ni sur les autres ni sur nous-mêmes, si le *moi* variait avec nos sensations.

Mais puisque nous sommes capables de souvenir vivace, de persévérance dans nos sentiments, de fidélité dans nos promesses, puisque nous avons l'amour de la vérité et l'intuition de la justice, il faut que nos pensées découlent d'une *individualité*, c'est-à-dire d'un principe *indivisible*, toujours identique et par conséquent immatériel.

Pour juger, il faut comparer deux choses, c'est-à-dire avoir deux idées à la fois et réunir ces deux idées dans un seul rapport. Si l'âme était composée de parties, où serait le point de réunion, le lieu des rapports? L'âme matérielle ne saurait, on le voit, être douée de la faculté de juger.

D'un autre côté, la matière est inerte : elle reçoit le mouvement et ne le donne pas. L'âme règle, gouverne ses mouvements; elle commande au corps jusqu'à le sacrifier à sa dignité ou à son devoir.

Le médecin qui se dévoue froidement dans une épidémie ne peut nier la noblesse du principe spirituel et la prépondérance de ce principe sur les lois aveugles de la nature. Pour mépriser la mort, il faut avoir l'intuition d'un bien supérieur à la vie du corps, sans quoi le dévouement serait folie.

Si la vie physique constituait toute la destinée de l'homme, la nature en aurait été plus soigneuse. Elle ne nous aurait pas donné des instincts belliqueux; elle ne nous aurait pas entourés de tant d'ennemis; elle nous aurait placés dans un milieu plus favorable.

Que faut-il, en effet, pour compromettre notre santé, pour nous faire perdre la vie? Un courant d'air trop froid, la piqûre d'un insecte, la morsure d'un reptile, le suc d'un brin d'herbe, quelques milligrammes de la poudre de certains minéraux, des miasmes invisibles, un rien.

Non, la destinée véritable de l'homme n'est pas à la merci de tant d'accidents, il ne meurt pas tout entier; son âme immatérielle est au-dessus des vicissitudes de la matière.

Nous pensons même, avec Jouffroy, que le corps est l'œuvre d'un principe immatériel. Ce n'est pas la matière qui engendre la vie physiologique; c'est au contraire la vie qui organise la matière, qui la soustrait aux lois de l'inertie pour la soumettre aux lois physiologiques.

Dès que la vie se manifeste, des molécules maté-

rielles sont transformées en organes, en instruments
d'une puissance nouvelle. Les organes, sous l'action
de cette puissance appelée *force vitale*, se fortifient,
se perfectionnent par l'emprunt de nouvelles molécules jusqu'au complet développement de l'être animé.
Ces emprunts continuent tant que dure la vie physiologique. Si la *force vitale* était une force aveugle, le
développement physique des êtres devrait être indéfini ; il n'en est pas ainsi. Chaque espèce animale
jouit d'une période de vitalité renfermée dans des
limites déterminées, limites étroites même pour les
espèces les plus favorisées.

La matière des organes s'use ; mais elle est sans
cesse renouvelée. Alors pourquoi vieillissons-nous ?
Si la matière de notre corps se renouvelle entièrement
tous les sept ans, nous ne sommes jamais vieux de
plus de sept ans ; si c'est en moins de temps, notre
jeunesse moléculaire est encore plus tendre. Mais les
septuagénaires s'aperçoivent que leur jeunesse moléculaire ne diminue pas le poids des années, et la découverte du renouvellement rapide de la matière de
notre corps ne nous laisse pas l'illusion de vivre indéfiniment. Il y a donc quelque chose dans l'être physiologique qui ne se renouvelle pas, qui vieillit, qui
amène fatalement la mort.

Dès que la vie s'est retirée, la désorganisation du
corps commence ; chaque substance rentre sous ses
lois propres. Les gaz et les liquides vaporisés se
mêlent à l'atmosphère ; les sels minéraux retournent
à la terre. De nouvelles *forces vitales* s'emparent de
ces molécules gazeuses ou minérales pour se constituer des organes. Un nouveau corps est créé avec de
vieux matériaux. Ces matériaux servent indéfiniment:
aucun atome de matière ne se perd. Il n'y a pas plus

augmentation que diminution; la vie physiologique la plus puissante ne crée pas un atome de matière.

C'est le principe vital seul qui se multiplie, qui prend toutes les formes, qui approprie la matière à toutes les nécessités de son développement, qui la fait sienne au point de nous donner l'illusion d'un seul être.

Mais à la lumière de la raison secondée par la réflexion et l'expérience, cette illusion se dissipe : la matière est distinguée de la vie ; le corps, de l'âme ; le *moi*, du *non-moi*.

Nous avons conscience du *moi*, c'est-à-dire de notre personnalité morale ; nous nous sentons cause avant la production de l'effet. Avant de me mettre à écrire, je sentais que j'avais la puissance de faire tous les mouvements que nécessite l'écriture.

Mais je ne me sens pas cause dans les phénomènes de la digestion et de la circulation du sang. Le mot *force vitale* ne me représente qu'une cause inconnue. Cette cause se confond-elle avec le principe spirituel ou sont-ce deux principes différents ?

La solution de cette question dépasse peut-être la portée de l'esprit humain ; elle dépasse au moins notre but qui était la démonstration de l'existence d'un principe spirituel dans l'homme.

Ce qui a pu faire douter de la dualité de la nature humaine, c'est l'étonnante correspondance qui existe entre le physique et le moral. La maladie affaiblit nos facultés intellectuelles, le retour à la santé les restitue dans leur première vigueur. L'activité de l'esprit peut être accrue par une boisson stimulante, comme le café ; l'abus des liqueurs fortes, l'ivrognerie font tomber l'homme au-dessous de la brute. D'un autre côté, la paix de l'âme contribue à la santé du corps ; les inquiétudes, les chagrins la détruisent.

Il y a des tempéraments énergiques et passionnés; il y en a de mous et indifférents.

Le volume du cerveau n'est pas sans rapport avec la puissance intellectuelle.

Mais toutes ces correspondances ne prouvent qu'une chose, c'est que l'homme n'est pas un pur esprit; que son âme ne se met en communication avec le monde extérieur que par le moyen des organes des sens; que plus ces instruments sont parfaits, plus les manifestations de l'intelligence sont puissantes. Si l'instrument se détériore, il est naturel que les manifestations de l'activité morale s'affaiblissent et même disparaissent.

Si le fil qui fait communiquer deux postes télégraphiques vient à être rompu, le mouvement cesse dans les appareils; mais le principe de mouvement, l'électricité, n'en est pas altéré.

Un habile ingénieur a construit une machine qui produit des effets merveilleux : un rouage se brise; la machine ne fonctionne plus. L'esprit de l'ingénieur, qui était véritablement l'âme créatrice et directrice de ce corps aux rouages compliqués, en recevra-t-il dommage? Assurément non.

Nous pensons avoir suffisamment établi les principes de psychologie dont la connaissance est essentielle aux premiers éducateurs de l'enfance. Nous entrerons maintenant dans les détails de la pratique de l'enseignement.

Cette seconde partie de la tâche que nous nous sommes imposée, éclairée par la première, et appuyée par une longue expérience personnelle, ne sera peut-être pas sans profit pour nos lecteurs.

CHAPITRE XXXIII

Organisation pédagogique

CLASSIFICATION DES ÉLÈVES

Après avoir développé avec sobriété et prudence, mais aussi avec fermeté et conviction, les principes' essentiels de psychologie applicables à l'éducation des enfants, nous avons à faire passer à la lumière de ces principes les méthodes et les procédés en usage, les faits les plus communs de la vie des écoles. Nous ne condamnerons aucune méthode, nous exposerons les faits plutôt que nous les jugerons ; le jugement se dégagera net et précis de la comparaison des aptitudes, des tendances naturelles de l'esprit humain avec les moyens employés pour les diriger et les développer. Le moyen s'adapte-t-il à la nature du sujet et à la fin proposée, il est bon, il y a lieu de l'adopter ou de le conserver : dans le cas contraire, il faut le repousser.

L'étude psychologique des moyens d'enseignement, des principes d'éducation, non seulement nous permettra de choisir les meilleurs, c'est-à-dire les plus conformes à la nature de nos facultés, mais encore elle nous ouvrira des voies nouvelles, nous munira de ressources pour presque tous les cas.

Il y a dans l'esprit des enfants de grandes similitudes et de grandes dissemblances. L'éducateur doit profiter des *similitudes* pour établir des règles générales de discipline, pour approprier la plupart de ses leçons à l'ensemble de ses élèves. Il doit tenir compte des *dissemblances* dans l'appréciation de la soumission à la règle, de l'effort fait et par conséquent du mérite ou du démérite.

Les plans d'études doivent êtres conçus en vue de l'ensemble, d'une moyenne d'efforts et d'intelligence de la part des enfants ; ces plans comportent une certaine uniformité. Un système disciplinaire demande plus d'élasticité ; nous avons toujours vu une bonne discipline régner dans une école où règnent la bonté et la justice. C'est le caractère du maître qui fait la discipline plutôt que les minutieuses prescriptions réglementaires.

Mais *discipline* et *enseignement*, tout doit être organisé lorsqu'il s'agit d'une réunion d'enfants à élever en commun, d'une école et non d'une éducation particulière.

La nécessité de cette organisation vient de l'infirmité de la nature humaine. Nous ne pouvons étendre notre action qu'à un petit nombre d'objets à la fois. La multiplicité des objets nous trouble ; notre puissance de volonté et d'intelligence s'affaiblit en se dispersant. Pour rendre nos efforts utiles, il faut les concentrer sur un objet ou sur un groupe d'objets ayant des caractères communs qui en font une sorte d'unité.

Grouper ses élèves de la manière la plus propre à favoriser son action constitue un des points les plus délicats de la tâche du maître. S'il fait des divisions trop nombreuses, il ne peut donner à chacune que des soins insuffisants ; s'il constitue des divisions manquant d'homogénéité, son enseignement est perdu pour tous les élèves, trop au-dessous ou trop au-dessus de la force moyenne du groupe.

Une classe absolument homogène est une conception idéale qu'on ne peut réaliser dans les conditions les plus favorables et quel que soit le nombre des maîtres de l'école. Mais, dans les villes importantes, on peut obtenir une homogénéité suffisante en organisant des écoles à autant de classes que d'années de scolarité, soit sept classes si l'on se borne à l'enseignement élémentaire, ou huit classes s'il y a un cours complémentaire destiné aux élèves pourvus du certificat d'études primaires. Avec deux années de cours complémentaire (neuf classes), on pourrait donner aux enfants qui n'ont pas en vue une carrière spéciale un enseignement primaire supérieur suffisant et peu coûteux.

Les écoles à moins de sept classes sont les plus nombreuses, et il y en a de fort bonnes. Mais la tâche des maîtres se complique à mesure que le nombre des classes de l'école diminue. Faire travailler utilement des débutants et des élèves qui ont déjà une année d'école, c'est une difficulté. La difficulté est plus grande lorsqu'il y a des débutants, des élèves d'une année de classe et des élèves de deux années de classe. Lorsqu'il n'y a que deux classes, les sept années de scolarité doivent se passer quatre dans une classe et trois dans l'autre.

Les écoles à un seul maître comprennent des élèves de sept degrés différents d'instruction. Faut-il faire sept divisions? Faut-il avoir sept programmes différents? Assurément non. La multiplicité des programmes dérouterait l'esprit le plus calme, le plus maître de lui-même, le plus appliqué, le plus consciencieux. Il s'épuiserait en vains efforts et tomberait par lassitude dans une incurable routine.

Trois programmes répondant à trois catégories d'élèves, à trois cours, c'est bien assez. Il y aura certainement des inégalités d'instruction, des nuances dans chaque catégorie; mais ces nuances ne nuiront pas à l'harmonie de l'ensemble si la classification a été bien faite, si chacun est à sa place.

Le texte des programmes les mieux combinés n'est pas tout. On doit enseigner à peu près les mêmes matières dans les trois cours, mais à des degrés différents. La différence de degré consiste moins dans la limitation des matières d'enseignement que dans l'appropriation des leçons au développement intellectuel des enfants.

La leçon faite aux élèves du cours moyen ne doit pas être une réduction de celle des élèves du cours supérieur, et celle du cours élémentaire, une réduction de celle du cours moyen. Chaque degré d'enseignement doit avoir son caractère propre ou plutôt sa forme spéciale. Il ne faut pas parler aux enfants de sept ans comme aux enfants de dix ans, et à ceux de dix ans comme à ceux de treize.

Il ne faut rien approfondir avec les tout jeunes enfants; ils n'ont point dans l'esprit assez de termes de comparaison pour suivre nos raisonnements, et ils sont étrangers à trop de sentiments pour prendre aux choses et aux événements le même intérêt que nous. N'oublions pas que le temps et l'expérience individuelle sont des auxiliaires indispensables en éducation.

Il faut donc, nous dira-t-on, plutôt trois maîtres dans le même instituteur que trois programmes dans les écoles à une classe. Nous ne pouvons qu'en convenir. Le triple programme est une excellente chose, mais à condition que l'instituteur le rende vivant en s'identifiant avec chacun de ses rôles, en les jouant souvent tous à la fois.

Lorsque l'instituteur fait une leçon collective, il doit varier son langage selon l'impression de l'ensemble de son auditoire. Si les plus jeunes élèves ne sont pas

attentifs, sa leçon est trop grave et il doit prendre un
tour plus simple et plus aimable ; si les plus grands
s'ennuient, il doit les remuer par une parole plus
accentuée et plus convaincue.

L'accent de la conviction est communicatif ; les
maîtres qui parlent avec conviction sont toujours
écoutés des grands et des petits. Ce genre d'éloquence
est à la portée des plus modestes.

Les questions au milieu d'un récit, d'une leçon, sont
un excellent moyen de captiver l'attention des élèves.
Mais il ne faut pas se contenter d'interroger les élèves
les plus avancés ; il faut poser les mêmes questions
aux plus jeunes, en termes différents, plus simples,
plus imagés. Tout le monde y gagnera : les plus jeunes
seront initiés au langage précis des plus avancés, et
ceux-ci conserveront mieux une idée rendue par une
double forme de langage.

La *leçon collective* est une précieuse ressource pour
les maîtres chargés seuls d'une école ou de plusieurs
cours. Mais elle ne s'applique pas à tout l'enseignement
et il faut en revenir à des leçons de groupe. C'est ici le
nœud de la difficulté.

Nous avons démontré qu'un triple programme est
suffisant : la classification des élèves en trois groupes
ou cours est-elle suffisante ? On fait, nous le savons,
même dans de grandes écoles à plusieurs maîtres, des
subdivisions dans les cours, lorsque les élèves ne sont
pas d'égale force. Le premier inconvénient de ces
subdivisions est de diminuer la durée des leçons données par le maître et de laisser les élèves, sinon inoccupés, du moins livrés à eux-mêmes pendant une
partie de la classe. On objecte que l'inconvénient serait plus grand de donner la même leçon à des élèves
de force différente ; que, pour permettre aux uns

de se mettre au pas, il faudrait retarder les autres.

Nous avons besoin d'un peu de psychologie pour éclairer la question. Faire revenir un enfant sur ce qu'il a déjà appris, est-ce le retarder? Mais nous savons que les connaissances solides ne s'acquièrent pas du premier coup; que la mémoire ne garde fidèlement que les impressions fortes ou souvent répétées. Les aptitudes intellectuelles ne sont en général que des habitudes d'esprit.

Lorsque nous ramenons quelques élèves en arrière pour ne pas mettre hors d'haleine leurs camarades moins avancés, il n'y a pas de temps perdu pour eux. S'ils n'acquièrent pas de connaissances nouvelles, ils consolident les connaissances acquises. Les retardataires subissent à leur tour l'influence de l'entraînement, de l'imitation sympathique, et leurs progrès sont plus rapides. Il y a avantage des deux côtés. Le fractionnement donnerait plus de peine et moins de résultats.

Les militaires savent bien que des recrues encadrées dans de vieilles troupes sont rapidement formées à la discipline et au maniement des armes; mais qu'il faudrait longtemps pour dresser une compagnie exclusivement composée de recrues.

Les instituteurs se félicitent lorsqu'ils commencent l'année scolaire avec un noyau de bons élèves; ils ont en vue assurément la puissance de l'*entraînement*. Qu'ils ne rendent pas cette puissance stérile en brisant leurs cadres par un fractionnement mal entendu. Qu'ils restent fidèles aux *trois cours;* et, dans les écoles à plus de trois classes, que les cours soient parallèles quant à l'étendue de l'enseignement sinon quant à l'intensité. Un cours durant plusieurs années, il en résulte une répétition de leçons, une revision de programmes très favorables à la consolidation des connaissances enseignées.

Le *cours élémentaire*, tout le monde en convient, est le plus difficile à diriger, parce que les élèves ne sont en état de faire aucun travail personnel, que tout doit venir du maître et que, pour y donner des leçons fructueuses, il faut des qualités spéciales, une souplesse d'esprit moins essentielle dans les autres classes. Au rebours du bon sens, les classes du cours élémentaire sont les plus chargées, et on les confie souvent encore aux maîtres les moins expérimentés.

. Le jour où les classes élémentaires seront réduites à un effectif raisonnable et considérées par les maîtres comme une mission de confiance, un poste d'honneur, un grand pas de plus sera fait pour la prospérité des écoles.

Cette discussion des principes de psychologie applicables à l'organisation pédagogique des écoles nous a conduits à la confirmation de faits acquis. La classification des élèves en *trois cours*, des *programmes spéciaux* pour chaque cours, constituent l'économie de l'organisation pédagogique des écoles de la Seine, organisation dont ne s'écartent guère les derniers plans d'études officiels. Nous sommes heureux d'avoir été à l'école de M. Gréard, auquel la pédagogie moderne doit ses plus heureuses hardiesses, ses initiatives les plus fécondes ; nos lecteurs retrouveront souvent sa pensée dans ce modeste ouvrage.

CHAPITRE XXXIV

Organisation pédagogique

LES PROGRAMMES

Nous avons établi la nécessité de distribuer les élèves en groupes ou *cours*, selon leur degré de développement intellectuel. Cette distribution entraîne la répartition des matières d'enseignement entre les trois cours.

C'est la loi elle-même qui édicte le programme de l'enseignement primaire. Ce programme est large et vaste, au point d'avoir inquiété beaucoup de maîtres dont le savoir modeste semblait être mis en défaut par une énumération scientifique qu'on aurait prise autrefois pour un empiètement sur l'enseignement secondaire.

Le législateur de 1882 n'a pas eu peur des mots, voilà tout. Il a appelé, par exemple, *mathématiques* ce qu'on appelait autrefois calcul, arpentage et nivellement. On redoutait tellement la théorie en 1850 que le programme, même facultatif, évitait soigneusement les dénominations scientifiques. Mais aucun bon instituteur n'a enseigné, sans faire un peu de théorie, la pratique des quatre règles; et les notions d'arpentage et de nivellement ne pouvaient pas pénétrer dans l'esprit des élèves sans être éclairées par quelques principes de géométrie. L'esprit de l'article 23 de la loi du 15 mars 1850 était si étroit, qu'à chaque instant l'enseignement obligatoire devait empiéter sur l'enseignement facultatif et l'enseignement facultatif sur l'enseignement secondaire. Les instituteurs sont rentrés dans la sincérité de leur rôle : ils ne doivent pas s'en plaindre.

L'unité de programme ne s'oppose pas à la distinction de deux degrés dans l'enseignement primaire : l'enseignement primaire *élémentaire* et l'enseignement primaire *supérieur*.

Le législateur n'a pas réparti les matières entre les deux degrés d'enseignement primaire, ce n'était pas son œuvre ; mais cette répartition s'impose.

« Qui trop embrasse mal étreint. » Voilà un proverbe toujours bon à citer, parce qu'il sera toujours vrai. La variété comporte, il faut le reconnaître, un grand attrait et par conséquent une grande ressource d'enseignement ; mais il ne faut pas abuser des meilleures choses. La variété poussée trop loin étonne au lieu d'éclairer : c'est le kaléidoscope qui forme des images à l'infini dans son jeu rapide sans permettre à l'esprit d'en fixer aucune. Les vastes intelligences seront toujours rares ; nous devons nous préoccuper principalement des intelligences moyennes. Apprendre *peu* et *bien* sera toujours la devise de l'enseignement primaire.

Mais *le peu* n'est pas l'*insuffisant*. Vivre en aveugle au milieu des merveilles que la nature offre à notre admiration, c'est faillir à notre destinée. La partie scientifique du programme de l'enseignement primaire n'a d'autre but que de dessiller les yeux de l'enfant, de provoquer sa curiosité, de diriger son imagination, de lui inspirer le sentiment de sa force, de le préparer à la lutte de la vie. Il y a loin de là à la science qui dompte la matière, qui ouvre des horizons nouveaux à l'esprit ; mais l'enseignement primaire fortifié permettra à toutes les aptitudes de se manifester, à toutes les vocations de rendre la plus grande somme de services.

Le législateur, plein de confiance dans le génie national et dans la bonne volonté du corps enseignant, a posé le but très haut. Mais il a laissé aux pédagogues de profession la liberté d'étudier et d'indiquer les voies et moyens pour l'atteindre.

Dans l'industrie, la division du travail a enfanté des merveilles. Les aptitudes intellectuelles comme les aptitudes physiques se développent par la répétition des mêmes efforts, par l'habitude d'un travail identique ou d'études ayant de l'analogie entre elles.

Le professorat de l'enseignement secondaire et de l'enseignement supérieur s'est spécialisé depuis longtemps au grand profit des études universitaires.

Le professorat primaire n'existe pas et ne saurait exister dans la grande majorité des écoles. Un seul maître chargé d'enseigner dix-neuf ou vingt matières différentes ne saurait être considéré comme professeur. Une pareille universalité, si elle pouvait exister, demanderait des études beaucoup plus longues que celles qui sont imposées aux instituteurs.

On ne veut plus, avec raison, de la *science livresque;* mais des programmes trop chargés livreraient fatalement les instituteurs et leurs élèves, aux livres, aux *manuels.*

Puisqu'on ne peut spécialiser les maîtres de l'enseignement primaire, il faut spécialiser autant que possible les écoles : écoles maternelles, écoles enfantines, écoles élémentaires et écoles supérieures. Cette spécialisation est dans l'esprit de l'article 1er de la loi du 28 mars 1882, et le programme que cet article définit peut être divisé en quatre programmes, parallèles sur quelques points, mais différant sur d'autres. Les maîtres se trouveraient ainsi soulagés, et leur enseignement gagnerait en intensité ce qu'il perdrait en surface.

Lorsque la durée de la fréquentation de l'école pri-

maire était incertaine, il fallait distribuer l'enseignement de manière que chaque cours, chaque année
d'études, formât un tout indépendant sans liaison nécessaire avec un cours ou une division dans lesquels
l'élève pouvait ne pas entrer.

Avec l'obligation légale, la tâche des maîtres est
simplifiée. Ils peuvent répartir les matières de l'enseignement sur un nombre connu d'années, de fréquentation scolaire obligatoire. Ils n'ont pas besoin de programmes *concentriques* pour toutes les facultés, quoiqu'il y ait avantage à conserver cette disposition pour
les parties essentielles de l'enseignement. En effet, le
retour annuel du même ordre d'études est propre non
seulement à fortifier la mémoire, mais encore à donner
de l'attrait à l'enseignement. Nous aimons à revoir des
figures sympathiques, à nous retrouver en pays de connaissances; l'impression de plaisir est de même espèce
pour le retour d'études qui nous ont intéressés. Quant
aux difficultés surmontées péniblement, nous les
repassons avec le sentiment satisfait de la conquête
consolidée.

Les programmes officiels ont de quoi effrayer, par
leurs développements, beaucoup de nos lecteurs; mais
si on les envisage dans leur esprit plutôt que dans leur
forme, on se sent bientôt à l'aise. L'esprit de ces programmes est parfaitement défini dans les excellentes
directions pédagogiques qui leur servent d'introduction.

« L'idéal de l'école primaire, dit l'introduction aux
programmes, n'est pas d'enseigner beaucoup, mais de
bien enseigner. *L'enfant qui en sort sait peu, mais sait
bien;* l'instruction qu'il a reçue est restreinte, mais
elle n'est pas superficielle. Ce n'est pas une demi-ins-
truction, et celui qui la possède ne sera pas un demi-

savant; car ce qui fait qu'une instruction est dans son genre complète ou incomplète, ce n'est pas l'étendue plus ou moins vaste du domaine qu'elle cultive, c'est la manière dont elle l'a cultivé. »

La conclusion est facile à tirer : ne prendre dans le vaste domaine des programmes que ce que l'on peut bien cultiver.

Les programmes officiels devaient nécessairement s'appliquer à toutes les situations, aux villes comme aux campagnes, aux écoles à plusieurs maîtres comme aux écoles à un seul maître, aux écoles supérieures comme aux écoles élémentaires. Ils constituent une riche mine où chacun pourra puiser selon ses besoins.

« L'objet de l'enseignement primaire, a dit M. Gréard, n'est pas d'embrasser sur les diverses matières auxquelles il touche tout ce qu'il est possible de savoir, mais de bien apprendre dans chacune d'elles ce qu'il n'est pas permis d'ignorer. »

L'instituteur rural n'enseignera, par exemple, de la physique et de la chimie que ce qu'un cultivateur ne doit pas ignorer. Apprendre aux élèves à consulter utilement le baromètre et le thermomètre, leur expliquer l'utilité des paillassons pour préserver les jeunes pousses des plantes des jardins contre les gelées tardives, c'est faire de la physique ; c'est faire de la chimie que de parler de la composition du sol arable, des amendements, des engrais. Tout cultivateur intelligent a des connaissances sérieuses sur les animaux et les végétaux qui l'intéressent, sans se douter que c'est de l'histoire naturelle. L'enseignement scientifique de l'école primaire élémentaire ne doit tendre qu'à généraliser l'esprit d'observation, qu'à aider à l'acquisition plus précise et plus rapide des notions que l'expérience finit par donner dans un milieu déterminé.

La distribution annuelle des matières de l'enseignement laisse trop de prise aux défaillances, aux attardements, même à des scrupules bien intentionnés.

Ce que l'on n'a pu faire pendant un mois. on ne le fera pas le mois prochain ; le mois prochain apporte un nouveau contingent de préoccupations, et le retard s'accuse davantage au lieu de s'atténuer. La campagne scolaire s'avance, touche à son terme, et le programme n'est pas rempli. Le tort est rejeté sur le programme réputé inapplicable, alors qu'on aurait pu l'appliquer en ne le perdant pas de vue un seul jour. *A chaque jour suffit sa tâche;* mais la tâche journalière doit être rigoureusement remplie pour que l'œuvre entière arrive à bonne fin.

Des instituteurs, et des meilleurs, ne sont jamais satisfaits du travail de leurs élèves : les leçons ne sont pas suffisamment comprises à leur gré; ils les répètent et avancent peu. Ils oublient que la semence ne lève pas tout de suite, même sur les terrains les mieux préparés. Il faut l'influence de la pluie bienfaisante. La pluie bienfaisante, en éducation, c'est le développement de la raison de l'élève par le double concours du temps et de l'ensemble des exercices scolaires.

Des programmes mensuels sont absolument indispensables. L'organisation pédagogique officielle ne les donne pas et ne pouvait les donner. Ces programmes doivent varier non seulement en raison de l'importance des écoles, du nombre des maîtres qui y sont employés; mais encore en raison du milieu dans lequel vivent les enfants qui les fréquentent.

L'isolément des campagnes retarde le développement intellectuel des enfants. Une explication fastidieuse pour les enfants d'une grande ville serait souvent un trait de lumière pour les élèves d'une école de village.

C'est surtout pour les programmes mensuels qu'une grande liberté doit être laissée aux instituteurs. Ils doivent s'inspirer, pour les dresser, du principe déjà rappelé : « Ne prendre dans chaque matière des programmes généraux que ce qu'il n'est pas permis à leurs élèves d'ignorer. »

CHAPITRE XXXV

EMPLOI DU TEMPS

Si un programme mensuel des matières d'enseignement est indispensable dans une bonne organisation pédagogique, il n'est pas moins important que le règlement journalier de l'emploi des heures de classe soit en rapport avec le programme mensuel, comme le programme mensuel est en rapport avec le programme de chaque cours.

Le procédé psychologique serait même de fonder toute l'organisation pédagogique sur l'emploi du temps, de prendre le temps pour mesure des programmes.

Nous pouvons compter maintenant sur sept années de fréquentation, et environ deux cent vingt jours de classe par année.

La journée est partagée en deux classes de trois heures chacune, coupées par une récréation d'un quart d'heure. Il y a plusieurs séries d'exercices le matin et le soir; les changements d'exercices, accompagnés de mouvements et de chants, demandent bien ensemble au moins quinze minutes. L'enseignement ne prend donc effectivement que *cinq heures et un quart par jour*.

Le règlement ministériel du 27 juillet 1882, que nous approuvons entièrement, porte qu'il y aura tous les jours une leçon de *morale*, pour laquelle nous comptons une demi-heure ; que l'enseignement du *français* prendra environ deux heures par jour ; celui de l'*arithmétique*, trois quarts d'heure ; celui de l'*écriture*, une heure, soit *cinq heures et un quart* pour ces cinq matières, c'est-à-dire tout le temps que comporte une journée de classe.

Si l'on veut enseigner autre chose que la *morale*, le *français*, l'*arithmétique*, l'*histoire* et la *géographie*, l'*écriture*, il faudra profiter de la latitude donnée par les termes du règlement, sans oublier que le mot *environ* ne permet pas de grands écarts.

Le temps à consacrer à l'enseignement de la *morale* n'est pas précisé, mais en parlant d'une demi-heure nous croyons être dans une moyenne convenable.

Le *français*, qui comprend la lecture courante avec explications, la lecture expressive, la grammaire, l'analyse grammaticale et quelques notions d'analyse logique, des exercices d'étymologie et de dérivation, des dictées, des exercices de rédaction, les éléments de la littérature française, n'a pas trop de ses deux heures par jour,

Beaucoup d'instituteurs trouveront que ce n'est guère que trois quarts d'heure par jour pour enseigner l'*arithmétique* à leurs élèves et les rompre à la pratique du calcul.

L'enseignement de l'*histoire* est bien long, même sans s'attarder beaucoup aux peuples de l'antiquité : les Égyptiens, les Juifs, les Grecs et les Romains. La *géographie universelle*, si abrégée qu'elle soit pour ce qui n'a pas trait à la France, est une étude de longue haleine. Ajoutez à ces deux enseignements l'*instruction civique*, et vous comprendrez qu'il n'est pas possible de distraire une minute de l'heure par jour qui leur est consacrée.

L'heure par jour consacrée à l'enseignement de l'*écriture* est largement suffisante, et il y a possibilité de la réduire, ou plutôt de remplacer une ou deux fois par semaine la leçon d'écriture par une leçon de dessin.

Les exercices de gymnastique peuvent avoir lieu pendant les récréations.

Morale, français, histoire, géographie, instruction civique, arithmétique, écriture, dessin, gymnastique, voilà l'enseignement élémentaire tel qu'il ressort des prescriptions horaires du règlement du 27 juillet 1882.

Dans les écoles à un seul maître, on ne peut guère réduire la durée des leçons, parce que chaque leçon en comporte souvent trois, une pour chaque cours. La leçon de calcul, par exemple, ne peut être la même pour les enfants des trois cours ; il faut trois leçons spéciales, et chaque leçon ne sera par conséquent que d'un quart d'heure.

Quel est le cours auquel le maître doit donner le plus de temps? Les personnes qui ne connaissent pas à fond les difficultés de l'enseignement primaire répondront : le cours supérieur.

Les leçons, en effet, doivent être mesurées à la puissance d'attention des élèves ; elles seront par conséquent plus courtes dans le cours élémentaire que dans le cours moyen, et dans le cours moyen que dans le cours supérieur. Mais les élèves du cours élémentaire ne doivent pas plus demeurer inoccupés que les élèves du cours supérieur ; les premiers ne peuvent pas travailler seuls : le maître ne peut les perdre un seul instant de vue ; ils lui prennent la plus grosse part de son activité et de ses soins directs.

Nous avons voulu montrer aux maîtres que si le temps est précieux pour tout le monde, pour eux il est plein d'exigences, nous pourrions dire de rigueurs et quelquefois d'impossibilités. Avant de penser à l'accessoire, il faut avoir pourvu au principal, qui n'est ni léger ni facile.

Pour faire une place aux notions de géométrie et à leurs applications usuelles, on pourra remplacer une ou deux fois par semaine la leçon d'arithmétique par une leçon de géométrie.

L'enseignement des sciences physiques et naturelles ne pourra entrer dans le cercle horaire qu'en se substituant quelquefois au français.

Une ou deux fois par semaine, la *lecture avec explications* pourrait porter sur les sciences physiques. Mais l'instituteur ne devrait pas se contenter de commenter le livre lu ; la lecture devrait, autant que possible, être accompagnée d'expériences simples ; il faudrait au moins montrer aux élèves des échantillons des substances étudiées. Ce n'est pas la leçon de choses, mais *la leçon par les choses*.

L'enseignement de l'histoire naturelle, de l'agriculture et de l'industrie ne peut être véritablement profitable à nos élèves que par des promenades dans les champs, des visites aux exploitations agricoles et aux établissements industriels à la portée des écoles. Les observations recueillies pourraient faire l'objet de rédactions, qui rentrent encore dans l'enseignement du français, le mieux doté sous le rapport du temps.

Avant de dresser le tableau journalier de l'emploi du temps, l'instituteur devra se demander quelles

sont, après les connaissances fondamentales, *les ma-*
tières que ses élèves ne doivent pas ignorer. La
limite dépend moins des programmes que du savoir
du maître lui-même. Ce savoir ne se mesure pas au
titre de capacité obtenu, qui dit trop ou trop peu,
quelques années après l'examen, selon que le pos-
sesseur du titre s'est négligé ou a continué de travailler.

Un maître ne ferait pas comprendre à ses élèves ce
qu'il ne comprendrait pas lui-même. Il ne pourrait
que leur donner des idées fausses qui sont pires que
l'ignorance. Personne ne veut, pour les enfants des
écoles primaires, d'un enseignement scientifique ridicule.

Une des dispositions les plus sages du règlement
du 27 juillet, c'est celle qui laisse à chaque instituteur,
sous le contrôle de l'inspecteur primaire, qui connaît
la valeur de son personnel, le soin de dresser le tableau de l'emploi du temps.

L'uniformité a des avantages, mais elle est quelquefois le lit de Procuste. L'harmonie ne naît pas
de l'uniformité, mais du libre épanouissement de
toutes les forces naturelles.

La liberté n'exclut pas la mesure, et la responsabilité augmente avec la facilité de se mouvoir. Le *ré-*
sultat viendra toujours nous éclairer sur la sincérité
des efforts et la valeur des instruments de travail.

L'esprit a besoin d'une règle, d'une méthode de
travail pour ne pas se laisser détourner du but poursuivi par des associations d'idées intempestives, par
des préoccupations étrangères à ce but.

Le plan de travail doit être en rapport avec nos
aptitudes, nos dispositions, notre tournure d'esprit;
personne ne peut se substituer utilement à nous pour

le tracer, il suffit que le but soit clairement indiqué.

Les programmes officiels indiquent clairement le but : que chacun règle sur ses forces son pas pour l'atteindre.

Mais ne perdons pas de vue les facultés de l'enfant. En variant nos leçons, en les rendant intéressantes, nous pouvons soutenir l'attention, tromper la fatigue, mais sans la supprimer.

C'est une grave erreur de croire qu'une étude repose entièrement d'une autre étude. L'esprit paraît rafraîchi en abordant un nouvel objet d'étude : il y a l'attrait de la nouveauté qui nous fait oublier la fatigue ; il y a une modification de la tension nerveuse qui transporte en quelque sorte l'effort sur des points reposés. On pourrait comparer cet effet à celui du changement de main d'un fardeau trop lourd ; chaque changement nous apporte un soulagement, mais c'est un soulagement local. En somme, la fatigue est proportionnelle au travail mécanique accompli, c'est-à-dire au poids de l'objet et à la distance parcourue. La fatigue intellectuelle est en rapport avec la tension d'esprit et la durée de cette tension.

L'esprit tendu ne manifeste pas de fatigue ; cette illusion peut nous faire abuser de la puissance de travail assez limitée des enfants.

Le danger d'excéder les enfants est grave, et nous sommes heureux de voir l'autorité supérieure s'en préoccuper. Les instituteurs peuvent s'appliquer, avec grand profit pour leurs élèves, les prescriptions suivantes d'une récente circulaire ministérielle concernant les classes inférieures des établissements secondaires :

« Des plaintes à peu près générales me sont parve-

» nues sur le travail excessif imposé aux jeunes
» élèves pour satisfaire aux exigences des nouveaux
» programmes. Sans doute l'esprit est tenu en ha-
» leine, poussé en avant, surexcité même; mais
» quand l'enfant le plus laborieux a satisfait à toutes
» les obligations scolaires, il lui reste bien peu de
» temps pour un repos indispensable et pour les exer-
» cices nécessaires au développement physique. S'il
» est vrai, comme l'assurent des personnes très com-
» pétentes, que nos programmes soient trop chargés,
» MM. les professeurs ne doivent pas oublier qu'une
» liberté entière leur a été laissée par le Conseil supé-
» rieur pour choisir, pour élaguer au besoin et pro-
» portionner leurs leçons au temps dont ils peuvent
» disposer. »

Très souvent les instituteurs, pour gagner du
temps dans leurs classes, imposent à leurs élèves
des *devoirs*, des exercices écrits considérables à faire
à la maison.

Voyez-vous de malheureux enfants, après six
heures de classe, écrivant pendant de longues heures
encore, insuffisamment chauffés et éclairés en hiver!
Le plus souvent ils ne font qu'un travail matériel sans
profit pour leur intelligence, mais très défavorable à
leur santé, à leur développement physique.

Que devient l'éducation de famille dans la maison
paternelle transformée en classe sans maître? La mère
ne peut pas se permettre de troubler le travail imposé
par le maître absent; ses enfants ne sont pas plus à
elle que pendant les heures de classe; son influence bienfaisante inactive est perdue pour un bien mince profit.

Les *devoirs à la maison*, fâcheux en tout temps,
ne pourraient être continués aujourd'hui sans gêner
les familles dans l'accomplissement des nouveaux

devoirs que la neutralité religieuse de l'école leur impose.

Six heures de classe bien employées suffisent, à notre avis, pour la part de l'école dans l'œuvre complexe de l'éducation des enfants.

CHAPITRE XXXVI

Organisation pédagogique.

MODES D'ENSEIGNEMENT

L'organisation pédagogique actuelle ne comporte qu'un mode d'enseignement, le *mode simultané*.

Il y a intérêt néanmoins à jeter un regard sur les deux autres modes, le mode *individuel* et le mode *mutuel*, ne serait-ce qu'au point de vue historique.

Le mode individuel ne peut convenir qu'à une éducation particulière. En l'appliquant à un groupe d'élèves, à une école, on doit forcément tomber dans un gaspillage de temps qui paralyse les efforts les plus consciencieux.

Un maître pour un seul élève semble constituer le meilleur mode d'éducation, et les grands penseurs, qui ont écrit sur l'enseignement, nous présentent presque invariablement un précepteur parfait et un disciple bien doué sous le rapport de l'esprit et du cœur.

Le précepteur, dans ces romans d'éducation, assiste chaque jour à l'éclosion d'une qualité nouvelle de son élève; il le voit sans effort s'approprier de nouvelles idées, tirer profit de toutes les expériences, suivre avec docilité et sans défaillance la voie qu'il lui indique, admirer à chaque pas de ce voyage moral les perspectives les plus variées, sonder avec perspicacité la profondeur des horizons les plus étendus. Le maître est à la fois un guide et un modèle : on ne s'égare jamais, ou si rarement et si peu, que le tableau manque d'ombres et nous éblouit plutôt qu'il nous instruit.

Il y a certainement, dans ces œuvres des maîtres de la pensée, plus d'une observation utile à recueillir, plus d'un sage conseil à mettre en pratique, plus d'un fil à saisir pour la trame d'un bon système d'éducation ; mais l'éducation particulière emploie avec succès des moyens qui seraient insuffisants ou inapplicables dans l'enseignement public.

Le *précepteur idéal* des romans d'éducation façonne son élève à son image, l'anime de sa vie morale, lui enlève souvent sa personnalité pour le faire plus ressemblant au type rêvé.

Mais le *précepteur réel* s'aperçoit bien vite qu'il y a dans son élève des forces qu'il ne peut que diriger, que la jeune âme est complète, qu'elle repousse tout ce qui tend à détruire son individualité, qu'au lieu de la façonner suivant un plan déterminé, il faut accomoder le plan d'éducation au tempérament et à la nature morale du sujet.

Le précepteur habile n'a pas de méthode, c'est-à-dire de plan invariable et systématique arrêté à l'avance. Il adapte ses moyens d'action aux dispositions de son élève, au milieu dans lequel il vit, aux vues de la famille sur l'avenir de l'enfant.

Ce n'est donc pas dans l'enseignement particulier, non plus que dans les romans d'éducation que l'enseignement public doit chercher ses méthodes.

L'éducation en commun d'un certain nombre d'enfants d'éducation de famille différente, de tempérament et de caractère souvent opposés, demande des règles particulières, des moyens spéciaux, en un mot, une méthode propre, à la fois souple et rigide, une et variée, particulière et simultanée.

La simultanéité est la base véritable de l'enseignement public. C'est ce que l'Université a compris de tout temps, en organisant des classes selon l'âge et le degré de force des élèves, et en donnant un maître spécial à chaque classe. Mêmes leçons, mêmes devoirs, même discipline dans la classe.

L'élève disparaît dans l'unité collective appelée classe; mais s'il s'attarde, s'il rompt les rangs de la discipline, il est pris à partie directement par le maître, stimulé selon la puissance de son intelligence, ramené à l'ordre par la sévérité ou la douceur, selon que son caractère est plus ou moins impressionnable.

L'impressionnabilité de l'élève est la mesure du traitement moral auquel il doit être soumis. Une observation qui laisserait froides certaines natures en troublerait beaucoup d'autres. La discipline, pour être bienfaisante, doit tenir compte du degré de sensibilité de la moyenne des enfants d'une classe, et même de chaque enfant en particulier.

La peine et le plaisir sont le grand stimulant de la vie pour les enfants comme pour les hommes faits. Mais l'émotion, agréable ou pénible, n'a rien d'absolu; elle n'est pas un fait psychologique simple.

Nous décomposerons ce fait en deux autres : la puissance de la sensibilité et l'objet de l'émotion. Pour obtenir une stimulation égale avec des natures différentes, il faut faire varier les deux termes de l'émotion, de manière qu'en multipliant en quelque sorte les deux termes l'un par l'autre, on obtienne le même produit. Si la force de sensibilité est grande, l'objet de l'émotion doit être petit; si la sensibilité est faible, il faut augmenter l'importance de l'objet.

Lorsque nous traiterons de la discipline, nous développerons cette idée; aujourd'hui nous avons voulu montrer seulement que l'enseignement collectif ou *simultané*, bien compris, ne manque pas de ressources pour développer chaque enfant dans la mesure de ses facultés.

Nous devons ajouter que l'enseignement collectif a des forces propres qui le rendent éminemment favorable à une bonne culture intellectuelle.

Dans une classe bien tenue, il s'établit un courant d'émulation irrésistible par suite de l'imitation sympathique. Les élèves les mieux doués *entraînent* les autres; ils sont poussés à leur tour par les efforts de leurs camarades, et la marche en avant s'accélère pour tous.

L'école publique est en outre une préparation à la vie sociale; on y apprend le respect des véritables supériorités, la nécessité des concessions réciproques; la notion de justice s'y fortifie; les sentiments affectueux s'y développent.

L'enseignement simultané a eu de la peine à passer des lycées et collèges aux écoles primaires.

Tout manquait d'abord à l'enseignement primaire : les maîtres et l'argent.

Les maîtres furent pris d'abord un peu partout. Sans préparation spéciale et mal rétribués, ils n'avaient ni le savoir ni l'émulation nécessaires pour réussir. De méthode, ils n'en avaient point. Ils enseignaient individuellement à leurs élèves les éléments de la lecture, de l'écriture et du calcul. Ainsi, dans une école de soixante élèves, chaque élève avait trois minutes de leçon dans une séance de trois heures. Voilà le *mode individuel*, si l'on peut donner le nom de mode d'enseignement à l'absence de toute organisation pédagogique.

L'*enseignement mutuel* sortit de la nécessité mieux comprise de l'organisation pédagogique des écoles primaires, et de l'indifférence des pouvoirs publics pour l'instruction populaire. Voici, dans toute sa simplicité, l'idée qui s'est présentée à la fois à l'esprit de plusieurs éducateurs de différentes nations :

Un seul maître ne peut donner des soins efficaces à un grand nombre d'enfants d'instruction très inégale. Il lui faut des auxiliaires; mais comme on ne peut avoir des auxiliaires payés, on doit en chercher de gratuits. On les trouva dans les élèves de l'école eux-mêmes; ces auxiliaires furent appelés *moniteurs*.

Les *moniteurs* sont le pivot de l'*enseignement mutuel*. Tout l'enseignement est donné par eux. Le rôle du maître, pendant les classes, est un rôle de surveillant général, en quelque sorte d'un chef d'orchestre qui dirige l'ensemble sans prendre part à l'exécution. Les exécutants, c'est-à-dire les moniteurs, bien soutenus, font souvent merveille, et l'école mutuelle prend une physionomie vivante, mouvementée qui enlève les suffrages des visiteurs.

La préparation des moniteurs est la partie principale de la tâche du maître. Cette préparation doit avoir lieu tous les jours, avant la classe du matin généralement.

L'école mutuelle est plus ou moins bonne, selon la qualité de l'enseignement donné aux moniteurs. Si le maître néglige la classe des moniteurs, tout est perdu, et l'enseignement mutuel est rendu responsable des torts d'un instituteur négligent.

On a beaucoup contesté l'aptitude des enfants à instruire d'autres enfants. Mais cette aptitude se manifeste partout, à la maison paternelle, dans les cours de récréation des écoles, dans toutes les réunions d'enfants. Si l'un sait un jeu nouveau, il l'a bientôt appris à ses camarades.

Écoutez un enfant parlant à un groupe d'autres enfants attentifs, et vous serez étonné de la clarté de sa narration, des ressources de sa petite dialectique, de la variété de ses moyens de conviction.

Il faut savoir convenir qu'une grande partie de l'éducation se fait en dehors des classes, dans les conversations des élèves entre eux, et cet enseignement mutuel laisse souvent dans les esprits des traces plus profondes que l'enseignement donné du haut de la chaire des maîtres.

Le mode mutuel n'est donc pas seulement une œuvre de nécessité, mais une conception véritablement psychologique.

Si ce mode a été décrié, c'est que les ennemis de l'instruction populaire y voyaient un puissant instrument de vulgarisation de l'enseignement permettant de se passer de l'appui de l'État, hostile ou indifférent.

La *Société pour l'instruction élémentaire* en fit son drapeau, et elle l'a tenu ferme jusqu'au moment où l'État, mieux inspiré, a fait de l'enseignement populaire l'une de ses plus constantes préoccupations.

A ce moment, les écoles primaires sont entrées dans le domaine de l'Université, et on leur a appliqué le régime universitaire, c'est-à-dire le mode d'enseignement simultané.

Dans les grandes villes d'abord, on créa des écoles à plusieurs maîtres ; le remplacement d'un moniteur par un maître expérimenté est certainement un progrès sérieux. Dans les écoles importantes, tous les moniteurs ont été remplacés par des maîtres capables ; dans les écoles moins importantes, l'insuffisance du nombre de maîtres, eu égard aux catégories d'élèves de force différente, a été atténuée par l'admirable organisation pédagogique qui distribue tous les élèves d'une école en trois cours, et impose à chaque cours un programme particulier d'enseignement.

Dans les écoles à un seul maître, il pourra encore être fait d'utiles emprunts à l'enseignement mutuel ; mais l'instituteur ne devra pas oublier que ses auxiliaires, qu'ils soient appelés *moniteurs* ou *aides*, doivent être de sa part l'objet de soins particuliers. Un moniteur mal préparé à donner ou à faire répéter une leçon est plutôt nuisible qu'utile.

L'irrégularité de la fréquentation, surtout dans les campagnes, était un obstacle considérable à l'application d'un plan d'études bien coordonné dans les écoles primaires.

L'obligation de l'enseignement a levé cet obstacle, allégé la tâche de tous les instituteurs, et prépare aux familles les satisfactions les plus réelles, en retour d'une contrainte momentanée.

CHAPITRE XXXVII

Organisation pédagogique

MÉTHODE

Modes, méthodes, procédés d'enseignement, voilà des mots qui ont reçu des acceptions bien diverses et sur lesquels beaucoup de maîtres de l'enseignement primaire ne s'entendent pas encore.

Nous avons déjà défini les modes d'enseignement; aujourd'hui nous parlerons de la *méthode*, en général, nous réservant de développer les procédés d'enseignement à propos des conseils à donner pour les leçons sur chaque matière du programme.

On a beaucoup vanté la *méthode* dans ces derniers temps et beaucoup méprisé le procédé. Cependant si on ouvre le grand dictionnaire de Littré, on y lit la définition suivante du mot *méthode* :

« *Ensemble de procédés pour faire quelque chose.* »

Les méthodes d'enseignement ne sont, comme les autres méthodes, qu'un ensemble de moyens bien coordonnés pour arriver à une fin voulue, à des résultats déterminés.

Les moyens, les procédés font partie de la méthode; ils en sont la matière première, et vouloir une méthode sans procédés serait vouloir un vêtement sans étoffe.

La qualité d'une méthode d'enseignement dépend de la qualité des procédés et du soin mis à les disposer dans l'ordre le plus propre à développer l'intelligence des enfants, à l'élever graduellement des conceptions les plus simples à des conceptions de plus en plus complexes.

Mais qu'est-ce que le simple en éducation ? Le simple n'est pas l'élément des choses, mais la sensation élémentaire ou plutôt la sensation primordiale irréfléchie.

Un enfant voit un objet, il a une sensation d'ensemble que nous pouvons appeler une sensation simple quoique l'objet puisse être très compliqué.

Pour arriver à bien connaître l'objet vu, il faut l'observer dans ses détails, c'est-à-dire décomposer la première sensation d'ensemble en suivant, des yeux et de la main, toutes les parties de l'objet.

Si on ne se borne pas à l'étude de la forme, il faut rendre visibles et tangibles les parties de l'objet qui ne le sont pas, et par conséquent décomposer non plus la sensation, mais l'objet lui-même.

La décomposition d'une sensation obscure d'ensemble en plusieurs sensations plus claires de détails, d'un objet en ses parties, d'un corps en ses éléments, constitue *la méthode analytique* ou simplement *l'analyse*.

L'analyse des formes, c'est-à-dire des sensations d'ensemble de la vue, s'appelle ordinairement *observation* ou *méthode d'observation*, et, depuis quelque temps, *méthode intuitive*.

Dans *l'observation*, il ne faut pas se contenter de voir. La vue peut nous tromper, nous faire illusion. Ce n'est que par le jeu de la lumière et de l'ombre, que la vue peut nous donner l'idée des corps, la sensation du relief. Si tous les corps étaient uniformes de couleur et également éclairés, le sens de la vue nous serait inutile.

Le toucher seul a donné une signification à l'ombre, à la lumière.

Observer, c'est non seulement voir en détail, mais encore contrôler autant que possible les indications de la vue par celles du toucher. De là cette conséquence que l'observation, comme moyen d'enseignement, doit porter sur des objets réels plutôt que sur des images, et sur des images, que sur de simples descriptions.

A mesure que l'enfant grandit, que l'habitude perfectionne ses sens, l'image peut remplacer l'objet. L'image même lui donne un plaisir particulier qui a sa source dans la vérité *de l'imitation*. Il faut donc que l'image soit bien faite ; les imitations défectueuses sont, comme les pensées obscures, plus propres à porter dans l'esprit la confusion et la vulgarité que la clarté et l'élévation des sentiments.

Tout ce qui est mis sous les yeux des enfants doit être choisi avec soin, car les premières impressions constituent le fonds sur lequel l'esprit travaillera plus tard. Si le fonds est mauvais, si les principes sont entachés d'erreur ou de bassesse, les développements ne sauraient être heureux. L'esprit ne ment jamais à ses origines.

L'observation des choses et des images ne constitue pas toute l'éducation, comme beaucoup de personnes semblent aujourd'hui portées à le croire.

L'enseignement des choses est donné par la nature aux peuples les plus arriérés en civilisation ; ils n'avancent pas pour cela. C'est que les sens physiques ne forment qu'une partie de l'homme.

L'homme est un être spirituel ; sans culture intellectuelle il ne saurait remplir sa destinée ni s'élever à la science.

Prenons, par exemple, la science des nombres, la plus positive, dont le nom originaire est *calcul*, mot qui signifie caillou. Former des nombres avec des cailloux est assurément un enseignement de choses. Dans les commencements, cet enseignement est bon ; mais en le continuant indéfiniment serait-on arrivé à mesurer l'incommensurable, à peser les mondes? Assurément non.

Le progrès a consisté dans la substitution du signe à la chose et dans le perfectionnement des signes abstraits. La computation des cailloux a fait place aux chiffres, les chiffres ont fait place aux signes algébriques - et les signes algébriques aux symboles plus délicats du calcul différentiel et intégral.

Voilà la marche de l'esprit humain. Il part des réalités concrètes pour s'élever par degrés à l'abstraction la plus subtile.

Dans l'enseignement élémentaire lui-même on ne peut pas se contenter de l'observation des choses. De la computation d'objets matériels, il faut que l'enfant arrive à la convention de la numération écrite et à l'artifice des quatre règles. Il est aux prises, presque au début de son instruction, avec les difficultés de l'abstraction. L'enseignement concret n'est qu'une préparation à l'enseignement abstrait ; il est essentiel de ne pas l'oublier.

Nous avons dit qu'à mesure que l'enfant se développe intellectuellement il prend plus d'intérêt aux images. Il en saisit mieux, en effet, les rapports avec les objets représentés et il commence à goûter le beau de l'imitation.

Mais les objets matériels et leurs reproductions artistiques le laissent froid. Il faut une âme pour allumer son âme. Les sentiments ne se communiquent dans toute leur puissance que par le langage. La parole du maître sera toujours le plus puissant moyen d'instruction pour les élèves, parce que la parole seule donne de la vie et de la chaleur à l'enseignement.

Promettez à un jeune enfant, tout joyeux de jouer avec une chose ou un animal, de lui raconter une histoire sur l'objet de son amusement, il suspendra immédiatement son jeu pour vous écouter. Si l'histoire est intéressante vous lirez sur sa physionomie un plaisir différent de celui qu'il goûtait à son jeu. Il n'avait guère goûté que le plaisir du mouvement; vous lui donnez celui du sentiment ou au moins celui de la curiosité satisfaite.

Donnez à un enfant qui sait bien lire un livre d'images. Les images l'occuperont d'abord; mais il s'intéressera bientôt davantage à la lecture du livre, si le livre est à sa portée.

Les choses manquent souvent d'expression, les images les plus expressives ne représentent toujours que la même scène et les enfants ne s'accommodent pas longtemps de cette sorte d'immobilité. Les choses et les images, comme objet d'enseignement, ne peuvent pas être d'ailleurs renouvelées aussi souvent qu'il serait nécessaire.

La parole seule s'adaptant merveilleusement à toutes les situations, à tous les besoins, à tous les sentiments, à toutes les vérités, se pliant à toutes les nuances et à toutes les délicatesses, est le principal instrument d'éducation et de progrès.

Une bonne méthode d'enseignement s'appuie sur l'observation et l'expression.

L'observation ne doit pas être réduite aux choses; elle doit porter sur ce qui intéresse l'esprit et le cœur comme sur ce qui frappe les sens.

Il n'y aurait pas d'observation interne sans expression. L'expression est naturelle ou artificielle. L'expression naturelle se réduit à un petit nombre de signes très caractérisés, mais insuffisants pour rendre tous les états de la pensée, tous les mouvements de l'âme. L'expression artificielle constitue le langage et les arts.

Les choses sont observées à deux points de vue : comme moyen de fixer les idées sur les propriétés générales de la matière : l'étendue, la forme, la couleur, la densité, le nombre, etc. ; ou comme étude spéciale limitée à l'objet choisi et à ses analogues.

L'instituteur qui fait une *leçon de choses* applique le premier mode d'observation ; le chimiste qui étudie une substance nouvelle applique le second.

Si un instituteur a besion, par exemple, de fixer les idées de ses élèves sur le sens de l'expression *rectangle*, il peut leur montrer soit une table, soit un cahier, soit successivement tous ces objets. Si dans cette circonstance il allait faire une description minutieuse de la table, du livre et du cahier, il perdrait inutilement un temps précieux.

Au contraire, l'instituteur qui, voulant démontrer le mécanisme d'une horloge, se bornerait à désigner les différentes pièces par leur nom et leur forme ferait une leçon stérile.

Il est important de bien distinguer l'étude des choses, des objets pour eux-mêmes de l'étude des choses, des objets, en vue de préciser le sens des notions abstraites.

On n'a pas compté primitivement les cailloux pour avoir le nombre de cailloux, mais pour établir la notion abstraite de nombre. Nous ne considérons pas aujourd'hui le boulier-compteur comme une machine à calculer, mais comme un instrument propre à donner un sens aux noms de nombres que l'enfant sait avant d'aller à l'école.

Ce que les enfants apprennent tout d'abord, avant l'usage de la réflexion, c'est la langue maternelle.

Le connu pour nos élèves c'est le signe abstrait, et l'inconnu, le sens, la portée de ce signe.

L'enseignement doit par conséquent donner le sens des mots par les choses.

Il ne faut prendre des choses que ce qui, nous le répétons, est nécessaire pour l'intelligence de la notion abstraite, du mot, qui est l'*expression* de la pensée.

Il faut procéder par analyse, par décomposition, parce que les impressions des sens sont toujours complexes, que l'esprit ne saisit tout d'abord qu'une résultante, et que les signes du langage expriment un total de qualités qu'il faudra séparer et observer individuellement pour bien posséder la notion abstraite exprimée par le signe.

L'esprit de l'enfant est naturellement généralisateur. Faites analyser, la synthèse ou vue d'ensemble se produira sans effort et presque spontanément.

CHAPITRE XXXVIII

Oganisation pédagogique

LEÇONS DE CHOSES

Pour beaucoup d'instituteurs, *leçon de choses* signifie leçon faite avec le secours d'un objet matériel, d'une image, d'une réalité concrète. On comprend même dans les leçons de choses l'exposition de vérités abstraites, avec comparaisons tirées des choses, des faits sensibles.

A ce compte, tout est leçon de choses, car nous ne

pouvons parler sans nous servir de termes ayant leur origine dans quelque qualité des choses. Le langage le plus riche, le plus imagé est celui qui peint le mieux les impressions, les sentiments de l'âme, à l'aide de couleurs empruntées aux phénomènes physiques, aux beautés de la nature, aux choses.

La leçon de choses, comme la comprenait Jacotot, comme la comprend M. Georges Pouchet, comme la comprennent nos meilleurs instituteurs, *est l'étude, la description d'un objet que l'élève a sous les yeux, sous la main, qu'il observe, qu'il définit lui-même, sous la simple direction du maître.*

Le maître doit seulement indiquer l'ordre à suivre dans l'examen de l'objet, surveiller le travail d'observation, relever les défauts notables de précision dans les termes employés.

Mais les leçons de choses ainsi comprises demandent chez les enfants un développement intellectuel déjà avancé. Il faut qu'ils soient familiarisés avec une foule de termes, qu'ils possèdent d'assez nombreuses notions sur les formes élémentaires, qu'ils aient l'habitude de classer leurs observations et de lier leurs idées dans un ordre convenable.

Mettez un jeune enfant en présence d'une des formes solides les plus faciles à définir, *le cube*. Il ne s'en tirera pas, même avec beaucoup d'aide, à moins qu'il ne sache déjà nettement ce que c'est qu'une ligne, une surface, un angle droit, un carré, un solide ; qu'il n'ait la sagacité de grouper les définitions des lignes et des surfaces qui limitent le solide, de manière à bien caractériser, à bien définir le cube.

La véritable leçon de choses, on le voit, est un exercice qui demande déjà beaucoup d'acquis. Ce n'est pas par elle que nous devons commencer.

Observons comment s'y prennent les mères pour ouvrir l'intelligence des enfants au monde extérieur. Elles montrent une personne ou un objet à l'enfant et prononcent un mot ; toutes les fois que le même objet se présente, le même mot est prononcé. Il s'établit dans l'esprit de l'enfant une association entre l'idée de l'objet et l'idée du mot ; ces deux idées s'appellent mutuellement. Si l'idée de l'objet vient à l'esprit, celle du mot, du son apparaît immédiatement ; la perception du son à son tour remet en mémoire l'image de l'objet.

Une image et un son qui se produisent toujours simultanément à l'esprit deviennent des signes réciproques. Le son est le signe de l'image et l'image est le signe du son.

L'enfant qui voit un objet nouveaux le désigne du geste s'il ne sait pas parler ; la mère lui répond par un mot, et ce mot semble le calmer, le satisfaire. Si l'enfant peut déjà questionner sur l'objet nouveau, on le satisfait rarement avec une seule réponse. La première réponse appelle généralement une seconde question ; la seconde réponse, une troisième question, et ainsi de suite. C'est une conversation engagée ; elle peut durer longtemps si l'intelligence de l'enfant est vive et l'esprit de la mère cultivé.

Pour bien caractériser ces deux degrés de l'enseignement maternel, reprenons l'exemple du cube.

A la question de l'enfant : « Qu'est-ce que ceci ? » la mère se contentera généralement de répondre : « C'est un cube. » — Qu'est-ce qu'un cube ? — C'est un cube, dira la mère ignorante, et on pourrait croire qu'il vaudrait autant qu'elle n'eût pas nommé l'objet.

C'est une erreur ; l'acquisition d'un mot, d'un signe répondant à un objet déterminé est une connaissance réelle importante. L'enfant qui a vu le cube, qui a entendu le son qui le désigne, se représentera à l'esprit le solide dont il s'agit lorsque le mot cube frappera son oreille. Si l'image du cube lui revient spontanément à l'esprit et qu'il veuille faire connaître son état mental à autrui, il le pourra avec le nom *cube*.

Ce double pouvoir de l'esprit de faire revivre une image lorsqu'il est frappé par le signe correspondant, et de faire naître dans d'autres esprits, par des signes appropriés, l'état dans lequel il se trouve, est ce qui rend l'homme éducable, perfectible.

Supposons l'esprit de la mère très cultivé; elle répondra à la question : « Qu'est-ce qu'un cube ? » — « *C'est un solide limité par six carrés égaux.* » L'enfant d'intelligence vive lui demandera : « Qu'est-ce qu'un solide? Qu'est-ce qu'un carré? Qu'est-ce qu'un angle? Qu'est-ce qu'un angle droit? »

C'est une analyse très complexe à faire avec un objet qui semble simple tout d'abord.

La plupart des mères ne sont pas capables de donner cet enseignement analytique, qui d'ailleurs serait prématuré.

Elles courent naturellement au plus pressé, qui est de donner aux enfants un signe vocal pour rappeler en gros chaque objet vu, pour exprimer chaque besoin ressenti, chaque sentiment éprouvé, afin qu'ils puissent redemander les objets qui leur ont plu, manifester leurs besoins et leurs sentiments.

A mesure que de nouveaux sentiments, de nouveaux besoins, des objets inconnus sollicitent leur intérêt, les termes qui s'y rapportent leur sont répétés jusqu'à ce qu'ils se les soient appropriés.

Malheureusement l'enseignement des mots par les choses cesse dès que l'enfant possède le léger bagage de termes qui lui permet de se faire suffisamment comprendre dans le cercle étroit de ses relations, dans les limites restreintes de ses besoins et de ses désirs.

Son intelligence ne reste pas inactive ; mais elle s'occupe des mots plus que des choses, parce qu'il reçoit l'enseignement des mots de toutes parts et que les choses sont presque muettes pour lui, à moins qu'il ne se trouve dans un milieu privilégié.

On n'a pas toujours besoin des choses ni de leur représentation matérielle pour donner un corps aux idées. Il y a des images mentales qui ont presque la vigueur et la netteté des représentations matérielles des choses ; elles sont en nombre indéfini dans la mémoire des jeunes enfants mêmes. Il n'y a qu'à les évoquer à propos pour faire une leçon aussi profitable qu'une leçon de choses. Pour donner l'idée de circonférence ou plutôt celle de cercle, plus simple, nous pouvons parler de la forme des pièces de monnaie, de celle d'une assiette, du fond d'un chapeau. Quoique le chapeau, l'assiette, la pièce de monnaie ne soient pas sous les yeux des enfants, l'idée de cercle ne se dégagera pas moins nette de l'image mentale qu'ils ont de ces objets.

La circonférence est une ligne ; les lignes sont des limites de surface. Les sens ne donnent pas immédiatement la notion de limite ; il faut avoir recours à l'abstraction pour l'obtenir. Les images mentales peuvent servir de transition entre la réalité et l'abstraction. Les enfants peuvent parfaitement se figurer un fil qui entoure le chapeaux ; ce fil, supposé d'une ténuité extrême, donne une idée suffisante de la circonférence.

Les idées morales ne trouvent pas leur interprétation dans les choses, mais dans les images mentales des faits, des événements de la vie. Il faut donc remettre en mémoire des actes de bonté, de justice, de généro-

sité, pour parler utilement à des enfants de la générosité, de la justice, de la bonté.

L'enseignement par les choses a des limites étroites ;
l'enseignement qui met l'expérience du passé au service
du présent et de l'avenir, comporte une ampleur autrement considérable.

L'enseignement *par les choses, les images matérielles, les images mentales*, n'a pas d'heure déterminée
et ne comporte pas une préparation spéciale. Une explication vous semble-t-elle n'avoir pas suffisamment
pénétré dans l'esprit des élèves, ayez recours à des comparaisons, c'est-à-dire évoquez des images mentales qui
leur soient plus familières. S'il s'agit d'un mot placé à
contre-sens, donnez-en la signification juste en vous
aidant d'une image ou d'une chose. Si le terme manque à
l'enfant pour désigner un objet connu, remettez, autant
que possible, l'objet sous ses yeux, en le lui nommant,
pour qu'il ne sépare plus dans son esprit le signe de la
chose signifiée.

Quant à la leçon de choses proprement dite, elle ne
doit pas venir inopinément, et le maître doit être
préparé à guider l'élève sans embarras. La description
claire de l'objet le plus commun n'est par sans difficulté. Il faut que rien d'essentiel n'échappe à l'œil dans
l'observation. Les matériaux de cette analyse du regard
doivent être classés avec ordre. Le mot pour rendre
chaque propriété de l'objet doit être juste. Les propriétés caractéristiques doivent être mises en évidence ;
on doit passer légèrement sur les qualités secondaires.
Méthode et sagacité dans l'observation, ordre et mesure
dans l'expression, voilà le caractère de la *leçon de
choses éducative.*

La leçon de choses scientifique ne diffère pas de l'enseignement expérimental des sciences. Parler d'un

corps aux enfants, faire devant eux des expériences même rudimentaires pour en indiquer la composition, ce n'est pas faire une leçon de choses, mais une leçon de chimie. C'est faire de la physique que dire aux enfants que le vent n'est autre chose que l'air en mouvement, et pour leur en fournir la preuve immédiate, de leur dire d'étendre le bras et la main et d'imprimer au membre étendu un mouvement rapide. La main éprouvera une résistance, une sensation de vent. La démonstration ne perd pas son caractère scientifique à cause de son extrême simplicité.

Ne confondons pas trois choses différentes : l'enseignement par les choses, la leçon de choses et l'enseignement scientifique expérimental.

CHAPITRE XXXIX

Intuition

Le dictionnaire de Littré donne la définition suivante de l'*intuition :* connaissance soudaine, spontanée, indubitable, comme celle que la vue nous donne de la lumière et des formes sensibles, et par conséquent indépendante de toute démonstration.

Locke appelle connaissance intuitive celle qui se forme du premier et du plus simple regard de l'esprit.

L'éminent directeur de l'enseignement primaire, M. Buisson, a dit : « L'intuition, c'est l'acte le plus naturel, le plus spontané de l'intelligence humaine, celui par lequel l'esprit saisit une réalité, sans effort, sans intermédiaire, sans hésitation. »

D'après ces définitions, l'idée d'intuition est incompatible avec les idées d'effort, d'étude, de démonstration.

Montrer au lieu de *démontrer* constitue l'enseignement *intuitif*, enseignement d'exemples et d'impressions.

L'impression produite par la simple vue des choses n'est pourtant guère instructive. Les enfants et les personnes qui n'ont pas l'habitude d'observer avec méthode n'emportent jamais une idée nette des objets qu'ils voient, qu'ils admirent quelquefois. Les ignorants ont des sensations comme les savants; mais les ignorants ne peuvent rendre compte de leurs sensations; leurs impressions sont si vagues et si confuses que leur esprit ne peut les transformer en connaissances.

Tapissez une classe de cartes, de tableaux, d'images; formez même un musée d'objets variés sollicitant l'attention des élèves. Si vous abandonnez les élèves à eux-mêmes, ils ne tireront presque aucun profit de cet enseignement par les yeux. Cette exposition permanente n'aura souvent d'autre effet que de rendre les élèves indifférents pour des objets qu'ils croient connaître, alors qu'ils n'en ont que de vagues idées, et d'éteindre leur curiosité avant que le maître en ait pu profiter pour donner plus de prise à son enseignement sur l'esprit des enfants.

Les maîtres expérimentés redoutent les exhibitions prématurées; ils ne montrent les objets ou les images qu'au moment de la leçon spéciale, afin que la curiosité soutienne l'attention des élèves.

On l'a dit avec raison, ce n'est pas par le musée scolaire que les élèves s'instruisent, mais par la peine qu'ils prennent, le soin qu'ils mettent à le composer. Ce n'est donc pas le musée scolaire le plus riche qui est le plus profitable aux élèves, c'est le musée le plus souvent renouvelé. Les images données par les sens en dehors du concours de la réflexion sont si peu la connaissance, qu'une brocheuse de livres n'apprendra pas à lire, si elle ne le sait pas, en voyant constamment des caractères imprimés, et sachant le nom de ces caractères. Le colleur d'affiches illettré reste illettré, malgré la forme extraordinaire, piquante, des lettres, et la connaissance générale qu'il a presque toujours de l'objet de l'affiche.

Pour avoir la notion réelle du cube, il ne faut pas seulement regarder, mais observer, comparer, raisonner. Le simple regard ne nous apprendrait pas que les six faces du cube sont égales, qu'elles sont des carrés, que les côtés des carrés sont égaux, que les angles formés par ces côtés sont droits.

On ne transforme les données des sens en *notions*, en *connaissances*, que par l'observation et le raisonnement.

C'est parce que les enfants et les peuples arriérés, qui leur ressemblent, regardent et n'observent pas, qu'ils en restent toujours aux impressions sensibles vagues, sans pouvoir atteindre à la connaissance, à la science, par leurs propres forces.

L'exercice de nos sens est la condition du développement de notre activité intellectuelle. Mais cet exercice doit se faire avec ordre, avec suite, avec mesure, c'est-à-dire méthodiquement. La méthode, c'est l'*observation* et l'*analyse*, et non l'*intuition*, qui n'est à son premier degré qu'une impression sensible ; à son degré le plus élevé, qu'une résultante d'expériences antérieures devenues des habitudes d'esprit.

Les leçons de choses et les leçons par les choses, dont nous avons déjà parlé, constituent les principaux exer-

14.

cices de l'enseignement intuitif, tel qu'on le comprend généralement.

Mais dans ces exercices on ne se contente pas de *montrer*, on rapproche, on compare, on observe les ressemblances et les différences, c'est-à-dire on *démontre* et on *analyse*.

La connaissance des choses acquise expérimentalement n'est ni soudaine ni spontanée; elle n'est pas indubitable, parce que les sens peuvent nous tromper.

Cependant la dénomination de *méthode intuitive* a prévalu pour désigner un enseignement concret, fondé sur l'observation des choses ou du moins des images sensibles, par opposition à un enseignement de mots ne présentant aucune réalité à l'esprit.

La méthode d'observation est ancienne; mais elle a été rajeunie à la faveur du nom nouveau de *méthode intuitive*.

Acceptons le mot puisqu'il est entré dans le langage pédagogique; mais gardons-nous d'adopter les procédés de *serinage*, aussi peu intuitifs que possible, prônés à l'étranger.

Pour faire de l'enseignement intuitif, il faut beaucoup *montrer* et peu *démontrer;* il faut faire penser les enfants par eux-mêmes et ne pas rapetisser leur esprit en le tenant trop longtemps dans un même ordre d'idées, en l'appliquant à des détails trop minutieux *compris d'intuition*.

Les faits moraux, les exemples de vertu, de sacrifice, la notion de droit et de devoir ne peuvent pas se matérialiser; ils n'échappent pourtant pas à l'observation.

L'humanité s'est élevée progressivement par l'expérience résultant de l'observation sensible et surtout de l'observation morale. Le passé nous fournit des exemples à suivre, des modèles à imiter. Il ne faut pas se contenter de les faire passer sous les yeux des enfants en froides représentations; mais les faire revivre dans leurs âmes par un langage chaud et convaincu. La conviction se propage rapidement par l'effet de l'imitation sympathique.

Les puérilités de l'enseignement sont nées d'un manque de confiance dans l'intelligence des enfants, dans leur puissance *intuitive*.

Le domaine de l'intuition commence à la limite au-delà de laquelle toute démonstration, toute explication est inutile et fastidieuse; celui de l'observation raisonnée, de l'analyse, s'étend à toutes les connaissances qui demandent de l'étude, de l'application.

L'observation et l'intuition ne doivent pas être séparées dans l'enseignement; l'intuition nous empêche de nous attarder, de nous perdre dans les faits d'observation.

CHAPITRE XL

Méthode socratique

Le moyen le plus sûr de donner à nos lecteurs une idée précise de la méthode socratique, c'est de mettre sous leurs yeux un extrait d'un dialogue de Platon. Nous l'empruntons à la traduction de M. Schwalbé.

« Socrate veut prouver à Ménon qu'apprendre, c'est se souvenir. Il fait approcher un jeune esclave ignorant, et le dialogue suivant s'engage :

Socrate. — Dis-moi, mon enfant; sais-tu que ceci est un espace carré?

L'esclave. — Je le sais.

Socrate. — L'espace carré n'est-ce pas celui qui a les quatre lignes que voilà toutes égales?

L'esclave. — Assurément.

Socrate. — N'a-t-il point encore ces autres lignes tirées par le milieu et égales?

L'esclave. — Oui.

Socrate. — Ne peut-il pas y avoir un espace semblable plus grand ou plus petit?

L'esclave. — Sans doute.

Socrate. — Si donc ce côté était de deux pieds et cet autre aussi de deux pieds, de combien serait le tout? Considère la chose de cette manière : si ce côté-ci était de deux pieds, et celui-là d'un pied seulement, n'est-il pas vrai que l'espace serait d'une fois deux pieds?

L'esclave. — Oui.

Socrate. — Mais comme ce côté-là est aussi de deux pieds, cela ne fait-il pas deux fois deux?

L'esclave. — Oui.

Socrate. — L'espace devient donc deux fois deux pieds?

L'esclave. — Il le devient.

Socrate. — Combien font deux fois deux pieds? dis-le-moi après l'avoir supputé.

L'esclave. — Quatre, Socrate.

Socrate. — Ne pourrait-on pas faire un autre espace double de celui-ci et tout semblable, ayant comme lui toutes ses lignes égales?

L'esclave. — Oui.

Socrate. — Combien aura-t-il de pieds?

L'esclave. — Huit.

Socrate. — Allons, tâche de me dire de quelle grandeur sera chaque ligne de cet autre carré. Celles-ci sont de deux pieds : celles du carré double, de combien seront-elles?

L'esclave. — Il est évident, Socrate, qu'elles seront doubles.

Socrate. — Tu vois, Ménon, que je ne lui apprends rien de tout cela, et que je ne fais que l'interroger. Il s'imagine à présent savoir quelle est la ligne dont doit se former l'espace de huit pieds. Ne te le semble-t-il pas?

Ménon. — Oui.

Socrate. — Le sait-il?

Ménon. — Non assurément.

Socrate. — Ne croit-il point qu'il se forme d'une ligne double?

Ménon. — Oui.

Socrate. — Vois-le se ressouvenir successivement comme il faut qu'il se ressouvienne. Toi, réponds-moi : Ne dis-tu pas que l'espace double se forme de la ligne double? Je n'entends pas par là un espace long de ce côté-ci et étroit de ce côté-là, mais il faut qu'il soit égal en tous sens comme celui-ci et qu'il en soit double, c'est-à-dire de huit pieds. Vois si tu penses encore qu'il se forme de la ligne double.

L'esclave. — Je le pense encore.

Socrate. — Si nous ajoutons à cette ligne une autre ligne aussi longue; la nouvelle ligne ne sera-t-elle pas double de la première?

L'esclave. — Sans contredit.

Socrate. — C'est donc de cette ligne, dis-tu, que se formera l'espace double, si on en tire quatre semblables?

L'esclave. — Oui.

Socrate. — Tirons-en quatre pareilles à celle-ci. N'est-ce pas là ce que tu appelles l'espace de huit pieds?

L'esclave. — Assurément.

Socrate. — Dans ce carré ne s'en trouve-t-il pas quatre égaux à celui-ci, qui est de quatre pieds?

L'esclave. — Oui.

Socrate. — De quelle grandeur est-il donc? N'est-il pas quatre fois aussi grand?

L'esclave. — Comment ne le serait-il pas?

Socrate. — Mais ce qui est quatre fois aussi grand est-il double?

L'esclave. — Non, par Jupiter!

Socrate. — Combien donc est-il?

L'esclave. — Quadruple.

Socrate. — Ainsi donc, mon enfant, de la ligne double il ne se forme pas un espace double, mais quadruple?

L'esclave. — Tu dis vrai.

Socrate. — Car quatre fois quatre font seize, n'est-ce pas?

L'esclave. — Oui.

Socrate. — De quelle ligne se forme donc l'espace de huit pieds? L'espace quadruple ne se forme-t-il point de celle-ci?

L'esclave. — J'en conviens.

Socrate. — Et ce carré, qui n'est que le quart de l'autre, ne se forme-t-il point de cette ligne qui est la moitié de l'autre?

L'esclave. — Oui.

Socrate. — Soit. L'espace de huit pieds n'est-il pas double de celui-ci et moitié de celui-là?

L'esclave. — Sans doute.

Socrate. — Ne se formerait-il pas d'une ligne plus grande que celle-ci, et plus petite que celle-là? N'est-ce pas?

L'esclave. — Il me semble.

Socrate. — Fort bien. Réponds toujours selon ta pensée, et dis-moi, cette ligne n'est-elle pas de deux pieds, et cette autre de quatre?

L'esclave. — Oui.

Socrate. — Il faut, par conséquent, que la ligne de l'espace de huit pieds soit plus grande que celle de deux pieds, et plus petite que celle de quatre?

L'esclave. — Il le faut.

Socrate. — Tâche de me dire de combien elle doit être?

L'esclave. — De trois pieds.

Socrate. — Si elle est de trois pieds, nous n'avons donc qu'à ajouter à cette ligne la moitié d'elle-même, et elle sera de trois pieds. Car voilà deux pieds, et en voici un, et l'espace dont tu parles est fait?

L'esclave. — Oui.

Socrate. — Mais si l'espace a trois pieds de ce côté-ci et trois pieds de ce côté-là, n'est-il point de trois fois trois pieds?

L'esclave. — Apparemment.

Socrate. — Combien font trois fois trois pieds?

L'esclave. — Neuf pieds.

Socrate. — Et l'espace double, de combien de pieds devrait-il être?

L'esclave. — De huit.

Socrate. — L'espace de huit pieds ne se forme donc pas non plus de la ligne de trois pieds?

L'esclave. — Non vraiment.

Socrate. — De quelle ligne se fait-il donc? essaye de nous le dire au juste. Et si tu ne veux calculer sa longueur, montre-la-nous?

L'esclave. — Par Jupiter! je n'en sais rien, Socrate.

Socrate. — Tu vois, de nouveau, Ménon, quel chemin il a fait dans la réminiscence. Il ne savait point au commencement quelle est la ligne d'où se forme l'espace de huit pieds, comme il ne le sait pas encore; mais alors il croyait le savoir, et il a répondu avec confiance comme le sachant, et il ne croyait pas être dans l'ignorance à cet égard. A présent, il reconnaît son embarras, et, comme il ne sait point, aussi ne croit-il point savoir.

Ménon. — Tu dis vrai.

Socrate. — N'est-il pas actuellement dans une meilleure disposition par rapport à la chose qu'il ignorait?

Ménon. — C'est ce qu'il me semble.

Socrate. — En lui apprenant donc à douter et en l'engourdissant comme la torpille, lui avons-nous fait quelque tort?

Ménon. — Je ne le pense pas.

Socrate. — Au contraire, nous l'avons mis, ce semble, plus à portée de découvrir la vérité; car à présent, quoiqu'il ne sache pas la chose, il la cherchera avec plaisir, au lieu qu'auparavant il eût dit sans façon, devant plusieurs et souvent croyant bien dire, que l'espace double doit être formé d'une ligne double en longueur.

Ménon. — Il y a apparence.

Socrate. — Penses-tu qu'il eût entrepris de chercher ou d'apprendre ce qu'il croyait savoir, encore qu'il ne le sût point, avant que la conviction de son ignorance l'eût fait douter et désirer de savoir?

Ménon. — Je ne le pense pas, Socrate.

Socrate. — L'engourdissement lui a donc été avantageux.

Ménon. — Il me le semble.

Socrate. — Considère maintenant comment, en partant de ce doute, il découvrira la chose en cherchant avec moi, tandis que je ne ferai que l'interroger et ne lui apprendrai rien. Observe bien si tu me surprendras lui enseignant et lui expliquant quoi que ce soit; en un mot faisant rien de plus que de lui demander ce qu'il pense. Toi, dis-moi, cet espace n'est-il point de quatre pieds? Tu comprends?

L'esclave. — Je comprends.

Socrate. — Ne peut-on pas lui ajouter cet autre espace qui lui est égal?

L'esclave. — Oui.

Socrate. — Et ce troisième, égal aux deux autres?

L'esclave. — Oui.

Socrate. — Ne pouvons-nous pas enfin placer cet autre dans cet angle?

L'esclave. — Sans doute.

Socrate. — Cela ne fait-il pas quatre angles égaux entre eux?

L'esclave. — Oui.

Socrate. — Mais quoi! combien est tout cet espace par rapport à celui-ci?

L'esclave. — Il est quadruple.

Socrate. — Or il nous fallait faire un double; ne t'en souvient-il pas?

L'esclave. — Fort bien.

Socrate. — Cette ligne qui va d'un angle à l'autre ne coupe-t-elle pas en deux chacun de ces espaces?

L'esclave. — Oui.

Socrate. — Ne voilà-t-il pas quatre lignes égales qui renferment cet espace?

L'esclave. — Cela est vrai.

Socrate. — Vois quelle est la grandeur de cet espace.

L'esclave. — Je ne le vois pas.

Socrate. — De ces quatre espaces, chaque ligne n'a-t-elle pas séparé en dedans la moitié de chacun? N'est-il pas vrai?

L'esclave. — Oui.

Socrate. — Combien y a-t-il d'espaces semblables dans celui-ci?

L'esclave. — Quatre.

Socrate. — Et dans celui-là combien?

L'esclave. — Deux.

Socrate. — Quatre qu'est-il par rapport à deux?

L'esclave. — Double.

Socrate. — Combien de pieds a donc cet espace?

L'esclave. — Huit pieds.

Socrate. — De quelle ligne est-il formé?

L'esclave. — De celle-ci.

Socrate. — De la ligne qui va d'un angle à l'autre de l'espace de quatre pieds?

L'esclave. — Oui.

Socrate. — Les sophistes appellent cette ligne diamètre. Ainsi, supposé que ce soit là son nom, l'espace double, esclave de Ménon, se formera comme tu dis du diamètre.

L'esclave. — Oui vraîment, Socrate.

Socrate. — Que t'en semble, Ménon? A-t-il fait une seule réponse qui ne fût de lui?

Ménon. — Non; il a toujours parlé de lui-même.

Socrate. — Cependant, comme nous le disions tout à l'heure, il ne savait pas.

Ménon. — Tu dis vrai.

Socrate. — Ces opinions étaient-elles en lui, ou non?

Ménon. — Elles y étaient. »

« *Apprendre n'est autre chose que se ressouvenir* », voilà, d'après Platon, le fondement de la méthode socratique. La valeur d'une méthode dépend assurément de la solidité de sa base. L'observation des faits intellectuels les plus simples, les plus faciles à saisir, nous permettra de nous former sans effort une opinion sûre à cet égard.

Pour se ressouvenir, il faudrait avoir oublié. L'enfant à qui on n'a rien appris ne peut avoir rien oublié, à moins que sa naissance ne soit qu'une renaissance.

Faut-il fonder l'éducation sur cette chimère, et supposer qu'on n'a qu'à réveiller des souvenirs dans une vieille âme nouvellement émigrée dans un jeune corps?

Nous allons examiner ce que sont les souvenirs évoqués par Socrate dans l'âme du jeune esclave de Ménon.

« Dis-moi, mon enfant, sais-tu que ceci est un espace carré? —Je le sais. »

Remarquons cette entrée en matière de Socrate. Il ne se contente pas de montrer la figure géométrique, il en rappelle en même temps le nom. Il n'y a pas d'inconnu, et lorsque l'esclave répond : « Je le sais », il n'affirme qu'une chose, c'est qu'il a vu des figures semblables à celle qui lui est montrée et les a entendu désigner par le même mot.

« L'espace carré, n'est-ce pas celui qui a les quatre lignes que voilà, toutes égales? —Assurément. » Cette assurance est peut-être un peu hasardée. L'esclave pouvait avoir vu et entendu nommer un carré sans avoir vérifié si les côtés en étaient exactement égaux. Il voit les côtés de la figure qui lui est présentée; il les juge égaux à première vue et sur parole, puisque la question affirme cette égalité.

Mais si le jeune esclave n'avait jamais entendu parler de carré, répondrait-il, se ressouviendrait-il? Assurément non.

L'adhésion de notre esprit à une proposition nouvelle vient du rapport de cette proposition à des impressions anciennes gardées par la mémoire. Une question ne répondant à rien de connu de celui qui est interrogé, resterait sans réponse. Pour répondre, il faut comprendre la question, c'est-à-dire avoir déjà un premier degré d'instruction.

Pour donner ces premières notions, il ne faut pas

poser de question; une question serait une énigme
dans ce cas.

En effet, si l'on demandait à un enfant qui n'a jamais
entendu prononcer le mot carré : « Qu'est-ce qu'un
carré? » il répondrait évidemment qu'il ne le sait pas.
Si, en lui montrant un carré, on lui disait : « Qu'est-ce
que ceci? » — « Je ne sais pas » serait encore la réponse.
Le dialogue serait arrêté au début, et on devrait s'y
prendre autrement pour donner la connaissance du
carré à l'enfant.

Le plus simple, le plus naturel est de montrer l'objet
ou la figure et de leur appliquer le nom qui leur convient, c'est-à-dire le signe conventionnel par lequel on
les désigne. « Vous voyez ceci, c'est un carré. » —
Appliquer un signe, un mot à chaque objet observé,
voilà la première forme à donner à l'enseignement. Le
mot rappellera l'idée de l'objet, et l'idée de l'objet se
manifestera au dehors par le mot convenu. L'impression provenant de la vue du carré sera renouvelée par
l'audition du mot *carré;* mais la netteté de l'idée
dépendra de la précision de l'image formée dans l'esprit
de l'enfant. Vous lui avez fait remarquer une forme,
de manière qu'il puisse la distinguer d'une autre forme :
il possède le terme qui sert à la désigner : c'est une connaissance acquise précieuse, mais ce n'est pas tout ce
qu'il peut savoir sur cette forme. Il faut analyser l'impression d'ensemble reçue par le sens de la vue, c'est-
à-dire la décomposer en impressions plus simples pour
avoir une idée bien exacte de la forme. Une première
impression ne nous dit pas que les quatre côtés du carré
sont égaux et que ces côtés se coupent à angles droits.
Ces conditions caractéristiques du carré ne sont aper-
çues qu'après une minutieuse observation, qu'après la
mesure des côtés et des angles.

Des interrogations ne peuvent pas conduire à cette connaissance. Elles supposent des connaissances acquises et ne sont bonnes que pour les rappeler à l'esprit, pour en provoquer une nouvelle application.

La méthode socratique excite à penser, mais ne fournit pas les éléments de la pensée. Ces éléments sont donnés par l'observation, la comparaison et la mémoire. La mémoire n'est que le dépôt des observations antérieures. Pour les tirer de ce dépôt et les représenter à l'esprit, il suffit d'une nouvelle impression ou d'un simple signe.

La vue d'un carré provoque une impression qui fait revivre les impressions analogues antérieures. L'esprit les compare rapidement et décide si la nouvelle impression est en tout conforme aux modèles fournis par la mémoire.

Le mot prononcé ne donne pas lieu à une nouvelle impression ; il rappelle seulement les impressions antérieures dont il est le signe. Il n'y a ni reconnaissance ni comparaison ; mais une excitation qui oblige l'esprit à s'occuper de nouveau d'anciennes sensations.

Les questions n'apprennent rien ; elles ne sont qu'un moyen d'investigation. Leur principale utilité est de constater l'actif intellectuel, mais sans pouvoir l'augmenter. Elles servent aussi à affermir la mémoire par le renouvellement, la répétition des mêmes impressions, la création d'habitudes mentales.

Est-ce ce que voulait Socrate ? Non, évidemment. Pour lui, tout cerveau humain renfermait à l'état latent un fonds considérable de connaissances réelles. Exciter l'intelligence, c'était permettre à ces connaissances de se dégager de l'oubli, c'était rompre un sommeil partiel qui durait depuis que l'âme animait un nouveau corps. Apprendre n'était que se ressouvenir.

Nous n'admettons pas le principe sur lequel repose la méthode socratique ; nous aurions tort par conséquent de lui demander des résultats qu'elle ne comporte pas, si *apprendre* est une acquisition nouvelle plutôt qu'une restitution.

La méthode socratique est un puissant moyen d'excitation des facultés intellectuelles ; il faut en faire usage pour réveiller les esprits fatigués par les véritables leçons reposant sur l'observation et l'expérience. Mais n'en abusons pas ; les questions trop multipliées amènent vite la dissipation et donnent lieu, dans une classe, à un feu roulant de réponses irréfléchies.

Socrate lui-même est-il toujours fidèle à la méthode socratique ? Nous verrons que non, en continuant l'examen de son dialogue avec l'esclave de Ménon.

« *Socrate.* — Si donc ce côté était de deux pieds et cet autre aussi de deux pieds, de combien de pieds serait le tout ? Considère la chose de cette manière. Si ce côté-ci était de deux pieds, et celui-là d'un pied seulement ; n'est-il pas vrai que l'espace serait d'une fois deux pieds ? — L'esclave. Oui. — Mais comme ce côté-là est aussi de deux pieds, cela ne fait-il pas deux fois deux ? — Oui. — L'espace devient donc deux fois deux pieds ? — Il le devient. — Combien font deux fois deux pieds ? Dis-le-moi après l'avoir supputé. — Quatre, Socrate. »

Socrate, après avoir demandé à l'esclave quelle est la surface d'un carré de deux pieds de côté, entre dans une véritable démonstration. Il lui fait voir que si la figure avait deux pieds de long et un pied de large, la surface serait de deux pieds ; que si la largeur devient double, cette surface sera double et par conséquent de quatre pieds. L'esclave ne se ressouvient de rien, ne trouve rien ; il voit, il observe, il suit l'analyse faite par Socrate et finalement on lui demande combien font deux fois deux pieds. « Dis-le-moi, ajoute Socrate, après l'avoir supputé », c'est-à-dire après une constatation expérimentale et non une intuition, une réminiscence. Si l'esclave n'avait pas su compter jusqu'à quatre, il n'aurait pas pu répondre à cette question puérile, tant la méthode socratique a peu de vertu en dehors de l'observation et de l'expérience.

Socrate se montre satisfait à bon compte ; pourvu qu'on lui réponde *oui* ou *non*, il marche en avant, pensant qu'on le suit. L'esclave ne le suit pas du tout, puisqu'après avoir appris *ou s'être ressouvenu* qu'en doublant les côtés du carré, on quadruple la surface, il n'en répond pas moins plus tard avec assurance que les côtés d'un carré de huit pieds seront doubles des côtés d'un carré de quatre pieds.

Socrate recommence la précédente démonstration en prenant pour exemple, non plus le pied carré, mais le carré qui a deux pieds de côté. En doublant ce dernier côté, on obtient un carré de seize pieds de surface. Sans notre respect pour Socrate, nous appellerions cela du *rabachage*.

Si la précision manque dans les démonstrations socratiques simples, la clarté fait souvent défaut aussi dans les démonstrations complexes. Tous nos lecteurs n'ont peut-être pas bien compris, en lisant le dialogue rapporté dans notre précédent article, comment Socrate arrive à déterminer le côté d'un carré double d'un carré donné.

Nous essayerons d'arriver à cette détermination sans employer la méthode socratique et nous espérons être compris de tous.

Le carré donné a deux pieds de côté ; on fait voir qu'il a quatre pieds de surface en menant par le milieu des côtés des lignes parallèles à ces côtés. En doublant la longueur des côtés et menant sur deux côtés perpendiculaires des parallèles espacées d'un pied, on obtient, dans le carré de quatre pieds de côté, seize carrés d'un pied de côté. Si l'on joint les milieux des côtés adjacents du grand carré, on obtient un carré inscrit qui est exactement la moitié du grand carré et le double du carré de deux pieds de côté. La vue de la figure ne laisse aucun doute à cet égard.

Mais la ligne qui joint les milieux des côtés adjacents du grand carré n'est autre que la diagonale du carré de deux pieds de côté. Donc, le côté d'un carré double d'un carré donné est la diagonale de ce carré : le côté du carré de huit pieds de surface est la diagonale du carré de quatre pieds de surface.

Nous pourrions ajouter que l'oblique qui joint les milieux de deux côtés adjacents d'un carré est le côté d'un carré d'une surface deux fois moindre : ainsi le carré qui a pour côté l'oblique qui joint les milieux des côtés adjacents du carré de seize pieds de surface, a huit pieds de surface.

Au lieu d'accabler les élèves de questions, il nous paraît préférable de faire répéter la démonstration par un ou plusieurs élèves jusqu'à ce qu'elle soit non seulement comprise, mais bien possédée.

On ne possède bien une connaissance que lorsqu'on peut la démontrer clairement.

Socrate se félicite d'avoir amené par ses questions l'esclave de Ménon à douter de ses propres impressions, de ses intuitions. Il pense que cet *engourdissement* lui est avantageux, et qu'en cherchant avec lui sans idées préconçues, il arrivera plus vite à la vérité. La vérité ne se trouve donc pas dans les spontanéités de l'esprit ; elle est le fruit de l'effort, de l'expérience, de la raison.

Faire profiter les autres de l'expérience que nous avons acquise, c'est les instruire. Nous trouvons dans nos élèves des aptitudes naturelles, mais point de connaissances naturelles. Le terrain est propre à recevoir la semence et à la faire fructifier, mais il ne peut tirer cette semence de lui-même. N'oublions pas que la bonne semence n'est pas seulement le précepte, l'enseignement, mais encore l'exemple.

CHAPITRE XLI

Enseignement

LECTURE ÉLÉMENTAIRE

Y a-t-il un ordre logique naturel dans l'enseignement à donner aux enfants ? Telle matière d'enseignement doit-elle passer nécessairement la première ? Peut-on enseigner plusieurs matières simultanément, et un enseignement ne nuit-il pas à l'autre ? Telles sont les questions que tous les instituteurs se sont posées, mais que tous n'ont pas résolues de la même manière.

Quelques observations psychologiques nous mettront mieux sur la voie que la discussion des diverses opinions émises.

Quel est le premier organe dont l'enfant se sert pour manifester ses besoins aux personnes qui en prennent soin ? Quel est le premier sens actif qui s'éveille chez lui ? Le petit enfant qui souffre crie, et on le calme non seulement en apaisant sa faim, sa soif, sa douleur, mais encore en lui faisant entendre une voix sympathique, de tendres modulations.

L'ouïe entre en activité peu de temps après la naissance et bien avant la vue. Des cris perçants, des bruits intenses font tressaillir les nouveau-nés; ils distinguent bientôt les personnes au son de la voix, tandis qu'ils restent longtemps indifférents à leur physionomie. Les premières caresses qui attirent l'âme des enfants vers l'âme de leurs mères sont des caresses de la voix; les caresses des yeux sont beaucoup plus tardives.

Avant de pouvoir bien articuler, l'enfant se fait un langage à lui qu'il apprend à ceux qui l'entourent, langage expressif qui le fait déjà vivre de la vie de société, qui rend son éducation possible et constitue par lui-même un premier degré d'éducation.

L'esprit des enfants se met vite à l'unisson de notre esprit. Si nous aimons à lire dans le livre toujours ouvert de la nature, nous pourrons nous passer long-temps d'autres livres pour apprendre à nos élèves une foule de notions qui étendent graduellement les hori-zons de leur esprit, qui élèvent leurs pensées et en-noblissent leurs sentiments.

Mais l'enseignement sans livre est difficile; pour parler de la nature, pour se faire l'interprète de son langage, il faut l'avoir bien fréquentée, bien étudiée, bien admirée. Ce sont les poètes qui ont civilisé le monde, parce que les poètes entendent mieux le langage de la nature que les autres hommes. Il faut un peu de l'enthousiasme du poète à l'instituteur pour mettre en vibration l'âme des enfants, pour leur faire aimer ce qui est véritablement grand et bon.

Les mères ont de merveilleux instincts pédago-giques; elles s'y prennent toujours bien pour enseigner ce qu'elles savent; mais leur instruction est rarement à la hauteur de leur tâche d'institutrices. Il faut des con-naissances très variées, une très grande souplesse d'in-telligence pour mettre l'esprit des jeunes enfants en rapport avec le monde sensible, pour leur en faire goûter les harmonies.

Rationnellement les classes de jeunes enfants, les petites classes des écoles ordinaires et les écoles maternelles devraient être réservées à l'élite du personnel enseignant, aux maîtres ou aux maîtresses les plus capables et les plus expérimentés. C'est le contraire qui a lieu, et cette anomalie explique bien des mécomptes et des insuccès.

Élever des enfants qui ne sont pas encore en possession des précieux instruments d'instruction, la lecture et l'écriture, présente des difficultés considérables ; de là, la nécessité de les munir le plus tôt possible de ces instruments.

Les premiers exercices scolaires doivent comprendre la lecture ; mais on ne cherche, avec raison, à apprendre à lire aux enfants que lorsqu'ils savent parler.

Les sons, les termes du langage constituent le *connu*, sur lequel on doit s'appuyer pour atteindre l'*inconnu*, qui est le langage écrit.

Ce langage se compose de signes de convention appelés *lettres*. La combinaison de ces signes forme des syllabes et des mots. Les *syllabes* n'ont pas de sens propre ; les *mots* en ont un, soit qu'ils rappellent l'idée des choses, des actes, ou qu'ils expriment de simples rapports. Les mots désignant des choses ou des actes, convenablement groupés et unis par les mots qui expriment leurs rapports, se prêtent à tous les besoins du langage, à toutes les manifestations de la pensée.

La pensée s'incorpore dans le mot écrit et subsiste après même que l'être pensant a cessé d'exister.

Le livre continue l'homme, perpétue son enseignement, aplanit les difficultés de la route aux nouveaux venus, leur épargne de longues méditations, et leur fait gagner du temps pour pousser plus avant leurs recherches, pour agrandir le patrimoine intellectuel de l'humanité.

Tout le monde a droit de puiser dans ces trésors intellectuels accumulés de longue date, grossis par chaque génération et véritablement inépuisables. Il serait injuste et cruel d'en refuser la clef à quelqu'un : cette clef, c'est la *lecture* enseignée dans la plus modeste école.

Les méthodes, les procédés pour enseigner à lire aux enfants sont innombrables. L'esprit d'invention, en matière de méthodes de lecture, a été nuisible par sa fécondité même. On a ouvert tant de voies différentes pour atteindre le même but qu'on ne sait plus laquelle choisir, et la bonne voie, la plus simple, la plus psychologique, ou, ce qui est la même chose, la plus naturelle, est peut-être la moins suivie.

On est parti de la maxime pédagogique : *aller du simple au composé, du connu à l'inconnu.*

Cette maxime semble aussi claire qu'elle est concise. Il n'en est rien cependant. On confond trop souvent la notion simple avec l'élément constitutif. La connaissance de l'eau est une notion simple ; les éléments constitutifs de l'eau sont l'hydrogène et l'oxygène. Est-on parti de la connaissance de l'hydrogène et de l'oxygène pour arriver à la connaissance de l'eau? Mais il n'y a que cent ans que Cavendish et Lavoisier ont démontré que ce liquide, qui éteint le feu, est composé de deux gaz inflammables. Le monde est vieux et le composé a été connu bien longtemps avant le simple ; il en est presque toujours ainsi.

L'inventeur des horloges a eu l'idée simple d'une machine à mesurer le temps avant d'avoir songé à chaque organe, c'est-à-dire à chaque élément de la

machine. Ces organes changent, se modifient, se sim-
plifient par le perfectionnement. Ainsi les éléments des
œuvres humaines sont essentiellement variables ; il
n'y a que l'idée primordiale se rapportant à un but
à atteindre qui subsiste au milieu du changement
continuel des moyens employés pour la réaliser.

La confusion dans les mots amène la confusion dans
les choses. Les mots *élément*, *élémentaire*, qui signi-
fient proprement les premiers principes, les parties in-
décomposables, ont été faits synonymes de *simple*, de
facile. Cette extension de sens, qui, dans le commerce
ordinaire de la vie, est sans conséquence, a obscurci le
principe pédagogique : *aller du simple au composé*.

Le simple, le facile n'est pas, nous l'avons vu, l'élémentaire, l'indécomposable. On n'arrive à l'indécomposable qu'à la suite d'analyses très délicates et souvent
très difficiles. Ce n'est pas par là assurément que nous
devons commencer. Les livres *élémentaires* ne seraient
pas non plus notre fait, si le mot répondait à la chose.

Sous le titre d'éléments d'histoire, d'éléments de
géographie, on nous donne *des généralités* sur la géographie et l'histoire. Pour approfondir la matière, il
faut descendre de ces généralités aux détails, aux faits
particuliers, aux observations locales. Ce n'est pas aller
du simple au composé, mais au contraire du composé
au simple, quoique ce soit procéder du facile, du court
au difficile, à l'étendu.

Nous avons moins à rechercher dans l'enseignement
le *simple*, qui est souvent composé, que le *connu*.

Le connu, pour un enfant à qui l'on veut apprendre
à lire, c'est le mot parlé.

Il faut débuter dans cet enseignement par les mots
les plus faciles, c'est-à-dire ceux que l'enfant comprend
le mieux, qui lui sont familiers.

Le mot *papa* réunit ces conditions; il ne comprend, en outre, que deux signes différents répétés, l'analyse en sera facile.

« Vous voyez, mes enfants, ce qui est écrit là (au tableau noir ou au tableau de lecture); il y a *papa* et vous connaissez fort bien la personne que je désigne. Vous aimez bien votre papa, n'est-ce pas? — Oui, monsieur. »

Voilà l'attention éveillée, l'intérêt excité et votre jeune auditoire prêt à vous suivre.

« Combien y a-t-il de caractères, de lettres dans ce mot *papa?* Comptons ensemble : une, deux, trois, quatre. — Ces lettres sont-elles toutes semblables? — Non, monsieur. — Y en a-t-il qui se ressemblent? — Oui, la première ressemble à la troisième et la seconde à la quatrième. — Vous ne connaissez pas les noms de ces lettres, je vais vous les dire. La première s'appelle *pe* ; la seconde, *a; p* et *a* réunis se prononcent *pa.*

» Répétez ensemble : *pe-a, pa.* — Encore, pour les deux autres lettres : — *pe-a, pa.* — Maintenant, sans nommer les lettres : — *pa-pa.* — Plus vite : *papa.* — Nous y voilà! vous savez déjà lire un mot; vous apprendrez aussi facilement à lire tous les mots qu'on trouve dans les livres. »

On remarquera que, tout en procédant par interrogations, nous avons soin de ne pas poser d'énigmes aux enfants, comme on le fait dans la méthode socratique.

Nous prononçons tout d'abord le mot *papa* compris des enfants; nous leur montrons en même temps l'ensemble de signes qui représente ce mot. Nous décomposons ensuite cet ensemble en nommant chaque lettre avant de la faire prononcer. C'est l'analyse du mot. Nous le recomposons par une double synthèse : la synthèse de la syllabe *pe-a, pa,* et la synthèse du mot par la réunion des éléments syllabiques semblables, *pa-pa*, *papa*.

On conçoit qu'il est facile de faire de là même manière l'analyse et la synthèse de tous les mots de la langue.

A mesure qu'on avancera dans l'enseignement de la lecture, les mêmes éléments, lettres ou syllabes, se représenteront fréquemment ; ils seront reconnus par les élèves et fixés dans leur mémoire sans effort. L'aridité de l'initiation à la lecture disparaîtra et les progrès seront rapides.

Nous avons montré comment on doit procéder *du connu à l'inconnu* pour apprendre à lire aux jeunes enfants.

Le *connu*, c'est la personne ou la chose désignée ; c'est aussi le terme par lequel on la désigne.

L'*inconnu*, c'est le mot écrit ; ce sont les signes, les lettres qui forment ce mot.

Donnons, comme nouvel exemple, le mot *table*. La chose est bien connue ou facile à faire connaître dans une école ; le terme est familier. Ce qu'il faut apprendre aux enfants, c'est à distinguer l'image conventionnelle, c'est à reconnaître les signes, les caractères qui forment cette image.

L'idée d'une *table* quoique complexe, puisqu'elle comporte les idées plus simples de *dessus* de *châssis*, et de *pieds*, forme un tout dans l'esprit des enfants ; il en est de même du nom-*table*, bien que composé de deux éléments phoniques, *ta* et *ble*.

Il est donc essentiel de présenter aux enfants l'image conventionnelle du nom *table* dans son ensemble d'abord, pour que le rapport du connu à l'inconnu soit bien saisi. Ce n'est qu'après cette vue d'ensemble que l'on procédera à l'analyse de l'image, c'est-à-dire à sa décomposition en lettres, éléments des mots écrits.

Pour apprendre à parler à son enfant, la mère ne décompose pas les mots en *sons* et en *articulations ;* elle parle et l'enfant l'imite. Voilà la marche la plus naturelle, celle que nous proposons d'adopter pour l'enseignement de la lecture et pour tous les enseignements. L'esprit d'imitation est un de nos meilleurs auxiliaires en éducation.

Si, après avoir montré un mot entier, nous le décomposons en ses éléments qui sont les lettres, c'est pour revenir de cette analyse à la synthèse, pour mieux caractériser l'image par la connaissance de tous ses traits.

L'image du mot *table* est composée de cinq caractères ; l'ordre de ces caractères est aussi essentiel que les caractères eux-mêmes. S'il manque un de ces caractères, l'image n'est pas complète ; si ces caractères sont intervertis, la physionomie de l'image n'est plus la même. C'est par les yeux, par la physionomie des mots que nous sommes avertis des fautes d'orthographe qui nous échappent dans la rapidité de la composition.

Dans la synthèse ou reconstitution, les lettres sont assemblées en *syllabes* ou images de *sons*, et les images de sons en images de mots.

La syllabe n'est pas un élément ; c'est le plus souvent un composé. L'élément, c'est la *lettre.*

Mais la syllabe ou image d'un son mérite d'être perçue séparément, parce qu'une même syllabe entre dans la composition d'un grand nombre de mots différents.

C'est pour cela qu'après avoir montré à un enfant le mot *table*, et indiqué ce que ce mot désigne, nous lui faisons dire : t-a, *ta ;* b-l-e, *ble*, pour obtenir les images de son : *ta* et *ble*. De ces images de sons nous passons à l'image du mot, en disant : *ta-ble*, *table*.

En procédant ainsi, non seulement nous nous conformons au principe : *aller du connu à l'inconnu ;* mais encore à cet autre principe : *passer du concret à l'abstrait*.

L'idée concrète, c'est l'idée de la personne ou de la chose indiquée par le mot écrit. Pour accepter ce mot comme une image de l'objet ou de la personne, il faut faire abstraction de toutes les qualités physiques, de toutes les données des sens pour ne voir qu'un ensemble de signes conventionnels rappelant l'idée concrète, mais n'ayant aucun rapport avec elle.

Les images réelles, que l'on prodigue dans les méthodes de lecture, ont du bon comme moyen mnémonique ; mais elles ont l'inconvénient de diviser l'attention des enfants et d'affaiblir l'expression de l'image abstraite, conventionnelle, au profit de l'image concrète dont il faudra bientôt se passer. Pour couvrir de fleurs l'aridité des commencements, on sème d'épines le reste du chemin.

L'enfant n'est pas seulement curieux d'images, mais encore de vérités, de découvertes. Faire parler à une page blanche et noire un langage compris de l'enfant, est d'un intérêt beaucoup plus puissant que de voir des figures qui ne peuvent que lui rappeler des objets familiers, sous peine de n'avoir aucun sens pour lui.

Bornons-nous à solliciter l'intérêt que présente la lecture par elle-même ; que l'enfant lise réellement dès le premier jour de son initiation. Lorsqu'il aura aperçu une idée sous le mot lu, il se prêtera volontiers à l'étude des éléments qui le composent. Il apprendra l'*alphabet* sans fatigue, sans ennui, parce que chaque lettre lui sera apparue au moment où elle remplissait un rôle utile. Il aura vu dans plusieurs mots la même consonne représentant avec la même voyelle des sons identiques. Connaissant la syllabe *pa* de *papa*, il n'aura aucun embarras pour la même syllabe de *papier*. La reconnaissance de la syllabe et des deux lettres qui la composent lui procurera même un certain plaisir qui lui fera aimer l'étude.

Nous nous étonnons qu'on ait pu apprendre autrement à lire aux enfants. Apprendre et retenir les vingt-cinq lettres dans leur ordre alphabétique est un travail très propre à dégoûter de la lecture. Ajoutez-y les combinaisons, deux à deux, trois à trois, des voyelles et des consonnes, et vous aurez une idée du supplice infligé aux enfants au début de leur vie scolaire. La nature est si riche dans l'enfance qu'elle surmonte tous les obstacles entassés comme à plaisir par les auteurs de méthodes prétendues rationnelles.

Laissons de côté les classifications savantes.. Les savants ne sont pas même d'accord sur le nombre des voyelles ou plutôt des voix. L'alphabet comprend six voyelles, la grammaire de Port-Royal admettait dix voix ; l'abbé de Dangeau, Beauzée et des linguistes plus modernes en énumèrent quinze, savoir : *a, â, é, ê, e, o, ô, eû, i, u, ou, an, ein, on, un.*

Aux quinze voix, nous pourrions ajouter une liste de quarante-deux diphtongues.

Nous confondons souvent aussi les mots *consonnes* et *articulations*. Il n'y a que dix-neuf consonnes, mais le nombre des articulations est plus grand : *ch, qn, ill, ts, st, str, sb, sc, scr, th, thr, ph, phr, pl, pr, pn, ps, sp, bl, br, cl, cr, dr, fl. fr, gr, qr*, etc.

Nous bornant à cinquante-sept voix ou diphtongues et à quarante-six articulations simples ou composées, nous arrivons, en joignant une voix à une articulation,

à former deux mille six cent vingt-deux syllabes différentes.

Nous entrons dans ces détails et dans ces calculs
pour bien mettre en lumière le vice des méthodes qui
présentent la syllabe comme élément de la lecture. Ces
syllabaires, si compliqués qu'ils soient, sont encore
incomplets. L'enfant se perd dans toutes les distinctions, dans toutes les subtilités qui lui sont enseignées ;
il ne voit pas d'issue à ce chemin épineux et prend
l'étude en dégoût. Il apprend à lire quand même, parce
que son esprit écarte tout ce qui est superflu. Il ne garde
la mémoire que des images des sons connus entrant
dans la composition des · mots dont l'usage lui est
familier.

Que de peine, que de dégoût on aurait épargnés à
l'enfant en commençant par ces mots, en leur montrant,
par une analyse naturelle, les lettres, éléments véritables des mots écrits, et les syllabes, images des sons
qui entrent dans les mots lus !

Conseillons-nous l'épellation ou la non-épellation?
Nous croyons que personne, même les auteurs de
méthodes exclusives, n'a enseigné à lire sans faire alternativement épeler et syllaber. L'enfant qui dit : *pa-*,
pa, *p-a*, *pa*, et qui répond ensuite : *pa-pa*, *papa*,
épelle d'abord et syllabe ensuite.

Nous ne saurions admettre que l'enfant qui syllabe
tout d'abord et dit *pa-pa*, lentement, ou plus vite *papa*,
n'est pas obligé de reconnaître mentalement les lettres
qui composent la syllabe. Il y a donc épellation mentale,
et lorsque le mot est difficile, que les syllabes ne sont
pas familières, on ne lève la difficulté qu'en recourant
à la décomposition du mot non seulement en syllabes,
mais encore en lettres. C'est réellement l'épellation. Il
ne faut pas continuer l'épellation après que l'enfant est

familiarisé avec les images plus ou moins complexes des sons, comme il ne faut pas marquer les syllabes, lorsqu'on a assez d'habitude pour lire couramment.

Apprendre à lire, c'est contracter l'habitude de connaître rapidement les signes et les combinaisons de signes, qui représentent les sons ou les termes du langage.

Il n'y a pas de méthode qui supplée à l'habitude, et le temps de l'enseignement de la lecture ne peut être abrégé au delà de certaines limites, variables selon les individus. Les personnes qui ont une grande mémoire des formes apprennent plus facilement à lire que celles qui l'ont moins puissante. Mais il ne faut pas oublier que toutes les sortes de mémoire se développent par l'exercice et par l'application de l'esprit. Faire lire beaucoup et avec attention est le meilleur moyen d'apprendre rapidement à lire aux enfants.

Il y a des méthodes de lecture meilleures les unes que les autres, mais on peut tirer parti de toutes.

Ne vous arrêtez pas aux alphabets de majuscules ou de minuscules, aux listes de voyelles longues et brèves, aux listes de syllabes sans signification; arrivez tout de suite aux mots usuels, aux phrases simples; appliquez-leur la méthode analytique que nous avons exposée et vos élèves feront des progrès rapides.

Ne vous servez des tableaux de syllabes, de sons, que pour faire retrouver aux élèves un son, une syllabe, une lettre compris dans le mot lu. Cet exercice de *recherche* bien dirigé peut être intéressant et profitable.

N'abordez pas les difficultés par séries; au contraire, arrangez-vous de manière qu'elles se présentent isolément, les élèves les surmonteront plus facilement.

Ne craignez pas de faire lire des élèves faibles avec de plus forts. Les forts entraînent les faibles, et la leçon prend une allure vive qu'elle n'aurait pas avec les derniers seuls. L'esprit d'imitation trouve d'ailleurs à s'exercer; c'est une condition de succès de plus.

Dans une classe de petits enfants, la lecture doit être alternativement collective et individuelle. La lecture individuelle est préparée par la lecture collective; elle porte sur le même texte. Il y a avantage à relire le même texte plusieurs fois : les plus petits enfants lisant les derniers se trouvent préparés par plusieurs lectures d'élèves plus avancés à bien se tirer de l'épreuve. Le succès les encourage et ils sont bientôt au niveau des autres.

La lecture collective ne doit pas être rythmée, sous peine de devenir monotone et fatigante. Il est facile d'obtenir que les enfants lisent ensemble naturellement et même avec expression; on n'a qu'à les soutenir en lisant avec eux. Si vous lisez bien, vos élèves liront bien.

CHAPITRE XLII

Enseignement

LECTURE EXPRESSIVE

Nous avons dit qu'aucune méthode de lecture ne peut remplacer l'habitude qui fait que les yeux voient rapidement les caractères, les syllabes, les mots écrits; que l'esprit les reconnaît promptement, les assemble, en dégage la pensée exprimée. Pour arriver à lire couramment, les enfants doivent lire beaucoup.

Mais ce n'est pas tout de lire couramment; il faut

lire avec *expression*, c'est-à-dire avec le ton qui convient au sujet traité dans le morceau lu. Une page de mathématiques ou de physique ne se lit pas du même ton qu'une description poétique ; un drame demande d'autres accents qu'une comédie.

La *lecture expressive* n'est pas la *déclamation*. L'emphase, les mouvements passionnés ne conviennent pas plus à la lecture que la volubilité et la monotonie du débit.

Le lecteur n'est pas un acteur ; c'est ce qu'il ne faut pas oublier pour ne pas pécher par excès après avoir péché par défaut.

L'acteur doit s'identifier avec son rôle ; il y accommode sa voix, ses gestes, sa démarche, son maintien et jusqu'à son habillement ; mais il ne représente qu'un seul personnage.

Le rôle du lecteur est souvent multiple ; il ne saurait s'identifier avec toutes les situations sans s'exposer à tomber dans le ridicule.

Le lecteur, pour nous plaire, ne doit pas se mettre dans l'état d'esprit du personnage ou de l'acteur qui s'identifie avec ce personnage, mais du spectateur qui sent, qui goûte le spectacle.

Lire avec sentiment, voilà ce que nous devons rechercher. L'émotion contenue, mesurée, discrète est la plus communicative ; c'est la seule qui convienne à la lecture qui doit nous remuer sans nous fatiguer, nous plaire en toute circonstance, nous faire du bien toujours.

Lire avec sentiment, partant avec expression, est un talent rare. Tous les instituteurs ne sont pas de bons maîtres de lecture et ils n'ont pas partout des cours de perfectionnement comme à Paris.

Mais celui qui veut réellement s'instruire trouve des

maîtres partout ; la nature peut d'ailleurs dans l'espèce tenir lieu de maître.

Observez l'enfant qui vous parle, qui vous raconte, le lendemain d'un jour de vacance, le plaisir d'une promenade avec son père, d'une visite de famille ; observez-le encore dans la naïve narration d'un fait dont il a été témoin, dans le triste récit de la maladie d'une personne chère, et vous aurez de précieuses indications pour donner à la lecture le ton qui lui convient, pour faire nuancer tous les sentiments d'une manière naturelle.

Lisez vous-même et observez-vous, c'est-à-dire prenez à la fois le rôle de lecteur et d'auditeur. Si l'auditeur est sévère, si l'expérience est faite consciencieusement, il vous faudra plusieurs lectures du même morceau pour que vous soyez content de vous-même. Lorsque vous serez content, vous avez des chances de satisfaire des auditeurs réels.

L'expression de la voix, le jeu de la physionomie constituent un langage naturel que personne n'ignore, que les enfants possèdent à un plus haut degré que les grands, parce qu'ils sont plus près de la nature.

Si les enfants ne lisent pas bien, c'est parce qu'on les a *détournés* de bien lire. On leur a fait apprendre péniblement des caractères dont ils ne saisissent pas le rapport avec leur langage, des syllabes innombrables qui ne sont pour eux que des sons vagues. Il n'y a pas d'expression possible lorsque ce qu'on lit n'a pas de signification. Le travail de déchiffrement des premiers livres de lecture dure trop longtemps ; on contracte l'habitude de lire sans comprendre ; on ne sent rien, par conséquent on n'exprime rien par les nuances de la voix, par le langage émotionnel.

Lire et parler sont pour l'enfant deux choses essentiellement différentes ; mettez-vous à parler comme il lit, il ne pourra s'empêcher de rire, trouvant ce langage absolument ridicule.

C'est une indication à mettre à profit. Faites remarquer à l'élève que la lecture est le langage d'une personne absente, langage plus soigné que le sien, mais fort compréhensible si on le parle naturellement.

_ Lisez vous-même la page qui fait l'objet de la leçon de lecture. Prenez le ton qui convient non pas à une causerie familière, mais à la conversation avec une personne que vous honorez, dont vous acceptez les conseils. En vous mettant à la place de l'auteur, n'oubliez pas la vôtre pour que le conseil ne perde pas de son autorité. Si le sujet est grave, soyez grave ; si le sujet est enjoué, soyez enjoué ; mais dans l'enjouement comme dans la gravité, gardez une certaine mesure. Remplacez le personnage mis en scène, mais ne le copiez pas. Le lecteur est un porte-parole, et non un acteur à qui l'on demande l'illusion de la ressemblance au moins morale.

Un orateur politique prépare un discours ; le jour de le prononcer arrivé, il se trouve empêché. Il charge un de ses amis de lire ce discours. Vous ne croyez pas que le lecteur ait le devoir de s'identifier avec l'orateur et de faire oublier son absence. Il n'y réussirait généralement pas, et les efforts qu'il ferait pour parvenir à le copier ne feraient qu'accuser la différence.

L'acteur et le personnage qu'il représente doivent se confondre. Le lecteur, tout en s'inspirant des sentiments qu'il traduit, n'a pas la prétention de les mettre en action ; il ne personnifie aucun rôle, voilà pourquoi il peut traduire tous les rôles, sans autre transition que quelques inflexions de voix, sans autres changements que de légères différences de ton si le sujet les comporte.

La parole peut être émue et vibrante dans la lecture ; mais les éclats de voix, les accents oratoires, les mouvements dramatiques ne conviennent pas au lecteur. Lire, c'est narrer à haute voix ; déclamer, c'est agir ou chercher à donner l'illusion de l'action. La différence est essentielle à établir pour bien préciser ce que doit être la lecture expressive.

L'expression est le meilleur commentaire du morceau lu. La pensée ne se traduit pas seulement par des mots abstraits ; mais encore par des signes émotionnels qui nous sont naturels, que les enfants saisissent sans explications.

Après une lecture convenablement faite par le maître, les élèves comprennent déjà leur leçon ; ils la liront à leur tour avec expression et intérêt. Ils ne réussiront pas du premier coup à imiter le maître ; mais, s'ils relisent plusieurs fois le même morceau, ils se rapprocheront à chaque fois de leur modèle, et l'imitation finira par être satisfaisante.

Les préceptes seuls de prosodie ne feront jamais de bons lecteurs, pas plus que les règles de la grammaire, des écrivains de talent. L'observation, le commerce des lecteurs de goût, des bons auteurs, un peu de sensibilité, sont des conditions de succès indispensables.

Cherchez plutôt à faire sentir la ponctuation ou l'accentuation à vos élèves qu'à la leur expliquer. Lorsqu'ils l'observeront d'habitude, ils en saisiront plus facilement les règles, ils les auront même souvent devinées avant que vous leur en parliez.

Pour bien lire, il faut, selon Mme Thénard, de la Comédie française, se pénétrer de ce qu'on lit, ne pas se préoccuper de l'effet qu'on produit, prendre respiration en comptant mentalement un temps pour la virgule, deux temps pour le point et virgule, trois temps pour le point. Appuyer sur les verbes, afin de donner du mouvement à la phrase, le verbe marquant l'action.

Pour habituer les enfants à faire sentir la ponctuation, on les fait lire collectivement ; à la virgule, ils disent en chœur, *un*; au point et virgule, *un*, *deux*; au point, *un*, *deux*, *trois*. Après que l'habitude est contractée, ils comptent mentalement en respirant.

Il y a peu de lecteurs capables de bien lire à première vue. Pour interpréter convenablement un morceau, il faut pénétrer l'intention de l'auteur, ses sentiments, bien démêler toutes les nuances de sa pensée, travail que l'esprit ne peut faire au cours d'un premier débit rapide.

Non seulement le maître doit lire avant ses élèves pour que la leçon de lecture soit profitable ; mais il faut encore qu'il se soit préparé à cette lecture par une étude préalable du morceau, par une ou plusieurs lectures faites en particulier.

Les élèves doivent répéter le même morceau jusqu'à ce qu'ils le lisent avec intelligence. Les explications ne doivent venir que lorsque l'interprétation est suffisante, parce qu'alors le sens général de la lecture est saisi et que la signification des mots découle sans peine de la conception de l'ensemble.

Arrêter à chaque instant les élèves dans la lecture, pour leur expliquer des mots isolés, est mauvais. Il est impossible de concilier ces interruptions avec un bon débit, avec l'accentuation des phrases et l'expression que comporte le morceau lu.

On semble admettre que tous les livres sont bons pour exercer les élèves à la lecture courante. Il paraît commode de donner dans l'école primaire, sous forme de lectures, des notions industrielles et scientifiques qu'il est difficile d'organiser en enseignement régulier.

Qu'on y prenne garde, la nécessité d'expliquer, au courant de la lecture, une foule de termes techniques, d'entrer dans des développements, dans de véritables démonstrations pour fixer la notion simplement indiquée dans le livre, peut faire perdre de vue l'objet principal de la leçon qui est d'apprendre à bien lire.

La lecture expressive demande d'ailleurs que la sensibilité de l'élève soit mise en jeu ; un livre de notions arides ne peut être un instrument utile pour l'enseignement de la lecture.

On peut tirer un meilleur parti de cet enseignement pour développer les facultés morales de l'enfant que pour lui faire acquérir des notions techniques. La plupart des vérités morales sont des vérités de sentiment. L'enfant s'y attache par tous ses instincts, par toutes les puissances de son âme. Il sympathise avec tout ce qui souffre, si ses bons sentiments naturels n'ont pas été étouffés par les mauvais exemples ; il a l'intuition de la justice, se réjouit lorsqu'elle triomphe, et est attristé lorsqu'elle est violée ou méconnue ; la générosité le séduit, l'enflamme, l'élève au-dessus des instincts égoïstes ; le beau l'attire et le vrai l'entraîne. Originairement l'âme de l'enfant n'a rien de bas, de vulgaire. Nous avons plutôt à lever les obstacles qui contrarient son développement, à la diriger dans le sens de ses aspirations naturelles qu'à la faire entrer dans un moule étroit plus capable de la déformer que de l'embellir.

Que l'enseignement par la lecture s'adresse surtout à l'âme des enfants : la lecture est l'exercice éducatif par excellence.

CHAPITRE XLIII

Enseignement

ÉCRITURE

L'étude d'un système de signes nous porte naturellement à nous appliquer à reproduire ces mêmes signes. Psychologiquement, l'écriture est inséparable de la lecture.

La pratique tend de plus en plus à se rapprocher à cet égard de l'idée théorique : on met une plume ou un crayon entre les mains des enfants, en même temps qu'un alphabet. Mais le crayon ou la plume, au lieu d'être les interprètes de la leçon de lecture, poursuivent souvent une œuvre distincte, une étude de formes spéciales qui ne sont pas de l'art, parce que ces formes n'ont rien qui leur corresponde dans la nature, mais qui ont leurs règles, leurs prétentions à l'élégance et surtout leurs difficultés d'exécution.

L'enseignement de l'écriture, commençant par des *barres* bien droites, d'épaisseur uniforme, également espacées, plus ou moins inclinées, mais parallèles dans toute la longueur de la ligne ; se continuant par des jambages de *m* aux fines *liaisons*, par des *o* d'un ovale irréprochable, par des *l* aux boucles moelleuses, par des *f* filées délicatement ; se terminant par des *majuscules*, véritables arabesques ; cet enseignement ne convient pas à de jeunes enfants qui n'ont pas l'œil exercé, qui n'ont pas la main docile, dont les doigts trop courts ne se prêtent pas aux traits hardis de la calligraphie.

Réservons les principes de l'écriture élégante, de la calligraphie, pour les élèves déjà avancés ; contentons-nous, avec les débutants, d'une reproduction grossière des caractères qu'ils lisent ; que l'écriture et la lecture se prêtent un mutuel secours, tout en formant deux exercices distincts.

Pour la leçon d'écriture aux petits enfants, que le modèle au tableau noir reproduise une lettre, un mot, une courte phrase compris dans la précédente leçon de lecture. Que le maître fasse comparer la forme des lettres manuscrites avec celle des lettres imprimées ; qu'il explique de nouveau le sens du mot ; qu'il fasse reproduire ce mot par plusieurs élèves au tableau noir, avant que le travail sur les ardoises ou sur les cahiers ne commence. Cette reproduction multiple, dirigée par le maître, permet à tous les élèves de se rendre compte des mouvements exécutés pour produire l'effet désiré. Pour leur travail individuel, ils ont le modèle au tableau noir et le souvenir des mouvements plusieurs fois exécutés sous leurs yeux.

Pendant toute la leçon, le maître circule dans les bancs, faisant relire le mot imité ; corrigeant sur le cahier la lettre la plus défectueuse, la refaisant sous les yeux de l'enfant, dirigeant au besoin sa main pour produire le mouvement voulu.

Cette manière de procéder peut paraître longue, et, dans une classe nombreuse, on n'arrivera pas à voir toutes les pages dans la même séance. Ce qu'on ne fera pas dans une séance, on le fera dans la séance suivante ; l'essentiel est que l'élève voie comment le maître s'y prend pour bien former une lettre que lui-même n'a pu réussir. On ne parvient pas à bien écrire en voyant de beaux modèles d'écriture, mais en remarquant, en imitant les procédés de ceux qui écrivent bien.

En supprimant les *barres*, en supprimant tous les autres exercices dits préparatoires, pour débuter par des lettres et par des mots, nous rentrons dans les voies simples de la nature. Le signe élémentaire en lecture, c'est la lettre ; faut-il, lorsqu'il s'agit de l'écriture, décomposer cet élément? Le nouvel élément sera-t-il le plein, le délié, la ligne droite ou la ligne courbe ? Le plein ne diffère du délié que par la quantité ; la ligne droite ne peut être rigoureusement tracée sans instruments que par les plus habiles dessinateurs ; la ligne courbe varie de forme à l'infini. Résignons-nous à l'imitation des formes connues, qui ont un sens dans le langage, sans nous inquiéter de leurs éléments insaisissables.

Lorsque l'enfant connaît la lettre *a*, qu'il sait la retrouver dans tous les mots qu'on écrit au tableau noir, il est suffisamment préparé à la copier. Il réussira plus vite à faire un *a* passable qu'une *barre* droite. Il imitera un mot connu avec la même facilité qu'une lettre. La première imitation sera grossière, malgré le soin que vous aurez pris de lui indiquer tous les mouvements à faire ; mais le *tour de main* viendra avec l'exercice. Savoir écrire n'est autre chose que d'avoir l'habitude des mouvements nécessités pour former les vingt-cinq lettres de l'alphabet. Il y a dans ces vingt-cinq lettres des formes qui ont de l'analogie, de sorte que les mouvements différents sont peu nombreux et que l'habitude peut être contractée rapidement.

Faut-il se servir d'ardoises ou de cahiers pour les premiers exercices d'écriture?

Les ardoises ont l'avantage d'économiser le papier, mais n'en ont pas d'autre. Elles ont l'inconvénient de se briser facilement, si ce sont des ardoises naturelles, de se percer plus facilement encore par l'usure, si ce sont des ardoises artificielles. Les élèves perdent souvent le tampon nécessaire pour enlever les traces de crayon; ils les nettoient alors avec leurs mains, cause de malpropreté trop commune.

Le papier est gaspillé par les enfants, si le maître manque de vigilance. D'ailleurs les commençants ne savent pas gouverner leur plume : ils font des taches d'encre sur leurs cahiers et sur leurs vêtements; la malpropreté des cahiers nuit à l'application des élèves. Les élèves les moins soigneux aiment un cahier propre, ce qui indique que le désordre n'est pas dans les instincts naturels; il est presque toujours la conséquence de l'étourderie ou de la paresse.

En se servant de crayons, au lieu de plumes et d'encre, on peut mettre sans inconvénient des cahiers entre les mains des commençants. On n'obtient pas avec le crayon des pleins et des déliés bien caractérisés; mais on ne vise pas à l'élégance de l'écriture avec les petits enfants. Nous désirons qu'ils écrivent en *fin* ou en *demi-gros* tout de suite; ils réussiront à copier passablement dans un temps plus court que celui qu'ils emploieraient à apprendre à faire de mauvaises *barres*.

On fera faire de bonnes barres, des exercices propres à délier la main, des pages *en gros*, où les défauts soient bien sensibles, aux élèves des premières divisions de l'école. C'est dans ces divisions que la leçon d'écriture peut devenir une leçon de calligraphie.

Lorsque le maître n'aura pas une *belle main*, il devra donner à ses élèves des modèles gravés, mais il ne sera pas dispensé pour cela de la leçon au tableau noir, ni de la correction aux bancs.

La leçon consistera dans l'explication des principes relatifs aux proportions et à l'espacement des lettres, aux effets des pleins et des déliés, à l'influence de la tenue du corps et de la plume sur la bonne exécution du modèle.

La correction aux bancs consistera à faire remarquer les défauts résultant de l'inobservation des principes posés dans la courte leçon théorique. Le maître s'attaquera, pour chaque élève, à la lettre la plus défectueuse, il la redressera au crayon et ne passera à des observations nouvelles que lorsque l'élève aura pris l'habitude de bien former la lettre, corrigée autant de fois qu'il aura été nécessaire pour arriver au résultat désiré. Appeler l'attention de l'élève à la fois sur plusieurs défauts, ou insister tantôt sur un défaut, tantôt sur un autre, c'est dérouter sa bonne volonté. En écriture, comme en toute chose, ne cherchons pas à rompre le faisceau des mauvaises habitudes, mais prenons-les une à une pour en avoir plus facilement raison.

Nous ne parlerons pas des innombrables méthodes d'écriture ; c'est une question commerciale plutôt que pédagogique. Mais nous devons exprimer notre sentiment sur les deux genres d'écriture les plus usuels : l'écriture anglaise et l'écriture française.

L'*écriture anglaise* est l'écriture penchée, la plus généralement employée aujourd'hui, fort élégante à main posée, mais dont les formes s'altèrent par la rapidité d'exécution et qui devient facilement illisible.

L'*écriture française*, peu penchée, aux formes arrondies et fermes, très nette, très lisible, est l'écriture de nos anciens *chartiers*, des copistes d'avant l'invention de l'imprimerie. Pour nous, qui croyons que la beauté de l'écriture c'est la lisibilité, nous trouvons l'écriture française très belle et nous lui souhaitons une renaissance durable.

Elle a réapparu au lycée de Douai, et de là s'est

répandue dans plusieurs autres grands établissements universitaires, dans beaucoup d'écoles primaires; mais les habitudes prises ralentissent se marche, heureux si elles ne l'arrêtent pas.

Tout le monde aime à lire l'écriture française, parce qu'elle épargne de la fatigue, qu'elle fait gagner du temps au lecteur; mais on doute qu'on puisse écrire aussi rapidement qu'avec l'*anglaise :* notre siècle sacrifie tout à la rapidité.

La rapidité en écriture n'est qu'une question d'habitude. Les enfants qui n'ont appris que l'écriture française suivent aussi facilement la dictée dans les examens que ceux qui se servent de l'écriture anglaise, et l'admiration des examinateurs les moins prévenus n'est pas pour ces derniers.

D'ailleurs les personnes qui ont acquis et conservé une bonne écriture anglaise, en particulier les teneurs de livres, n'expédient pas vite le travail sérieux; les notes dressées à la hâte par les mêmes personnes n'ont rien de remarquable.

Que l'on emploie l'écriture française ou l'écriture anglaise, il faut veiller à ce que les enfants ne se gâtent pas la main par trop de précipitation. Une bonne écriture, jointe à quelques notions de comptabilité, peut faire la position d'un enfant sortant des écoles primaires. L'enseignement primaire reçoit aujourd'hui des développements importants, mais rien n'est d'une utilité aussi immédiate, aussi positive qu'une belle écriture.

Les maîtres qui accablent leurs élèves de devoirs écrits en classe et à la maison, n'obtiennent pas de bons résultats pour l'écriture. Ils peuvent en outre compromettre la santé des élèves.

On parle depuis quelque temps de *scholiose,* maladie

provenant des attitudes que les enfants prennent en écrivant. Nous pensons que les déformations constatées proviennent surtout de la fatigue résultant d'un temps trop long passé à écrire. Diminuons les devoirs écrits et la constitution de nos élèves conservera l'équilibre précieux qui est l'état de santé.

L'enseignement de l'écriture peut influer sur la santé morale comme sur la santé physique. Tenez la main à ce que les enfants prennent soin de leurs cahiers, qu'ils évitent de les froisser, de les tacher; qu'ils ne laissent pas de blancs inutiles, de pages inachevées; qu'ils écrivent avec autant d'application la dernière ligne de la page que la première, et vous leur aurez rendu le plus grand service. Les habitudes d'ordre, de soin, d'attention, de régularité, de précision contractées à l'école se conservent toute la vie; elles forment en quelque sorte la constitution morale de l'enfant et de l'homme, qui garde, en les consolidant, ses habitudes d'enfance.

Les modèles d'écriture doivent être choisis avec soin. Ils pourraient être gradués de manière à former un véritable petit cours de morale. La forme concise des sentences consacrées par l'opinion permet de donner aux enfants une nourriture morale substantielle sous un très petit volume, si l'on peut s'exprimer ainsi. Il est bien entendu que les sentences doivent être expliquées et commentées par le maître.

CHAPITRE XLIV

Enseignement.

ORTHOGRAPHE

Voilà une étude peu aimable qui a jeté dans le découragement beaucoup d'élèves et de maîtres.

L'étude de la langue française n'a eu longtemps pour but, dans l'enseignement primaire, que l'acquisition de l'orthographe. On conçoit que le chemin était aride, et le résultat poursuivi bien maigre. Bien orthographier, c'est quelque chose ; mais avoir des idées nettes, précises, et les rendre avec clarté et correction, c'est mieux encore.

Il y a eu réaction contre la *tyrannie* de l'orthographe, et comme dans toutes les réactions on est allé trop loin. On a jugé l'orthographe inutile ou du moins d'utilité secondaire. « Moins d'orthographe et plus de style », telle était la formule de la réforme pédagogique.

Ecrivez bien, vous aurez le droit de faire des fautes d'orthographe, parce que celui qui se rend maître de sa langue au point de lui faire rendre avec précision et élégance les nuances les plus délicates de sa pensée, ne manque pas de s'approprier la forme matérielle des mots dont il se sert avec tant de discernement et d'à-propos.

Mais l'enseignement primaire ne doit pas oublier que jamais une délicate nourriture littéraire ne sera pour lui d'un usage habituel.

Il faut apprendre l'orthographe, quoique l'étude de l'orthographe ne soit pas toute l'étude la langue française, même à l'école primaire. Elle se rattache plus à la lecture et à l'écriture qu'à la grammaire.

Les enfants à qui on apprend à lire et à écrire savent parler. Les mots écrits ne sont que des signes pour fixer le langage. Les mots sont généralement des combinaisons de plusieurs lettres, et chaque combinaison a une physionomie particulière, qui forme une image propre à être fixée dans la mémoire.

Savoir l'orthographe d'un mot, c'est en avoir l'image nette et précise dans la mémoire. Une lettre manque-t-elle, la physionomie du mot change. L'esprit ne reconnaît plus cette image ; la comparaison mentale avec le type conservé dans la mémoire accuse une dissemblance au lieu de constater une similitude.

Le souvenir des images est d'autant plus vif que l'impression a été plus forte, d'autant plus net que l'observation a été plus attentive, plus détaillée.

Les images des sons et des mots, ou les formes orthographiques, ne sont pas de nature à produire des impressions très fortes et très durables. Mais nous savons que la répétition supplée à l'intensité, que de faibles impressions souvent renouvelées laissent dans l'esprit des traces aussi profondes et peut-être plus tenaces que les fortes impressions isolées.

La netteté des impressions vient de l'attention apportée aux détails. L'analyse des formes orthographiques est par conséquent un des meilleurs moyens d'apprendre l'orthographe.

En apprenant à lire, les enfants reviennent souvent sur les mêmes mots, c'est-à-dire sur les mêmes formes orthographiques. La mémoire s'approprie ces formes par l'effet de la puissance de la répétition. Il semblerait

que les enfants devraient savoir l'orthographe lorsqu'ils savent lire. Il en est rarement ainsi ; tous ceux
qui ont enseigné les premiers éléments de la lecture
ont pu le remarquer.

Pour la lecture, le souvenir vague des formes peut
suffire. La reconnaissance des mots doit être rapide,
les différents traits de la physionomie du mot, c'est-
à-dire les lettres qui le composent, se perdant dans l'ensemble, surtout pour l'œil qui n'est pas suffisamment
exercé. Lorsqu'on n'a qu'une image confuse des mots
dans la mémoire, on ne peut les reproduire avec fidélité : on oublie, on omet certains traits de détail, ou on
ajoute des traits que l'image ne comporte pas ; on *fait
des fautes d'orthographe.*

Pour apprendre l'orthographe aux enfants, il faut
leur apprendre à bien voir les mots, à s'en former des
images bien déterminées.

L'enseignement de l'orthographe peut et doit commencer en même temps que l'enseignement de la lecture et de l'écriture. La lecture, l'écriture et l'orthographe ne sont en quelque sorte que trois branches d'un
même enseignement.

A un enfant qui vient de lire un mot, vous pouvez
recommander de l'examiner attentivement pour pouvoir
l'épeler, c'est-à-dire l'analyser le livre fermé. Ainsi la
dictée peut commencer, sans plume et sans papier, dès
les premiers exercices scolaires.

Après avoir fait lire le mot *table*, par exemple, vous
le faites épeler ou analyser, ce qui est la même chose,
d'abord à livre ouvert, et ensuite à livre fermé. Les
élèves attentifs épellent de mémoire du premier coup ;
pour ceux qui hésitent ou se trompent, faites rouvrir le
livre : l'attention redouble, et un plus grand nombre
d'élèves épellent ensuite exactement sans voir les

lettres. Cette épreuve renouvelée autant de fois que la difficulté du mot le rend nécessaire, tous les élèves en possèdent l'orthographe.

Le même exercice pratiqué sur plusieurs mots constitue une véritable dictée verbale.

L'écriture doit commencer avec la lecture, parce que l'enfant est naturellement porté à reproduire les signes dont il apprend l'usage. Mais il faut que l'exercice de l'écriture porte sur les mots lus, pour que les deux enseignements se soutiennent et se fortifient mutuellement.

Dicter à de jeunes enfants des mots, des phrases, un texte qui leur soient absolument inconnus, c'est leur poser des énigmes. Ils sont découragés par le grand nombre de fautes qu'ils commettent fatalement, la prononciation et l'orthographe étant rarement d'accord dans notre langue. Les corrections de la veille ne donnent aucune confiance pour le lendemain, car un texte nouveau apportera des difficultés nouvelles. La lenteur des progrès en orthographe a toujours fait le désespoir des élèves et des maîtres.

Les progrès seront rapides si l'on ne dicte que des textes déjà lus, commentés, étudiés. L'élève prendra l'habitude de lire avec une grande attention, le morceau lu pouvant devenir le texte d'une dictée. L'attention sur la forme des mots produit dans l'esprit des images orthographiques nettes ; la répétition par la lecture, l'écriture et la dictée grave profondément ces images dans la mémoire. La correction, faite comme nous l'indiquons plus loin, est aussi un exercice d'attention et de mémoire des formes orthographiques.

La méthode psychologique consiste, pour l'enseignement qui nous occupe, à ne faire écrire que des mots déjà connus par la lecture. La difficulté de la

dictée sera d'autant moins grande que le texte en
aura été lu et expliqué plus récemment. Le mieux est
de choisir le texte de la dictée dans le livre de lecture
de la classe ou de la division. Les élèves sont prévenus que le morceau qu'on va lire et expliquer sera dicté
ensuite. La lecture faite, les livres sont fermés et mis
dans les bureaux. Après la dictée, les cahiers sont
échangés, et pour faire cet échange de manière qu'il
n'y ait pas de correction mutuelle, par conséquent pas
d'entente et de complaisance, le maître prend les cahiers du premier rang d'élèves dans le sens perpendi-
culaire à l'estrade ; chaque élève passe alors son cahier
au voisin, et le maître donne aux élèves du dernier
rang les cahiers relevés au premier rang. Les élèves
rouvrent alors leurs livres, et la correction se fait avec
le texte sous les yeux. Cette correction est plus rapide
et mieux faite que si elle avait lieu par épellation ou
par transcription au tableau noir.

Lorsqu'un enfant ne fait plus de fautes dans les
dictées dont il a préalablement lu et étudié le texte, il
n'en fait pas ou n'en fait guère dans les dictées non
préparées : l'habitude d'écrire correctement est prise.
On pourrait donc procéder pour les dictées dans les
divisions supérieures comme dans les divisions inférieures. Cependant, pour les divisions supérieures, le
texte peut n'être pas mis préalablement sous les yeux
des élèves ; mais il est important de le prendre dans le
livre de lecture, d'abord pour faciliter la correction et
ensuite pour que l'élève en lisant soit toujours préoc-
cupé de l'orthographe des mots, la leçon lue un jour
pouvant devenir le texte de la dictée d'un autre jour.

Or ne trouve pas accumulées, dans les bons livres de
lecture, les difficultés orthographiques faisant d'une
page de texte une épreuve redoutée des meilleurs

élèves. C'est une raison pour préférer le livre de lecture au recueil de dictées où les pièges orthographiques abondent. Lorsqu'un élève des écoles primaires, et même un homme plus instruit, peut écrire sous la dictée sans hésitation une page d'un livre ordinaire, il sait suffisamment l'orthographe.

Nous séparons à dessein l'enseignement de l'orthographe de l'enseignement grammatical et littéraire compris sous le titre général d'enseignement de la langue française. Pour nous l'*orthographe d'usage*, la plus difficile à acquérir, se rattache surtout à l'enseignement de la lecture.

CHAPITRE XLV

Enseignement.

CALCUL

Quotités.

Le mot calcul dérive du latin *calculus*, qui signifie *caillou*.

Cette étymologie nous apprend qu'on a primitivement compté avec des *cailloux*.

Il est difficile, en effet, d'avoir une idée précise des nombres sans les rapporter à des objets pouvant être réunis ou séparés à volonté.

La nature nous donne la première notion du nombre en nous présentant une foule d'objets sinon identiques du moins assez semblables. Nous saisissons avec facilité les ressemblances vagues, tandis qu'il n'y a que l'observation attentive qui nous fasse distinguer les différences délicates.

. On a donné la dénomination commune d'*arbres* à des végétaux qui présentent bien des différences, mais qui ont une ressemblance dans la forme générale, dans le port, qui frappe au premier regard. Lorsqu'on voit plusieurs arbres, l'esprit ne cherche pas tout d'abord la différence d'un arbre à l'autre, mais il se préoccupe du nombre, c'est-à-dire du rapport du groupe d'arbres à un seul arbre. L'arbre est une individualité, une unité. Dire qu'un groupe d'arbres est de six, c'est exprimer le rapport six de l'unité au groupe ; *six* est un nombre.

Compter c'est déterminer la *quotité* d'un groupe, c'est-à-dire combien de fois l'individualité, l'unité y est comprise. Pour compter, il faut séparer les objets semblables, au moins par la pensée, pour les réunir ensuite dans une même expression de nombre. Il y a dans cette opération une analyse suivie d'une synthèse.

Si nous avions à compter un tas de cailloux ou une somme de pièces de un franc, nous procéderions de la même manière ; nous prendrions successivement chaque pièce ou chaque caillou du tas pour en former un autre tas dans le voisinage. A la fin de l'opération le premier tas a disparu, et le nouveau, égal au premier, est déterminé quant à la quotité.

Pour calculer le nombre des cailloux, nous avons pris du tas donné et mis à part d'abord un caillou, en disant un ; puis un second, en disant deux ; puis un troisième, en disant trois, ainsi de suite jusqu'à la fin, soit par exemple le trois cent soixantième. On voit que le nombre trois cent soixante a été obtenu par addition. Former un nombre, c'est faire une addition un à un.

Si, au lieu d'avoir à compter des cailloux ou des

pièces de un franc, nous avions eu des pièces de deux francs, en prenant la première, nous aurions dit deux; la seconde, quatre ; la troisième, six, etc. C'est faire une addition deux à deux.

Compter une somme en pièces de cinq francs, c'est faire une addition cinq à cinq.

L'*addition* est la base de la numération et de tous calculs. -

Les noms de nombre ne diraient absolument rien à ceux qui n'auraient jamais compté soit des cailloux, soit des boules, soit d'autres objets ayant de l'analogie entre eux et pouvant chacun indistinctement être pris pour unité.

Ce n'est pas faire compter les enfants que de leur faire réciter des tables d'addition. Un enfant qui dit imperturbablement trois et quatre font sept, n'a aucune idée des nombres trois, quatre et sept s'il n'a été exercé à compter des objets réels. Si vous demandez à un enfant qui *chante* parfaitement les noms de nombre, de vous montrer un mot de trois ou de quatre lettres de son alphabet, il sera fort embarrassé. Il n'écrira pas sans se tromper sept fois la lettre *a* au tableau noir.

L'observation des objets réels conduit à d'autres résultats. Si l'enfant sait déjà compter un à un jusqu'à dix seulement, vous pouvez lui demander combien font trois et quatre. Mais avant de lui permettre de répondre, dites-lui de prendre trois cailloux dans une main, quatre dans l'autre, de les réunir dans la même main, et finalement de les compter. Répétez la question, il vous répondra : Sept. Ce n'est pas seulement pour l'élève une notion *exacte* acquise, mais encore l'indication d'une voie sûre à suivre et qu'il suivra. Les enfants ne se payeraient pas de mots si les maîtres ne confiaient à leur mémoire que des vérités bien démontrées et bien comprises. Comprendre d'abord, retenir ensuite, voilà les deux conditions nécessaires d'une instruction solide; les séparer, c'est faire une fausse route.

Les faits particuliers nous entraînent souvent à des considérations générales; mais ces considérations, au lieu de nous égarer, éclairent notre chemin.

L'idée de nombre nous vient de l'observation de plusieurs objets semblables. Pour apprendre à compter on s'est d'abord servi de cailloux : c'était l'enfance de l'art. Des collections de cailloux sont embarrassantes et difficiles à conserver; les enfants peuvent en faire un mauvais usage. On a remplacé les cailloux par des boules en bois enfilées dans des tringles; un cadre de *dix* tringles portant chacune *dix* boules forme le boulier-compteur ordinaire. Nous ne disons pas le plus répandu, parce que malheureusement on se passe de bouliers-compteurs comme de cailloux dans beaucoup d'écoles. Des mots et des chiffres, l'apparence au lieu de la réalité du calcul, voilà ce que l'on trouve encore, mais de plus en plus rarement, nous devons le reconnaître.

Avec le boulier-compteur de cent boules, on peut faire les mêmes calculs qu'avec cent cailloux : on peut additionner un à un, deux à deux, trois à trois, etc., ou composer des nombres; on les décompose avec la même facilité, dans cette limite.

Pour montrer avec le boulier que quatre et trois font sept, le maître compte d'abord trois boules, puis quatre; il réunit les deux petits groupes et compte de nouveau. Le résultat *sept* est clair à tous les yeux.

On peut, en décomposant, montrer aussi claire-

ment que sept moins trois égale quatre. Comptez sept
boules; de ce groupe retranchez trois boules; comptez
le reste *quatre*.

Avec le boulier-compteur, c'est le maître généralement qui manœuvre les boules; les élèves ne prennent
part à l'exercice que des yeux et de la voix. Si on
n'y prend garde, les yeux peuvent n'y point voir et
la voix répéter des mots n'éveillant aucune idée dans
l'esprit. Tous les élèves ne peuvent pas avoir en main
la touche qui met la boule en mouvement; mais on
peut la confier à chaque élève alternativement, pour
répéter une démonstration faite. Pour apprendre, il
ne suffit pas de voir et de comprendre, il faut revoir
souvent pour graver l'impression et former une habitude d'esprit.

Il y a des maîtres qui ne trouvent pas au boulier
assez d'étendue. Il ne se prête en effet qu'à des opérations dont le résultat se traduit par deux chiffres. On
est fier de faire écrire à de petits enfants des nombres
de cinq, six, sept chiffres et davantage. On ne réfléchit
pas que l'esprit humain ne conçoit clairement que les
nombres de peu d'étendue, et que ce n'est qu'au
moyen de l'artifice d'une classification subtile appelée
numération qu'on peut exprimer et représenter les
grands nombres. La numération, pour les commençants, c'est l'addition de quantités concrètes; on ne
peut employer ces quantités qu'en nombre limité.

La limite de *cent* peut être facilement dépassée avec
les ressources que présentent les écoles, et cela sans
avoir recours à des mètres cubes de cailloux ou à des
bouliers gigantesques.

Si vous avez cinquante élèves dans votre classe,
vous avez à votre disposition un *compteur vivant* de
cinq cents unités.

Vous voulez, par exemple, vous assurer que vos élèves se font une idée exacte du nombre *deux cent quarante;* vous choisissez un élève et vous lui dites d'organiser avec ses camarades, autour de l'estrade, un groupe qui, les mains levées, présente deux cent quarante doigts. Voilà l'animation dans la classe; les élèves réquisitionnés arrivent; les mains levées sont nombreuses, font-elles le compte de doigts? L'élève choisi vous interroge du regard. — Voyez vous-même, combien d'élèves? — Quinze. — Combien chaque élève a-t-il de doigts? — Dix. — Donc chaque élève représente une dizaine? — Oui. — Quinze élèves? — Quinze dizaines ou cent cinquante doigts. — Combien y a-t-il de dizaines dans deux cent quarante? — Vingt-quatre. — Combien devez-vous encore appeler d'élèves? — Neuf.

Une fois le nombre complet, on peut le faire décomposer par une série d'exercices intéressants et profitables. — Combien y a-t-il de fois dix dans deux cent quarante? — Autant que d'élèves, vingt-quatre fois. — Combien de fois cinq? — Autant que de mains, quarante-huit fois. — Renvoyez huit élèves, combien reste-t-il de doigts levés? — Il reste seize élèves, soit seize dizaines de doigts ou cent soixante. — Prenez la moitié de cent soixante. — La moitié de seize, nombre des élèves, égale huit. La moitié de cent soixante égale huit dizaines ou quatre-vingts. Nous donnons des réponses précises pour indiquer la marche à suivre; mais il y aura bien des hésitations, bien des tâtonnements, bien des erreurs à relever dans la pratique, avant que l'habitude soit prise. Nous en avons assez dit pour indiquer une source féconde de précieux exercices de calcul élémentaire.

Les objets matériels peuvent être remplacés, pour

donner aux enfants une idée exacte des nombres, par les lettres de l'alphabet, isolées ou formant des mots.

Vous écrivez, par exemple, quatre fois le mot enfant de cette manière au tableau noir :

enfant
enfant
enfant
enfant

Combien, demanderez-vous ensuite, y a-t-il de lettres dans le mot enfant? — Six. — Combien font deux fois six, comptez? — Douze. — Trois fois six? — Dix-huit. — Quatre fois six? — Vingt-quatre. — Quelle est la moitié de vingt-quatre? — Deux fois les lettres du mot *enfant* ou douze.

On peut faire compter les lettres verticalement, c'est-à-dire par quatre, après les avoir fait compter par six, et trouver ainsi matière à une nouvelle série d'exercices analogues aux premiers.

Si on voulait faire compter par trois, quatre ou cinq, on prendrait des mots de trois, quatre et cinq lettres. Le mot écrit au tableau noir est répété autant de fois qu'il est nécessaire.

On remarquera que l'enseignement du calcul ainsi entendu favorise les progrès en lecture et en orthographe, en mettant sous les yeux des enfants des mots lus et des formes à retenir.

Le nombre et la forme doivent se prêter un mutuel secours dans un enseignement véritablement rationnel, psychologique.

CHAPITRE XLVI

Enseignement

CALCUL

Quantités.

En nous servant de cailloux, de boules, d'objets matériels pouvant être réunis et séparés à volonté, nous n'avons pas donné au calcul le caractère de précision scientifique qu'il comporte. Nous avons obtenu des *quotités*, mais non des *quantités*.

Lorsque nous avons compté un tas de cailloux, nous n'en avons pas la mesure exacte, parce que tous les cailloux ne sont pas rigoureusement de la même grosseur. Un nombre d'arbres ne nous donne pas non plus une idée précise de grandeur : un groupe de dix arbres peut représenter une quantité de bois plus considérable qu'un autre groupe de vingt arbres. La nature est si variée qu'il n'y a pas deux cailloux, deux arbres, deux brins d'herbe d'une identité absolue. Le nombre, lorsqu'il représente une collection d'individualités naturelles, est une *quotité*. Le nombre exprime une *quantité* lorsqu'il y a mesure, c'est-à-dire rapport précis avec une unité invariable. Trente cailloux, c'est une quotité ; le caillou, l'individualité est prise trente fois, mais comme les cailloux ne sont pas identiques, le rapport est vague. Trente mètres est une quantité, parce que l'*unité* est toujours semblable à elle-même, que le rapport de longueur exprimé est précis.

La quotité est une grandeur vague et discontinue. Vague, parce que l'unité n'est pas constamment semblabie à elle-même; discontinue, parce qu'on ne comprend pas une individualité passant par tous les états de grandeur sans se détruire. Un grain de sable n'est pas un caillou ni une fraction de caillou; un brin de sciure de bois n'est pas une fraction d'arbre ; un morceau de viande n'est pas une fraction d'animal, parce que la vie est indivisible.

Une *quantité* est déterminée par sa mesure, c'est-à-dire par son rapport à une quantité de même espèce prise pour unité. Vingt mètres exprime une quantité mieux déterminée que la quotité vingt maisons. Vingt maisons et demie, vingt maisons un dixième n'a pas de sens; mais vingt mètres cinquante centimètres est une notion aussi précise que vingt mètres.

La *quantité* est continue, c'est-à-dire peut passer par tous les états de grandeur. Le nombre ou le rapport qui exprime un de ces états peut différer aussi peu que l'on veut d'un autre état de grandeur. Si je prends pour premier état vingt mètres et pour second vingt-un mètres, les deux états diffèrent d'une longueur d'un mètre. Mais je puis faire varier, par exemple, le premier état par cent millièmes et obtenir le nombre vingt mètres quatre-vingt-dix-neuf mille neuf cent quatre-vingt-dix-neuf cent-millimètres qui ne diffère de vingt-un mètres que d'une quantité très petite. Cette différence, on le comprend, peut être rendue encore plus petite, ce qui démontre la continuité de la grandeur mesurable.

Par grandeur mesurable nous n'entendons pas seulement les longueurs, mais l'étendue dans tous les sens, les durées et les forces comparables, ou autrement l'espace, le temps et le mouvement.

L'*unité* de mesure n'est pas une individualité comme celle qui sert à exprimer les quotités, mais une quantité arbitrairement choisie pour terme de comparaison. Les unités de mesure varient de nation à nation ; elles variaient autrefois en France de province à province.

L'unité de mesure doit représenter une quantité assez petite pour être bien saisie par l'esprit et assez grande pour ne pas donner lieu à de trop grands nombres.

Sans une grande habitude, l'esprit n'embrasse que des quantités et des nombres très limités. Lorsqu'on voit des troupes rassemblées dans une plaine, il est fort difficile d'apprécier avec quelque approximation le nombre des soldats ; deux spectateurs peuvent varier, dans leur estimation, du double à la moitié. Il faut un ingénieur bien expérimenté pour estimer à vue d'œil avec quelque vérité le cube d'un déblai ou d'un remblai indiqué par une première reconnaissance de l'assiette d'une route ou d'un chemin de fer.

Cette remarque est très importante au point de vue pédagogique ; elle doit porter les maîtres à n'exercer leurs élèves au calcul que sur des nombres restreints, les grands nombres ne fixant aucune notion certaine dans leur esprit.

L'unité de mesure étant arbitraire et la quantité mesurable, continue, le calcul comporte tous les degrés de grandeur. Si la quantité à mesurer est plus petite que l'unité choisie, il faut prendre une unité un certain nombre de fois plus petite. Si on a, par exemple, à mesurer une longueur moindre qu'un mètre, on peut prendre le centimètre pour unité ; si l'on exprime cette longueur par trente-cinq centimètres, on a l'idée d'une quantité cent fois plus petite que trente-cinq mètres.

L'idée de fraction est née de la nécessité de mesurer des quantités ne contenant pas l'unité choisie ou ne la contenant pas un certain nombre de fois exactement.

Une fraction n'est pas un *morceau* comme on en donne faussement l'idée aux enfants qui apprennent le calcul, c'est une quantité plus petite que l'unité adoptée. Si nous adoptons le pied pour unité de longueur et que nous mesurions une ligne ayant exactement deux pieds, nous obtenons un nombre entier. La même ligne serait exprimée par une fraction si nous avions pris le mètre pour unité.

Nous ferons découler plus tard de cette vérité une théorie des fractions facile à comprendre par les plus jeunes enfants.

Nous ne voulons aujourd'hui qu'asseoir solidement les bases psychologiques de la numération parlée et de la numération écrite.

Nous avons établi que la nature ne nous montre que des individualités et des quotités ou collections d'individus; que les quotités ne donnent lieu qu'à des nombres discontinus.

Pour s'élever de l'empirisme du calcul à la science des grandeurs, l'homme a établi des rapports non plus entre les choses, mais entre les qualités des choses. Les notions trois mètres, quatre litres, cinq grammes ne disent rien sur la nature des objets mesurés ou pesés, mais elles précisent leurs qualités d'étendue ou de poids.

Les rapports de grandeur trois mètres, quatre litres, cinq grammes sont des nombres concrets. Pour les calculs, il est commode de ne considérer que les nombres, abstraction faite de la nature de l'unité. La multiplication de cinq par quatre donne vingt, qu'il s'agisse de mètres, de grammes ou de francs; le quotient de vingt par cinq est toujours quatre, quelle que soit l'espèce de l'unité. La somme des trois angles d'un triangle égale deux angles droits, que le triangle

soit grand ou petit. Les nombres et les figures géométriques ont, par conséquent, des propriétés indépendamment des grandeurs concrètes.

La considération de ces propriétés abstraites constitue les mathématiques pures.

Ainsi l'esprit perçoit d'abord des formes naturelles,
trouve des ressemblances ou des différences entre elles,
et l'idée de nombre naît de la répétition des formes
semblables.

La notion de quotité appelle celle de quantité.
L'unité cesse d'être une individualité; on prend pour
unité une grandeur concrète arbitraire, toujours semblable à elle-même. Le nombre devient un rapport
exact, l'expression d'une mesure.

De la propriété des grandeurs concrètes on passe à
la considération des rapports séparés de toute idée de
quantité.

Cette marche de l'esprit nous indique la méthode à
suivre dans l'enseignement du calcul.

Il faut faire compter au début des objets réels,
comme des arbres, des maisons, des tables, des livres,
des boules, des doigts, des lettres. Plus tard, on pèse et
on mesure. On n'aborde le calcul abstrait qu'après
cette double préparation.

Beaucoup de maîtres et la plupart des auteurs d'arithmétiques entrent en matière par la numération des
nombres abstraits. Cette manière de procéder a dégoûté
du calcul un grand nombre d'enfants. On peut apprendre à compter passablement sans comprendre
l'artifice de la numération. Avant de pouvoir bien saisir
les raisons des choses, il importe de bien connaître les
choses elles-mêmes. Faites ajouter, soustraire, multiplier et diviser des quotités avant de parler de quantités.
La notion de nombre découlant de la juxtaposition

d'objets analogues, est plus saisissable que le rapport d'une grandeur arbitraire prise pour unité à une grandeur de même espèce. Les nombres abstraits ne sont que des mots vides de sens pour les jeunes enfants, incapables de généraliser leurs idées.

On peut parler aux enfants d'unités, de dizaines et de centaines, leur faire écrire des nombres de deux et trois chiffres sans entrer dans des explications sur la numération.

Les deux mains forment une dizaine de doigts ; dix élèves ont ensemble une centaine de doigts.

Un chiffre seul ne représente que des unités. Lorsqu'un nombre est composé de deux chiffres, le premier à droite représente les unités ; le second, en allant de droite à gauche, représente des dizaines. Si le nombre avait trois chiffres, le troisième chiffre à gauche représenterait les centaines, et ainsi de suite.

Le zéro sert à mettre au rang convenable les chiffres significatifs. Dans trente, il y a trois dizaines exactement. Pour écrire ce nombre, il faut le chiffre trois au second rang, ce qu'on obtient en le faisant précéder d'un zéro. Pour écrire quatre cent cinq, il faut le chiffre cinq au premier rang et le chiffre quatre au troisième ; un zéro intermédiaire est par conséquent nécessaire. Ne faisons jamais dire aux enfants que les zéros de trente et de quatre cent cinq représentent les unités et les dizaines qui manquent. On écrit trente francs avec un trois et un zéro, que la somme soit en pièces de dix francs ou en pièces de un franc. Dire que dans trente il n'y a pas d'unités et que dans quatre cent cinq il n'y a pas de dizaines, c'est tout simplement absurde.

Un éducateur doit toujours être exact dans le langage qu'il tient aux enfants, sous peine de fausser leur esprit et de retarder leurs progrès.

CHAPITRE XLVII

Enseignement

CALCUL

Numération.

L'esprit ne se forme pas une idée nette des grands nombres; la mémoire ne garde pas de trop longues nomenclatures de mots, des signes trop multipliés. Comme les nombres sont infinis, il a fallu recourir à un artifice pour les exprimer, pour les représenter. Il a fallu les grouper, les classer, se servir des mêmes termes pour désigner les individualités dans les groupes et les groupes dans les classes.

Cette classification est appelée *numération.*

La base de notre système de numération est dix. Les hommes ont dix doigts, et il était naturel qu'ils prissent pour base de la classification des nombres la quotité sans cesse présente à leurs yeux, se reproduisant autant de fois qu'il y avait de personnes réunies.

Le groupe ou famille est formé de dix unités, l'ordre de dix groupes et la classe de dix ordres. La classe inférieure devient une unité de la classe immédiatement supérieure, de sorte qu'avec un très petit nombre de mots on parvient à exprimer des séries considérables de nombres.

Le groupe, c'est la dizaine; l'ordre, la centaine, et la classe, le mille. Mille unités forment la première, ou classe des unités. Le mille étant pris pour unité, on compte de un mille à mille mille ou un million; le million étant pris pour unité, on compte de un million à mille millions ou un milliard; le milliard étant pris pour unité, on compte de un milliard à mille milliards ou un trillion. Le trillion, unité de la cinquième classe, exprime une grandeur à peu près inconcevable. Un fil d'un trillion de millimètres ferait vingt-cinq fois le tour de la terre. En supposant qu'une pelote de cent mètres de ce fil pesât seulement dix grammes, le fil entier pèserait cent mille tonnes et pourrait charger dix mille wagons à la charge maximum de dix mille kilogrammes.

Combien faut-il de termes différents pour exprimer tous les nombres entiers de un à un trillion? Pour exprimer les dix premiers nombres, il faut dix termes; de dix à vingt, il y a sept termes nouveaux; de vingt à cent, cinq; de cent à mille, un; de mille à un million, un; d'un million à un milliard, un; d'un milliard à un trillion, un : en tout vingt-six termes. A partir de la classe des mille, il ne faut qu'un terme nouveau pour chaque classe. Il semble que toute la puissance de l'esprit humain repose sur la faculté de classification. Les hommes n'ont fait de progrès dans les sciences que par l'analyse et la classification de leurs sensations.

Si pour exprimer les nombres peu de termes différents suffisent, pour les écrire, il faut moins de signes, moins de chiffres encore. Dans le système décimal, dix chiffres suffisent pour représenter tous les nombres possibles et imaginables, en convenant qu'un chiffre placé à la gauche d'un autre représente des unités d'une espèce dix fois plus grande que cet autre.

Les neuf premiers chiffres représentent les nombres entiers de un à neuf; le dixième, appelé zéro, n'est employé que pour faire occuper aux autres chiffres le rang convenable, d'après la convention adoptée.

Un chiffre significatif seul ou placé au premier rang à droite représente des unités. Un chiffre placé au second rang en allant vers la gauche représente des dizaines; au troisième rang, des centaine; au quatrième, des mille; au cinquième, des dizaines de mille; au sixième, des centaines de mille; au septième, des millions, etc.

Veut-on rendre un nombre dix, cent, mille fois plus grand, on fait occuper au chiffre des unités le deuxième, le troisième ou le quatrième rang, en écrivant à la droite de ce nombre un, deux ou trois zéros.

Veut-on rendre un nombre dix, cent, mille fois plus petit, on fait occuper le premier rang au chiffre des dizaines, des centaines ou des mille, en séparant à la droite de ce nombre, par une virgule, un, deux ou trois chiffres. Si le nombre des chiffres à séparer dépassait les chiffres du nombre donné, on écrirait à gauche le nombre de zéros nécessaire pour faire l'opération demandée. Pour diviser, par exemple, le nombre cinq par cent, il faut faire occuper au troisième chiffre à gauche le rang des unités; écrivons deux zéros à gauche du cinq, séparons deux chiffres par une virgule et nous aurons la fraction 0,05.

On voit que l'idée de fraction décimale découle de la convention adoptée pour représenter tous les nombres avec dix chiffres. Les dixièmes sont des unités dix fois plus petites que l'unité ordinaire; les centièmes, cent fois plus petites; les millièmes, mille fois, etc. Les nombres abstraits sont par conséquent des nombres continus, c'est-à-dire qu'ils peuvent représenter tous les états de grandeur.

Il ne faut pas confondre la grandeur mathématique abstraite avec la quantité. La quantité, nous l'avons déjà dit, est l'expression d'une mesure, ou le rapport d'une unité concrète arbitraire à une grandeur de même espèce. La quantité dépend de la valeur de l'unité et de la valeur du rapport. Dans les nombres abstraits, on ne considère que les rapports.

Mais qu'est-ce qu'un rapport?

La notion de rapport, qui passe pour une des difficultés de l'arithmétique, est sinon définie, du moins appliquée dès qu'il s'agit de nombre, de quantité.

Le nombre n'est que le rapport d'une grandeur à l'unité. Trois exprime que la grandeur dont il s'agit est trois fois l'unité, ou que l'unité n'est que le tiers de cette grandeur.

Quatre mètres indique que la quantité mesurée est quatre fois plus grande que le mètre, ou que le mètre est quatre fois plus petit que la quantité.

Dans ces deux exemples, il y a un double rapport exprimé, un rapport direct et un rapport inverse.

Le rapport que l'on considère lorsqu'il s'agit des proportions est-il de nature différente de celui que nous trouvons à la base de la numération? Non; mais dans ce qu'on appelle généralement rapport, les grandeurs ou les quantités comparées diffèrent de l'unité.

Le rapport de douze à trois est quatre. Cela signifie que si l'on prenait trois pour unité, la grandeur douze serait exprimée par quatre. Le rapport de cent francs à vingt francs est cinq : si la pièce de vingt francs était prise pour unité, la somme de cent francs serait exprimée par cinq *louis*.

Le rapport de cinq à quinze est cinq quinzièmes ou un tiers. Cela signifie que cinq quinzièmes égalent cinq unités d'une espèce quinze fois plus petite que l'unité ordinaire ou une unité d'une espèce trois fois plus petite que l'unité ordinaire.

Le nombre entier est le rapport à l'unité d'une grandeur multiple de cette unité.

La fraction est le rapport d'un nombre entier à un autre nombre entier plus grand.

Toute fraction est un rapport, mais tout rapport n'est pas une fraction.

La nature ne nous offre pas l'exemple du partage d'individualités ou de quantités en parties égales; l'idée de fraction ne découle pas d'opérations réelles, mais de l'idée de rapport très familière à l'esprit. Lorsque nous voyons deux objets ayant de l'analogie, notre esprit les compare spontanément; nous disons que l'un est deux ou trois fois plus grand, deux ou trois fois plus petit que l'autre. Le jugement de quotité et de quantité précède généralement tout autre jugement. Les rapports de nombre sont les plus familiers à l'intelligence humaine.

L'importance de ces considérations n'échappera à personne; pour bien enseigner une science, il faut s'appuyer sur les dispositions, les habitudes intellectuelles qui correspondent à cet enseignement, sur toutes les observations qui peuvent éclairer notre marche.

Nous n'avons pas à développer ici les théories de l'arithmétique, mais à montrer les aptitudes de l'esprit à former et à combiner les nombres. La connaissance de ces aptitudes nous mettra dans le secret de la meilleure méthode à suivre pour cet enseignement.

La philosophie du calcul se trouve presque tout entière dans la numération. Nous n'avons parlé que de la numération décimale; les systèmes possibles de numération sont indéfinis, parce que tout nombre peut servir de base à un système. Si l'on prenait la base douze, on aurait le système *duodécimal*. Pour représenter tous les nombres dans ce système, il faudrait onze chiffres significatifs et un zéro; les chiffres placés au premier rang représenteraient les unités simples de un à onze; les chiffres placés au second rang représenteraient les douzaines; les chiffres placés au troisième rang, les douzaines de douzaines ou grosses; au quatrième rang, les douzaines de grosses; au cinquième rang, des unités encore douze fois plus grandes. Soit à lire le nombre 347 écrit dans le système duodécimal; ce nombre se compose de sept unités, quatre douzaines, trois douzaines de douzaines ou trois grosses. Traduit dans le système décimal ce nombre est 487.

Dans le système *binaire*, il ne faudrait que les deux chiffres 1 et 0 pour représenter tous les nombres possibles. Au premier rang le chiffre 1 représenterait l'unité; au second rang, deux; au troisième, quatre; au quatrième, huit; au cinquième, seize, etc., en prenant successivement la base deux à la première, à la seconde, à la troisième et à la quatrième puissance. Ainsi pour représenter vingt-cinq dans le système binaire, il faut cinq chiffres : 11 001. Le premier 1 à droite vaut un; le quatrième vaut huit, et le cinquième, seize.

En ajoutant un zéro à la droite de nombres écrits dans les systèmes binaire, ternaire, quaternaire, décimal et duodécimal, on multiplie un nombre par deux, trois, quatre, dix, douze. Si on ajoutait deux zéros, on les multiplierait par quatre, neuf, seize, cent, cent quarante-quatre.

En séparant un chiffre à la droite des mêmes nombres, on les diviserait par deux, trois, quatre, dix, douze. Si on séparait deux chiffres, les nombres seraient divisés par quatre, neuf, seize, cent, cent quarante-quatre.

Tous les systèmes de numération sont compris dans la règle suivante : *En faisant avancer un chiffre significatif d'un rang vers la gauche, on le multiplie par la base du système.*

Les fractions ordinaires comme les fractions décimales découlent de cette règle, parce que tous les nombres peuvent être pris pour base d'un système de numération. En effet, le nombre 0,1, qui vaut un dixième dans le système décimal, vaut un demi dans le système binaire, un tiers dans le système ternaire, un quart dans le système quaternaire, un douzième dans le système duodécimal.

Nous n'avons pas besoin de rappeler que nous parlons pour des maîtres, lesquels n'atteindront à une bonne méthode de l'enseignement de l'arithmétique qu'en appliquant la psychologie au calcul.

CHAPITRE XLVIII

Enseignement

CALCUL

Système métrique.

L'enseignement du calcul doit commencer par la connaissance des quotités, se continuer par l'évaluation des quantités et se terminer par l'étude des propriétés abstraites des nombres et des formes géométriques.

Cette marche naturelle, psychologique, indique que, contrairement à des habitudes persistantes, au milieu d'un mouvement de progrès considérable, l'étude du système métrique doit être abordée dès que les enfants savent compter des boules, des doigts, des lettres; qu'ils ont une idée précise des nombres de peu d'étendue.

Pour avoir, en effet, la notion de quantité, il faut connaître l'unité qui sert de mesure. La longueur d'un mur, d'une allée de jardin, etc., est exprimée en mètres. Le plus petit enfant entend parler de mètres tous les jours; il apporte, en allant à l'école, une idée vague des distances évaluées en mètres. Si l'on partait de ces notions d'expérience personnelle pour l'initier à la connaissance des quantités et des nombres, les progrès seraient rapides.

Mais l'école veut tout recommencer; elle ne tient pas compte du travail énorme fait par l'esprit de l'enfant sollicité par tout ce qui l'entoure, hommes et choses. On semble prendre à tâche de lui faire oublier tout ce que la nature lui a appris, tout ce que lui ont appris les personnes qui l'ont approché, au lieu de préciser ce fonds considérable de notions et d'en former la base de l'édifice.

Un enfant auquel on n'enseigne le système métrique que deux ou trois ans après son entrée à l'école, suppose à cet enseignement des difficultés qu'il ne comporte pas. Il sait, par exemple, que la hauteur de sa taille est de un mètre dix centimètres, qu'un camarade du même âge a un mètre vingt centimètres, que la maison qu'il habite est éloignée de deux cents mètres de l'école. Son père parle tous les soirs du produit de sa journée, qu'il évalue en francs et centimes; sa mère, de kilogrammes de pain, d'hectogrammes de viande. Il a quelquefois lui-même des sous, et il sait qu'un sou ou cinq centimes, c'est la même chose. Croyez-vous qu'il pense que son père, sa mère et lui-même font du système métrique en évaluant les distances en mètres, en comptant leur argent en francs et centimes? Il sera bien étonné lorsqu'on le lui dira. Ce qui l'a dérouté, ce sont les mots qui ne font pas partie de la langue vulgaire, qu'il ne comprend pas, que ses parents ne comprennent pas.

Au début de tout enseignement, il faut éviter avec soin les termes abstraits, synthétiques, qui ne prennent un sens que lorsque l'analyse a été faite.

Montrer les choses avant de les décrire, rendre les vérités sensibles avant de les définir, voilà la méthode d'observation. Appliquons-la à l'enseignement du système métrique, qui n'est autre chose que l'enseignement du calcul concret, de la science des quantités.

Mettez sous les yeux des enfants le *mètre* et gardez-vous de leur dire que c'est la *dix-millionième partie du quart du méridien terrestre*. Un géomètre n'a pas l'idée nette de la dix-millionième partie d'une distance qu'il voit, mais qu'il n'a pas mesurée, et vous voulez qu'un enfant comprenne ce que c'est que la dix-millionième partie du quart d'une circonférence si grande que son esprit ne peut la concevoir! Il y a dans la définition scientifique du mètre deux grandeurs qui échappent à notre puissance d'intuition : le dix-millionième d'une quantité quelconque, et le développement du méridien terrestre.

Le mètre doit être simplement défini : l'*unité des mesures de longueur*.

Un homme de haute taille fait des pas d'environ un mètre; deux pas d'un enfant de dix à onze ans font à peu près aussi un mètre; un homme de taille moyenne fait environ trois mètres dans quatre pas, ou soixante-quinze centimètres par pas. Ces associations d'idées donnent plus de précision, plus de vérité à l'enseignement que les explications qui dépassent la portée d'esprit des élèves.

Le mètre pliant est un instrument précieux pour donner aux enfants l'idée non seulement des sous-multiples du mètre, mais encore des fractions décimales en général.

Le mètre pliant est un tout composé de dix parties égales bien distinctes, quoique inséparables, faciles à montrer de loin en les faisant obliquer dans des sens différents. Une fois la notion du décimètre ou du dixième rendue bien sensible, il est facile de faire comprendre la division en centièmes et en millièmes.

Avec le mètre pliant on pourra former des carrés, des losanges, des rectangles et des triangles. On pourra montrer comment une surface renfermée par quatre lignes droites égales passe par tous les états de grandeur, depuis le carré qui est un maximum, jusqu'à zéro. En tirant sur deux angles opposés d'un carré, on obtient un losange qui diminue graduellement de surface jusqu'à ce que deux côtés de la figure tombent sur les deux autres et ne forment plus qu'une ligne, double du côté de la surface évanouie.

Il ne s'agit pas d'exercices de pure curiosité, mais d'une initiation véritablement intuitive à la science de l'étendue par la génération des surfaces.

Revenons aux mesures de distance qui sont la base de toutes les autres.

Il ne faut pas seulement donner aux enfants la notion précise de l'unité de longueur, de ses multiples et de ses sous-multiples, mais encore les habituer à évaluer les quantités, d'abord en les mesurant, et ensuite en les estimant à vue d'œil.

Après de nombreux mesurages faits dans l'école sur les objets mobiliers, sur les livres et cahiers, sur la taille des élèves, on peut passer au tracé, sur le tableau noir, des lignes de longueurs données.

Ici la manière de procéder est aussi importante que l'exercice lui-même; entrons dans des détails.

On fait passer un élève au tableau pour tracer, par exemple, une ligne de quarante centimètres. La ligne tracée, on demande à un second élève si elle a bien la longueur voulue. S'il répond : non, on l'envoie lui-même tracer une ligne au-dessous de la première. On peut envoyer ainsi quatre, cinq, six élèves au tableau, tracer autant de lignes avant de procéder à la vérification. Un autre élève mesure toutes ces lignes et inscrit en regard de chacune le nombre de centimètres trouvé. L'élève qui a le plus approché de la longueur donnée est encouragé par un bon point ou une bonne parole; les rires des camarades punissent suffisamment de leur étourderie les élèves qui ont fait des lignes trop disproportionnées.

Ces exercices suffisamment continués donnent aux enfants une grande sûreté de coup d'œil, tout en les familiarisant avec la pratique du mesurage.

On conçoit que cette précieuse méthode est applicable aux volumes et aux poids comme aux longueurs. Un élève s'ennuierait bien vite à peser des cailloux, à mesurer du sable ; mais l'intérêt ne faiblira pas si on lui fait vérifier à la balance des évaluations de soupesages à la main, et au litre du nécessaire métrique le tas de sable qu'il a estimé au simple regard.

La vérification des quantités présente un intérêt plus vif que le mesurage sans évaluation préalable, parce que l'amour-propre de l'opérateur est en jeu dans le premier cas, et que dans le second, l'opération est toute matérielle.

Perfectionner les sens tout en inculquant des connaissances positives dans l'esprit des enfants, tel est l'avantage de la méthode de vérification.

La partie du système métrique qui présente certaines difficultés pour les commençants, c'est celle qui touche aux mesures de surface et de volume. Le mètre carré valant cent décimètres carrés, et le mètre cube mille décimètres cubes, c'est une énigme avant la démonstration. Mais cette démonstration peut se faire avec la plus grande simplicité et sans avoir recours à des machines encombrantes.

Tracez sur le plancher de la classe un carré d'un mètre de côté; divisez les quatre côtés en dix parties égales; joignez deux à deux les divisions correspondantes des côtés parallèles, et le mètre carré se trouvera divisé en cent petits carrés d'un décimètre de côté.

La figure pourrait être tracée au tableau noir; les élèves la verraient mieux de leurs places. Mais il est préférable de la tracer sur le plancher pour la démonstration relative au mètre cube.

Au tableau noir ou au plancher, les élèves voient parfaitement qu'un carré d'un mètre de côté contient cent petits carrés d'un décimètre de côté, que par conséquent le décimètre carré est la centième partie du mètre carré.

Après que vous aurez fait toucher du doigt cette vérité aux enfants, demandez-leur combien il faut de chiffres pour écrire les décimètres carrés; ils vous répondront généralement : un chiffre, parce que l'association d'idées de *déci* avec *dixième* est plus forte que notre démonstration. Reprenez et dites : « Que sont les décimètres carrés par rapport au mètre carré? — Des centièmes. — Combien faut-il de chiffres pour écrire les centièmes? — Deux. — Combien faut-il de chiffres pour écrire les décimètres carrés? — Deux ; je comprends! » L'élève n'avait pas bien compris jusque-là, quoique ayant suivi avec intelligence la décomposition du mètre carré en décimètres carrés.

Pour le mètre cube nous ne procéderons pas par décomposition, mais par construction.

Le mètre carré divisé en décimètres carrés est tracé sur le plancher de la classe. Nous avons à la main une boîte ou un solide plein formant un décimètre cube. Les arêtes de ce cube sont mesurées devant les élèves ; ils voient que la boîte est par sa forme et ses dimensions un décimètre cube. « Combien pourrait-on placer de boîtes semblables sur le mètre carré que nous venons de tracer ? — Cent. — Si nous placions sur cette première couche de boîtes une seconde couche, combien aurions-nous de boîtes? — Deux cents. — Combien de boîtes dans trois couches ? — Trois cents. — Dans quatre ? — Quatre cents. — Dans cinq? — Cinq cents. — Dans dix ? — Mille. — Quelle serait la hauteur du solide ainsi formé ? — Dix décimètres ou un mètre. — Que serait ce solide? — Un mètre cube. — Combien y a-t-il de décimètres cubes dans le mètre cube ? — Mille. — Combien faut-il de chiffres pour écrire les décimètres cubes ? — Trois. — Pourquoi? — Parce que les décimètres cubes sont des millièmes de mètre cube. »

Si l'on ne rattache pas ainsi les sous-multiples du mètre carré et du mètre cube à la numération ordinaire, les enfants sont portés à penser qu'il y a trois numérations, l'une pour les longueurs, l'autre pour les carrés et la troisième pour les cubes; que les *déci* s'écrivent avec un, deux ou trois chiffres, selon qu'il s'agit de mesures à une, deux ou trois dimensions.

Ces tendances illogiques, que l'on trouve dans plu-

sieurs livres d'arithmétique, disparaissent par la considération du rapport du sous-multiple à l'unité. Les
décimètres linéaires sont des dixièmes de l'unité, il
faut les écrire avec un chiffre comme les dixièmes ; les
décimètres carrés sont des centièmes de mètre carré,
il faut les écrire avec deux chiffres, comme les centièmes de l'unité ; les décimètres cubes sont des millièmes de l'unité, le mètre cube, il faut les écrire
comme des millièmes.

CHAPITRE XLIX

Enseignement

ALGÈBRE

Nous pensons que l'enseignement de l'algèbre se
rattache essentiellement à l'enseignement de l'arithmétique. L'algèbre n'est que le calcul porté à un haut
degré d'abstraction par l'emploi de lettres au lieu de
quantités numériques. L'indétermination n'existe plus
seulement dans l'espèce de l'unité, mais encore dans la
grandeur du nombre.

Les opérations algébriques ne conduisent pas à des
résultats numériques, mais à des solutions ; elles
indiquent la marche à suivre dans les problèmes compliqués, et permettent de les résoudre en se servant
d'une même formule finale pour tous les cas analogues.

Supposons, par exemple, qu'on ait à calculer l'intérêt
d'une somme d'argent pour un certain nombre de jours,
de mois ou d'années à un taux déterminé. Appelons c
le capital prêté, i le taux ou l'intérêt de un franc pendant
un an, t le temps durant lequel le capital a été placé,
I l'intérêt cherché.

Nous dirons : i étant l'intérèt de l'unité de monnaie dans l'unité de temps, l'intérêt du capital c dans l'unité de temps sera $c \times i$, et dans le temps t, $c \times i \times t$ ou $c\,i\,t$, d'où la formule $I = c\,i\,t$. Voilà un résultat algébrique qui indique que pour trouver l'intérèt d'un capital quelconque, il faut multiplier ce capital par le taux et par le temps. On le voit, le résultat d'une opération algébrique n'est pas un calcul, mais l'indication de calculs à effectuer sur des quantités numériques ; $c\,i\,t$, produit algébrique, n'est pas un nombre unique comme le produit numérique, c'est l'indication de la multiplication de trois facteurs indéterminés ; la nature de l'opération est seule déterminée.

Appliquons la formule au capital 15000 francs placé à intérêt au taux de 4 1/2 °/₀ pendant 240 jours, nous aurons :

$$I = 15\,000 \times 0,045 \times \frac{240}{360} = 450 \text{ francs.}$$

Une formule algébrique peut subir autant de transformations qu'elle contient de termes, parce que chaque terme peut être pris successivement pour quantité inconnue.

De la formule $I = c\,i\,t$, on peut tirer les formules

$$c = \frac{I}{i\,t}, \quad i = \frac{I}{c\,t}, \quad t = \frac{I}{c\,i},$$ que l'on traduit ainsi en langage arithmétique : *On trouve le capital en divisant l'intérêt par le taux et le temps ; le taux, en divisant l'intérêt par le capital et le temps ; le temps, en divisant l'intérêt par le capital et le taux.*

Nous ne prétendons pas dire que l'algèbre se réduise à des formules de cette sorte ; mais l'algèbre est née du besoin de constituer des formules pour soulager la mémoire dans les opérations compliquées de l'arithmétique, du besoin de traduire et d'enchaîner dans un langage spécial les raisonnements que comporte la science des nombres.

La meilleure voie à suivre pour l'enseignement d'une science est celle qui a été suivie par les inventeurs de cette science. L'algèbre est née de la difficulté que présentait la solution de problèmes d'arithmétique compliqués. Partons des problèmes d'arithmétique pour initier nos élèves aux notions d'algèbre, si nous voulons qu'ils s'intéressent à cette étude plus facile que l'arithmétique, lorsqu'elle est débarrassée de tout ce qui peut la rendre aride au début, des théories sans rapport avec la pratique du calcul.

La solution arithmétique et algébrique du problème suivant nous montrera combien les questions d'arithmétique compliquées gagnent à être traitées par la méthode algébrique.

Si l'on partage 900 *francs entre trois personnes de manière que la première ait* 110 *francs de plus que la seconde, et la seconde,* 80 *francs de plus que la troisième, quelle sera la part de chacune ?*

La question posée exige trois réponses ; mais les données du problème fournissent des relations entre les trois inconnues, qui peuvent être ramenées à une seule. Il y a une quantité commune aux trois parts, c'est la part de la troisième personne. La part de la troisième personne, augmentée de 80 francs, égale la part de la seconde : la part de la seconde, augmentée de 110 francs, la part de la première. Cette première part est encore égale à la troisième, augmentée de 80 francs et de 110 francs. Mais les trois parts font 900 francs ; donc la troisième part, plus la troisième augmentée de 80 francs, plus la troisième augmentée de 190 francs égalent 900 francs ; ou encore, plus simplement, trois fois la troisième part, plus 270 francs égalent 900 francs. Nous comparons ainsi deux quantités équivalentes ; si nous retranchons de chacune un même nombre, 270 francs, les restes seront encore équivalents, et nous aurons trois fois la troisième part égale 630 francs.

La troisième part est par conséquent le tiers de 630 francs ou 210 francs ; la seconde, 210 plus 80 ou 290 francs ; la première, 210 plus 190 ou 400 francs.

Le problème n'est pas des plus compliqués, et il a cependant donné lieu à un raisonnement assez long. Il est des questions qui seraient absolument inextricables par les raisonnements arithmétiques. On y substitue l'analyse algébrique, qui remplace les mots par des symboles et réduit le plus laborieux raisonnement à des transformations d'égalités appelées *équations*.

Dans le problème précédent, si nous désignons par x la part de la troisième personne, nous pouvons poser les équations :

$$x + x + 80 + x + 80 + 110 = 900$$

$$3x + 270 = 900$$

$$3x = 900 - 270 = 630$$

$$x = \frac{630}{3} = 210$$

Nous venons d'employer la méthode algébrique ; mais nous n'avons pas fait de l'algèbre. En algèbre toutes les quantités sont littérales pour que la solution soit générale.

Si nous désignons 80 par a, 110 par b, et 900 par c,

l'inconnue x représentant toujours la petite part, nous pourrons écrire l'équation fondamentale :

$$x + x + a + x + a + b = c.$$

Réduisant le premier membre, il vient :

$$3x + 2a + b = c,$$

Faisons passer toutes les connues du même côté, on a :

$$3x = c - 2a - b.$$

Divisant les deux membres de l'égalité par trois, on obtient l'équation finale :

$$x = \frac{c - 2a - b}{3}$$

En substituant aux lettres a, b, c les quantités qu'elles expriment et effectuant les soustractions et la division indiquées, on aurait la valeur de x.

Tous les problèmes analogues variant seulement par la somme à partager et la différence des parts ont la même solution algébrique. En algèbre on résout une infinité de problèmes par l'analyse des conditions d'un seul.

En arithmétique il faut démêler la quantité commune aux trois parts, sous peine de faire fausse route ; en algèbre on peut prendre pour inconnue une part quelconque. Prenons maintenant la première part pour inconnue ; l'équation générale sera :

d'où

$$x + x - b + x - b - a = c,$$
$$3x - 2b - a = c,$$
$$3x = c + 2b + a,$$
$$x = \frac{c + 2b + a}{3}.$$

Si nous remplaçons les lettres par leurs valeurs dans l'équation finale, nous aurons :

$$x = \frac{900 \times 2 \times 110 + 80}{3} = \frac{1\,200}{3} = 400 \text{ fr.},$$

part de la première personne.

Si nous prenions la seconde part pour inconnue, nous aurions pour équation générale :

$$x + b + x + x - a = c,$$

d'où

$$x = \frac{c - b + a}{3} = \frac{900 - 110 + 80}{3} = 290 \text{ fr.},$$

part de la seconde personne.

On le voit, il faut moins de sagacité pour résoudre un problème par l'algèbre que par l'arithmétique.

Les équations qui précèdent nous offrent des additions et des soustractions algébriques ; dans ces opérations, les quantités littérales à additionner sont jointes par le signe plus, et les quantités à soustraire, par le signe moins. Il n'y a pas, à proprement parler, d'addition ni de soustraction effectuées, mais simplement indiquées, et l'équation générale est plutôt l'énoncé d'un problème qu'un problème résolu.

On remarquera que l'équation générale ne renferme que des lettres, tandis que l'équation finale présente des lettres et des chiffres. Les chiffres proviennent de la réduction des termes. La réduction des termes constitue véritablement le calcul algébrique.

Dans l'équation générale

$$x + x + a + x + a + b = c$$

nous avons trois fois la lettre x et deux fois la lettre a ; la réduction des termes nous conduit à l'équation plus simple $3x + 2a + b = c$. Pour avoir la valeur de l'inconnue, il faut l'isoler en faisant passer tous les termes connus dans le même membre de l'*égalité* ou de l'*équation*, les deux mots sont synonymes. Cette transposition de termes embarrasse les commençants quoiqu'elle repose sur un principe bien simple et bien saisissable : *Si l'on ajoute ou si l'on retranche une même quantité à deux autres quantités égales, l'égalité ne sera pas troublée.* C'est sur un principe analogue, mais plus difficile à saisir que repose la soustraction des nombres ordinaires. Pour soustraire un chiffre d'un chiffre plus faible, il faut augmenter le chiffre plus faible de dix, sauf à augmenter d'une unité, dans le nombre à soustraire, le chiffre du rang immédiatement supérieur. Pour faire une soustraction, il faut savoir qu'en augmentant deux nombres d'une même quantité on ne change pas la différence, c'est-à-dire qu'on ne trouble pas l'inégalité.

Les préventions contre l'enseignement de l'algèbre à l'école primaire tomberaient si l'on voulait bien s'arrêter à ce rapprochement, et se dire que la transposition des termes, opération sur laquelle repose la résolution des équations, est plus facile à comprendre que la soustraction en arithmétique.

Reprenons l'équation $3x + 2a + b = c$.

Pour isoler x, il faut faire disparaître $2a + b$ du premier membre ; mais par cette suppression on diminue le premier membre de $2a$ et de b : pour rétablir l'égalité, il faut diminuer le second membre des mêmes quantités, et par conséquent écrire $3x = c - 2a - b$.

Une égalité n'est pas troublée non plus lorsqu'on divise ses deux membres par un même nombre ;

d'où $$x = \frac{c - 2a - b}{3}.$$

Si l'on prend l'équation $3x - 2b - a = c$, la transposition des termes conduit à des conséquences imprévues, sans présenter plus de difficulté. Pour isoler x, il faut faire disparaître $-2b - a$ du premier membre; mais par cette suppression on augmente le premier membre de $2b$ et de a: pour rétablir l'égalité il faut augmenter le second membre des mêmes quantités et écrire $3x = c + 2b + a$.

On voit qu'on ne trouble pas une égalité lorsqu'on fait passer avec un signe contraire une quantité d'un de ses membres dans l'autre.

La transposition des termes donne lieu aux *quantités négatives*. Soit, en effet, $a - b = c$; si l'on veut dégager la valeur de b dans cette équation, on arrivera à une quantité positive ou négative selon l'ordre de la transposition :

$$-b = c - a, \quad b = a - c.$$

Dans $-b = c - a$, $-b$ signifie que la quantité a à soustraire de c surpasse c de la quantité b. Pris isolément, le terme algébrique $-b$ ne signifie pas une quantité plus petite que zéro et qui n'aurait pas de réalité, mais une quantité soustractive réelle. Oter une quantité négative d'une autre quantité, c'est par conséquent augmenter cette quantité :

$$a - (-b) = a + b.$$

L'algèbre est une langue spéciale pour le calcul; on peut l'apprendre avec facilité aux élèves des écoles primaires, à la condition de s'appuyer sur les connaissances acquises en arithmétique et de ne passer aux opérations générales de l'algèbre qu'après s'être familiarisé avec la traduction de questions numériques en questions algébriques, et d'avoir résolu beaucoup de problèmes par les deux méthodes.

CHAPITRE L

Enseignement

GÉOMÉTRIE

L'enseignement du système métrique exige pour être bien compris, quelques notions préalables de géométrie.

Pour avoir une idée nette des unités de surface (le mètre carré, l'are, le kilomètre carré), il faut savoir ce que c'est qu'un carré, par conséquent, une ligne droite, un angle droit, un plan. Un instituteur qui démontre que le décimètre carré est la centième partie du mètre carré et le décimètre cube la millième partie du mètre cube, fait une leçon déjà compliquée de géométrie.

Il est bon que ces démonstrations soient précédées par l'étude élémentaire des lignes, des angles, des parallèles, des perpendiculaires. Cette étude est facile et intéressante pour les enfants si on la fait sans prétention scientifique, si on évite les définitions techniques qui ne définissent rien pour ceux qui ne savent pas, si on *montre* plus qu'on ne démontre. Les enfants saisissent admirablement les rapports des objets qu'ils *voient*, pour peu qu'on leur indique ces rapports; les analogies provoquent en eux des jugements spontanés; tous leurs sens sont ouverts au monde extérieur et, pour les instruire, il n'y a qu'à les diriger, qu'à modérer leur penchant à vouloir tout embrasser à la fois.

La géométrie, science des formes et de l'étendue, doit avoir l'*observation* pour base. Comme il a été reconnu que toute instruction sérieuse s'acquiert par l'observation, on a fondé des systèmes complets d'éducation sur l'observation des formes géométriques. La plupart des exercices de la méthode Frœbel consistent en jeux géométriques. Les *dons* ou objets qui servent à ces jeux sont de petites lames de bois, des parallélépipèdes, des cubes, des sphères, etc. Les dons de Frœbel se prêtent à mille combinaisons ingénieuses qui peuvent intéresser les enfants pendant quelque temps, mais qui les fatiguent à la longue. Il leur faut de la variété, non seulement dans les combinaisons d'un jeu, mais encore dans l'espèce du jeu.

La géométrie n'est pas toute la science de la vie; les exercices Frœbel ne sauraient constituer une base suffisante pour un bon système d'éducation.

Mais, à l'école maternelle, les jeux Frœbel peuvent constituer un premier enseignement géométrique par l'observation et la dénomination des formes. Il ne faut pas oublier qu'à l'école maternelle, non plus qu'à l'école primaire, l'enseignement géométrique ne doit prendre qu'un temps assez court. Faire contracter à un enfant l'habitude de l'observation, c'est certainement un point important en éducation; aussi la nature nous offre-t-elle des objets d'observation à l'infini. Ne négligeons pas cette richesse des moyens, pour nous renfermer dans des systèmes exclusifs dont la pauvreté n'échappe à personne.

A l'école primaire, l'enseignement de la géométrie doit consister d'abord dans le tracé des lignes, des angles, des figures polygonales : c'est à la fois du

dessin linéaire et de la géométrie. Habituer les enfants
à tracer à vue d'œil des lignes d'une longueur donnée,
des angles d'une amplitude donnée, c'est le meilleur
moyen de faire l'éducation de l'œil et de la main, de
donner le sentiment des grandeurs et des formes. Mais
une habitude ne se contracte pas vite ; il faut répéter
les mêmes exercices longtemps, ne les abandonner que
lorsque le résultat voulu a été obtenu, et y revenir de
temps à autre pour que l'habitude contractée ne se
perde pas.

Il n'y a pas beaucoup d'élèves, même dans les
classes de l'enseignement secondaire, capables de tracer à main levée, avec une approximation suffisante, des
angles de 10°, de 25°, de 50°, de 100°. Ils traceraient
mieux des angles parties aliquotes de la circonférence,
comme de 15°, de 30°, de 45°, de 60°. Ils n'auraient
qu'à réfléchir que la corde de l'arc de 60° est égale au
rayon ; que l'angle de 45° est la moitié de l'angle droit,
que l'angle de 30° est la moitié de l'angle de 60° et 15°
la moitié de 30°. Mais ces raisonnements échouent
lorsqu'on se trouve en face de la nature qui nous fait
voir les objets sous tous les angles. L'estimation résultant de l'habitude vaut mieux dans l'espèce que le raisonnement.

Pour faire contracter l'habitude aux enfants, d'apprécier les quantités angulaires, on peut procéder de
la manière suivante : — Tracer à l'aide du rapporteur,
au tableau noir, un angle de 20°, par exemple ; appeler
l'attention des élèves sur cette figure en les prévenant
qu'elle sera effacée et qu'ils auront à la reproduire de
souvenir. L'angle étant effacé, on appelle un élève
pour le reproduire, puis un second élève, puis un troisième, puis un quatrième. Les quatre angles tracés
sont vérifiés au rapporteur, et l'élève qui a le plus ap-

proché de la grandeur donnée, reçoit des félicitations.
Le tracé préalable au rapporteur n'a plus lieu dès que
les enfants ont une idée suffisamment précise de la
valeur des angles et qu'il ne s'agit plus que de discipliner l'œil. L'amplitude de l'angle étant donnée en
degrés, on le fait tracer au tableau noir, successivement, par plusieurs élèves jusqu'à ce que l'on arrive à
une approximation suffisante.

Du tracé des figures géométriques à main levée, on
passe à leur construction rigoureuse. La construction
la plus élémentaire et la plus importante, c'est celle du
triangle. Toute figure géométrique peut être décomposée en triangles, et lorsqu'on sait construire un
triangle, connaissant ses trois côtés, on est en état de
lever toutes sortes de plans. Commençons par le plan
de la classe que nous supposons de forme à peu près
rectangulaire. Mesurons les quatre côtés et la diagonale. Traçons sur le papier une ligne indéfinie ;
prenons sur cette ligne, par exemple, autant de centimètres que la diagonale a de mètres ; la ligne ainsi
limitée est la diagonale du plan. Désignons les extrémités de cette diagonale par les lettres A et B, et du
point A, avec une ouverture de compas d'un nombre
de centimètres égal au nombre de mètres d'un côté de
la classe, décrivons un arc de cercle indéfini ; du point
B, avec une ouverture de compas d'un nombre de centimètres égal au nombre de mètres du côté de la classe
correspondant au premier, coupons l'arc déjà tracé ;
indiquons l'intersection des arcs par la lettre C ; tirons
les lignes AC et BC, et nous aurons un triangle représentant la moitié de la classe. L'autre moitié s'obtien-
dra en construisant sur la même diagonale un second
triangle avec les longueurs des deux autres côtés de la
classe. Par cette simple construction, les élèves ac-

quièrent la notion de la réprésentation graphique des surfaces et de l'échelle d'un plan.

Un polygone quelconque peut être construit par le même procédé : il suffit de le décomposer en triangles et de construire successivement tous les triangles à l'échelle indiquée. Pour les démonstrations au tableau noir, on adopte une échelle qui permette de donner aux figures des proportions appréciables de loin.

Une carte géographique n'est autre chose qu'un plan à une échelle donnée. Connaissant la distance de deux villes et la distance d'une troisième ville aux deux premières, on obtient leur situation relative sur un plan par la construction d'un triangle à l'échelle proposée. Pour déterminer la position d'une quatrième ville dans le même plan, il suffit de connaître la distance de cette dernière ville à deux des premières : la construction d'un second triangle donne la position cherchée. Les distances d'une cinquième ville à deux des quatre autres permettraient de déterminer sa situation par la construction d'un nouveau triangle, et ainsi de suite pour un nombre quelconque de villes.

Les élèves des écoles n'auront l'idée nette d'un plan et d'une carte que lorsqu'ils seront familiarisés avec ces constructions.

De la construction des figures géométriques nous arriverons sans difficulté sérieuse à l'évaluation des surfaces.

L'unité de surface est le mètre carré. Autant de fois nous pourrions placer le mètre carré sur une surface donnée, autant cette surface contiendrait de mètres carrés ; sur le terrain cette superposition est impossible. Mais construisons, par exemple, à l'échelle d'un centimètre pour un mètre ou de 1/100, un rectangle de 15 mètres de long et de 10 mètres de large. Traçons de mètre en mètre des parallèles à la base, et aussi de mètre en mètre des parallèles aux petits côtés ; le rectangle se trouvera divisé en 150 carrés d'un mètre de côté, à l'échelle donnée. Si, à la même échelle, nous découpons un carré d'un mètre de côté, les élèves pourront appliquer l'unité de surface 150 fois sur le rectangle construit. La superposition, qui est le meilleur moyen de faire comprendre la mesure des surfaces, a été rendue possible par la construction d'un plan à une échelle donnée. La construction des figures est l'introduction naturelle à la mesure des surfaces, et, contrairement à ce qui se pratique, le lever des plans devrait précéder l'arpentage.

On fera remarquer aux élèves que la surface trouvée par superposition s'obtient aussi en multipliant la longueur du rectangle par sa largeur.

Le rectangle étant découpé et partagé dans le sens de la diagonale, on trouvera que les deux parties superposées coïncident exactement. Il sera facile aussi de faire voir que tout triangle est la moitié d'un parallélogramme de même base et de même hauteur, la hauteur d'un triangle étant la perpendiculaire abaissée du sommet d'un angle sur le côté opposé appelé base. D'où l'on conclut que la surface d'un triangle est égale à la moitié du produit de sa base par sa hauteur.

Nous voilà en possession d'une règle qui nous permet d'évaluer toutes sortes de surfaces planes. Une surface est en effet généralement limitée par un polygone régulier ou irrégulier. Les polygones peuvent toujours se décomposer en triangles. La surface du polygone considéré est évidemment égale à la somme des surfaces des triangles qui le composent.

Le cercle lui-même peut être considéré comme composé d'une infinité de triangles ayant leur sommet au centre du cercle. La hauteur commune à tous ces triangles est sensiblement égale au rayon; la somme de leurs bases n'est autre chose que la circonférence. Par conséquent la surface du cercle est égale à la moitié du produit de la longueur de la circonférence par le rayon. Mais la circonférence est égale au diamètre multiplié par 3,146; le diamètre est le double du rayon; donc, en désignant le rayon par R, et 3,1416, par π, la surface du cercle,

$$S = \frac{2R\pi \times R}{2} = \pi R^2$$

La mesure des volumes peut être abordée en suivant la même méthode.

Ce n'est qu'après que les élèves auront fait beaucoup de constructions géométriques à une échelle donnée, beaucoup d'exercices sur les surfaces et les volumes que les maîtres pourront passer aux démonstrations abstraites, aux difficultés théoriques. La pratique ne sera pas abandonnée pour cela; les maîtres devront provoquer la curiosité de leurs élèves par des problèmes variés et intéressants. La pratique sur le terrain viendra compléter les exercices de l'école. Sur le terrain on ne se bornera pas à faire arpenter et lever des plans; on procédera à des nivellements, au tracé de courbes de niveau, à la lecture sur place de feuilles locales de la carte de l'état-major.

Tous les garçons des écoles sont destinés à être soldats. Les bataillons scolaires les prépareront au maniement des armes, aux exercices militaires L'enseignement de l'école, principalement l'enseignement de la géométrie, concourra également à l'instruction du futur soldat, qui doit savoir se guider avec une bonne carte, et qui devra peut-être guider les autres, les grades dans l'armée étant accessibles à tous.

CHAPITRE LI

Enseignement

GRAMMAIRE

La langue française est la langue maternelle de la plupart des enfants qui fréquentent nos écoles. En y entrant, ils savent au moins se faire comprendre. L'enseignement de la lecture, de l'écriture et de l'orthographe les fortifie dans la connaissance pratique de la langue. Si l'on débutait par la grammaire, les progrès en langue française seraient retardés au lieu d'être accélérés.

La *grammaire* est un recueil de règles, de principes déduits des œuvres des grands écrivains, qui eux-mêmes se sont conformés à l'usage de leur époque. Les règles de la grammaire sont des conventions établies tacitement par les peuples qui parlent la même langue. Les ouvrages de littérature consacrent ces conventions; les grammaires les réduisent en formules.

Ces formules ne sont pas absolument empiriques; elles ont souvent leur raison d'être dans des considérations psychologiques.

Faut-il mettre le formulaire appelé grammaire entre les mains des enfants dès qu'ils savent lire? Faut-il le bannir entièrement des écoles? Ce sont des questions qui se posent tous les jours, et qui reçoivent les réponses les plus diverses.

La plupart des divergences d'opinions naissent des jugements absolus. L'absolu ne tient pas une large place dans les choses humaines; il ne faut pas y viser, surtout en pédagogie.

On n'a pas besoin de grammaire pour faire distinguer aux enfants dans leurs livres de lecture ou dans leurs dictées les noms, les adjectifs, les verbes, etc.; pour leur donner la notion du genre et du nombre, pour leur faire remarquer que la lettre *s* se trouve généralement à la fin des mots au pluriel; que l'*e* muet est une terminaison féminine. Les enfants se servent convenablement des temps des verbes sans avoir jamais conjugué. Un élève ne répondra pas à son camarade qui l'appelle : *je viendrai*, pour *je viens; j'arriverai*, pour *j'arrive*. Il ne dira pas qu'il *est allé* à la campagne dans huit jours ou qu'il *ira* la semaine dernière.

Les langues, dans ce qu'elles ont d'essentiel, s'apprennent par l'usage, par l'imitation de ceux qui parlent bien.

Il y a de jeunes enfants qui parlent beaucoup mieux en entrant à l'école, que d'autres après deux ou trois années d'études grammaticales. Les premiers appartiennent à des parent instruits, ils ont eu de bons modèles à imiter; les seconds se sont trouvés dans des conditions de famille moins favorables, et la grammaire a été impuissante à réparer l'imperfection de l'initiation maternelle.

Les bons maîtres remarquent même que les enfants qui parlent bien, qui ont l'esprit très ouvert en entrant à l'école, semblent perdre au lieu de gagner pendant un temps plus ou moins long. La cause de ce temps d'arrêt ou de ce mouvement de recul mérite d'être étudiée.

Les enfants qui ont contracté de bonnes habitudes de langage dans la famille parlent *bien* aussi naturellement que ceux qui ont contracté de mauvaises habitudes parlent *mal*. Ils ne se doutent pas qu'il y a des difficultés à bien parler, et dès qu'on leur a présenté une foule de cas où l'on peut pécher contre les règles de la grammaire, ils perdent de leur confiance, hésitent sur la manière de s'exprimer, et, dans leur embarras, prennent souvent la règle mal comprise au rebours. Les fautes relevées augmentent leur trouble ; il n'en faut pas davantage pour dérouter les intelligences ordinaires pour longtemps. Les intelligences d'élite n'échappent pas à ce désarroi, seulement elles reprennent le dessus plus promptement.

Il y a là de précieuses indications pour les instituteurs. La méthode maternelle de l'enseignement de la langue est excellente, puisque par elle les plus jeunes enfants apprennent à parler correctement en peu de temps, si la mère parle elle-même correctement. La méthode grammaticale appliquée dans les mêmes circonstances ne donnerait aucun résultat.

La mère, en présence d'un objet, l'indique et le nomme à son enfant. Il s'établit dans l'esprit de l'enfant une association d'idées entre l'objet et le mot. L'objet aperçu rappelle le mot, le mot prononcé éveille l'idée de l'objet.

Tout objet vu, observé, laisse dans l'esprit des enfants une image, qui peut se représenter spontanément ou par l'excitation d'une sensation analogue. Par suite de cette représentation, l'esprit se retrouve dans un état à peu près semblable à celui qui avait été éprouvé lors de la première sensation. Mais si un mot n'a pas été associé à l'image, il est impossible à l'enfant de manifester la sensation renouvelée ; il n'est pas en communication avec ceux qui l'entourent.

Si l'enfant a appris des mots qui ne correspondent à

rien dans son esprit, lorsqu'il parle il ne montre pas
qu'il s'occupe de choses, mais simplement de sons qui
lui ont plu, que sa mémoire a gardés. En babillant ainsi,
il exerce plutôt ses organes vocaux que sa pensée. Lorsque, au contraire, les mots appris répondent à des
choses observées ou à des sentiments éprouvés, l'enfant
parle, c'est-à-dire qu'il est en état d'entrer dans la
pensée d'autrui.

La mère veut être comprise de son enfant; elle lui a
consacré sa vie, elle veut encore lui donner son âme;
c'est le besoin d'union morale et intellectuelle entre la
mère et l'enfant, après l'union naturelle, qui fait de
toutes les mères d'excellentes institutrices, dans la
mesure de leur propre développement intellectuel. Il est
très remarquable que la méthode employée par les
mères instruites et par les mères ignorantes soit la
même au fond. Elles procèdent toutes de l'observation
des objets à leur dénomination. C'est bien rare qu'elles
cherchent à faire retenir à leurs enfants des mots sans
application immédiate. Au lieu de définir, elles montrent; comme si elles savaient par intuition que la meilleure définition d'un objet ne vaut pas l'observation
même imparfaite de cet objet.

Les premières leçons de langue maternelle sont des
leçons de choses rapides. La mère ne s'attarde pas dans
de minutieuses explications; la nature est si riche en
productions variées, en spectacles divers qu'on ne peut
expliquer tout ce qui frappe les sens de l'enfant. D'ailleurs l'enfant acquiert par sa propre expérience, et sous
l'excitation seule de ses sens, une foule de notions sur
lesquelles son esprit travaille. L'éducation consiste
surtout à diriger le travail de l'esprit.

Bien penser et bien dire dénotent une bonne discipline de l'esprit. L'étude de la langue dans les écoles de

tous les degrés doit être un véritable cours de discipline intellectuelle.

Ce n'est pas le règlement de l'école qui fait la discipline scolaire : la moralité d'un peuple n'augmente pas avec le nombre des lois. Les lois grammaticales, à leur tour, ne nous donneraient pas un langage élégant et sensé si nous n'avions de bons modèles à imiter. La langue française est riche en bons modèles, en œuvres de haute valeur morale et littéraire. C'est principalement sur ce fonds qu'il faut nous appuyer dans notre enseignement.

Il faut avoir recours à la grammaire pour corriger les mauvaises habitudes plutôt que pour nous en donner de bonnes, pour réprimer les écarts plutôt que pour pousser en avant.

Le livre de lecture et le livre de récitation ou recueil de morceaux choisis peuvent dispenser longtemps les enfants de l'usage d'une grammaire. Avec ces livres on peut leur faire faire d'excellents exercices sur toutes les parties de la grammaire ; leur faire déduire les principales règles grammaticales du texte lu ou appris par cœur. Toutes les fois que les enfants font une lecture intelligente, ils reçoivent une leçon de langue française ; la leçon est encore plus profitable lorsque le morceau lu et expliqué est appris par cœur.

L'esprit est essentiellement actif ; mais pour qu'il puisse travailler utilement, il lui faut des matériaux. Les matériaux proviennent de l'observation personnelle et de l'étude. Étudier, c'est en général nous approprier les trésors d'observations accumulés par les générations qui nous ont précédés. L'assimilation se fait par la mémoire ; il est plus avantageux par conséquent d'apprendre par cœur que de faire de simples lectures. Il va sans dire qu'il ne faut confier à la mémoire que ce qui a été bien saisi par l'intelligence. D'ailleurs l'in-

telligence vient en aide à la mémoire; on a peu de peine
à retenir ce que l'on a bien compris. Si nous voulons
que nos élèves retiennent vite et d'une manière durable
une leçon, faisons le nécessaire pour la rendre parfaitement intelligible.

On a dit un mal mérité des exercices de mémoire
appliqués aux mots qu'on ne se mettait pas en peine
de faire comprendre aux élèves. La réprobation est
passée des exercices inintelligents à tous les exercices de mémoire. C'est un tort très grave : la
mémoire est une faculté maîtresse de l'intelligence,
absolument indispensable à l'acquisition de toute connaissance, car acquérir, c'est *garder*. La mémoire s'assouplit et se fortifie par l'exercice; il ne faut pas
négliger de l'exercer.

Le rôle de la mémoire est surtout important dans
l'étude de la langue française. L'orthographe d'usage,
la plus difficile à apprendre, tient à la mémoire des
mots et d'une manière plus générale à la mémoire des
formes. Pour ne pas faire de faute contre les règles de
la grammaire, il faut non seulement avoir compris les
règles et leurs exceptions, mais surtout les avoir
retenues.

On fera bien découler toutes les règles de la grammaire de lectures et de dictées bien choisies; c'est du
reste le seul moyen de les faire bien comprendre. Mais
il est bon de dégager les préceptes de l'ensemble de
faits qui sont leur raison d'être, de les formuler de la
manière la plus précise possible, afin qu'ils soient faciles
à retenir.

Les grammaires sont nécessaires comme aide-mé-
moire; plus elles sont concises, meilleures elles sont.
Une grosse grammaire aurait l'inconvénient de sur-
charger la mémoire des élèves sans profit pour la cor-

rection du langage ; la multiplicité des avertissements, comme des commandements, déroute plutôt qu'elle ne soutient dans la bonne voie.

Tous les grammairiens ont adopté à peu près le même ordre d'exposition ; cet ordre est consacré par les programmes officiels. Nous ne proposerons pas de modifications pouvant embarrasser nos lecteurs ; nous nous contenterons de faire remarquer que cet ordre n'est pas essentiel. Les élèves se servent de toutes les parties du discours, avant d'avoir abordé l'étude de la grammaire. — « Pourquoi êtes-vous en retard? » dira le maître à un jeune écolier. — « J'ai été retenu par ma mère, » répondra souvent l'enfant. J'ai été retenu par ma mère, voilà une phrase bien faite qui pourrait servir de texte à une bonne leçon de langue française, puisque l'enfant se comprend parfaitement. Vous lui ferez dire sans peine qu'il se désigne par le mot *je ;* que les mots *ai été retenu* expriment un acte subi ; que *par ma mère* indique que la responsabilité de l'acte et par suite du retard retombe sur la mère. Cette analyse vaut bien celle qui commencerait par : *j'* mis pour *je*, pronom personnel de la première personne, masculin singulier, etc...

Puisque les enfants parlent et pensent sans le secours de la grammaire, faisons-leur analyser leur langage au point de vue de la pensée avant de leur parler des classifications grammaticales. Dire que *je* est un pronom, c'est dire simplement qu'il appartient à la classe de mots appelés pronoms. Ce n'est pas très instructif pour les débutants, peu familiarisés avec l'artifice des classifications savantes.

Le temps de l'étude de la grammaire viendra, et cette étude sera d'autant moins aride que les enfants y auront été mieux préparés par des exercices d'intelligence ; qu'ils auront acquis l'habitude de s'exprimer avec clarté, simplicité et correction, par de bonnes lectures, des récitations et des conversations.

Les conjugaisons par propositions et par phrases, recommandées par le père Girard, peuvent devenir le sujet de conversations très animées et très profitables à l'enseignement de la langue.

Les conjugaisons écrites, par propositions ou autrement, ne présentent pas les mêmes avantages que les conjugaison orales.

CHAPITRE LII

Enseignement.

GRAMMAIRE

Proposition.

L'enseignement grammatical proprement dit, avec ou sans livre, ne devrait pas commencer par l'étude des mots, lorsqu'il s'agit de la langue maternelle, c'est-à-dire d'une langue parlée par les enfants avant toute étude régulière, dans laquelle ils pensent, dans laquelle ils apprennent à lire.

Les mots s'acquièrent par une imitation née de la nécessité de faire comprendre nos besoins et nos désirs aux autres, par le retour fréquent des mêmes besoins et des mêmes désirs, qui demande la répétition des mêmes mots, par tout commerce avec nos semblables, par des leçons de choses, des lectures raisonnées, des dictées et des copies expliquées.

Mais le fond grammatical de la langue, c'est la proposition, et nous approuvons les programmes qui abordent l'enseignement de la grammaire par la proposition.

Si l'on disait, sans préparation, à un enfant que *la proposition est l'expression d'un jugement*, il ne comprendrait pas. Le mot jugement ne lui rappelle guère que l'acte d'un pouvoir supérieur qui atteint un coupable.

Dites-lui que les simples affirmations : *Cet arbre est grand, Pierre est soldat*, sont des propositions, il vous écoutera et vous suivra dans les explications que vous donnerez.

Dans la proposition : *Cet arbre est grand,* le mot *arbre* désigne une chose, le mot *grand* une qualité, et le mot *est* exprime que la qualité appartient à la chose, ou que l'idée de grandeur coexiste avec l'idée d'arbre.

Les mots *arbre* et *grand* sont les signes des idées comparées, le mot *est* est le signe de l'opération de l'esprit par laquelle nous jugeons que ces deux idées se conviennent. Toutes les fois que nous attribuons une qualité à une personne ou à une chose, nous portons un jugement. La proposition est bien l'expression d'un jugement de notre esprit.

La chose dont on parle est le *sujet* de la proposition; ce qu'on affirme convenir au sujet est l'*attribut;* le mot qui marque l'affirmation de convenance est le *verbe*. Les termes constitutifs de la proposition sont donc le *sujet*, le *verbe* et l'*attribut*.

Le sujet, ou la chose dont on parle, doit être clairement désigné par un ou plusieurs mots. Les mots qui désignent le mieux les personnes et les choses sont les noms propres. Dans la proposition : *Pierre est soldat*, le nom propre *Pierre* représente parfaitement le sujet. Pour représenter le sujet de la proposition : *Cet arbre est grand*, il faut deux mots, *cet* et *arbre*. En effet, le mot *arbre* seul ne désigne pas une chose, un individu, mais une classe de végétaux. L'adjectif *cet* devant arbre fait pour ainsi dire de ce nom commun un nom propre, et les deux mots désignent un individu, sujet de la proposition.

Le nom commun employé sans déterminatif peut être attribut. *Pierre est soldat* signifie que Pierre appartient à la classe d'hommes appelés soldats, que l'idée de soldats coexiste avec l'idée de Pierre.

Le plus ordinairement l'attribut est une qualité désignée par un adjectif, comme grand dans *cet arbre est grand*.

Les expressions : *Homme sage, femme aimable, belle rose*, ne forment pas de proposition quoiqu'elles paraissent à peu près équivalentes aux trois propositions : Cette rose est belle, cette femme est aimable, cet homme est sage. Dans *homme sage*, comme dans *cet homme est sage*, on juge que l'idée de sagesse et l'idée d'homme se conviennent. Mais dans *cet homme est sage* il y a plus qu'un jugement de convenance de deux idées, il y a affirmation de leur coexistence. C'est donc l'affirmation, c'est-à-dire le verbe, qui constitue la proposition.

Le verbe a pour fonction d'affirmer l'existence de l'attribut dans le sujet. Être, exprimant cette affirmation, est le seul verbe.

Mais dans la rapidité du langage, l'affirmation d'existence et l'attribut affirmé se sont souvent contractés en un seul mot. Ces mots contractés sont appelés *verbes attributifs* ou même simplement verbes, de sorte que le nombre des verbes est très considérable. *Penser, parler, aimer, craindre* sont employés pour *être pensant, être parlant, être aimant, être craignant.*

Lorsqu'on parle, il s'agit de nous, de notre interlocuteur, d'une tierce personne ou d'une chose. Ces rôles sont appelés *personnes*. Le premier rôle ou la *première personne* est exprimée par les mots *je, moi, me, nous;* le second rôle ou la *seconde personne*, par les mots *tu, toi, te, vous;* le troisième rôle, par les pronoms *il, elle, lui, ils, elles, eux, le, la, les* ou pour un nom de personne ou de chose.

Nous n'appelons pas pronoms les mots *je, moi, me, nous, tu, toi, te, vous* parce que ces mots désignent les personnes et qu'on ne peut leur substituer un nom. Jean, en parlant, dit : « *J'aime les poésies de Lamartine; je les trouve d'une incomparable harmonie.* » En substituant le nom *Jean* au mot *je*, on fait disparaître la personne grammaticale : « *Jean aime les poésies de Lamartine; Jean les trouve d'une incomparable harmonie.* » On ne voit pas du tout dans cette seconde forme de la phrase que c'est Jean qui parle. Il y a, outre une répétition du nom, la disparition d'une nuance importante dans l'expression de la pensée.

Le nom désigne les personnes dont on parle; il ne peut par conséquent être remplacé que par un pronom dit de la troisième personne. Les pronoms de la troisième personne sont en réalité les seuls pronoms.

Mais si nous voulons présenter des vues psychologiques sur l'enseignement grammatical pour les maîtres, nous ne voulons pas augmenter les difficultés de cet enseignement pour les élèves. On a l'habitude d'appeler pronoms les mots *je, moi, me, nous, tu, toi, te, vous;* conservons cette appellation, mais au moins ne définissons pas le pronom un mot qui sert seulement à éviter la répétition du nom. Disons plus justement que le pronom remplace le nom et désigne les personnes grammaticales.

Dans l'analyse des verbes, il faut non seulement considérer la *personne* ; mais encore le *temps* et le *mode*. *J'écris, tu écrivis, il écrira, nous écrivions, écrivez, que tu écrives, qu'il écrivit*, expriment la même action, mais avec des nuances variées de *personne*, de *temps* et de *mode*.

J'écris exprime une action positive qui s'accomplit au moment même de la parole. *Tu écrivis* exprime aussi une action positive, mais accomplie à une époque passée. *Il écrira* exprime encore une action positive, mais transportée dans l'avenir. *Nous écririons* exprime une idée conditionnelle. *Écrivez* exprime un commandement qui sera exécuté ou ne le sera pas. Il n'y a rien de positif non plus dans *que tu écrives, qu'il écrivit*.

La coexistence du sujet et de l'attribut dans une proposition peut être représentée comme actuelle, comme passée ou comme future. De là les trois temps principaux des verbes : le *présent*, le *passé*, le *futur*.

Le *présent* est pour ainsi dire insaisissable. Lorsque je trace la dernière lettre de ce mot *insaisissable*, le temps que j'ai mis à tracer les autres lettres appartient déjà au passé. Ce passé est d'autant plus loin que la lettre considérée est plus éloignée de la dernière. Le *présent* n'a pas de degré et doit être exprimé par un seul temps. Le *passé* est au contraire plus ou moins passé ; il faut plusieurs temps pour en rendre les principales nuances. Le *futur*, pour être précisé, a besoin aussi de plusieurs temps. Nous reviendrons sur ce sujet.

L'idée exprimée par le verbe est-elle positive, comme dans j'*écris*, tu *écrivis*, il *écrira*, on dit que le verbe est au mode INDICATIF. S'agit-il d'une idée conditionnelle, comme *nous écririons souvent à nos amis si*

nous en avions le temps, écririons est au mode CONDI-
TIONNEL. Le verbe exprime-t-il le commandement,
comme *écrivez*, il est au mode IMPÉRATIF. Le verbe n'exprime-t-il ni commandement ni sens positif comme
dans *que tu écrives, qu'il écrivît*, il est au SUBJONCTIF.
Voilà donc quatre modes : l'*indicatif*, le *conditionnel*,
l'*impératif* et le *subjonctif*.

Insistons sur le subjonctif dont l'emploi embarrasse
les personnes qui n'ont appris que des formules de
grammaire. Prenez pour nouvel exemple la phrase suivante : *Cette jeune personne a une belle voix; sa
mère permet qu'elle chante; je désirerais qu'elle
chantât.* Il n'est pas sûr que la jeune personne chante,
malgré la permission de sa mère et le désir manifesté. *Qu'elle chante* et *qu'elle chantât* n'exprimant ni
commandement, ni idée positive sont au subjonctif.

La forme dont on se sert pour exprimer l'action ou
l'état d'une manière indéfinie, c'est-à-dire sans les rapporter à une personne ou à une chose, comme *travailler, souffrir, être travaillant, être souffrant*, se
nomme INFINITIF. L'infinitif ne saurait former une
proposition parce qu'il ne comporte pas de sujet. L'infinitif joue souvent dans la phrase le rôle d'un nom,
c'est-à-dire qu'il devient sujet ou complément.

L'*attribut*, qui est la qualité, la manière d'être non
seulement aperçue mais affirmée du *sujet*, est exprimé
par un nom, par un adjectif, et très souvent par un
participe présent.

Lorsque le nom est attribut, il est plus général que
lorsqu'il est sujet. On peut dire : *Pierre est un menuisier, un menuisier est un ouvrier, Un ouvrier est un
homme.* On ne dirait pas : *un homme est un ouvrier,
un ouvrier est un menuisier, un menuisier est Pierre.*
En effet, il y a d'autres ouvriers que Pierre; d'autres

ouvriers que des menuisiers, et tous les hommes ne sont pas des ouvriers.

Dans la nature, il n'y a que des individus, personnes ou choses. Mais l'esprit aperçoit bientôt des traits de ressemblance entre certains individus et il est porté à désigner par un seul mot tous les individus ayant des qualités saillantes communes. De là l'origine des noms communs, ou noms généraux, noms abstraits. C'est, en effet, en faisant abstraction des particularités qui différencient les individus appartenant à l'espèce humaine qu'on a pu les désigner tous par le nom commun *homme*. Mais l'esprit ne procède pas par degrés dans la généralisation; il passe tout d'un coup de l'idée individuelle à l'idée la plus générale. Les idées intermédiaires se forment non plus par la considération des ressemblances seules, mais par l'observation de certaines différences. Le nom général *arbre* a été formé avant celui de *pommier,* de *poirier,* de *cerisier ;* l'observation des différences ou de certaines qualités particulières a fait aussi distinguer plusieurs espèces de pommiers, de poiriers, de cerisiers.

Lorsque je dis : *Cet arbre est un poirier*, il semblerait que le nom attribut est moins général que le nom sujet. Mais il est facile de remarquer que le sujet de la proposition *arbre*, déterminé par l'adjectif *cet*, ne désigne pas une classe de végétaux, mais un individu, et que l'idée exprimée par *cet arbre* est moins générale que l'idée exprimée par poirier.

La proposition *Cet arbre est un poirier* exprime que l'ensemble des qualités qui caractérisent le poirier appartient à l'arbre individuellement désigné, comme la proposition *Pierre est menuisier* exprime que les aptitudes qui font le menuisier se trouvent dans Pierre.

Lorsque l'attribut est un nom commun, la proposition affirme qu'un ensemble de qualités appartient au sujet; lorsque l'attribut est un adjectif, l'affirmation ne porte que sur une seule qualité.

Il est même des adjectifs qui seuls ne donnent pas un sens complet à la proposition. Exemple : *La vertu est préférable*. Cette proposition ne satisfait pas l'esprit, et la question : *préférable à quoi?* se pose inévitablement. Dans *la vertu est préférable à la richesse*, le sens est complet. La proposition *je vais, je suis allant*, demande aussi un complément : *Je vais à la campagne*. Ces compléments sont exprimés par un nom et une préposition. La préposition est donc essentielle au discours.

Avec des noms pour désigner tout ce dont nous avons à parler, avec des adjectifs pour exprimer les qualités ou les manières d'être des personnes et des choses dont nous parlons, avec des prépositions pour en indiquer les rapports; avec le verbe pour prononcer tous nos jugements, nous avons les éléments essentiels du discours.

Mais comme la pensée se nuance à l'infini, les propositions se combinent pour rendre toutes les idées. La langue est devenue un art dont il faut demander le secret aux grands écrivains.

Nos analyses ne porteront plus sur des propositions réduites à leurs termes essentiels; nous prendrons des textes suivis pour mieux apprécier le fond des idées et l'art de les rendre.

CHAPITRE LIII

Enseignement.

Analyse du discours.

Lorsque nous étudions le discours sous le rapport de ses éléments, la phrase et la proposition, la proposition étant considérée comme formée de trois termes essentiels, le sujet, le verbe et l'attribut, faisons-nous de l'analyse grammaticale ou de l'analyse logique?

Étudier les noms et les adjectifs, observer leurs rapports, porter des jugements sur la convenance ou la disconvenance des idées qu'ils représentent, c'est certainement du domaine de la grammaire.

Il n'y a rien d'illogique, d'un autre côté, à dire qu'un mot est un nom commun, masculin singulier, sujet de tel verbe, et la logique n'augmente pas avec l'introduction de considérations différentes si ces considérations ne projettent pas une lumière nouvelle sur l'objet de notre étude.

L'analyse grammaticale, simple démembrement de la phrase en mots, et l'analyse logique, pure énumération de propositions et de compléments, ne sont pas des exercices d'une grande utilité.

Il faut moins s'occuper des mots que des idées dans l'analyse. L'analyse la plus parfaite est celle qui nous fait le mieux pénétrer les intentions de l'auteur étudié, et qui nous donne le sentiment de la puissance du choix et de l'arrangement des mots pour exprimer la pensée dans ses nuances les plus délicates.

Ce qu'il y a de mieux à faire, c'est de ne pas séparer les deux sortes d'analyses employées jusqu'ici et de donner à leur combinaison bien ordonnée le nom d'*analyses de la phrase ou du discours.*

Nous allons analyser, d'après ces principes, le texte suivant :

« En réfléchissant à cet instinct prématuré qui tourna dès l'enfance le génie de Pascal vers la géométrie, et lui fit inventer les éléments de la science qu'il désirait sans la connaître, il serait superflu de chercher si la faculté qu'il manifesta la première était nécessairement la plus naturelle et la plus haute. Tous les talents supposent des germes innés ; mais une foule de circonstances extérieures et d'impressions étrangères, mille hasards qu'on ne calcule pas, peuvent déterminer le développement des facultés de l'esprit, dans un ordre qui ne suppose pas la prééminence de l'un sur l'autre. Le père de Pascal voulait occuper son fils à l'étude des lettres ; mais il était lui-même géomètre passionné ; il ne vivait que pour cette science. En la refusant à son fils, il la lui promettait dans l'avenir pour prix de ses efforts ; il lui annonçait la géométrie comme la science des hommes. On voit tous les jours, par des expériences moins importantes, que les enfants imitent au lieu d'obéir, qu'ils répètent les actions et oublient les conseils, que leur curiosité, enfin, cherche surtout ce qu'on lui dérobe. N'est-il pas vraisemblable que, dans une intelligence prodigieusement active et pénétrante comme celle de Pascal, l'ardeur de connaître une chose secrète et défendue servit à exciter encore le talent mathématique. Une fois développée, cette passion des sciences exactes, l'une des plus puissantes sur les esprits qu'elle possède, retint cet ardent génie par l'attrait des découvertes, la nouveauté des expériences, la certitude des vérités, et consuma de travaux excessifs la plus grande portion de cette vie si courte et sitôt dévorée. » (VILLEMAIN.)

Dans le morceau qui précède, Villemain veut prouver que Pascal, qu'il appelle plus loin le *créateur du style français,* n'était pas naturellement plus porté par son génie vers les sciences mathématiques que vers les lettres. Voyons comment ce professeur illustre développe cette idée principale.

« En réfléchissant à cet instinct prématuré qui tourna dès l'enfance le génie de Pascal vers la géométrie, et lui fit inventer les éléments de la science qu'il désirait sans la connaître, il serait superflu de chercher si la faculté qu'il manifesta la première était nécessairement en lui la plus naturelle et la plus haute. »

Villemain, par cette phrase, donne à entendre que l'ordre des manifestations du génie n'est pas à considérer lorsqu'il s'agit d'apprécier la puissance relative de ces manifestations.

Dans la phrase suivante : « Tous les talents supposent des germes innés; mais une foule de circonstances extérieures et d'impressions étrangères, mille hasards, que l'on ne calcule pas, peuvent déterminer le développement des facultés de l'esprit dans un ordre qui ne suppose pas la prééminence de l'une sur l'autre, » il est établi d'une manière générale que l'ordre du développement des facultés, peut tenir à des causes sans rapport avec des aptitudes spéciales, avec des prédilections naturelles de travail.

De cette idée générale, l'auteur passe rapidement au cas particulier de Pascal qui a été poussé involontairement par son père vers l'étude des sciences mathématiques : « Le père de Pascal voulait occuper son fils de l'étude des lettres, mais il était lui-même géo-

mètre passionné ; il ne vivait que pour cette science.
En la refusant à son fils, il la lui promettait dans l'avenir ; il lui annonçait la géométrie comme la science
des hommes. » Voilà la preuve la plus claire, la plus
précise, la plus convaincante que l'on puisse donner
de l'influence des goûts du père sur la vocation scientifique du fils. Pascal ne se trouvait pas traité en homme
lorsqu'on lui faisait étudier les lettres ; son génie devait s'en irriter ; de là ses efforts surhumains pour
arriver à la *science des hommes,* privé de tout secours, et les prodigieuses découvertes qui les couronnèrent.

« On voit tous les jours, par des expériences moins
importantes, que les enfants imitent au lieu d'obéir,
qu'ils répètent les actions et oublient les conseils, que
leur curiosité, enfin, cherche surtout ce qu'on lui
dérobe.

Nous trouvons dans cette phrase non seulement l'énonciation de quelques vérités d'observation capables
de servir de preuves pour la démonstration entreprise
par l'auteur ; mais encore des idées, des principes
pédagogiques d'une grande importance. L'imitation
sympathique crée en quelque sorte les vocations. Dans
les lieux situés sur la mer ou sur les fleuves navigables, les enfants jouent au marin, ils jouent au
soldat dans les villes de garnisons principalement : les
jeux préférés diffèrent avec l'industrie dominante.
Cette imitation des professions dans les jeux exerce
une très grande influence sur les vocations : les habitants de l'intérieur des terres ne deviennent pas marins
volontiers ; ceux du littoral ont peu de goût pour les
travaux agricoles.

Dans une école bien disciplinée, les nouveaux élèves
se mettent vite à la discipline et au travail ; dans une

école sans discipline les natures les plus dociles s'émancipent, tombent dans le désordre et la paresse.

La bonne éducation de famille provient des exemples plutôt que des préceptes.

On apprend un art plutôt en imitant de bons modèles qu'en étudiant des théories.

Nous gagnons plus, sous le rapport du goût et du style, à la lecture des grandes œuvres littéraires qu'à celle des traités de rhétorique.

« N'est-il pas vraisemblable que dans une intelligence prodigieusement active et pénétrante comme celle de Pascal, l'ardeur de connaître une chose secrète et défendue servit encore à exciter le talent mathématique? Une fois développée, cette passion des sciences exactes, l'une des plus puissantes sur les esprits qu'elle possède, retint cet ardent génie par l'attrait des découvertes, la nouveauté des expériences, la certitude des vérités, et consuma de travaux excessifs la plus grande partie de cette vie si courte, et sitôt dévorée. »

L'attrait pour le fruit défendu qui a été un stimulant pour Pascal dans l'étude des sciences, pourrait devenir entre les mains d'un maître habile un moyen d'émulation. Mais, comme pour tout ce qui touche aux passions, les inconvénients sont à côté des avantages et souvent en les excitant on s'expose à ne pouvoir plus les contenir.

Le soin que prit le père de Pascal, *géomètre passionné*, de ne laisser entre les mains de son fils aucun livre de mathématiques ne pouvait que passionner pour cette science vantée devant lui, un jeune homme ardent et plein de talent. La phrase de Villemain est interrogative; mais cette forme dubitative n'affaiblit pas la démonstration, au contraire. Une fois la passion née, elle ne peut que croître par « l'attrait des découvertes, la nouveauté des expériences, la certitude des vérités. »

La démonstration est complète, Pascal a été poussé à l'étude des sciences par des exemples de famille; ce qu'il y a de plus étonnant dans son génie, c'est que le géomètre trop précoce n'ait pas étouffé l'écrivain sublime.

De l'analyse de la pensée générale, passons à l'analyse des phrases.

« En réfléchissant à cet instinct prématuré qui tourna dès l'enfance le génie de Pascal vers la géométrie, et lui fit inventer les éléments de la science qu'il désirait sans la connaître, il serait superflu de chercher si la faculté qu'il manifesta la première était nécessairement la plus naturelle et la plus haute. »

L'idée principale de cette phrase est qu'*il serait superflu de chercher si la faculté que Pascal manifesta la première était nécessairement la plus naturelle et la plus haute.*

La proposition principale est : *il serait superflu.* Le verbe et l'attribut sont nettement exprimés; mais que représente le mot *il* indiqué comme sujet? Beaucoup de grammairiens nous diraient que le verbe est impersonnel, que le pronom *il* ne se rapporte à rien, qu'il n'est que le sujet apparent de la proposition. Des mots qui ne se rapportent à rien, des sujets apparents, voilà qui n'éclaire guère l'analyse et qui ne satisfait pas l'esprit. L'embarras vient de ce qu'on subordonne la pensée au mot, ou, moins encore, à une forme, car *il* ne signifiant rien n'est pas un mot.

Nous dirons que le mot *il* signifie *cela* et que ce mot est déterminé par tout ce qui suit l'attribut *superflu,* de sorte que toute difficulté disparaît par une simple transposition de termes : *cela* (de rechercher si la faculté que Pascal manifesta la première était nécessairement la plus naturelle et la plus haute) *serait superflu.*

Dans le déterminatif du sujet *il*, signifiant *cela*, se trouvent deux verbes à un mode autre que l'infinitif, et par conséquent deux propositions. La première, *si la première faculté était nécessairement la plus naturelle et la plus haute,* détermine *chercher;* la seconde : *que Pascal manifesta la première,* détermine *faculté,* sujet de la proposition précédente. Ces propositions, appelées *incidentes déterminatives,* ne déterminent que des noms ou des infinitifs.

La proposition principale est précédée d'un déterminatif de l'attribut *superflu : En réfléchissant à cet instinct prématuré qui tourna dès l'enfance le génie de Pascal vers la géométrie et lui fit inventer les éléments de la science qu'il désirait sans la connaître.* Ce déterminatif renferme trois verbes à un mode autre que l'infinitif et par conséquent trois propositions. La première, *qui tourna dès l'enfance le génie de Pascal vers la géométrie,* détermine *instinct;* la seconde, *et lui fit inventer les éléments de la science,* détermine aussi *instinct;* la troisième, *qu'il désirait sans la connaître,* détermine *science.*

On voit que les déterminatifs du sujet ou de la proposition principale peuvent renfermer plusieurs propositions incidentes.

La phrase suivante présente deux propositions indépendantes : *Tous les talents supposent des germes innés; mais une foule de circonstances extérieures et d'impressions étrangères, mille hasards que l'on ne calcule pas, peuvent déterminer le développement des facultés de l'esprit, dans un ordre qui ne suppose pas la prééminence de l'une sur l'autre.*

La première proposition : *Tous les talents supposent des germes innés*, est tout à fait indépendante de ce qui suit ; elle a le sens complet et absolu d'une maxime : c'est une proposition principale absolue. La seconde, *mais une foule de circonstances extérieures et d'impressions étrangères, mille hasards que l'on ne calcule pas, peuvent déterminer le développement des facultés dans un ordre qui ne suppose pas la prééminence de l'une sur l'autre*, a aussi un sens achevé ; elle est principale. La conjonction *mais* unit ces deux propositions, sans subordonner la seconde à la première. Il est pourtant d'usage, lorsqu'il y a plusieurs propositions principales dans une phrase, d'appeler l'une de ces propositions *principale absolue*, et les autres *principales relatives*. Conservons ces dénominations usuelles quoiqu'elles ne correspondent pas toujours au rôle des propositions principales dans la phrase.

Le sujet de la proposition principale absolue, *talents*, est déterminé par l'adjectif *tous* et l'article *les* qui donnent au nom *talent* toute l'universalité qu'il comporte. L'article *les* indique la généralité et l'adjectif *tous* exclut les exceptions. Le déterminatif de l'attribut *supposant* est : *des germes innés*.

Le sujet de la proposition principale relative, *une foule de circonstances extérieures et d'impressions étrangères, mille hasards qu'on ne calcule pas*, est multiple. Cela résulte de ce que plusieurs jugements ont été réunis en une seule proposition. Ces jugements composants sont : *Une foule de circonstances extérieures peuvent déterminer, etc.; une foule d'impressions étrangères peuvent déterminer, etc.; mille hasards que l'on ne calcule pas peuvent déterminer, etc.* Au lieu de *sujet composé*, il serait plus logique de dire *proposition composée*; mais nous ne voulons pas nous engager dans des querelles de mots qui font perdre de vue les choses. La proposition incidente, *que l'on ne calcule pas*, détermine le nom *hasards*.

Le déterminatif de l'attribut, *pouvant*, est : *déterminer le développement des facultés de l'esprit, dans un ordre qui ne suppose pas la prééminence de l'une sur l'autre*. La proposition incidente, *qui ne suppose pas la prééminence de l'une sur l'autre,* détermine le nom *ordre*.

« Le père de Pascal voulait occuper son fils à l'étude des lettres ; mais il était lui-même géomètre passionné, et ne vivait que pour cette science. »

La phrase renferme trois propositions qui ont chacune un sens complet ; ce sont trois propositions principales. Laquelle de ces propositions renferme l'idée maîtresse de la phrase ? Il serait difficile de l'établir bien solidement ; d'ailleurs il n'y a pas nécessité d'avoir dans chaque phrase une proposition principale absolue ; toutes les principales peuvent être sur le même pied, sans que la phrase soit mal construite. On peut placer la première proposition au dernier rang sans nuire au sens et à la clarté de la phrase que nous analysons : « Le père de Pascal était lui-même géomètre passionné ; il ne vivait que pour cette science ; mais il voulait occuper son fils à l'étude des lettres. »

Pourtant il ne serait pas possible de séparer les deux propositions : *il était lui-même géomètre passionné; il ne vivait que pour cette science*. La seconde proposition ne fait que confirmer l'idée exprimée par la première en l'accusant davantage. La première exprime que le père de Pascal avait la passion de la géométrie ; la seconde, qu'il n'avait que cette unique passion. Il n'y a pas entre ces deux propositions de subordination dans les mots, dans la forme ; mais la subordination existe dans la pensée. La seconde idée explique la première en l'augmentant. Il ne serait pas bien grave de faire de : *il ne vivait que pour cette science,* une proposition explicative de la proposition : *mais il était lui-même géomètre passionné.*

Ces grandes vues sur la phrase suffisent pour en déterminer le sens, pour faire apprécier le rôle de chaque proposition dans l'expression de l'idée principale. Cependant, pour les enfants, il est nécessaire de faire quelquefois une analyse plus détaillée, de décomposer la proposition après avoir décomposé la phrase, de déterminer chaque terme de la proposition, pour ne laisser aucune nuance de la pensée inaperçue.

Dans la proposition : *Le père de Pascal voulait occuper son fils à l'étude des lettres,* le sujet est : *le père de Pascal;* le verbe, *était;* l'attribut, *voulant occuper son fils à l'étude des lettres.*

Le père de Pascal est un terme composé. *Le* est un article qui définit *père. Père* est un nom commun, c'est-à-dire un nom de classe; ce mot désigne en effet la classe, la catégorie des hommes qui ont des enfants. *De Pascal* fait du nom commun *père* un nom individuel, l'équivalent d'un nom propre; c'est le déterminatif ou le complément déterminatif de *père.*

Déterminer signifie limiter, restreindre. Nos sens perçoivent mieux une étendue circonscrite que l'espace sans limite. Plus le cercle de notre observation se resserre, plus les détails deviennent distincts. La netteté de nos sensations fait la clarté de nos idées. D'ailleurs notre esprit est fort limité dans sa puissance. Les idées déterminées lui sont plus accessibles que les idées générales, toujours un peu vagues.

Pour soulager l'esprit dans l'acquisition des premières connaissances appelées notions, il a fallu constituer des classes ; le résultat de cette classification, c'est le langage abstrait. Pour revenir des notions abstraites à des notions précises, il faut restreindre la signification des termes abstraits par d'autres mots. De là le grand rôle des déterminatifs.

Nous hésitons à désigner, selon l'usage, le déterminatif par *complément déterminatif*, parce que les deux mots semblent s'exclure par le sens. Compléter, c'est ajouter ; déterminer, c'est limiter, restreindre, retrancher. Il est vrai que l'idée d'addition se rapporte aux mots et l'idée de limitation, à la pensée exprimée. Mais la distinction est trop subtile pour les enfants et ils disent : *complément déterminatif*, avec l'entière conviction que l'addition de mots à la proposition ou à un des termes entraîne un développement de l'idée affirmée par cette proposition, ou de la signification du terme dont il s'agit.

Les mots : *de Pascal* allongent le sujet de la proposition : *Le père de Pascal voulait occuper son fils à l'étude des lettres ;* mais l'idée générale exprimée par le nom *père* est rendue particulière par cette addition de mots.

L'attribut de la même proposition est *voulant ;* le déterminatif de l'attribut, *occuper son fils à l'étude des lettres.* L'idée exprimée par *voulant* est très générale ; l'idée exprimée par *occuper* restreint la généralité de l'attribut *voulant*, mais ne le particularise pas, parce que l'infinitif *occuper* exprime aussi une idée générale. *Fils*, et *à l'étude* sont des déterminatifs de *occuper ;* mais ces mots sont eux-mêmes des noms communs, des noms de classes exprimant des idées générales. Pour les rendre particulières, on a déterminé *fils* par l'adjectif *son*, et *étude*, par : *des lettres.* Au moyen de cette succession de déterminatifs, l'idée exprimée par l'attribut *voulant* est parfaitement précisée.

Les déterminatifs, tout en limitant le sens général de la proposition, expriment des idées particulières. *De Pascal* détermine père; la préposition *de* marque un rapport d'appartenance entre les noms Pascal et père. *Occuper* est l'objet de l'action exprimée par le verbe *voulait; son fils* est l'objet de l'action nommée par l'infinitif *occuper; à l'étude* indique le but de l'occupation, et *des lettres,* la nature de l'étude.

L'objet de l'action exprimée par le verbe est appelé *complément direct;* les autres déterminatifs sont appelés *compléments indirects, compléments circonstanciels,* etc., ce qui signifie proprement *addition directe, addition indirecte, addition circonstancielle.* Il n'est pas étonnant que ce langage ne soit pas compris des enfants, et que la décomposition des phrases et le groupement des termes sous des dénominations aussi vagues constituent une analyse sans valeur. Une bonne analyse s'attaque plus à la pensée qu'aux mots. Il semble d'abord plus difficile de s'élever à l'intelligence de la phrase que d'en distinguer les formes matérielles. C'est une erreur; ce qui est le plus pénible pour les enfants comme pour les hommes, c'est le travail machinal.

Le travail machinal ne comporte aucun plaisir de l'esprit; il n'a par conséquent aucun attrait. On ne le fait que par contrainte, et on l'abandonne dès qu'il n'est plus imposé par une volonté étrangère ou par la nécessité.

Un travail intelligent porte en lui-même son propre stimulant : le besoin de connaître. La satisfaction de ce besoin procure un plaisir moral que l'on aime à renouveler.

Tout est gagné en éducation lorsqu'on a inspiré aux enfants l'amour de l'étude, lorsqu'ils trouvent du plaisir au travail scolaire. Pour cela il faut que ce travail s'adresse à leur esprit et à leur cœur.

Qu'aura appris un enfant lorsqu'on lui aura dit, par exemple, que dans la proposition : *Charles aime son père de tout son cœur*, *père* est le complément direct de aime et *cœur* le complément indirect.

Si on lui disait : *Son père* désigne l'objet de l'affection de Charles ; *de tout son cœur* exprime l'intensité de cet amour, le fruit de la leçon serait autrement important, même un point de vue grammatical seulement.

Son père limite l'état dans lequel se trouve Charles, état exprimé par *est aimant;* c'est un déterminatif. *De tout son cœur* implique aussi une limite, celle de la faculté d'aimer. La proposition ne comporte donc que le sujet, le verbe et l'attribut et divers déterminatifs du sujet et de l'attribut. Les déterminatifs rendent tant de nuances de la pensée qu'il est impossible de les classer utilement en espèces. Il est préférable d'en expliquer la portée dans chaque cas particulier.

Les verbes attributifs ont été classés, dans les grammaires, en verbes *actifs,* verbes *passifs,* verbes *neutres,* verbes *pronominaux,* verbes *impersonnels.* L'analyse *logique* ne tient pas compte de cette classification ; c'est à tort, parce que la connaissance de l'espèce des verbes n'est pas indifférente au point de vue de l'orthographe, qui sera longtemps encore le principal objectif de l'étude de la grammaire.

On définit les verbes actifs, verbes qui expriment une action faite par le sujet et transmise à un complément direct ; les verbes passifs, verbes qui expriment une action reçue ou soufferte par le sujet ; les verbes neutres, verbes qui ne sont ni actifs ni passifs.

Est-ce réellement définir que de dire, après avoir parlé de deux espèces : La troisième n'est ni la première ni la seconde ? C'est aussi puéril que de définir les étoiles en disant qu'elles ne sont ni le soleil ni la lune.

Les verbes actifs n'expriment pas toujours l'action ; par exemple : *Je supporte les défauts des autres; tu oublies les mauvais procédés; il néglige ses devoirs; vous ignorez les dernières nouvelles; ils ont reçu des injures.*

Ignorer, négliger, oublier, supposer, recevoir n'impliquent aucune espèce d'action; ce sont pourtant des verbes actifs puisqu'ils ont un complément direct.

Les verbes *travailler, marcher, courir* expriment essentiellement l'action, et ce sont des verbes neutres.

Y a-t-il réellement deux verbes différents dans : *Je suis aimé de mon père* et *mon père m'aime?* Dans tous les cas, il s'agit absolument du même sentiment.

Cherchons, par l'analyse, la différence grammaticale des deux propositions. Le sujet de la proposition : *Je suis aimé de mon père*, est *je;* le verbe, *suis;* l'attribut, *aimé;* le déterminatif de l'attribut, *de mon père.* Le sujet de la proposition *Mon père m'aime*, est *mon père;* le verbe, *est*, l'attribut, *aimant;* le déterminatif de l'attribut, *m'*, pour *moi.*

De cette analyse on tire les conséquences suivantes : Dans les verbes actifs, l'attribut est un participe présent; cet attribut est déterminé par le complément direct, objet de la proposition. L'objet du sentiment exprimé dans : *Mon père m'aime*, c'est *moi.* Dans les verbes passifs, l'attribut est un participe passé qui joue le rôle d'un adjectif. *Je suis aimé de mon père;* l'objet est le pronom *je*, sujet de la proposition.

Donc les verbes qu'on appelle actifs ont un participe

présent pour attribut et un *objet* différent du *sujet;* les verbes qu'on appelle passifs ont un participe passé pour attribut, et l'objet se confond avec le sujet de la proposition. Ces distinctions sont rationnelles, et il serait facile de les caractériser par des dénominations appropriées.

Les verbes neutres, comme les verbes actifs, ont pour attribut un participe présent; mais l'état ou l'action exprimés n'ont pas d'*objet* déterminé ; dans : *J'ai marché pendant plusieurs heures,* le sujet de la proposition est *je,* le verbe, *ai été;* l'attribut, *marchant;* le déterminatif de l'attribut, *pendant plusieurs heures.* Ce déterminatif ne définit pas l'objet de l'action exprimée par le verbe; il exprime une simple circonstance de temps ayant rapport à cette action.

Les verbes actifs deviennent des verbes neutres lorsque l'*objet* de l'action ou de l'état (complément direct) n'est pas exprimé, comme dans cette phrase : *Elle chante admirablement, la jeune personne que j'ai entendue hier.* L'objet du chant n'est pas défini ; l'idée exprimée par le verbe *chante* est générale. L'idée exprimée par le verbe *ai entendue,* au contraire, est particulière à cause de l'objet *que,* mis pour *jeune personne.*

Les verbes neutres servent à exprimer des idées générales; les verbes actifs, des idées particulières; les verbes passifs sont équivalents au verbe *être* suivi d'un adjectif attribut de la proposition.

Notre analyse éclaire bien des points orthographiques et donne la raison de certaines règles grammaticales qui paraissent bizarres.

Dans la phrase précédente on écrit *entendue* au féminin singulier, parce que la proposition : *que j'ai entendue hier,* n'est que le déterminatif de *jeune per-*

sonne. C'est la même raison qui nous fait écrire l'adjectif au féminin singulier après un nom féminin singulier.

Si l'objet est après le verbe, *J'ai entendu hier une jeune personne*, la proposition n'est plus le déterminatif de *jeune personne*, et l'accord n'a pas de raison d'être.

Il y a des choses inexplicables en grammaire, et nous n'avons pas la prétention de tout expliquer. Mais l'analyse bien comprise est la méthode grammaticale la plus féconde.

CHAPITRE LIV

GRAMMAIRE

Remarques sur le nom et l'adjectif.

Nous ne voulons pas faire un cours de grammaire à propos de directions pédagogiques sur cet enseignement; mais les directions pédagogiques doivent éclairer le chemin à parcourir, montrer les obstacles et aider à les surmonter, s'il est possible.

Dans l'étude de la langue maternelle, il ne s'agit pas de découvertes, mais de reconnaissances. Il faut aller par conséquent de la phrase à la proposition et de la proposition aux termes qui la composent, aux mots.

Les mots qui reviennent le plus souvent dans le discours sont les noms et les adjectifs. Le sujet de la proposition est généralement un nom; l'attribut, un adjectif.

Quelques grammairiens appellent le nom, *substantif*.

Il y a plusieurs inconvénients à cette appellation. Le premier, c'est de dérouter les enfants ; ils répondent parfaitement si on leur demande les noms de leurs parents et des objets qu'ils connaissent, ils trouveraient ridicule qu'on leur demandât le substantif de leur père ou de leur sœur ; le maître se trouverait lui-même ridicule en posant la question. Il n'est pas bon que le langage employé dans les écoles s'écarte du langage correct de la vie ordinaire. On gagne du temps en parlant un langage connu des enfants ; les enfants auraient du reste peu de goût pour apprendre une langue qu'ils devraient oublier lorsqu'ils ne seraient plus sur les bancs.

En second lieu, il serait bien difficile d'expliquer à des jeunes enfants que *substantif*, *substance*, viennent de *stare sub*, être dessous, que la substance est le soutien, le support des qualités. D'ailleurs beaucoup de noms ne désignent pas des substances, à moins de faire des substances spirituelles et des substances morales. Les mots *esprit*, *conscience*, *sagesse*, *patience*, *dévouement* sont des noms, peut-on dire qu'ils soient des substantifs ?

On ne peut guère désigner comme substantifs que les noms propres et les noms communs de personnes ou de choses.

Les noms généraux, ou noms communs, conviennent à tous les individus de la même classe. On peut désigner par ces noms une ou plusieurs personnes, une ou plusieurs choses ; de là, la distinction du *singulier* et du *pluriel*.

Les noms particuliers ou noms propres ne comportent pas le pluriel. Mais les noms propres peuvent devenir des noms généraux, des noms de classe, par exemple : *Les Virgiles et les Cicérons seront toujours rares.* Virgile, dans cette phrase, ne désigne plus un poète, mais une classe de poètes d'élite ; Cicéron, un orateur, mais une classe d'orateurs éminents.

Nous considérons comme noms communs les noms de métaux : or, argent, fer, cuivre, etc. Cependant ces noms ne comportent pas le pluriel, lorsque le métal ne présente pas de différences constitutives pouvant donner lieu à une classification spécifique. On ne dit pas : *les mercures*, *les argents*; mais comme on trouve de grandes inégalités dans la qualité du fer suivant les provenances, on dit très bien *les fers d'Angleterre*, *les fers de France.*

Beaucoup de noms français ont été formés du nominatif singulier des mêmes mots latins ou romans. Les finales de *bras*, *fils*, *nez*, au singulier, sont des lettres étymologiques.

Dans la pratique de l'enseignement primaire, il ne convient pas d'entrer dans ces considérations ; les exceptions aux règles générales doivent être une simple affaire de mémoire.

Les noms ne sont pas seulement au singulier ou au pluriel, mais encore au masculin ou au féminin.

La distinction des sexes a donné lieu aux deux genres des noms.

Cependant, comme les langues ont été formées par l'usage et que les foules ne sont guère versées dans l'histoire naturelle, la distribution des genres s'est faite un peu au hasard. Pour les animaux les mieux connus, la distinction des genres se retrouve parfaitement dans les noms ; il n'en est pas de même pour les autres. *Rossignol,* nom masculin, désigne le mâle et la femelle ; *alouette,* nom féminin, désigne aussi le mâle et la femelle ; mêmes remarques à faire pour les noms : *perdrix, lièvre, carpe, brochet.*

Les hommes, pris en général, n'observent que lorsqu'ils ont besoin d'observer, et ils n'ont pas distingué les sexes, lorsqu'ils n'ont pas éprouvé la nécessité de le faire.

Mais les hommes sont vivement frappés non seulement par l'analogie des choses, mais encore par celle des formes et même des sons.

Il y a eu pour les noms d'animaux des terminaisons masculines et des terminaisons féminines. On a fait les noms des choses inanimées du masculin ou du féminin selon l'analogie de la terminaison. Cette règle n'a pas été constamment suivie, et beaucoup de noms qui auraient dû être d'un genre d'après leur terminaison, sont d'un autre. Il y a même des noms qui changent de genre en changeant de nombre, comme *amour, délice, orgue;* la fantaisie ne pouvait aller plus loin.

L'usage doit être observé, même dans ses caprices, parce que pour être entendu, il faut parler comme tout le monde; mais ne cherchons pas à expliquer ce qui est inexplicable.

L'*adjectif* est un mot que l'on joint au nom pour le qualifier ou le déterminer. Adjectif vient du latin *adjectivus* et signifie proprement *qui s'ajoute.*

L'adjectif qualificatif est un véritable nom, mais nom abstrait n'ayant pas d'existence propre et ne devenant une réalité que lorsqu'il est joint au nom particulier ou au nom général.

Le nom particulier a un support dans les personnes ou les choses; le nom général, ou nom de classe, a pour support une conception de l'esprit; l'adjectif n'a aucune espèce de support pris isolément.

Les mots *blanc, noir, sage, imprudent, heureux, malheureux* participent à l'existence des noms auxquels on les ajoute : *papier blanc, tableau noir, enfant sage, homme imprudent, heureux père, malheureux prisonnier.*

Les enfants comprendront parfaitement que si le papier, le tableau, l'enfant, l'homme, le père, le prisonnier en question cessent d'exister, les qualités qui leur étaient attribuées disparaissent en même temps.

Les idées représentées par les noms-adjectifs se sont formées par le jeu d'une des puissances les plus naturelles de notre esprit, l'abstraction.

Lorsque nous voyons plusieurs objets blancs, l'idée commune de blancheur se dégage des objets multiples observés ; l'esprit ne conserve que cette idée, séparée de l'idée des choses, et le langage la fixe par le nom-adjectif *blanc*.

C'est encore par abstraction que, de la considération de plusieurs boules, grandes et petites, nous formons l'idée exprimée par l'adjectif *rond*.

Puisque le nom et l'adjectif sont en correspondance étroite, il convient de marquer très clairement que tel adjectif se rapporte à tel nom. On exprime cette relation en donnant à l'adjectif le genre et le nombre du nom qu'il doit qualifier.

Le genre et le nombre des adjectifs ne sont qu'un moyen grammatical d'indiquer à quels noms les adjectifs se rapportent. Cette précaution était importante, surtout dans les langues anciennes qui ne sont pas assujetties à l'ordre analytique de notre langue.

Lorsqu'on veut qualifier deux noms singuliers par le même adjectif, il convient de mettre cet adjectif au pluriel, parce que le singulier ne marquerait le rapport qu'avec un seul nom. Si les noms sont de genre différent, on met l'adjectif au masculin, à moins que l'harmonie ne demande le féminin.

Les adjectifs peuvent devenir des noms généraux :

le blanc, le noir, le beau, le vrai, l'utile, l'agréable.
Ils n'expriment plus alors une simple qualité, mais une
classe d'objets ou de conceptions caractérisés par la
qualité exprimée. C'est l'article qui indique cette transformation du sens.

L'adjectif qualificatif n'a-t-il pour fonction que de
qualifier? Dans la phrase suivante : *Les hommes
savants sont modestes*, l'adjectif *savants* limite le sujet
de la proposition; ce ne sont pas les hommes en général
qui sont jugés modestes, mais les savants. Limiter,
c'est déterminer; par conséquent l'adjectif qualificatif
est souvent employé comme déterminatif. Il n'est purement qualificatif que lorsqu'il est employé comme
attribut, ou lorsque le nom auquel il se rapporte est
pris absolument : *La journée est belle, des enfants
studieux.*

Les *adjectifs déterminatifs* expriment certaines
idées accessoires qui limitent et souvent même indivi-
dualisent les idées exprimées par les noms généraux :
ce livre, ma sœur, deux heures, chaque élève. Le mot
ce correspond à un mouvement des yeux ou de la main
indiquant un certain livre : l'idée exprimée par *ce livre*
est une idée individuelle; *ma* marque la possession :
ma sœur exprime une idée individuelle; *deux heures :*
l'idée de nombre restreint la signification du nom
heures; chaque élève : le sens distributif exprimé par
chaque modifie le nom *élève.*

L'idée d'appartenance exprimée ordinairement par
les adjectifs possessifs découle quelquefois du sens de
la phrase; on supprime alors l'adjectif. Il faut dire :
J'ai mal à la tête, et non, *j'ai mal à ma tête.* On ne
saurait avoir mal à la tête d'un autre. *Tête* est parfaitement déterminée par le sens de la phrase, et ce serait une faute d'employer un déterminatif inutile. On

dit, pour la même raison : *Ce cheval a pris le mors aux dents,* et non, *ce cheval a pris son mors à ses dents.*

Une idée d'appartenance ne pourrait rigoureusement être émise qu'à l'occasion des personnes, les choses ne pouvant posséder.

En parlant d'un homme, on dira : *Sa tête est belle,* et d'une statue, *la tête en est belle.*

On dit cependant : *Ce vin a perdu sa couleur, la rivière est sortie de son lit,* parce que l'adjectif possessif est indispensable pour marquer le rapport de *couleur* à *vin,* et de *lit* à *rivière;* mais hors du cas d'impossibilité absolue, il faut se servir du pronom *en,* lorsqu'il s'agit de choses qui ne sont pas personnifiées.

Les adjectifs *son, sa, ses* s'emploient lorsque le sens est distributif, et les adjectifs *leur, leurs,* lorsque le sens est collectif. On doit dire : *Tous les juges ont opiné chacun selon ses lumières,* parce que le sens est distributif. C'est, en effet, comme si l'on disait : *Tous les juges ont opiné, et chacun a opiné selon ses lumières.*

Il est correct de dire : *Les commissaires ont donné chacun son avis* ou *chacun leur avis,* parce que la phrase comporte le sens collectif comme le sens distributif.

On le voit, une grammaire d'idées est plus simple qu'une grammaire de formules.

CHAPITRE LV

GRAMMAIRE

Remarques sur l'article et le pronom.

L'article *le* vient de l'adjectif latin *ille*. L'article est un véritable adjectif indéfini.

Afin de pouvoir marquer que l'article se rapporte à tel nom, on a donné le genre et le nombre à l'article.

Le fait au féminin *la* et au pluriel, *les*.

On emploie *le* devant les noms masculins singuliers, *la* devant les noms féminins singuliers, *les* devant les noms pluriels des deux genres. Cette pratique a fait dire que l'article indique le genre et le nombre des noms auxquels il se rapporte.

En effet, dans l'embarras sur le genre d'un nom de chose, on prononce ce nom avec *le* ou *un* et avec *la* ou *une*; l'oreille, habituée aux associations de sons, nous révèle généralement le genre adopté par l'usage.

Mais l'article étant une sorte d'adjectif déterminatif, sa véritable fonction est de déterminer.

L'article détermine :

1° En indiquant l'existence d'une substance ou d'une conception de classe, en un mot d'un support de l'idée désignée par le nom.

2° En marquant que le nom commun est employé dans toute sa généralité.

3° En faisant exprimer au nom un sens positif.

Mettez l'article devant les adjectifs *riche, pauvre, beau, laid*, vous en faites des noms : *le riche, le pauvre, le beau, le laid. Le riche* signifie l'homme qui possède des richesses; l'idée *riche* n'exprime plus vaguement une qualité, parce que l'article indique l'existence du support *homme. Le beau* désigne tout ce qui a le caractère de la beauté, c'est une conception de classe.

Supprimez l'article devant le nom, vous n'avez plus qu'une sorte d'adjectif : *Tu es homme, et tout ce qui est homme hors de toi est comme une branche du même arbre, un membre du même corps.*

On dit avec l'article : *Donnez-moi du pain, du vin, du fromage*, et sans l'article, *de meilleur pain, d'excellent vin, de bon fromage.*

Du pain signifie du pain quel qu'il soit, le nom est pris dans toute sa généralité qualitative. Dans *de meilleur pain*, le nom *pain* n'est pas pris dans toute l'étendue de sa signification.

On dit : *Une école de garçons, une réunion d'amis, une société de savants*, parce que les noms *garçons, amis, savants* ne sont pas pris dans toute leur étendue.

Lorsque le nom est suivi d'un déterminatif, il doit être précédé de l'article : *Les personnes qui travaillent sont plus sûres en amitié que les personnes qui s'abandonnent à l'oisiveté.* Le nom et le déterminatif constituent une classe secondaire, une espèce, et l'article est nécessaire pour exprimer que cette espèce est prise dans toute son étendue.

On écrit sans article : *Donnez-nous de meilleur pain*, et avec l'article, *donnez-nous du meilleur pain que vous avez.* Dans le premier cas, *pain* n'est pas suivi d'un déterminatif; dans le second, le déterminatif de pain est : *que vous avez.*

Il faut dire : *J'ai de l'argent et je n'ai pas d'argent*,

parce que l'article indique un sens positif, et qu'il faut supprimer l'article lorsque le sens est négatif.

Les exemples suivants, tirés du dictionnaire de l'Académie, confirment ce principe :

Je n'ai pas de l'argent pour le dépenser follement.

Cet étranger parle sans faire de fautes.

Dans la première phrase, on emploie l'article quoique la forme soit négative, parce que le sens est positif. Dans la seconde, on remplace l'article par *de*, parce que le sens est négatif.

Les noms propres n'ont pas besoin d'être déterminés; ils désignent des unités ou des idées individuelles qui sont les plus simples. Les noms propres sont toujours pris dans toute l'étendue de leur signification; l'article leur est utile.

Cependant on se sert de l'article devant les noms d'États et de provinces : *La France, l'Espagne, l'Angleterre, la Suisse, l'Auvergne, la Bourgogne, la Normandie.*

Les noms d'États et de provinces ne désignent pas des unités indivisibles, et on doit se servir de l'article lorsqu'ils sont pris dans toute l'étendue de leur signification :

La Suisse est une contrée très pittoresque.

L'Espagne est moins peuplée que l'Angleterre.

La France est divisée en quatre-vingt-six départements.

Dans ces exemples, les noms *Suisse, Espagne, Angleterre, France* sont pris dans toute leur généralité.

Mais on ne se sert pas de l'article dans : *Je viens de Suisse, les vins d'Espagne, les charbons d'Angleterre,* parce que les noms *Suisse, Espagne, Angleterre* ne sont pas pris dans toute leur généralité. En effet, *je viens de Suisse* ne signifie pas qu'on a visité toute la

Suisse; on ne pense pas nécessairement à toute l'Espagne en parlant de ses vins, ni à toute l'Angleterre en parlant de ses charbons.

On dira : *J'ai quitté la Suisse; les frontières de la France*, parce qu'il s'agit des frontières de toute la France et parce qu'on est en dehors du territoire entier de la Suisse après l'avoir quittée.

Il faut dire : *L'eau de la Seine est bourbeuse*, parce qu'il s'agit du nom *Seine* pris dans toute l'étendue de sa signification. Dans *de l'eau de Seine*, *Seine* est un simple qualificatif qui ne doit pas être précédé de l'article.

Les villes sont regardées comme des unités indivisibles; par conséquent les noms de villes ne prennent pas l'article, à moins que ces noms propres ne viennent d'un nom commun, comme *Le Bourget*, qui signifie *le petit bourg*.

L'article sert à former le superlatif : *Le plus sage des hommes, la moins vaniteuse des femmes, le meilleur des pères, la plus heureuse des mères.*

Le sens de ces superlatifs est : *L'homme plus sage que les autres hommes, la femme moins vaniteuse que les autres femmes, le père meilleur que les autres pères, la mère plus heureuse que les autres mères.* Dans ces circonstances il y a comparaison, et l'article s'accorde avec le nom sous-entendu auquel il se rapporte.

Mais l'article est invariable lorsqu'il se rapporte à *plus, moins, mieux* et forme avec l'un de ces mots une expression adverbiale. Le superlatif n'indique plus alors une comparaison, mais une étendue de qualification : *Cette scène est une de celles qui furent le plus applaudies.*

On dira : *Les arbres les plus hauts sont les plus exposés à la tempête,* et, *les arbres le plus exposés à la tempête ont été abattus.* Dans le premier cas, il y a comparaison; dans le second, *le plus* est une expression adverbiale.

Il n'y a pas loin de l'article *le* au pronom *le*. Ces deux mots, en effet, ont même origine; ils viennent l'un et l'autre de l'adjectif latin *ille*.

Il n'est donc pas étonnant que le pronom *le* puisse remplacer un adjectif, comme dans : « *La bonne princesse était ravie; je le suis de la lettre que vous avez écrite au bon abbé.* »

C'est Mme de Sévigné qui parle ainsi; elle disait pourtant qu'elle croirait avoir de la barbe au menton si, à la question : êtes-vous malade? elle répondait : *Je le suis.*

Un nom commun employé sans article devient une sorte d'adjectif; l'adjectif n'ayant par lui-même ni genre ni nombre, ne se remplace que par le pronom *le*. Exemple : *Madame, êtes-vous malade? Je le suis.*

Madame, êtes-vous la malade, dont on m'a parlé? Je la suis. Dans ce dernier exemple *la malade* est un nom féminin; ce nom doit être remplacé par le pronom féminin *la*.

Le pronom *le* rappelle souvent plutôt les idées qu'on a dans l'esprit, que les mots qu'on a prononcés : *Voulez-vous que j'aille vous voir? Je le veux. Le*, c'est-à-dire, *que vous veniez.*

Lorsqu'un verbe a pour sujet un pronom et pour complément un autre pronom, il est très important de pouvoir distinguer rapidement lequel est sujet, lequel complément. C'est pour cela que le pronom de la première personne a trois formes au singulier, *je, me, moi;* le pronom de la seconde personne, trois formes, *tu, toi, te;* le pronom de la troisième personne, huit formes, *il, elle, le, la, lui, leur, se, soi;* dont deux pour le masculin, deux pour le féminin et quatre s'appliquant indistinctement au masculin et au féminin.

Je est toujours le sujet de la proposition : *Je parle, j'écris, j'espère.*

Me et *moi* sont toujours compléments : *Il me conseille; aimez-moi.*

Me se place toujours avant le verbe et *moi* après le verbe.

On pourrait faire des observations analogues sur les formes pronominales de la seconde et de la troisième personne.

Les pronoms *lui, leur, eux, elle, elles* ne remplacent d'ordinaire que des noms de personnes. Lorsqu'il s'agit d'un nom de chose, on emploie le pronom *en,* au lieu de *de lui*, et le pronom *y* au lieu de *à lui.*

En parlant d'une personne, on dit : *Je me suis approché d'elle,* et d'une table : *Je m'en suis approché.*

S'il s'agit d'une personne, on dira : *Je me rendrai auprès d'elle;* s'il s'agit d'une réunion : *Je m'y rendrai.*

La logique se heurte quelquefois à des impossibilités d'expression.

On emploie le pronom *lui* en rapport avec un nom de chose, dans la phrase suivante, parce qu'on ne peut pas s'exprimer autrement : *Ce torrent entraîne avec lui tout ce qu'il rencontre.*

Le pronom démonstratif *ce* entre dans des propositions difficiles à expliquer : *C'est vous, c'est nous, c'est eux, ce sont eux, ce sont elles.* Lorsque l'attribut de la proposition est un pronom de la première ou de la seconde personne, singulier ou pluriel, le verbe reste au singulier. Si l'attribut est un nom pluriel ou un pronom pluriel de la troisième personne, on peut mettre le verbe au pluriel.

C'est tout ce que nous pouvons dire : il s'agit d'un gallicisme qui échappe à toute analyse.

On emploie le pluriel *vous* pour le singulier *tu*, lorsqu'on veut marquer ou commander du respect à la personne à qui l'on parle. On dit *vous* à un supérieur pour lui témoigner du respect; on dit *vous* également à un inférieur avec lequel on n'a pas et on ne veut pas avoir de familiarité. On ne tutoie que ses égaux ou ses familiers. Revenir au *vous* avec une personne que l'on tutoyait, c'est lui marquer de l'éloignement.

L'emploi du pluriel pour le singulier a une origine servile incontestablement. Pour flatter la vanité du maître, on a cherché à grandir sa personnalité, à la multiplier, en quelque sorte. On lui a dit *vous*, pour marquer qu'il avait à lui seul l'importance de plusieurs, comme on a représenté la force sous la forme d'un homme à plusieurs bras.

Mais les langues vivantes se transforment incessamment, non seulement par l'acquisition de mots nouveaux et l'abandon d'autres mots frappés de trivialité par un long usage, mais encore par des changements de signification dans les mots conservés.

L'emploi de *vous* pour *tu* n'a plus rien de servile. Le mot *vous* nous permet de nuancer les formules de politesse, de mesurer l'expression du respect, de garder de la réserve avec nos interlocuteurs et de leur en commander à notre égard.

Les formes respectueuses ne sont pas le respect, mais elles nous prédisposent au respect. Supprimez la forme, le respect disparaîtra, surtout chez les enfants.

CHAPITRE LVI

GRAMMAIRE

Remarques sur le verbe et le participe.

Le verbe, qui n'est à l'infinitif qu'une sorte de nom dépourvu de genre et de nombre, prend diverses terminaisons pour exprimer le mode, le temps, le nombre et la personne.

Enumérer toutes les formes que peut prendre le verbe, c'est le conjuguer.

VERBES AUXILIAIRES. — Les conjugaisons donnent des formes simples, comme *j'aime, je lis, j'écris*, et des formes composées, comme *je suis aimé, j'ai lu, j'ai écrit*.

Les verbes *avoir* et *être* qui entrent dans les formes composées, s'appellent *auxiliaires*, parce qu'il servent, qu'ils aident à former certains temps.

Les verbes *aller* et *venir* sont aussi employés quelquefois comme auxiliaires : *Je vais écrire; je viens de finir. Je vais écrire* est un futur; *je viens de finir*, un passé.

Les verbes, en devenant auxiliaires, ne conservent pas exactement leur première signification. Dans *je vais écrire*, le sens du verbe n'est pas celui de *aller*, comme dans *je vais à la campagne. Viens* n'a pas le même sens dans : *Je viens de finir*, que dans : *Je viens de Paris.*

Le verbe *avoir*, dans son sens propre, signifie posséder : *J'ai un livre, j'ai une maison.*

Il n'a pas la même signification comme auxiliaire :

Elle a souri, elle a chanté, nous avons applaudi, ils ont fait merveille. L'auxiliaire *avoir*, on le voit par ces exemples, indique qu'une action est attribuée au sujet.

Le verbe substantif *être* signifie exister : *Dieu est.* Le verbe *être* employé comme auxiliaire exprime l'état du sujet : *Je suis aimé, elle est arrivée.*

On dit : *Il a descendu l'escalier quatre à quatre*, et *il est descendu*, parce qu'il y a *action* dans le premier cas et *état* dans le second.

On dira : *Il nous est échappé*, si on veut exprimer un état, et *il nous a échappé*, si on veut exprimer une action.

Il est demeuré à Paris, se dit de quelqu'un qui y est encore ; *il a demeuré à Paris*, de quelqu'un qui y a été et qui n'y est plus.

La langue française n'a pas de verbe passif, c'est-à-dire que le verbe passif n'est pas exprimé par un seul mot comme en latin. Le verbe passif est une forme composée : *Être aimé, être fini, être reçu, être rendu.*

PARTICIPE PRÉSENT. — Le participe présent est l'adjectif qui, joint au verbe *être*, forme un verbe attributif. *Chantant*, joint au verbe *être*, fait *être chantant*, rendu par le seul mot *chanter*.

L'infinitif étant une sorte de nom invariable, le participe présent qui concourt à le former doit être également invariable.

L'invariabilité est ce qui distingue les participes présents des simples qualificatifs derterminés par *ant*.

Le participe présent peut toujours être le complément de la préposition *en*, c'est-à-dire le second terme d'un rapport ; il est par conséquent un nom, et un nom invariable comme l'infinitif présent. *Il m'a salué en souriant ; ils chantaient en marchant ; il se cachait en obligeant.*

Les qualificatifs en *ant* se rapportent toujours à un nom : *Des dames obligeantes, de riantes campagnes.*

Je l'ai rencontré allant à la campagne. Si *allant* se rapporte à *l*, c'est un adjectif ; si *allant* se rapporte à *je,* c'est un participe présent. Dans ce dernier sens, en effet, on peut dire : *Je l'ai rencontré en allant à la campagne.*

PARTICIPE PASSÉ. — *Le participe passé* est la forme que prend le verbe pour exprimer les temps composés avec les auxiliaires *avoir* ou *être.* Le participe passé d'*aimer* est *aimé;* de *finir, fini;* de *recevoir, reçu;* de *rendre, rendu.*

L'orthographe du participe passé fait le désespoir des élèves et des maîtres. Cette orthographe est assujettie à une foule de règles qui paraissent empiriques, c'est-à-dire absolument subordonnées aux caprices de l'usage.

Il n'en est rien cependant. L'accord ou l'invariabilité des participes sont intimement liés au sens des propositions, et on pourrait se passer de règles spéciales si on étudiait les propositions plutôt au point de vue de la pensée exprimée que de la forme matérielle.

Dans *j'ai écrit une lettre,* le participe passé *écrit* reste invariable parce qu'il ne se rapporte pas au nom *lettre,* que c'est, au contraire, ce nom qui détermine *écrit.*

Dans *la lettre que j'ai écrite,* le participe passé *écrite* se rapporte évidemment à *lettre* et l'accord est de rigueur.

Ce rapport simple n'est pas généralement aperçu, parce qu'en décomposant la phrase en propositions, on donne aux propositions incidentes plus d'importance qu'elles n'en ont réellement.

Il est facile de voir, dans la phrase suivante, que la proposition incidente détermine le sujet de la proposition principale à la manière d'un simple adjectif : *La lettre que j'ai écrite est arrivée à son adresse.* Le nom commun *lettre* exprime une idée générale ; la proposition incidente en fait un nom particulier. On aurait rendu à peu près la même idée en remplaçant la proposition incidente par l'adjectif déterminatif *ma : Ma lettre est arrivée à son adresse.*

En matière d'accord du *participe passé*, il est bon de multiplier les exemples afin de montrer que toutes les règles des participes se réduisent à rechercher les mots auxquels ils se rapportent réellement.

Les arts sont nés à l'ombre de la paix.

Nés se rapporte à *arts* et s'accorde par conséquent avec ce nom, sujet du verbe. Il en est toujours ainsi lorsque le participe est accompagné de l'auxiliaire *être*, excepté dans les verbes pronominaux accidentels où *être* est mis pour *avoir*.

Vous avez consolé les malheureux, vous les avez secourus. Consolé est déterminé par *malheureux*, pas d'accord ; *secourus* se rapporte à *les*, remplaçant *malheureux*, accord.

Les romances que vous avez entendu chanter sont fort belles. Entendu se rapporte à *chanter*, pas d'accord.

Les artistes que vous avez entendus chanter ont beaucoup de talent. Entendus se rapporte à *artistes*, accord.

Les ouvriers que j'ai fait travailler sont très consciencieux. Fait ne se rapporte pas à *ouvriers*, mais à *travailler* ; pas d'accord.

Nous les avons félicités du peu de prudence qu'ils ont montrée. Montrée se rapporte à *prudence* ; accord.

Nous les avons blâmés du peu de prudence qu'ils ont montré. Montré ne saurait se rapporter à *prudence*, puisque, d'après le sens de la phrase, la prudence a fait défaut ; pas d'accord.

La prétendue bizarrerie de l'accord des participes disparaît, on le voit, lorsqu'on s'arrête moins aux mots qu'aux idées qu'ils expriment.

La question du participe passé, en grammaire, est si importante, que nous allons l'envisager à un autre point de vue, absolument nouveau.

On ne saurait concevoir une proposition sans *sujet* et sans *objet,* exprimés ou sous-entendus.

Dans les verbes actifs, l'objet est le complément direct : *Je fais mon devoir. Devoir* est l'objet de la proposition.

Dans les verbes passifs, le sujet et l'objet ne sont qu'une même personne : *Je suis aimé. Je* est le sujet du verbe et l'objet du sentiment exprimé par ce verbe.

Dans les verbes neutres, l'attribut de la proposition constitue l'*objet : Je marche, je cours.* Ici l'objet de l'action est l'action elle-même.

Il en est de même pour les verbes actifs qui n'ont pas de complément direct : *Je chante, j'écris.* L'objet de l'action est encore l'action elle-même. En décomposant, on a : *Je suis chantant, je suis·écrivant.* Les attributs des deux propositions en sont les objets.

Après ces considérations, nous poserons la règle suivante qui répond à tous les cas d'accord du participe passé :

Toutes les fois que l'objet de la proposition est avant le verbe, le participe s'accorde avec le mot qui exprime cet objet; le participe reste invariable si l'objet de la proposition suit le verbe.

Ces nouvelles se sont répandues. L'objet est *se,* pour *nouvelles;* placé avant le verbe, accord.

Ces fleurs ont été semées au bon moment. L'objet est *fleurs;* placé avant le verbe, accord. *Ils s'étaient imaginé que nous leur étions défavorables.* L'objet est, *que nous leur étions défavorables;* placé après le verbe, pas d'accord.

Il se sont nui dans leur ardente compétition. L'objet est *nui,* pas d'accord.

Vous avez travaillé au grand profit de vos élèves. L'objet est *travaillé,* pas d'accord. Il serait plus rigoureux de dire que l'objet est *travaillant,* placé après le verbe *avez été.*

Les cigales ont chanté tout l'été. L'objet est *chantant,* placé après le verbe *ont été,* pas d'accord.

CHAPITRE LVII

GRAMMAIRE

Remarques sur les mots invariables.

L'*adverbe* est une expression abrégée ou plutôt contractée, renfermant un nom et une proposition. *Loyalement* signifie avec loyauté; *fortement,* avec force; *gracieusement,* avec grâce ou d'une manière gracieuse. *Plus,* signifie en quantité supérieure; *moins,* en quantité inférieure; *peu,* en quantité insuffisante; *assez,* en quantité suffisante; *bientôt,* dans un temps prochain; *autrefois,* dans un temps passé; *ici,* dans ce lieu; *partout,* dans tous les lieux.

Le suffixe *ment,* qui donne à un adjectif la signification adverbiale, vient du latin *mens, mentem*. Ce mot signifie *esprit ;* mais les peuples romans lui ont attribué le sens de *façon, manière. Il parle hardiment,* c'est-à-dire d'une façon hardie ; *il agit prudemment,* c'est-à-dire d'une manière prudente.

Les mots *hier* et *demain* ne sont pas des adverbes, mais des noms. *Je me suis promené hier*, c'est-à-dire dans la journée d'*hier. J'irai vous voir demain,* c'est-à-dire dans la journée de demain; dans ces deux exemples, il n'y a pas contraction, mais bien ellipse.

Voici encore des expressions elliptiques : *Il est en haut; il est en bas; vous parlez bas; elle chante juste; il faudrait voir clair et frapper fort.*

En haut, signifie en lieu haut; *en bas,* en lieu bas. *Parler bas,* signifie parler d'un ton bas; *chanter juste,* d'une voix juste ; *voir clair,* d'un œil clair; *frapper fort,* à coup fort.

Les mots *haut, bas, juste, clair, fort,* sont des adjectifs et non des adverbes.

Préposition. — La préposition sert à marquer le rapport d'un mot à un autre mot.

L'abbé d'Olivet a dit : « L'emploi des prépositions demande une attention infinie. Plus on étudiera notre langue, plus on admirera l'usage qu'elle sait faire de ses prépositions, entre lesquelles distinguons-en deux, *à* et *de,* qui soutiennent presque tout l'édifice de la langue française. »

Dans *la fille ressemble à la mère,* le verbe *ressemble* exprime le rapport qui existe entre la fille et sa mère; la préposition *à* se borne à désigner *mère* comme second terme de ce rapport.

Mais dans *le cahier de l'élève,* la préposition *de* n'indique pas seulement le second terme, elle exprime en outre un rapport d'appartenance.

Il y a donc des prépositions qui expriment des rapports et d'autres qui ne font guère qu'indiquer le second terme de rapport.

La préposition *à* indique, comme second terme de rapport :

1° Un lieu de destination ou de résidence : *J'irai à Lyon, à Marseille, je demeure à Paris.*

2° Une époque : *Je reviendrai à midi; nous voyagerons au printemps; soyez plus exact à l'avenir.*

3° Une affectation : *Table à écrire; papier à lettre; moulin à poivre.*

4° Une manière d'être ou d'agir : *Voyager à pied, à cheval; recevoir à bras ouverts; répondre à l'amour de ses parents; dessiner au fusain; graver à l'eauforte.*

5° Une circonstance : *Louer une maison à l'année; pension à vie; travailler à la journée; broder à l'aiguille*, etc.

La préposition *de* marque :

1° Un rapport d'appartenance : *Le livre de Pierre; la robe d'Élise; la maison de mon père.*

2° Un rapport de provenance, d'origine, de dérivation : *Je viens de Bordeaux; de Barbezieux; de Collandre; des oranges de Valence; du vin de Médoc; Pascal était originaire de l'Auvergne; Napoléon Ier, de la Corse.*

3° La nature, la qualité : *Acte de naissance; homme de cœur; tables d'astronomie; montre d'or; cuiller d'argent; mur de briques; toit de chaume.*

4° Un sens partitif : *J'ai du pain; de l'eau; de la viande;* c'est-à-dire une certaine quantité de pain, d'eau, de viande.

Nous employons souvent la préposition *de* avec ellipse ; il est ainsi plus difficile d'apercevoir le rapport qu'elle exprime, comme dans *marcher de jour; voyager de nuit.* Ces expressions peuvent être rétablies ainsi : *Marcher en temps de jour; voyager en temps de nuit.* Le rapport de qualité exprimé par *de* devient alors très saisissable.

Préposition *dans* et *en*.

Dans n'indique pas seulement le lieu où est une chose, comme la préposition *à*; mais encore un rapport du contenu au contenant : *Il y a de belles statues dans les musées de Paris; de beaux sites dans les Alpes; de beaux monuments dans les villes d'Italie.*

Le sens de la phrase change suivant qu'on emploie *à* ou *dans* : *Je partirai au mois d'avril,* laisse entendre que mon départ aura lieu au commencement d'avril; *Je partirai dans le mois d'avril,* signifie dans le courant du mois.

Vivre à la ville est une expression générale applicable aux habitants de la ville et des faubourgs; *habiter dans la ville* comporte un sens restreint, exclusif de l'idée de faubourgs.

Dans n'indique pas seulement l'intérieur d'un lieu, et tout ce qui peut être comparé à un lieu, mais encore l'état, la disposition physique ou morale : *J'ai trouvé dans ce livre un beau passage; la phrase dont vous parlez n'est pas dans Bossuet. Être dans la joie, dans la douleur, vivre dans la paresse.*

Faire une chose dans l'intention d'être utile, dans la pensée d'être agréable, signifie *plein de l'intention d'être utile, plein de la pensée d'être agréable;* la disposition morale est évidente, ainsi que le rapport de contenance.

En ne s'emploie que lorsque le second terme du rapport est indéterminé : *Je suis monté en voiture.* Si le nom *voiture* était précédé de l'article, il faudrait la préposition *dans : Je suis monté dans la voiture.*

Je ferai ce travail en deux jours, signifie que je n'emploierai pas plus de deux jours à le faire. *Je ferai ce travail dans deux jours,* signifie que je le commencerai au bout de deux jours.

Il faut dire : *Je ferai cet ouvrage en deux fois,* et non *dans deux fois; il a perdu la partie en trois coups,* et non *dans trois coups.*

La préposition *par* indique un rapport de *passage: Il est allé à Toulouse par Périgueux; il reviendra par Bordeaux. Il se promène par la ville.*

On dit aussi au figuré : *Passer par des épreuves, par des souffrances, par des incertitudes.*

Par indique le rapport de l'effet à la cause : *Des tableaux peints par Rubens. Voyage en Orient, par Lamartine. La colonnade du Louvre a été édifiée par Perrault.*

Par indique encore le rapport de l'effet au moyen : *Il marche par sauts et par bonds; il opère par l'électricité; il ne réussit que par l'intrigue; on obtient la confiance par la justice; l'affection, par la bienveillance et la douceur.*

Par sert à désigner la partie que l'on saisit, que l'on prend : *Prendre par la main, par le bras, par le vêtement.*

Être aimé par ses parents et être aimé de ses parents, ne sont pas deux expressions absolument identiques. La première indique un fait actuel ; la seconde, un état permanent.

On ne peut employer *de* au lieu de *par* que lorsqu'il s'agit d'exprimer un état permanent : *Ce jeune homme est estimé par tout le monde; un jeune homme vertueux est estimé de tout le monde.*

La préposition *pour* sert à marquer le motif, le but : *Travailler pour vivre; faire de l'exercice pour sa santé; étudier pour s'instruire; réfléchir pour bien agir.*

Pour exprime aussi l'attachement, l'intérêt : *Je me tourmente pour vous; je fais des vœux pour lui.*

Pour et *afin* sont deux mots synonymes; mais ils ne s'emploient pas indistinctement l'un pour l'autre. *Pour* indique un but prochain, et *afin* un but plus éloigné. *On mange pour apaiser sa faim et afin d'entretenir sa santé. Vous faites un effort pour terminer votre travail, afin d'avoir quelques instants de liberté.*

D'après ces remarques, il est mieux de dire, en parlant à des enfants : *Instruisez-vous afin de devenir des hommes utiles;* que, *instruisez-vous pour devenir des hommes utiles.*

Conjonction. — La préposition, nous l'avons vu, exprime le rapport de deux mots ou indique le second terme du rapport; la *conjonction* marque le rapport existant entre deux propositions.

Deux propositions se lient par le rapport qu'elles ont l'une à l'autre; donc la conjonction unit les propositions en indiquant leurs rapports.

Les conjonctions *donc, ainsi,* unissent les propositions en indiquant que la seconde est la conséquence de la première.

La conjonction *car* unit les propositions en indiquant que la seconde est la preuve de la première.

Mais, cependant, pourtant unissant deux propositions, indiquent que la seconde est opposée à la première.

La conjonction *et* indique que les deux propositions liées expriment la même affirmation. La répétition donne plus de force à l'idée affirmée.

Ni indique que les deux propositions unies expriment la même négation.

Ou marque l'alternative.

La conjonction *que* lie deux propositions en indiquant que la seconde est l'objet de l'affirmation de la première : *Je vous assure que les sociétés modernes ne peuvent se soutenir et prospérer qu'en développant l'instruction primaire. Vous voulez que je vous aime, soyez aimable. Pensez que la bonté du cœur vaut mieux que la beauté du visage.*

La conjonction *que*, on le voit par les exemples précédents, n'est pas toujours suivie d'un subjonctif. On ne met le verbe au subjonctif après *que,* qu'autant que le verbe de la proposition principale exprime le désir, la crainte, le doute, l'incertitude : *Il souhaite que je réussisse ; je crains que vous ne tombiez malade pour trop travailler ; vous doutez que je tienne ma promesse, vous me connaissez mal ; faut-il que je vienne, répondez-moi.*

Il faut dire : *Attendu que cela est, vu que cela est,* parce que *attendu* et *vu* affirment positivement, et, *pourvu que cela soit, afin que cela soit,* parce que *pourvu* et *afin* n'expriment pas la certitude.

Notre étude sur la grammaire peut servir aux maîtres pour commenter et donner de l'intérêt aux livres de formules grammaticales mis entre les mains des élèves.

La langue est un produit de l'esprit humain ; les règles ne peuvent en être éclairées qu'à la lumière de la psychologie.

CHAPITRE LVIII

RÉDACTION

L'enseignement de la langue française se bornait, dans les écoles primaires, il n'y a pas encore longtemps, à l'étude de la grammaire et à des exercices d'orthographe.

De temps à autre, on donnait bien un sujet de lettre ou de narration; mais les élèves réussissaient si mal dans cet exercice de rédaction que les maîtres finissaient par croire qu'il ne convenait pas à des enfants. « Il faut, » disait-on, « que le jugement soit formé par l'âge, et le goût par l'étude, pour pouvoir écrire convenablement. »

Bien écrire n'est pas, en effet, chose facile ni commune, pas plus que bien parler, et l'école primaire ne doit pas avoir la prétention de former des écrivains et des orateurs. Mais on ne renonce pas à apprendre à parler aux enfants quoique l'on soit bien convaincu que l'immense majorité ne possédera jamais un véritable talent de parole, qu'il y a dans ce talent autant de naturel que d'acquis.

Si l'on éprouve plus de difficulté pour apprendre à écrire aux enfants que pour leur apprendre à parler, cela tient d'abord à ce que les deux enseignements ne commencent pas en même temps, et ensuite à la différence de stimulant dans les deux cas.

Le jeune enfant est poussé à apprendre à parler par la nécessité de faire connaître ses besoins ou ses désirs

22.

à ceux qui peuvent les satisfaire. Il n'y a pas de plus puissant stimulant que la nécessité.

Un enfant qui voit tous les jours les personnes qu'il aime, qui peut les entretenir de vive voix de ses pensées et de ses sentiments, de tout ce qui frappe son attention, éveille sa curiosité, intéresse son esprit ou émeut son cœur, n'éprouve pas le besoin d'écrire, et il n'écrit pas, si on ne lui en fait pas un devoir.

Un ordre reçu, une obligation imposée, ne sont pas des stimulants, parce qu'ils contrarient plus souvent la volonté qu'ils ne la secondent et la soutiennent, qu'ils ne donnent pas toujours satisfaction à un besoin senti ou à un devoir compris. Un travail intellectuel fait sans adhésion de la conscience, sans conviction de son utilité, est un travail stérile.

Puisque l'enfant ne trouve pas, dans la nécessité, un stimulant à écrire comme à parler, il est nécessaire d'avoir recours à un autre mobile, le plaisir intellectuel.

Les exercices de rédaction peuvent être attrayants, s'ils sont bien choisis, bien adaptés aux goûts des enfants, s'ils ne demandent pas de sérieuses méditations, s'ils sont de nature à remettre en mémoire, à faire revivre dans l'esprit un plaisir éprouvé, comme la narration d'un événement heureux, la description d'un beau site visité, le compte rendu d'une promenade agréable, d'un voyage instructif.

Les enfants sont curieux; ils se portent avec ardeur vers tout ce qui est nouveau pour eux. Il semble que la nature ait hâte de meubler leur esprit, qu'elle les excite à passer rapidement d'une impression à l'autre afin de multiplier leurs sensations et leurs idées.

Le sens qui fournit à chaque instant des impressions transformées par l'activité naturelle de l'esprit en images et en idées, c'est le sens de la vue. La vue est la source de nos premiers plaisirs intellectuels.

Nous serons toujours sûrs d'intéresser les enfants en leur montrant des objets nouveaux, en détaillant les parties qui les composent, en appelant leur attention sur la variété des formes, sur les dispositions symétriques, sur l'ordre que l'on découvre même dans ce qui nous paraît d'abord le plus irrégulier.

La méthode éducative par excellence, c'est l'observation. Elle porte son stimulant en elle-même, la satisfaction de la curiosité et du besoin naturel de connaître.

Observer et décrire ne sont pas deux procédés différents, mais deux moyens inséparables pour arriver à la connaissance des choses.

Une leçon de choses, c'est l'examen et la description d'un objet placé sous les yeux des élèves.

Si la description a été intéressante, les élèves sont en état de la reproduire fort convenablement de vive voix entre eux, et, dans leurs familles, lorsqu'ils y sont écoutés.

Voilà la *rédaction orale* qui se pratique spontanément lorsque l'enseignement de l'école est attrayant, et il l'est toujours s'il est basé sur l'observation méthodique.

Les descriptions sont les sujets de rédaction qui conviennent le mieux aux enfants, nous entendons la description de lieux et d'objets connus. Nous pensons même que l'exercice de rédaction est d'autant plus profitable qu'il suit de plus près l'observation, la vivacité des impressions étant nécessaire pour faire trouver aux enfants du plaisir à les décrire.

Faire parler les enfants de choses qu'ils n'ont pas vues, d'impressions qu'ils n'ont pas ressenties, de sentiments qu'ils n'ont pas éprouvés, c'est leur imposer le travail rebutant d'aligner des mots qui ne répondent à aucune idée précise dans leur esprit et les dégoûtent de l'exercice de la rédaction.

Les meilleurs maîtres, ceux qui comprennent que l'enseignement de la langue ne consiste pas uniquement à mettre les élèves en état d'écrire avec une orthographe convenable, mais à penser juste et à rendre leur pensée avec clarté et précision, ne négligent pas la rédaction. Mais souvent ils font fausse route au début ; ils ont recours à des exercices d'imagination qui dispensent les enfants de penser, qui ne mettent que la mémoire en jeu.

Reproduire de vive voix ou par écrit une leçon de choses faite par le maître est un excellent exercice de rédaction. Lorsque le maître détaille les formes d'un objet dont la description sera donnée comme exercice de rédaction, les élèves sont moins occupés des mots que des formes décrites qu'on leur montre, qu'on leur fait toucher. Ils apprennent d'abord à bien voir, et ensuite à mettre de l'ordre dans le classement de leurs impressions.

Cet ordre et cette méthode seront conservés dans la rédaction, et la vue des formes décrites rappellera, sans effort de mémoire, les termes qui ont servi à les caractériser.

Lorsque les élèves seront suffisamment préparés à observer, à analyser les formes, on pourra leur donner un sujet d'étude pour en tirer une description sans aucun secours. La correction viendra redresser les erreurs d'observation, les défauts d'exposition et de plan. L'habitude de bien voir, d'analyser avec méthode, de mettre de l'ordre dans la description, se contracte facilement lorsque le maître est observateur, méthodique et clair.

Pour exciter les élèves à bien tirer parti d'un objet, on peut analyser et décrire un objet analogue, en leur faisant remarquer que si l'objet décrit et celui qui est proposé comme sujet de description offrent des ressemblances, ils présentent aussi des différences; que leur travail ne doit pas être la reproduction servile de celui qui a été fait pour les guider, mais que chaque élève doit décrire l'objet comme il le voit; que la description aura d'autant plus de mérite qu'elle sera plus originale, tout en restant vraie.

Les instruments de travail des élèves, leurs vêtements, les collections, les tableaux, tous les objets mobiliers de l'école, les arbres, les plantes, les fleurs du jardin, peuvent donner des sujets d'analyses et de descriptions.

Analyser, dans l'espèce, c'est détailler les formes observées méthodiquement.

Les descriptions ne doivent pas porter uniquement sur des objets palpables, faciles à saisir dans leur ensemble et dans leurs détails, mais encore sur les grands spectacles de la nature qu'on peut observer dans des promenades, dans des voyages et souvent sans sortir de chez soi.

La vue d'un beau paysage frappe d'admiration les personnes sensibles qui ne sont pas cultivées, comme celles qui le sont. Les premières sont incapables d'exprimer leur émotion autrement que par des exclamations; les secondes savent l'analyser, la peindre, la faire partager par des absents.

La première impression à la vue d'un beau paysage est un effet d'ensemble, harmonieux ou grandiose, une somme d'impressions qu'il faut détailler pour s'en rendre bien compte, pour décrire ce qu'on a vu et éprouvé.

Un tout ne se définit d'une manière claire que par l'énumération de ses parties, présentée méthodiquement : voilà le secret de la narration descriptive.

Dans une promenade faite en vue d'un travail de rédaction, on ne peut pas s'emparer de l'esprit des élèves comme lorsqu'ils sont réunis silencieux dans une classe en présence d'un objet unique à examiner et à décrire. Mais, si avant le départ pour la promenade, on leur lit une belle page renfermant des impressions- ayant quelque analogie avec celles qu'ils vont éprouver, on les dispose à observer avec soin, à classer et à ordonner leurs observations. Ils ont peu d'embarras ensuite pour exprimer convenablement les idées recueillies librement.

CHAPITRE LIX

Analyse littéraire

Nous avons vu que la narration descriptive est l'exercice de rédaction le plus approprié aux jeunes intelligences, parce qu'il correspond aux sensations les plus nombreuses au début de la vie, celles qui nous mettent en communication avec le monde extérieur, avec tout ce qui nous environne, avec notre propre corps.

Nous comprenons que tous les objets que nous avons sous la main ou sous les yeux peuvent devenir le sujet de descriptions intéressantes. Nous savons qu'on fait toujours quelque découverte en examinant derechef un objet connu; que les enfants sont toujours en pays nouveau, lorsqu'on entre dans les détails des formes ou des qualités des objets, parce que leurs sensations sont confuses, qu'ils n'ont vu que l'ensemble des formes.

Détailler les formes, c'est analyser, c'est décrire. La description demande beaucoup d'ordre dans l'examen des parties qui constituent un ensemble.

Un peintre qui aurait vu, dans une belle campagne, des maisons, des jardins, des coteaux, des vallées, une rivière, des prairies, des troupeaux dans les prairies, des bateaux sur la rivière, des vignes sur les coteaux, des fleurs et des fruits dans les jardins, de vigoureux travailleurs sortant des maisons, ne ferait pas un bon tableau s'il disposait tout pêle-mêle : les troupeaux sur la rivière et les bateaux dans les prairies; les vignes dans les vallées et les jardins sur la colline, en un mot s'ils ne mettait rien à sa place.

Mettre chaque chose à sa place naturelle doit être le premier soin du narrateur comme du peintre.

Procédons avec ordre dans la description, c'est-à-dire allons d'un détail à un autre sans saut, sans lacune importante. N'agrandissons pas les petites choses, ne diminuons pas l'importance des grandes.

Ne marchons pas trop vite dans nos descriptions, afin de laisser bien voir à nos lecteurs le chemin parcouru, mais ne revenons pas en arrière. Ces retours troubleraient la netteté des impressions produites, comme les ondulations d'une surface liquide réfléchissante altèrent les formes qui s'y réfléchissent.

La nature ne nous présente pas seulement des formes, elle nous donne le spectacle de la vie, du mouvement et des passions.

Forme, mouvement, sentiment, voilà le fond sur lequel notre activité intellectuelle s'exerce. L'appréciation des formes est plus simple que celle des mouvements; celle des mouvements, que celle des sentiments.

On doit tenir compte de cette gradation de difficulté dans les exercices de rédaction. On ne donnera d'abord que de simples objets à décrire; on passera ensuite aux comptes rendus de promenades, de jeux, pour apprendre à exprimer à la fois la forme et le mouvement; les mouvements passionnels ou les sentiments ne peuvent être rendus que par des élèves déjà avancés.

La fable suivante de La Fontaine nous fournira l'occasion d'insister sur ces préceptes :

LE COCHE ET LA MOUCHE

Dans un chemin montant, sablonneux, malaisé,
Et de tous les côtés au soleil exposé,
    Six forts chevaux tiraient un coche.
Femmes, moine, vieillards, tout était descendu :
L'attelage suait, soufflait, était rendu.
Une mouche survient et des chevaux s'approche,
Prétend les animer par son bourdonnement,
Pique l'un, pique l'autre, et pense à tout moment
    Qu'elle fait aller la machine,
S'assied sur le timon, sur le nez du cocher.
    Aussitôt que le char chemine,
    Et qu'elle voit les gens marcher,
Elle s'en attribue uniquement la gloire,
Va, vient, fait l'empressée : il semble que ce soit
Un sergent de bataille allant en chaque endroit
Faire avancer ses gens et hâter la victoire.
    La mouche, en ce commun besoin,
Se plaint qu'elle agit seule et qu'elle a tout le soin;
Qu'aucun n'aide aux chevaux à se tirer d'affaire.
    Le moine lisait son bréviaire :
Il prenait bien son temps ! Une femme chantait :
C'était bien de chansons qu'alors il s'agissait !
Dame mouche s'en va chanter à leurs oreilles,
    Et fait cent sottises pareilles.
Après bien du travail, le coche arrive au haut :
« Respirons maintenant dit la mouche aussitôt :

J'ai tant fait que nos gens sont enfin dans la plaine ;
Ça, messieurs les chevaux, payez-moi de ma peine. »
 Ainsi certaines gens faisant les empressés,
 S'introduisent dans les affaires :
 Ils font partout les nécessaires,
Et, partout importuns, devraient être chassés.

La description d'un chemin difficile pour un coche, c'est-à-dire pour une lourde voiture, est parfaite en deux vers :

Dans un chemin montant, sablonneux, malaisé,
Et de tous les côtés au soleil exposé,
 Six forts chevaux tiraient un coche.

Un chemin montant est pénible à gravir; sablonneux, il l'est davantage encore. Le mot *malaisé* est faible ; il n'est guère là que pour la rime. Mais le second vers est un trait de force pour le tableau : la difficulté d'un chemin augmente considérablement par son exposition complète au soleil.

Dans le troisième vers, la scène s'anime, la peinture du mouvement commence. Ce mouvement est pénible et lent par suite de la difficulté du chemin. Les chevaux sont nombreux et forts; mais cela ne suffit pas, la lourde voiture doit être allégée :

Femmes, moine, vieillard, tout était descendu :
L'attelage suait, soufflait, était rendu.

L'extrême fatigue ne saurait être mieux peinte qu'elle ne l'est dans ce dernier vers, d'une gradation à la fois si naturelle et si savante. *Suait* indique un effort pénible ; *soufflait*, un effort qui commence à devenir excessif ; *était rendu* exprime l'accablement.

C'est dans ce moment d'accablement de l'équipage que

Une mouche survient, et des chevaux s'approche,
Prétend les animer par son bourdonnement,

Pique l'un, pique l'autre, et pense à tout moment
Qu'elle fait aller la machine,
S'assied sur le timon, sur le nez du cocher.

L'outrecuidante agitation de la mouche est admirablement rendue.

Pique l'un, pique l'autre, fait image.

S'assied sur le timon exprime la satisfaction et l'importance; mais une ridicule mouche ne doit pas tenir longtemps un rôle grave, et la voilà *sur le nez du cocher*.

La mouche se donne beaucoup de mouvement, nous le sentons, nous le voyons en quelque sorte; nous voyons plus que cela, le mouvement extérieur rend manifestes les passions, la présomption et la vanité qui animent l'insupportable insecte.

Nous avons déjà, dans cette fable, les trois termes de l'activité intellectuelle, *forme*, *mouvement* et *sentiment*.

Aussitôt que le char chemine,
Et qu'elle voit les gens marcher,
Elle s'en attribue uniquement la gloire,
Va, vient, fait l'empressée : il semble que ce soit
Un sergent de bataille allant en chaque endroit
Faire avancer ses gens et hâter la victoire.

Le mouvement du char et des gens est simplement indiqué dans les deux premiers vers; pour la mouche, les expressions *va*, *vient*, *fait l'empressée*, sont des traits qui font un tableau aussi vivant que si nous avions le personnage sous les yeux.

Le sergent de bataille était autrefois un officier qui, dans un jour de combat, recevait du général le plan de la disposition de l'armée, et dont la fonction était de ranger les troupes en bataille.

La comparaison hyperbolique de la mouche à un sergent de bataille achève de ridiculiser l'empressement prétentieux du chétif insecte, qui ne se contente pas cependant de tout le bruit qu'il fait. Il sent le besoin de se plaindre de l'inertie des autres pour donner plus de relief à ses services :

> La mouche, en ce commun besoin,
> Se plaint qu'elle agit seule et qu'elle a tout le soin ;
> Qu'aucun n'aide aux chevaux à se tirer d'affaire.
> Le moine disait son bréviaire :
> Il prenait bien son temps ! Une femme chantait :
> C'était bien de chansons qu'alors il s'agissait !
> Dame mouche s'en va chanter à leurs oreilles,
> Et fait cent sottises pareilles.

La mouche ne parle ni du cocher ni des voyageurs dont les bras vigoureux pouvaient aider à sortir le coche du mauvais pas ; mais des personnes qui ne sont jamais d'un grand secours dans ces occurrences : un moine, une femme. Les fanfarons ont la prudence de se taire au sujet des forts, mais gare aux faibles : « C'est bien le temps de lire son bréviaire ! C'est bien de chansons qu'il s'agit ! » Après l'insulte, l'espièglerie : dame mouche s'en va chanter à leurs oreilles.

Les cent sottises pareilles ne l'empêcheront pas, lorsque le coche sera au bout de la côte, de pousser un soupir de soulagement :

> Respirons maintenant :
> J'ai tant fait que nos gens sont enfin dans la plaine.

Le mot *respirons* fait image ; la mouche semble tout aussi essoufflée que les chevaux. *Nos gens* est charmant : la mouche fait sien tout ce monde tiré d'embarras par ses soins prétendus. Mais toute cette bonhomie disparaît dans le vers suivant :

> Çà, messieurs les chevaux, payez-moi de ma peine.

Les gens qui s'agitent beaucoup sans faire œuvre

utile ne sont pas désintéressés, loin de là. Malheureusement ils parviennent quelquefois à faire illusion, et on ne les chasse pas toujours, malgré le conseil de La Fontaine. Mais le bon sens public les flétrit en les désignant par le titre même du chef-d'œuvre que nous venons d'analyser : *la Mouche du coche.*

CHAPITRE LX

Le style.

Donner des leçons de style dans une école primaire passerait pour prétentieux ; il suffit, pense-t-on généralement, d'apprendre aux élèves à rendre leurs pensées avec bon sens, clarté et précision, de les exercer à la rédaction.

Mais rédiger avec bon sens, clarté et précision n'est pas une chose si facile ni si commune que l'on pense, et les qualités de la rédaction se rapprochent à tel point des qualités du style qu'on n'en voit guère la différence.

Ceux qui établissent une distinction nous paraissent prendre une des qualités du style, l'élégance, pour le style lui-même : écrire avec élégance, c'est avoir du style ; on n'a pas de style lorsqu'on manque d'élégance.

Le style n'est pas cependant une pure question de forme ; c'est plutôt l'expression d'un rapport de convenance : convenance des mots avec les idées, de la pensée avec le langage.

Il ne suffit pas, pour bien écrire, d'aligner des mots,

de prodiguer les images, de chercher des contrastes, de cadencer la phrase; il faut avant tout classer ses idées dans l'ordre le plus naturel possible, proportionner le langage à la pensée, n'employer que les ornements que comporte le sujet, dire tout ce qu'il faut pour être compris sans effort, mais ne pas délayer sa pensée, ne pas se payer de mots et réduire le style à un arrangement artificiel des sons.

Les traités classiques de rhétorique parlent de trois sortes de style : style simple, style tempéré, style sublime. Cette division est tout à fait inutile; le style étant un rapport de convenance, il faut nécessairement qu'à des pensées simples corresponde un langage simple, que le langage s'élève et s'ennoblisse avec la pensée elle-même.

Mais si la pensée commande l'expression, l'expression ou la langue réagit à son tour sur la pensée. Bien parler prédispose à bien penser et à bien agir. C'est un effet de l'imitation sympathique dont nous avons parlé plusieurs fois.

Si, en se maintenant dans l'attitude physique du calme parfait, on reste calme malgré les excitations extérieures, de même en gardant un langage choisi on conserve sa dignité dans toutes les circonstances.

On pense à l'aide de mots autant au moins qu'à l'aide d'images; plus les matériaux de la pensée seront nobles; plus la pensée sera élevée. L'élévation de la pensée amène l'élévation des sentiments et toutes les qualités qui font le charme de la société et le bonheur de la vie, autant que la vie comporte de bonheur.

Le style, a dit un écrivain de mérite, est l'expression non seulement de l'art, mais de la morale d'un peuple, et dans la décadence de son langage vous trouverez la décadence de son esprit, de ses mœurs et de ses idées.

Le style obéit de lui-même à la pensée, comme le vêtement prend la forme du corps.

Si la pensée est énergique, délicate ou sublime, l'expression prend naturellement un caractère analogue. Mais à une condition, cependant, c'est que la langue, par la culture, ait acquis la souplesse nécessaire.

Cette souplesse s'acquiert par l'étude et la méditation des chefs-d'œuvre de l'esprit humain, par des exercices d'imitation, par l'habitude d'écrire.

Les qualités essentielles du style sont la *correction*, la *simplicité* et le *naturel*.

Le style est correct lorsque les règles de la grammaire et les principes de la construction sont observés.

La simplicité consiste à ne pas se servir de mots plus grands que les choses que l'on veut exprimer, à subordonner l'expression à l'idée ; lorsque le style obéit à l'idée, il est simple et naturel.

Le naturel n'exclut pas l'art dans le style. Il faut de l'art pour observer la nature, pour la comprendre et pour la décrire. Le langage lui-même est un art, et un art difficile. C'est pour cela que les hommes sans culture parlent moins naturellement que ceux qui ont reçu une éducation soignée.

Le naturel consiste dans la faculté de faire une chose sans effort, au moins sans effort apparent. Mais on n'acquiert cette faculté que par la répétition plus ou moins prolongée des mêmes exercices, et on peut dire que le *naturel est l'art tourné en habitude*.

Les enfants et les personnes peu instruites n'écrivent pas naturellement parce qu'ils s'étudient à réussir et que l'effort fait est trop sensible, qu'il met le lecteur dans un état sympathiquement pénible.

Un apprenti manie la lime ou le rabot avec maladresse, et fait de vains efforts pour proportionner son action à l'effet qu'il veut obtenir; ses mouvements ne paraissent pas naturels, il fait mal à voir. L'ouvrier consommé, au contraire, semble posséder des instruments dociles, n'ayant besoin que d'une faible impulsion pour produire le mouvement utile. Il travaille avec une aisance qui est jugée naturelle, mais qui n'est que l'effet de l'art tourné en habitude.

Mais qu'est-ce que l'art? C'est l'ensemble des règles dont l'expérience a démontré la nécessité pour faire une chose utile, agréable ou belle.

L'étude de ces règles constitue la théorie de l'art; l'exercice qui conduit à l'habitude, c'est la pratique.

Dans les arts, la pratique a plus d'importance que la théorie : les règles de l'art s'apprennent par la pratique, tandis que la connaissance seule des règles ne saurait rendre habile dans la pratique de l'art.

Les peintres se forment par la fréquentation des ateliers en renom, par l'étude des œuvres des grands artistes, par l'observation et l'imitation de la nature.

Les critiques d'art, qui savent mieux souvent les règles que les artistes, seraient impuissants à produire une œuvre de quelque valeur.

L'art d'écrire, comme tous les arts, s'apprend moins par la théorie que par la pratique. Exerçons beaucoup les enfants, et, par l'habitude, ils arriveront à écrire avec facilité et naturel.

Mais n'oublions pas que les enfants ne sont si embarrassés pour écrire que parce qu'ils n'ont le plus souvent réellement rien à dire.

Il faut leur apprendre à recueillir leurs idées, à les grouper suivant leur liaison naturelle, à les coordonner selon leur importance relative. La liaison, l'enchaînement des idées, c'est la trame du style qu'il faut ourdir soigneusement pour que le tissu du discours ait de la force et de la grâce.

La grâce nous est permise dans l'enseignement primaire, mais la grâce naïve comme les enfants que nous avons à élever.

Quant à celle qui est une perfection de l'art, l'élégance, nous ne devons pas la poursuivre : nous ne l'atteindrions pas ; il faut la laisser venir à nous.

L'élégance est un degré de plus que la correction, la simplicité et le naturel.

Le style peut être correct et n'avoir aucune grâce, aucun agrément ; la simplicité peut dégénérer en négligence, et le naturel n'est pas toujours de bon goût.

L'élégance donne de la souplesse à la correction, du charme à la simplicité, du piquant au naturel.

L'élégance n'est pas l'*afféterie ;* l'afféterie ne répond pas à la réalité des idées, tandis que l'élégance, perfection de la forme, n'altère pas la vérité du fond.

L'élégance est une précision, une adresse de tours, une préférence d'expressions qui fait l'*art* dans la création littéraire.

L'élégance ne saurait être enseignée comme la correction ; elle s'acquiert par la culture générale, par l'étude des chefs-d'œuvre ; elle est surtout une inspiration du goût, une manifestation de la délicatesse de l'esprit.

Les plus précieuses qualités du style peuvent se trouver dans une composition et cette composition être mauvaise. Il faut le style et la méthode pour faire une bonne composition.

La méthode demande l'unité d'objet, des proportions exactes et une subordination parfaite dans toutes les parties de la composition, afin que tout concoure à une même fin.

Tout ce qui pourrait altérer les proportions ou faire oublier le but doit être soigneusement élagué.

Lorsque nous avons une demande importante à faire de vive voix à quelqu'un, nous n'abordons pas brusquement la question dans la crainte d'être refusés. Nous cherchons à gagner d'abord la bienveillance de la personne à qui nous avons affaire par une adroite *entrée en matière*; puis nous *exposons* l'objet de notre demande; nous *concluons* en nous appuyant sur les raisons les plus convaincantes que nous résumons pour leur donner plus d'énergie.

Cette méthode que nous suivons instinctivement dans nos relations verbales est applicable à nos relations écrites; c'est la meilleure parce que c'est la plus naturelle.

Dans toute composition française de quelque importance, il doit donc y avoir *une entrée en matière, une exposition des faits ou narration, des conclusions fermes ou un résumé* qui porte l'intérêt à son maximum de puissance.

Lorsque le sujet s'agrandit, les divisions peuvent être plus nombreuses, à condition que chacune forme un tout; mais il faut éviter les divisions purement arbitraires.

La division générale étant faite, on doit chercher l'ordre où les parties contribuent davantage à se prêter mutuellement de la force ou de l'agrément.

L'ordre des parties est indiqué, selon le genre de travail, par l'intérêt qui doit aller toujours croissant ou par la lumière qui doit augmenter à chaque pas fait en avant.

Un détail qui n'augmente ni l'agrément ni la lumière est un détail inutile.

CHAPITRE LXI

Figures de style.

Un mot est pris dans son *sens propre* lorsqu'il signifie l'idée pour laquelle il a été créé ; le même mot est pris dans un *sens figuré* lorsqu'il désigne une autre idée présentant quelque rapport, une certaine analogie avec le premier.

Le mot *feuille* désigne proprement une partie de la plante, un organe essentiel à sa nutrition. Mais on dit aussi *feuille de papier*, *feuille de tôle*, *feuille de zinc*, etc. Dans ces divers cas, le mot *feuille* est pris au sens figuré, l'analogie qui rattache les deux sens est l'idée d'une étendue avec peu d'épaisseur : le limbe d'une feuille est mince ; minces aussi sont les feuilles de papier, de tôle, de zinc.

Les idées qui nous arrivent par les sens ont en quelque sorte un corps : elles peuvent être exprimées par des mots pris au sens propre. Les idées purement intellectuelles n'en ont pas et on ne peut les exprimer que par des figures, des images empruntées aux idées venant des choses.

Il n'y a pas de prétention de langage à dire : *Cet enfant a de mauvais penchants, de mauvaises inclinations ; cet homme a l'esprit borné, obtus*. C'est du style figuré cependant : *penchants* et *inclinations* appliqués aux dispositions morales ne sont pas pris au sens propre. L'idée de pente est matérielle ; cette idée matérielle transportée dans l'ordre des faits moraux leur donne du corps, du mouvement, les rend saisissables et vivants.

Borné signifie proprement limité : La France est bornée au sud-ouest par les Pyrénées. *Obtus* signifie *émoussé, sans pointe.* L'esprit, c'est-à-dire l'entendement n'est pas *borné* à la manière d'un champ, du territoire d'une nation ; il n'est pas non plus aigu à la manière d'une pointe. Mais l'idée de borne, appliquée à l'esprit, se saisit parfaitement, quoique l'idée d'étendue physique soit contradictoire avec l'idée d'esprit. *Obtus* désigne le manque d'aptitude d'un instrument, d'un outil à pénétrer dans un corps dur ; ce mot, transporté de l'ordre matériel à l'ordre intellectuel, signifie manque de pénétration, de clairvoyance, que l'analogie nous fait nettement sentir.

Lorsqu'on parle de figures de langage ou de style aux enfants, on ne se livre pas à une étude transcendante, à un enseignement au-dessus de leur portée, de leurs habitudes et de leurs besoins, on ne fait que leur faire remarquer les procédés de leur langage usuel.

Les enfants et les peuples arriérés en civilisation ont un langage plus imagé que les hommes instruits. Mais ces images sont vagues, sans proportions, presque toujours outrées et définissant mal les idées qu'elles ont la prétention de représenter.

Il ne s'agit pas, surtout dans l'enseignement primaire, d'apprendre aux enfants à parler un langage figuré, c'est leur langage habituel ; mais à ne se servir que d'images précises, naturelles, justes. Il convient de leur faire éviter le vague, l'exagération, le mauvais goût.

Nous jouissons tous du spectacle de la nature, et nous ne sommes pas tous peintres ; tous les peintres ont à leur disposition les mêmes substances pour préparer leurs couleurs, et ils ne sont pas tous bons coloristes.

Nous avons pour tâche d'apprendre à écrire convenablement, mais non pas d'en faire des écrivains, c'est-à-dire des peintres habiles à saisir toutes les nuances de la pensée et les rendre avec éclat. Nous ne nous servirons des images que pour faire tomber sous les sens les idées abstraites; nous préférerons les images justes, claires, aux figures brillantes dont l'emploi est ridicule lorsque le talent d'écrivain, de coloriste manque.

Il n'est pas nécessaire d'apprendre la classification qu'on a faite des figures de pensées, des figures de mots ou *tropes*, de savoir définir la *synecdoque*, la *catachrèse* et l'*antonomase*; mais il importe de bien saisir l'analogie qui doit toujours exister entre le sens figuré d'un mot et son sens propre.

Le mot *dur*, par exemple, désigne proprement la qualité d'un corps qui résiste à la pression, qui est difficile à entamer.

C'est l'idée de résistance que le mot *dur* sert à exprimer dans le sens figuré. *Cœur dur* représente un homme insensible qui résiste aux impulsions sympathiques de notre nature. *Tête dure*, qui ne peut rien apprendre ou qui ne veut rien écouter; il y a dans les deux sens une idée de résistance, résistance involontaire dans le premier cas, résistance volontaire dans le second. *Cela m'est bien dur, mais j'obéirai. Dur*, dans cette phrase, signifie pénible, et nous apercevons encore la résistance de l'esprit ou du cœur.

On voit que lorsqu'on connaît le sens propre d'un mot, l'analogie nous révèle le sens de la figure.

Toute figure en contradiction avec le sens primitif du mot est fautive.

J.-B. Rousseau dit dans une de ses odes :

Et les tièdes zéphirs de leurs chaudes haleines
Ont fondu l'écorce des eaux.

La glace est comparée à une écorce ; l'image n'est pas heureuse. Mais ce qui est plus grave, c'est de faire fondre l'écorce ; une écorce brûle et ne fond pas.

Lamartine dit, dans le récit qui précède la vision de son *Ange déchu* :

> Puis ces neiges où rien n'ose plus végéter,
> Puis ces pics dont la dent semble ébrécher l'éther.

L'idée d'ébrécher et l'idée d'éther, fluide invisible, sont incompatibles, la métaphore est mauvaise.

Le mot *métaphore* nous a échappé ; comme il est fort employé, nous le définirons, quoique nous ne voulions pas entrer dans le détail des différentes espèces de tropes.

Dans son sens étymologique, le mot *métaphore* est synonyme de *trope* et signifie *tour*, figure. Dans son sens restreint habituel, la *métaphore* est une comparaison abrégée.

Lorsqu'on dit, par exemple, que *la jeunesse doit mettre un frein à ses plaisirs*, on fait entendre que la jeunesse doit maîtriser ses passions, comme la fougue d'un cheval est maîtrisée par le frein. La comparaison est dans l'esprit ; la métaphore est l'expression abrégée de cette comparaison.

Massillon a ainsi défini l'ambition :

Ce désir insatiable de s'élever au-dessus et sur les ruines mêmes des autres ; ce ver qui pique le cœur et ne le laisse jamais tranquille.

L'ambition est comparée à un *ver qui pique le cœur*, qui le tourmente sans cesse. Cette métaphore est d'un effet saisissant.

Lorsqu'une métaphore se continue, elle prend le nom d'allégorie.

Citons l'idylle où Mme Deshoulières parle des soucis

que lui donne l'éducation de ses enfants par suite de la
mort de son mari, comme une bergère parlerait
des dangers de son troupeau après la perte de son
chien :

Dans ces prés fleuris
Qu'arrose la Seine
Cherchez qui vous mène,
Mes chères brebis.
J'ai fait pour vous rendre
Le destin plus doux
Ce qu'on peut attendre
D'une amitié tendre ;
Mais son long courroux
Détruit, empoisonne
Tous mes soins pour vous,
Et vous abandonne
Aux fureurs des loups.
Seriez-vous leur proie,
Aimable troupeau,
Vous de ce hameau
L'honneur et la joie,
Vous qui gras et beau,
Me donniez sans cesse
Sur l'herbette épaisse
Un plaisir nouveau !
Que je vous regrette !
Mais il faut céder :
Sans chien, sans houlette
Puis-je vous garder ?
L'injuste fortune
Me les a ravis :
En vain j'importune
Le ciel par mes cris ;
Il rit de mes craintes,
Et sourd à mes plaintes,
Houlette ni chien
Il ne me rend rien, etc.

CHAPITRE LXII

Enseignement de l'histoire.

Les enfants sont avides d'entendre des récits, des contes, *des histoires*. Plus ces histoires sont extraordinaires, c'est-à-dire plus elles tranchent avec les événements de la vie réelle, plus elles sont écoutées avec plaisir.

Il y a là une précieuse indication psychologique du moyen de rendre l'enseignement de l'histoire attrayant pour les enfants.

L'enseignement de l'histoire doit commencer par *des histoires*, c'est-à-dire par des biographies et des épisodes choisis.

Les personnages remarquables de l'histoire ont une physionomie d'autant plus extraordinaire qu'ils appartiennent à une époque reculée. L'éloignement, qui rapetisse les réalités physiques, grandit les événements moraux et sociaux. Les figures mêlées à ces événements prennent des proportions imposantes. Les hommes et les choses d'un passé lointain ne nous semblent pas comparables aux hommes et aux choses d'aujourd'hui. Nous ne pouvons même pas les comparer, parce que l'agitation des petits intérêts présents nous absorbe, tandis que l'histoire ne nous conserve que les mouvements des grandes passions qui font l'honneur ou la honte de l'humanité.

L'enseignement de l'histoire doit commencer par les événement qui se rapprochent le plus du merveilleux des *contes* et des *fables*. L'histoire des temps reculés

tient d'ailleurs du conte et de la fable; c'est beaucoup,
lorsque le fond est vrai, que les ornements seuls sont
imaginaires. Il ne faut pas trop se plaindre de l'intervention de l'imagination, car sans elle l'histoire n'of-
frirait souvent ni un vif intérêt ni de grands exemples,
ni de grandes leçons.

Les histoires tirées de l'histoire doivent être présen-
tées sous une forme attrayante et quelque peu familière au début. Sans dénaturer les personnages et les
événements, il faut leur donner une physionomie saisissante que les enfants ne puissent oublier.

L'histoire, dans les écoles primaires, est avant tout
un enseignement moral et patriotique.

Lorsqu'une leçon d'histoire n'est pas propre à développer le sens moral de l'enfant ou à lui faire aimer son
pays, elle est plus qu'inutile puisqu'elle prend un temps
précieux qui pourrait être mieux employé dans un
autre ordre d'enseignement. On veut enseigner tant de
choses aux enfants aujourd'hui, que le temps manque
toujours. Ménager le temps doit être une des plus
grandes préoccupations des maîtres.

On s'est toujours plaint et on se plaint encore que la
culture littéraire fasse défaut dans l'enseignement primaire à tous les degrés. Il n'y a rien d'étonnant : le
sentiment littéraire ne se manifeste guère avant douze
ou treize ans, et c'est à cet âge que les enfants quittent
l'école primaire lorsqu'ils ne l'ont pas quittée plus tôt.

D'ailleurs, à l'école primaire, il faut courir au plus
pressé, c'est-à-dire donner aux enfants les connaissances de *première nécessité*, leur apprendre à *lire*, à
écrire et à *compter*.

L'enseignement de l'histoire peut devenir un enseignement littéraire sans cesser d'être un enseignement
moral et patriotique. Pour cela il faut renoncer à mettre

entre les mains des enfants des abrégés qui résument en une ligne la plus belle page d'histoire, qui donnent la même importance à tous les faits, qui remplissent plutôt la mémoire de dates que l'âme d'exemples fortifiants.

Les livres d'histoire à l'usage des écoles primaires devraient être des livres d'*histoires* bien choisies, bien écrites, rattachées entre elles par des sommaires peu encombrants.

Le plus grand défaut des livres et même des maîtres, c'est de vouloir tout dire. La multitude des faits déconcerte et trouble les intelligences. L'effort fait pour tout retenir devient pénible et ne laisse aucune place pour l'émotion ni même pour le plaisir de la curiosité satisfaite.

Le maître doit bien saisir le sujet de sa leçon, rattacher tous les développements à l'objet principal, ne jamais perdre de vue cet objet, dans la crainte de distraire l'attention et de diminuer l'intérêt de la leçon.

Chaque leçon d'histoire ne doit pas être une course échevelée à travers les siècles, mais un arrêt contemplatif devant une échappée de vue sur le passé : plus le tableau sera clair et vivant, plus la leçon sera saisissante et profitable.

On voit qu'une leçon d'histoire demande, pour être bien faite, un peu de talent et une sérieuse préparation. Le talent vient vite à qui possède le *feu sacré,* c'est-à-dire l'amour de son état.

La leçon doit être orale ; la lecture, soit du texte d'un livre, soit d'une leçon préparée, ne se prête pas à des mouvements d'enthousiasme ou d'indignation. Cependant l'amour de la patrie n'est pas un sentiment calme, mesuré, froid. L'amour de la patrie ne se communique pas s'il n'est pas ardent, si l'enthousiasme fait absolument défaut.

Pour un maître qui se préparerait d'une manière insuffisante, qui parlerait avec difficulté, la lecture d'une belle page d'histoire serait une meilleure leçon qu'un récit froid ou trivial. C'est dire que la méthode d'enseignement doit varier avec le tempérament intellectuel et moral du maître.

Mais, dans aucun cas, la leçon d'histoire ne doit se borner à la simple récitation d'un texte aride ou à des questions faites pour s'assurer que ce texte est bien possédé.

Une bonne leçon d'histoire peut être résumée en quelques mots ; ce résumé, écrit au tableau noir, doit être appris par cœur comme simple point d'appui pour la mémoire. Le maître, par des questions bien dirigées, fait reconstituer la leçon par les élèves.

Après ce triple exercice : *leçon orale du maître, résumé au tableau noir, reproduction de la leçon au moyen de questions appropriées,* l'élève doit savoir, pour peu qu'il soit intelligent, et la conscience du maître peut être en repos.

Il y a des maîtres qui font prendre des notes aux élèves pendant leurs leçons. C'est un usage encore rare dans les écoles primaires et qui ne saurait être encouragé.

Les élèves, préoccupés du soin de tout relever, ne sont pas touchés de la chaleur du récit ; leur âme ne se met pas à l'unisson de celle du maître ; une leçon vivante devient une leçon morte ; les notes des meilleurs élèves ne constituent qu'une mauvaise page d'histoire, inférieure à ce qu'ils auraient pu lire sur le sujet dans les livres mis entre leurs mains.

Actuellement, presque toutes les écoles sont pourvues d'une bibliothèque où les livres de biographie, d'histoire et de voyages sont les plus nombreux et les plus demandés.

Les lectures particulières des élèves convenablement dirigées peuvent être d'un précieux secours pour l'étude de l'histoire et le développement du sens littéraire à l'école primaire.

Le tempérament français, essentiellement généreux, se porte naturellement aux études historiques, qui agrandissent les âmes et étendent à la patrie les sentiments de la famille.

CHAPITRE LXIII

Enseignement de la géographie.

L'utilité de la connaissance de la géographie n'est pas à démontrer. L'ignorance la plus humiliante et la plus préjudiciable serait bien l'ignorance de la situation de notre pays, de notre patrie dans le monde, de ses ressources agricoles, de ses richesses industrielles, de ses beautés naturelles, de ses voies de communication, de ses institutions, de ses arts, de ses mœurs, de tout ce qui peut concourir à sa prospérité et à sa grandeur.

Il faut aussi que nous connaissions nos voisins, et, grâce à la vapeur et à l'électricité, tous les peuples de la terre sont nos voisins. Il faut savoir ce que nous avons à craindre ou à espérer de chaque peuple. Nous avons à craindre des guerres, et une condition de succès dans la guerre, c'est la connaissance du pays ennemi par tous les soldats. L'industrie a aussi ses luttes, et pour être vainqueur sur le terrain économique, il ne faut pas ignorer les progrès qui s'accomplissent autour de nous. Le commerce est constamment à la recherche de débouchés ; il faut connaître les productions et les besoins de tous les pays pour trafiquer avantageusement.

La géographie n'est pas une science de mots, de noms propres ; c'est à la fois une description topographique et une enquête morale et matérielle.

La base de l'enseignement de la géographie doit être le plan topographique, plan de la classe, de l'école, du village ; carte de la commune, du canton et du département.

Le passage du plan topographique, qui donne une certaine image des lieux, à la carte, qui n'indique guère que leurs situations relatives, est très délicat.

Cependant on ne doit pas s'attarder sur les plans topographiques, qui ne peuvent s'appliquer qu'à des surfaces très limitées connues des élèves.

Il y a lieu de remarquer aussi que pour comprendre un plan topographique il faut avoir des notions de géométrie qu'il est difficile de faire saisir à de tout jeunes enfants.

D'après nos programmes, l'enseignement de la géographie doit commencer dans les petites classes. On ne peut avoir recours pour ces élèves aux plans et aux cartes ; il faut se borner avec eux à des définitions de termes géographiques, tels que, *ruisseau, rivière, fleuve, lac, île, presqu'île, isthme, vallée, montagne, col, glacier*, etc., que l'on rend compréhensibles en montrant aux enfants des images représentant les accidents physiques dénommés.

Cette étude serait encore meilleure dans les champs,

en présence de la nature, que dans la classe, en présence d'images. Il n'y a guère de village qui n'ait, à défaut de rivière, un ruisseau; à défaut de montagne, un coteau, une élévation quelconque de terrain. Un paysage médiocrement accidenté est facile à agrandir si le maître a un peu d'imagination; les enfants en ont toujours, et ils transforment aisément le ruisseau en fleuve; la mare en lac; le lac en mer; la colline en montagne; un pli de terrain en vallée. Les procédés de la nature pour sculpter les grandes masses du globe sont les mêmes que pour buriner les détails : les érosions, le ravinage, les écroulements s'opèrent en grand dans les montagnes, et en petit, jusque sur les taupinières des prairies. Les traits sont les mêmes, les proportions et la distribution seules de ces traits changent; les petits accidents du sol sont l'image des grandes révolutions terrestres.

On pourrait se servir utilement de ces images naturelles pour l'enseignement de la géographie; mais on ne le fait guère pour diverses raisons.

Dans les villes où les élèves sont distribués par classes d'après leur degré d'instruction, une leçon collective de géographie en pleins champs serait facile si les champs n'étaient pas généralement trop loin de l'école; à la campagne, un seul maître a toujours plusieurs divisions d'élèves de forces différentes à faire marcher à la fois; ce qui convient à l'une ne convient pas à l'autre; il doit ménager son temps et se priver du plaisir de faire souvent sa classe en plein air.

L'usage le plus général est de se servir de la carte, même avec les commençants. Les jeunes enfants ne voient que des traits, des couleurs et des noms irrégulièrement placés sur la carte. S'ils ont des atlas, on obtient difficilement de leur faire placer une carte dans l'orientation voulue sur la table; si on leur demande d'indiquer une ville, ils désigneront le nom plutôt que le signe qui marque la place de la ville. On a enseigné la géographie avec la carte; il n'y a plus rien à dire.

Il y aurait au contraire beaucoup à dire; mis il faut reconnaître que si les jeunes enfants ne retirent aucun profit immédiat de l'étude de l'atlas ou de la carte murale, ils s'habituent du moins à voir des formes géographiques, à se les rendre familières. Lorsqu'ils pourront saisir le rapport de ces formes avec la configuration réelle des terres et des mers, des États et des provinces. l'empreinte des cartes dans la mémoire sera une précieuse acquisition, un précieux fonds sur lequel on pourra travailler avec plus de fruit et plus de rapidité que si la mémoire était vide.

Le maître doit toujours faire sa leçon la craie à la main, c'est-à-dire tracer au tableau noir la carte de la contrée étudiée à mesure qu'il la décrit. Il ne s'agit pas d'un dessin soigné, mais d'une esquisse aussi fidèle que possible.

Les élèves auront à reproduire cette esquisse après la leçon sur leur cahier de devoirs; un devoir de géographie sera toujours accompagné d'une carte ou plutôt d'une portion de carte à grands traits.

Nous n'ajoutons aucune importance aux cartes complètes minutieusement dessinées et lavées avec soin par les élèves. Il y a dans cet exercice une énorme perte de temps sans sérieuse compensation.

L'enseignement topographique nécessaire pour faire comprendre les cartes géographiques et permettre aux enfants de les tracer sans recourir au calque, doit être des plus simples.

Il suffit de leur apprendre à construire un triangle, connaissant ses trois côtés.

La classe, par exemple, a la forme d'un quadrilatère irrégulier. Pour en lever le plan, on mesure les quatre côtés et une diagonale. La diagonale divise le quadrilatère en deux triangles; on connaît les trois côtés de chacun de ces triangles contigus; leur construction donne le plan de la classe.

Pour dresser une carte sur une autre, à une échelle différente, il n'y a qu'à diviser la carte modèle en triangles réguliers ou irréguliers et à construire un réseau de triangles semblables en prenant les longueurs des côtés dans la proportion des échelles données.

Pour faire la carte d'une contrée, il n'y aurait qu'à relier les points principaux par des lignes, de manière à déterminer un réseau de triangles, à mesurer tous les côtés de ces triangles et à les construire à une échelle convenue sur le papier, comme dans l'exercice de réduction d'une grande carte à une petite carte. Mais, au lieu de mesurer directement les côtés, on mesure les angles et on calcule les côtés par des moyens trigonométriques.

La leçon de géographie ne doit pas se borner à une description orale et figurée; il est nécessaire de donner de l'intérêt et de la vie à cette double description, et de parler pour cela des populations, de leurs habitudes, de leurs occupations, c'est-à-dire du commerce, de l'industrie, des arts; de rappeler les événements historiques qui ont laissé leur empreinte dans les lois et dans les mœurs.

L'enseignement de la géographie et l'enseignement de l'histoire ont de nombreux points de contact; ils se prêtent un concours réciproque; ils s'éclairent mutuellement; on ne doit pas les séparer.

CHAPITRE LXIV

Sciences physiques et naturelles.

L'enseignement primaire, défini par la loi du 28 mars 1882, comprend les éléments des sciences physiques et naturelles, avec leurs applications à l'agriculture, à l'hygiène et aux arts industriels.

Voilà un vaste champ d'études, et l'on se demande avec inquiétude s'il peut être utilement parcouru par des enfants de six à treize ans, qui doivent, avant tout, apprendre à lire, à écrire, à compter, et à se conduire honnêtement.

Il faut ouvrir l'esprit des enfants avant de le remplir; il ne faut pas l'ouvrir trop vite, sous peine d'arrêter le travail mystérieux de la nature, de compromettre l'épanouissement de la fleur en flétrissant le bouton par des efforts intempestifs.

Mais l'enseignement primaire peut garder les enfants après treize ans dans les cours complémentaires et dans les écoles primaires supérieures; c'est en vue de cette catégorie d'établissements primaires que la loi mentionne l'enseignement régulier des sciences physiques et naturelles et de leurs applications.

Dans l'école élémentaire, il ne faut pas faire de la science, mais donner aux élèves des qualités scientifiques : l'esprit d'observation attentive, de méthode, de comparaison, d'analyse. Il faut leur apprendre à bien voir, à s'intéresser à tout ce qui les entoure, à profiter

de tous les enseignements de l'expérience : il faut leur
faire aimer la nature et élever leur esprit par la contemplation de l'œuvre admirable de la création.

Il ne faut guère voir dans l'enseignement des sciences
à l'école élémentaire que les applications aux besoins
de la vie ordinaire.

Le règlement des examens relatifs aux titres de
capacité de l'enseignement primaire, règlement
du 30 décembre 1884, peut être considéré comme le
meilleur commentaire de l'article premier de la loi
du 28 mars 1882.

D'après le programme de l'examen du brevet élémentaire, on ne demandera aux futurs instituteurs, en
fait de sciences, que *les notions les plus élémentaires
des sciences physiques et naturelles dans leurs rapports
avec l'agriculture et l'horticulture.*

Voilà l'enseignement des sciences à l'école élémentaire officiellement dosé, et la dose n'est pas trop forte ;
mais comment présenter cet enseignement à des enfants
de l'âge tout au plus des élèves de sixième et de cinquième des lycées ? L'éminent vice-recteur de l'académie de Paris, M. Gréard, nous le dit dans son beau mémoire présenté au Conseil académique de Paris, sur la
question des programmes dans l'enseignement secondaire :

« A un autre degré, pour les classes de sixième et
de cinquième, par exemple, n'y a-t-il pas quelque excès
à présenter certains enseignements, particulièrement
l'enseignement des sciences physiques et naturelles,
sous la forme d'un cours suivi ? Analyser un auteur
livre en main, retrouver la déduction exacte de sa
pensée, dégager l'accessoire du fond, élaguer le détail
qui ne sert qu'à la preuve ou à l'ornement, est une opération délicate qui demande à tout âge une certaine

fermeté d'attention et de raisonnement. Qu'est-ce donc, lorsque cette analyse est le travail d'un enfant et qu'elle s'applique à la parole d'un maître, qu'il faut saisir au vol, en se pénétrant au fur et à mesure de chaque explication, sans pouvoir se permettre un moment d'arrêt, sous peine de laisser échapper le fil du développement, c'est-à-dire de perdre le bénéfice de la leçon? Et cela, sur des matières nouvelles le plus souvent et qui, alors même que le professeur s'efforce d'en faciliter l'intelligence par des démonstrations sensibles, conservent toujours un caractère d'abstraction! Ajoutez que, dans la sage pensée d'éviter à l'élève des écritures multipliées, on le dispense, bien plus, on lui défend de rédiger : c'est sur ses notes qu'il doit étudier. Si difficile est la tâche, que les maîtres craignent presque de l'imposer. Les uns dictent la leçon pour être sûrs qu'elle sera bien prise, les autres se bornent à demander qu'on les écoute ; mais dans cette attitude passive, qui peut répondre que l'activité de l'enfant est suffisamment soutenue, et à la fin de la classe que reste-t-il de ce que les oreilles ou les yeux de l'enfant ont saisi au passage, de ce que la main a machinalement recueilli? Un autre procédé a été appliqué, non sans succès : il consiste à prendre pour base de l'enseignement un traité sur lequel les élèves suivent l'explication. C'est sans doute une manière de fixer leur esprit dans une certaine mesure, mais non de les animer à la découverte des vérités expérimentales qu'on veut leur faire connaître ; il faut un peu d'inconnu à la curiosité de l'enfant, et, trop souvent, ce qui est dans le livre cesse de l'intéresser ou l'intéresse moins, par cela seul qu'il a le livre entre les mains. De dix à treize et quatorze ans, La Chalotais limitait l'enseignement des sciences physiques et naturelles à une série de *leçons de choses;* jusqu'à cet âge, il lui suffisait d'allumer dans l'esprit de l'écolier quelques points qui éclairassent la route qu'il aurait un jour à parcourir. Il n'y a que péril et déception à forcer la nature. Ce que l'on croit gagner en devançant l'âge est perdu, en réalité, le plus souvent par la nécessité à laquelle on s'expose de faire rapprendre à l'enfant ce qu'il a mal appris. Le travail qui le domine de trop haut ne lui profite point. « Mon père, raconte Pascal, avait pour maxime de nous tenir toujours au-dessus de notre ouvrage. »

Ce morceau de main de maître renferme des vérités pédagogiques extrêmement importantes :

Il n'y a que péril et déception à forcer la nature.

Le travail qui domine l'enfant de trop haut ne lui profite pas.

Il y a excès à présenter aux enfants trop jeunes l'enseignement des sciences physiques et naturelles sous la forme d'un cours suivi.

Jusqu'à treize ans, cet enseignement doit être limité à une série de leçons de choses.

On voudrait aujourd'hui donner aux enfants toutes les connaissances utiles, et les programmes de l'enseignement primaire sont presque aussi étendus que ceux de l'enseignement secondaire. Mais la maxime : « Enseigner, c'est choisir, » doit servir de règle, surtout aux instituteurs primaires.

Les enfants qu'ils reçoivent ont tout à apprendre. Ils ne sont pas capables d'une attention prolongée ; la fatigue intellectuelle nuirait à leur développement physique. Dans l'ensemble des connaissances utiles, il faut choisir l'indispensable. L'indispensable sera toujours d'apprendre à lire, à écrire et à compter. L'acquisition de ces connaissances, ou plutôt de ces instruments d'instruction, est longue et pénible, malgré le progrès des méthodes. Ce progrès ne supprimera jamais l'effort, ni n'abrégera considérablement le temps nécessaire pour vaincre les difficultés de ce premier enseignement. Pour bien faire une chose, pour bien lire et écrire convenablement, il faut que l'habitude soit contractée ; les habitudes ne se contractent que par des exercices longtemps répétés. Si vous cherchez à contracter l'habitude par des artifices de méthodes, vous n'obtiendrez point de progrès durables, de résultats solides.

Nous ne voulons pas borner l'enseignement primaire à la lecture, l'écriture et le calcul ; mais ces connaissances fondamentales doivent tenir le premier rang et ne pas se voir disputer la place par d'autres objets d'enseignement d'un intérêt incontestable, mais d'une utilité secondaire. Il ne faut pas qu'à l'école primaire on apprenne tout, excepté à lire, à écrire et à compter, ce qui arriverait si on prenait les programmes à la lettre, au lieu de s'inspirer de leur esprit.

L'esprit des programmes, dont personne n'est mieux pénétré que M. Gréard, n'admet pas, pour des enfants âgés de moins de treize ans, l'enseignement des sciences physiques et naturelles sous la forme d'un cours suivi.

C'est sous forme de leçons de choses que cet enseignement doit être donné.

Après avoir *choisi dans les programmes* un sujet de leçon à la portée de ses élèves, l'instituteur prépare ses expériences, ses démonstrations, non pour les exposer *ex professo*, mais pour se tenir et pour tenir ses élèves *au-dessus de l'ouvrage*.

Pendant une leçon de choses, le maître et les élèves semblent se livrer à une étude commune ; ils cherchent à découvrir les vérités scientifiques plutôt qu'à les enregistrer. Le maître soutient l'attention des élèves, les guide, les précède, mais leur laisse toujours le plaisir de la découverte.

Il ne faut pas confondre les leçons de choses par lesquelles on donne aux enfants des cours moyens et supérieurs des écoles primaires un enseignement scientifique élémentaire, avec les leçons de choses des cours élémentaires ou des écoles maternelles, qui ne visent qu'à développer le vocabulaire des enfants ou à expliquer les mots dont ils se servent par la connaissance des objets désignés par ces mots.

Les leçons de vocabulaire par les choses ne sont fécondes qu'à la condition de n'être assujetties à aucune règle fixe, à aucune forme arrêtée à l'avance.

Les leçons de choses scientifiques doivent être méthodiques et graduées de difficulté comme l'enseignement des sciences lui-même. Il faut qu'elles soient préparées avec beaucoup de soin.

L'écueil de tout enseignement, c'est la disposition de dire tout ce que l'on sait, de ne pas savoir choisir ce qui est à la portée des enfants, ce qui leur est réellement utile. Cet écueil doit surtout être évité dans l'enseignement élémentaire des sciences physiques et naturelles et de leurs applications usuelles.

CHAPITRE LXV

Enseignement du dessin.

L'utilité de l'enseignement du dessin dans les écoles primaires n'est plus contestée. L'ouvrier doit savoir faire ou du moins savoir *lire* un plan. Les édifices, les maisons, les meubles, les machines, les instruments, les outils de toutes sortes sont construits ou fabriqués sur plans et dessins.

L'agriculteur a besoin de savoir faire le plan de ses champs, de ses prés, de ses bois, pour établir sur ses champs une bonne répartition de l'assolement; sur ses prés, un bon système d'irrigation; pour bien aménager ses bois en coupes réglées.

Tout le monde éprouve, à un moment donné, le besoin de prendre un crayon, pour rendre sa pensée plus tangible, pour lui donner une forme, un corps par le dessin.

Le dessin n'est pas seulement une écriture, comme on l'a dit, mais un langage complet, expressif comme la nature qui lui fournit ses éléments, vrai comme la réalité qui lui sert de modèle.

L'écriture ordinaire se compose de signes conventionnels qui n'ont par eux-mêmes aucune expression, aucune beauté, qui ne parlent qu'aux initiés. Une page d'écriture, dans une langue étrangère que nous ne connaissons pas, ne peint rien à nos yeux, ne dit rien à notre esprit; c'est uniquement pour nous un assemblage étrange de traits bizarres.

Le dessin est une *écriture universelle* qui se lit par tous du premier coup, sans étude préalable de l'alphabet; qui se comprend sans effort dans ce qu'elle exprime de plus réel, de plus usuel.

La langue du dessin ne rend pas seulement les formes réelles, mais encore les expressions, c'est-à-dire le mouvement, la vie, la pensée. Elle s'élève jusqu'à la poésie, jusqu'à l'idéal.

De même que nous n'avons pas, dans l'enseignement primaire, la prétention de former des littérateurs et encore moins des poètes, nous ne devons pas avoir non plus celle de faire des artistes. Nous devons nous tenir aux premiers éléments du langage du dessin, à l'épellation, à la traduction des formes les plus simples.

Dans le dessin, l'écriture ou l'exécution est plus difficile que la lecture ou l'interprétation. Il suffit de voir pour comprendre un dessin peu compliqué ; pour bien dessiner, il faut un long exercice de l'œil et de la main.

Les œuvres les plus simples de la nature sont savantes et compliquées ; pour les rendre avec quelque vérité, il faut déjà posséder un certain talent. La nature n'est un maître que pour les tempéraments artistiques bien décidés. Le vulgaire doit commencer l'étude du dessin par l'imitation des produits de l'industrie humaine, toujours grossiers en comparaison des ouvrages de la nature.

Ne laissons pas dessiner aux enfants des arbres, des animaux, des bonshommes : leur insuccès les dégoûterait à tout jamais du dessin.

Donnons-leur plutôt pour sujets d'exercices des outils, tels que couteaux, marteaux, tenailles, rabots, scies, etc. ; des ustensiles, comme pelles, pincettes, casseroles, verres, coupes, cuvettes, pots à eau, etc.; des meubles, tables, bancs, chaises, bureaux, armoires, etc. (1).

Autrefois on se bornait, dans l'enseignement du dessin, à mettre sous les yeux des élèves une estampe qu'ils copiaient, et à donner quelques indications sur la construction des figures géométriques. Aujourd'hui, on met, dès le premier jour, les enfants en présence des objets. Il y a progrès sans doute dans la méthode ; mais les enfants qui débutent sont bien en peine pour rendre les formes naturelles, qu'ils voient mal souvent, par de

---

(1) Nous recommandons spécialement le *Cours de dessin* de M. Darchez, qui répond le mieux de tous aux besoins de l'enseignement primaire. — Librairie Eug. Belin, Paris.

simples traits. Il n'y a pas, à proprement parler, de lignes dans la nature ; il n'y a que des surfaces, planes ou courbes, qui déterminent la limite des corps. La ligne est l'intersection de deux surfaces ; elle n'a pas d'épaisseur ; elle n'est pas sensible. Les surfaces combinées qui limitent un corps, qui lui donnent sa forme, ne se distinguent les unes des autres que par des effets d'ombre et de lumière. Rendre ces effets, pour produire une illusion de la vue, c'est dessiner ; c'est peindre, lorsqu'on donne à l'image les couleurs du modèle.

Saisir les nuances, les dégradations de lumière, demande un œil exercé ; les rendre, une main habile. Les commençants ne sauraient aborder l'étude de la nature sans préparation.

Cette préparation indispensable consiste à s'exercer sur des objets simples, à surfaces bien tranchées. On rend les limites des surfaces par de simples traits. L'ensemble des traits doit donner une image grossière de l'objet.

Un enfant, en présence d'un objet, ne découvre pas facilement les limites des plans ; c'est pour cela qu'il ne fait qu'un trait pour représenter un bras ou une jambe de ses bonshommes.

Ne laissez pas l'enfant livré à son inspiration en présence de l'objet le plus simple. Dessinez vous-même l'objet, sous ses yeux, afin qu'il apprenne à conduire le crayon, à faire les mouvements de manière à donner de la sûreté au trait. Faites-lui comparer ensuite le dessin à l'objet qu'il représente ; faites-lui comprendre la nécessité des lignes tracées pour représenter les arêtes, les saillies déterminées par les intersections de plans.

Après cette analyse des formes et des moyens de les rendre par de simples traits, l'élève peut se mettre au travail, en s'aidant d'abord du dessin fait par le maître et ensuite sans aucun secours.

Il n'est pas nécessaire de faire remarquer que lorsqu'il s'agit d'une classe de dessin, le tracé du maître est fait au tableau noir, et que les explications doivent s'adresser à tous les élèves. Les observations générales auxquelles les corrections individuelles peuvent donner lieu sont également exposées au tableau noir.

Les premiers modèles de dessin doivent avoir peu de relief, en raison de la complication qu'apporteraient aux leçons les effets de la perspective.

C'est une faute de donner à dessiner à de jeunes enfants des cubes et autres solides ayant une profondeur considérable. Les meilleurs modèles pour les commençants sont, pour le dessin linéaire : les parquets, les grilles, les portes, les châssis de fenêtres, les encadrements, les panneaux, les moulures géométriques ; pour le dessin d'imitation : les ornements gradués de difficulté et de relief.

Il ne faut aborder la figure humaine qu'en dernier lieu, et avec les élèves qui ont une aptitude réelle pour le dessin. C'est surtout dans ce dessin de tête qu'il ne faut jamais copier d'images.

On doit faire dessiner le même modèle jusqu'à ce que l'élève arrive à un résultat satisfaisant. Si l'on passait à un nouveau modèle après une ébauche informe, on n'obtiendrait qu'une série de mauvais dessins, et l'élève perdrait son temps.

On voit tous les objets en perspective ; dessiner en perspective, ce n'est pas les représenter tels qu'ils sont, mais tels qu'on les voit.

Au commencement du siècle, l'illustre Monge avait donné un traité complet et rationnel de perspective en une seule leçon.

Nous allons essayer de faire revivre cette leçon, en la simplifiant encore.

Soit à mettre en perspective le cube représenté en projection horizontale par la figure A, B, C, D, et en projection verticale par la figure A', B', E', F' (*fig.* 1).

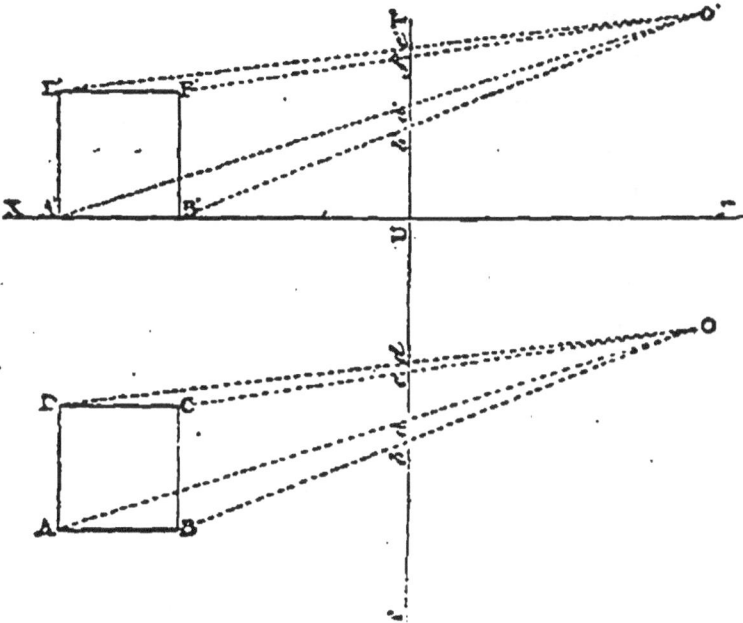

Fig. 1.

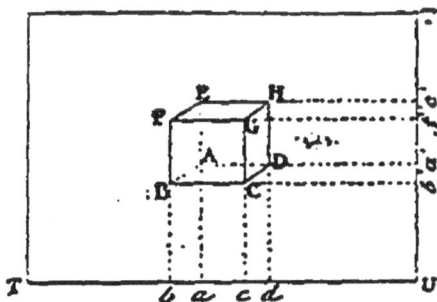

Fig. 2.

Entre les projections du cube et les projections O, O' de l'œil du dessinateur, faisons passer un plan perpendi-culaire aux deux plans de projections, ce plan est le *tableau* sur lequel viendra se dessiner la perspective du cube. La trace du *tableau* sur le plan horizontal est TU, et sa trace sur le plan vertical, UT′, prolongement de TU.

De la projection horizontale O de l'œil, menons des rayons visuels aux points A, B, C, D de la projection horizontale du cube ; l'intersection de ces lignes avec la trace horizontale du *tableau* déterminera les points *a*, *b*, *c*, *d*. De la projection verticale O′ de l'œil, menons des rayons visuels aux points A′, B′, E′, F′ de la projection verticale du cube ; l'intersection de ces lignes avec la trace verticale du *tableau* déterminera les points *a′*, *b′*, *e′*, *f′*. Il ne reste plus qu'à dessiner la perspective, déterminée par ces deux séries de points, sur le *tableau*, censé enlevé de la position indiquée par ses traces et placé à part (*fig.* 2).

Pour rapporter les points d'intersection avec le tableau des projections horizontales et verticales des lignes allant des sommets des angles trièdres du cube à l'œil de l'observateur, il faut prendre deux axes perpendiculaires indiquant sur le *tableau* les traces des plans horizontal et vertical de projection.

On porte les distances *ub′*, *ua′*, *ue′*, *uf′* du plan vertical de projection sur l'axe vertical du tableau, et les distances *ud*, *ue*, *ua*, *ub* du plan horizontal de projection sur l'axe horizontal du tableau. La rencontre des parallèles horizontales menées par la première série de points et des parallèles verticales menées par la seconde série de points, indique le sommet des angles trièdres, qu'il n'y a qu'à réunir pour avoir la perspective du cube proposé.

On obtient, par la même méthode, la perspective de toutes sortes d'objets dans une situation quelconque. Le procédé est le même dans tous les cas ; mais il se complique, on le conçoit, avec la complication des objets à mettre en perspective.

CHAPITRE LXVI

Chant et gymnastique.

Le chant fait à bon droit partie de l'enseignement élémentaire.

C'est le langage des émotions, des passions humaines qu'il convient de diriger, d'assouplir, d'idéaliser pour parfaire l'œuvre de l'éducation.

Le chant est naturel à l'homme ; tous les peuples chantent, et leur chant est un reflet de leurs mœurs.

En modifiant le langage des passions, on modifie les passions elles-mêmes. La rusticité des habitants disparaît dans les campagnes où s'organisent des sociétés musicales. Les ouvriers qui aiment la musique éprouvent de l'éloignement pour les plaisirs grossiers, pour la débauche abrutissante.

Dans les écoles, le chant est un excellent moyen de discipline. Les mouvements qui se font en chantant se font avec plus d'ordre et de précision qu'autrement. Le chant délasse ; deux leçons séparées par un chant sont écoutées avec plus d'attention que lorsqu'elles se suivent sans intervalle ou après quelques moments de dissipation.

Mais, dit-on, l'enseignement de la musique demande beaucoup de temps, et il faut plusieurs années d'exercices de solfège pour qu'un enfant chante passablement.

Nous voudrions qu'un enfant chantât passablement avant d'ouvrir un solfège, avant de solfier une gamme.

Les mères, pour apprendre à parler à leurs enfants,

ne leur font pas distinguer les voyelles des consonnes, ne les font ni épeler ni syllaber : elles leur parlent le langage usuel. Les enfants cherchent à les imiter, et ils arrivent assez vite à parler par imitation. Des principes du langage, de la grammaire, on ne s'en occupe que plus tard avec beaucoup de raison ; car, si les mères débutaient par les principes, les enfants n'apprendraient pas à parler.

Si l'enseignement du chant fait si peu de progrès dans les écoles primaires, c'est qu'on veut commencer par les principes. Nous trouvons des gammes écrites jusque sur les murs des salles d'asile ou écoles maternelles.

Apprenons aux élèves, par répétition, en chantant nous-mêmes et nous faisant suivre par toute la classe, des morceaux bien choisis, comme paroles et comme musique. Lorsqu'un certain nombre de chants seront bien sus, que la voix et l'oreille auront été suffisamment exercées, on abordera non le solfège, mais la musique des morceaux chantés les plus simples. C'est cette musique qu'on fera solfier aux élèves, après quelques gammes, quelques courts exercices préliminaires. Le plaisir qu'ils éprouveront à voir revivre un air connu dans la notation musicale leur donnera du goût pour ces nouveaux exercices, et leurs progrès seront rapides.

D'ailleurs l'école primaire ne saurait avoir la prétention de former des musiciens ; il vaut mieux que les enfants en sortent avec la connaissance de quelques chants, avec le sentiment de l'harmonie et le goût des nobles délassements, qu'avec un bagage d'exercices de solfège dont ils ne sauraient tirer aucun profit.

Nous pouvons rattacher au chant, qui est la gymnastique des organes de la voix, la gymnastique proprement dite, dont la plupart des exercices gagnent beaucoup à être accompagnés de chants.

La gymnastique est l'art d'exercer le corps pour le fortifier.

Chez les anciens Grecs, la gymnastique se composait de la danse et de la lutte.

La gymnastique consiste, à notre époque, en une suite de mouvements et d'exercices gradués, combinés de manière à mettre en action, soit successivement, soit simultanément, tous les membres, tous les muscles du corps.

Il y a des séries de mouvements réguliers pour les bras, pour les jambes, pour le tronc, pour la tête, et un bon professeur de gymnastique croirait tout perdu s'il en omettait quelques-uns, ou s'il ne les faisait pas exécuter dans l'ordre prescrit, dans la forme consacrée.

La forme des mouvements est devenue de plus en plus savante : pour les exécuter, on a créé des machines de toutes sortes. Les bons élèves sont de véritables artistes qui se font applaudir pour leurs tours de force dans les fêtes, on pourrait dire dans les représentations de gymnastique.

Il nous semble qu'on dépasse un peu le but et qu'on peut exercer le corps, pour le fortifier, à moins de frais.

On joue moins à l'école depuis que la gymnastique est devenue un enseignement régulier.

Cependant tous les hygiénistes pensent que les jeux de *barres*, de *palet*, de *balle*, de *ballon*, de *boules*, de *quilles*, de *krocket*, de la *marelle*, etc., sont d'excellents exercices de gymnastique, plus attrayants pour les enfants que les exercices commandés par un instructeur sévère, toujours prêt à gourmander les maladresses et les étourderies.

Les enfants, obligés de se surveiller, préoccupés des commandements, exposés à chaque instant à des réprimandes, ne s'amusent pas, ne se délassent guère pendant la leçon de gymnastique. C'est une leçon épuisante comme toutes les leçons qui demandent de la contention, qui exposent à des surprises, à des insuccès et à des blâmes.

La liberté fait des jeux des exercices très propres à distraire les enfants, à les reposer, en même temps qu'à les fortifier, qu'à les rendre adroits et agiles.

Nous aimons mieux voir les jeunes filles jouer à la *corde*, au *cerceau* et au *volant* qu'à marquer le pas en levant les genoux à angle droit, ou à marcher avec les mains sur les barres parallèles.

Les exercices de gymnastique, recommandés dans les programmes des écoles élémentaires, peuvent s'exécuter sans appareils ou avec des appareils très simples. Les maîtres et les maîtresses ne doivent pas trop compliquer ces exercices, surtout à la campagne, où les enfants font de fort bonne gymnastique en travaillant ou en jouant dans les champs.

Les jeux de l'école ne doivent pas être négligés à la campagne pas plus qu'à la ville; ils constituent une excellente gymnastique physique et morale.

Les hommes spéciaux l'ont eux-mêmes reconnu : des jeux de toutes sortes viennent d'être installés au grand gymnase scolaire, boulevard Voltaire, à Paris.

Pour que ces jeux puissent avoir lieu, il est nécessaire que les cours de récréation soient spacieuses. L'insuffisance des cours de récréation est aussi fâcheuse que l'insuffisance des salles de classe. C'est un point qui doit éveiller toute la sollicitude des municipalités et de l'administration.

CHAPITRE LXVII

De la discipline scolaire.

RÉACTIONS NATURELLES

On comprend généralement sous le nom de *discipline scolaire* un ensemble de prescriptions et de moyens propres à maintenir l'ordre et l'obéissance dans une classe, à plier tous les élèves aux prescriptions d'un même règlement.

Le sens véritable du mot *discipline scolaire* est beaucoup plus large ; il embrasse presque tout ce qui a trait à l'éducation en dehors de la famille.

La nécessité d'une bonne discipline dans l'école n'est pas difficile à démontrer.

Qui dit *école* dit réunion d'un certain nombre d'enfants sous la direction d'un ou de plusieurs maîtres chargés de les instruire et de les moraliser.

Dans une école, un maître a toujours plusieurs élèves dont il doit s'occuper simultanément. Son attention est constamment partagée, ses préoccupations sont toujours multiples ; il ne suffirait pas à sa tâche s'il ne parvenait à établir une certaine uniformité dans le travail scolaire, à diriger à un moment donné toutes les volontés vers un but commun, à s'emparer de l'âme des enfants pour les éclairer en même temps d'un même jet de lumière, et les pénétrer d'un même rayon de chaleur.

L'école est déjà un état social qui engendre pour les

écoliers des devoirs, inconnus des enfants qui sont élevés isolément par des maîtres particuliers.

Un élève qui fait du bruit dans une salle d'étude empêche ses camarades d'étudier, détourne l'attention du maître de l'objet de sa leçon, occasionne une perte de temps et porte un préjudice réel à toute la classe.

Le coupable peut faire un effort pour réparer le temps perdu en ce qui le concerne ; mais il est impuissant à ramener l'attention dans les esprits qu'il a dissipés, à imposer aux autres une compensation de travail.

Dans une éducation privée, l'abandon d'un exercice dans un moment de lassitude n'a que des avantages, si cet exercice est repris après que la lassitude est passée. Le maître n'ayant affaire qu'à un élève peut épier toutes les défaillances de sa nature, tous les caprices de son activité pour agir sur lui au moment favorable.

Le travail en commun ne peut tenir compte de toutes les nuances de tempérament ; le bon moment pour un élève serait souvent le mauvais moment pour l'autre ; celui-ci est encore plein d'ardeur lorsque celui-là n'écoute plus que d'une oreille distraite la leçon donnée.

Le régime d'une école ne comporte pas la flexibilité, le laisser-aller de l'enseignement particulier. Il n'y a pas de vie scolaire sans règle et sans respect de la règle, c'est-à-dire sans *discipline*.

C'est pour avoir confondu le chef d'établissement scolaire avec le précepteur, que Jean-Jacques Rousseau, et après lui Herber Spencer, ont émis sur l'éducation beaucoup d'idées paradoxales à côté de tant de vues pratiques.

Le système des *réactions naturelles* admis par Jean-Jacques Rousseau avec des limites et des tempéraments, et poussé à l'absolu par Herbert Spencer, est souvent

déraisonnable dans l'enseignement particulier et absolument inapplicable dans l'enseignement public.

Un élève léger taquine son voisin et distrait toute la
classe : la réaction naturelle dans ce milieu devrait être
un argment *ad hominem.* Une bagarre s'ensuivrait
inévitablement et l'ordre serait compromis pour toute
la durée de la leçon.

Si le maitre intervient pour mettre le perturbateur à
la raison, voilà l'autorité qui apparaît et le système des
réactions naturelles est en défaut.

Supposons un élève simplement inattentif pendant
une leçon. Le maître ne peut lui faire aucune observation sans porter atteinte à la doctrine des *réactions
naturelles.* Si un élève a été inattentif un jour sans en
éprouver aucun désagrément, il sera inattentif le lendemain ; il le sera les jours suivants. Une mauvaise
habitude sera vite contractée, et la réaction naturelle
ne se produira que lorsque le mal sera irréparable.

Les suites de l'inattention, de la négligence habituelles pour un écolier sont l'ignorance, l'infériorité
intellectuelle à l'égard de ses condisciples laborieux,
les difficultés de la vie résultant de cette infériorité.
Lorsque ces difficultés se produiront, il ne sera plus
temps de réagir; la réaction naturelle ne produira
qu'un impuissant repentir.

Le maître, pourrait-on dire, a la ressource de rapprocher l'effet des réactions naturelles en organisant
des examens et des concours, en employant mille
autres moyens que l'expérience lui aura suggérés. La
honte d'occuper un rang inférieur dans un concours, de
paraître ignorant dans un examen, la crainte de s'attirer des reproches, de déplaire aux personnes qui les
aiment peuvent provoquer des réflexions salutaires
chez les enfants. Mais les moyens employés sont soi-

gneusement calculés, disposés pour produire leur effet
au moment le plus opportun, gradués de manière à ne
produire ni découragement ni présomption, et la réaction produite est aussi *artificielle* que possible.

Nous devons approprier nos moyens de discipline à
la nature des enfants, nous pourrions dire à la nature
humaine, car il s'agit des mêmes leviers ; les mobiles
seuls sont différents. Mais si les réactions *disciplinaires*
doivent être conformes à l'ordre naturel, elles ne doivent pas être abandonnées aux hasards des événements.

Les événements qui constituent des réactions naturelles ne sont pas toujours consécutifs des écarts qu'ils
doivent réprimer, surtout en matière d'éducation.

Négliger de s'instruire est un grand mal. Avec notre
civilisation, l'ignorance nous constitue dans un état
d'infériorité très préjudiciable pour la vie. Mais le préjudice ne se fait sentir que longtemps après les fautes
scolaires et alors qu'elles sont irréparables.

L'ignorance ne pèse pas aux enfants ; à de bien rares
exceptions près, la perte d'une leçon, loin de leur faire
de la peine, les met toujours en belle humeur. La dispense d'un devoir ou d'une leçon est considérée comme
une récompense, ou au moins comme la levée d'une
punition. Quel écolier n'a pas été heureux de l'annonce
d'un congé extraordinaire ?

Après la considération de ces faits et d'autres semblables, il est difficile d'apercevoir les réactions naturelles qui peuvent avertir un écolier de ses négligences
et l'exciter à l'étude.

Les maîtres ont beau parler des nécessités de l'avenir aux enfants, il n'y a que le présent qui compte pour
eux. On a l'habitude de considérer l'enfance comme
l'âge heureux de la vie ; mais le bonheur de l'enfance

consiste presque uniquement dans l'insouciance. Si l'enfance était exposée à de pénibles réactions toutes les fois qu'elle néglige des choses utiles pour l'avenir, toutes les fois qu'elle n'est pas sérieuse, l'enfance ne serait plus l'enfance.

La nature excite surtout les enfants à se développer physiquement. De là leur besoin de se mouvoir perpétuellement, leur aversion pour tout ce qui impose l'immobilité. Presque toutes les fautes des enfants dérivent de leur turbulence, c'est-à-dire de l'exagération dans la satisfaction d'un besoin. La fatigue est la réaction naturelle de l'activité surmenée. L'enfant qui a négligé ses devoirs d'écolier pour se livrer au jeu jusqu'à la lassitude ne se sentira pas puni de sa faute morale par la fatigue physique. Le repos lui rendra l'aptitude au mouvement et le désir de recommencer les exercices qui l'avaient fatigué ; mais il ne sera porté par aucune impulsion physique à l'étude négligée.

L'esprit de l'enfant ne saurait établir aucune espèce de rapport entre l'oubli d'un devoir et la fatigue résultant de l'exercice trop violent ou trop prolongé qui a pris le temps destiné à ce devoir. La réaction naturelle manque son but : elle ne détourne pas du jeu et ne porte pas à l'étude.

Les réactions naturelles suspendent ou empêchent l'action, mais ne la règlent pas. Aucune cause physique ne modère, ne gouverne l'activité morale.

Les réactions les plus utiles au bien des individus et des sociétés découlent de la loi morale qui a sa sanction dans la conscience humaine éclairée par la raison et l'expérience.

Les enfants sont promptement initiés à la vie animale par les sensations agréables ou désagréables qui résultent de la satisfaction ou de la non-satisfaction de leurs besoins. La faim ou simplement l'appétit les porte à manger; la saveur des aliments leur fait trouver du plaisir à cet acte réparateur; la satiété leur indique que la quantité de nourriture prise est suffisante, que le repas est terminé.

Mais souvent le plaisir du goût l'emporterait sur la sensation pénible de la satiété et il en résulterait un dommage pour la santé de l'enfant si les parents ne lui imposaient une règle.

La nécessité d'une règle, de l'intervention d'une volonté supérieure se manifeste dans les actes les plus instinctifs de l'enfant. Les réactions naturelles ne lui ont cependant pas manqué; la satiété inspire de la répugnance pour les aliments, répugnance qui peut aller jusqu'au dégoût. Mais une sensation plus vive, une saveur qui lui plaît peut produire une réaction contraire qui le porte à manger au delà du besoin.

Il est à remarquer que les enfants sont plus sujets aux indigestions que les petits des animaux. Les réactions naturelles ont moins de prise par conséquent sur les premiers que sur les derniers.

L'homme abandonné aux réactions naturelles descendrait dans l'échelle animale; il ne vivrait même pas. Il est impuissant et désarmé pendant sa longue enfance. Il a besoin de soins prolongés et n'arrive que tardivement à se suffire. Il semble que la nature tienne à le laisser longtemps sous la tutelle de ses parents pour une œuvre plus haute que la satisfaction des besoins matériels, pour une éducation sociale et partant morale.

Si les réactions naturelles sont insuffisantes pour régler la vie végétative, à plus forte raison le seront-elles pour la vie de relation.

Un jeune chien qui tombe à l'eau en sort très bien

sans avoir appris à nager ; un enfant dans les mêmes conditions se noierait infailliblement. Pour qu'un enfant sache qu'en s'exposant à tomber dans l'eau, il s'expose à se noyer, il faut qu'on le lui ait dit. Pour être en possession de cette notion, par suite des réactions naturelles, il aurait dû se trouver en danger de se noyer et avoir eu l'heureuse chance d'échapper au danger.

L'eau fraîche est agréable à boire quand il fait chaud ; mais un enfant qui se serait mis en nage par un exercice violent ne boirait pas impunément, dans cet état, un verre d'eau froide. Une fluxion de poitrine est une réaction naturelle bien dangereuse !

L'homme est supérieur à l'animal précisément parce qu'il a moins d'aptitude à être influencé par les réactions naturelles que les autres animaux, et qu'il doit trouver ses moyens de conservation et de développement dans une intelligence susceptible de culture et de développement.

CHAPITRE LXVIII

De la discipline scolaire.

DIRECTION DE LA VOLONTÉ DES ENFANTS. — OBÉISSANCE.

Nous avons établi, dans le chapitre précédent, l'insuffisance des réactions naturelles comme frein disciplinaire, comme puissance éducative.

L'instinct tient lieu d'expérience aux animaux ; ils arrivent promptement à leur état de perfection ; ils y arrivent sans tâtonnement et sans effort. Les jeunes

abeilles construisent leurs alvéoles avec autant d'art
que les plus anciennes de la ruche; les jeunes castors
sont des architectes aussi consommés que les plus
vieux. Une couvée d'oiseaux n'a pas vu construire le
nid merveilleux dans lequel elle est née; lorsque le
printemps la ramène au pays natal, elle travaille pour
sa propre famille avec autant d'habileté que les parents.

L'homme ne sait rien instinctivement; il apprend
tout par l'expérience et la raison.

Il y a deux sortes d'expérience : l'expérience individuelle et l'expérience de race, de nationalité, appelée
civilisation.

Abandonner l'enfant aux réactions naturelles, c'est-
à-dire à l'expérience individuelle, ce serait l'élever en
sauvage, et on risquerait fort de n'avoir qu'un sauvage
à l'âge d'homme.

Élever un enfant, c'est le monter au degré de civilisation de son temps et de son pays.

L'éducation se fait par la famille, par l'école qui supplée la famille, et par le milieu social.

L'éducation de la famille est disciplinaire dès son
début. Le jeune enfant a besoin d'être réglé dans sa
nourriture, dans ses jeux, dans son sommeil, dans
tous les actes de sa vie.

L'enfant le mieux gouverné est le plus heureux,
comme la nation la plus civilisée est la plus heureuse,
et la plus barbare, la moins heureuse. La civilisation
est une véritable discipline.

Pour agir dans le sens de notre bonheur, il faut
beaucoup d'expérience et de raison.

L'enfant a beaucoup d'activité, mais abandonné à
lui-même, il dépense cette activité, faute d'expérience,
au préjudice de l'équilibre de sa santé et de son déve-

loppement physique et moral. Il se porte toujours aux excès ; son ardeur va jusqu'à l'épuisement des forces ; il ne jouit pas longtemps de l'instrument de ses plaisirs ; il leur demande plus qu'ils ne peuvent donner, et les brise, les détruit sans s'inquiéter des moyens de les renouveler.

La nécessité d'une règle se fait sentir dès les premiers pas de l'enfant dans la vie. Il faut modérer son ardeur ou exciter son apathie ; il faut le détourner de ce qui est nuisible et lui donner le goût de ce qui est utile et bon.

On doit s'attendre à des résistances, parce que le jeune enfant est déjà doué de volonté et qu'il aime à exercer cette faculté naissante. « *Je veux, je ne veux pas* » sont des mots familiers aux enfants, et si on les laissait faire, leur volonté deviendrait capricieuse et tyrannique.

Mais si l'enfant a conscience de sa liberté de vouloir, il est convaincu aussi de sa faiblesse, de son impuissance à exiger.

La nature semble avoir fait de sa docilité et de son obéissance la condition de son développement, de l'apprentissage de l'exercice de sa volonté et des vertus que l'état social réclame de l'homme.

L'état social nous constitue de grands avantages ; mais il nous impose, en retour, le sacrifice d'une partie de notre liberté. L'exercice de notre liberté cesse d'être légitime lorsqu'il commence de porter atteinte à la liberté d'autrui. L'enfant qui ne comprend pas ses vrais intérêts, ne peut pas saisir la limite de ce qui est permis et de ce qui ne l'est pas, et jusqu'à ce que la lumière soit faite en lui, il doit obéir à ceux qui sont chargés de le diriger.

L'obéissance est une vertu essentielle dans les erfants; mais le devoir des parents et des maîtres est de la leur rendre facile.

Il ne faut pas contrarier sans cesse les enfants sous prétexte de les former à l'obéissance. En opposant sa volonté à celle de l'enfant, on entre en lutte avec lui. L'issue de cette lutte est presque toujours déplorable : les caractères sans vigueur y perdent tout ressort; les natures ardentes y contractent des dispositions à l'opposition et à la révolte.

L'enfant agit souvent pour le seul plaisir d'agir; il n'a pas de choix dans l'emploi de son activité, et on peut facilement substituer un exercice utile à une agitation sans but et sans profit.

Le grand secret de l'éducation est de faire faire à l'enfant ce qui lui est avantageux en lui laissant croire qu'il fait ce qu'il veut. S'il se livre à un jeu dangereux, apprenez-lui-en un autre qui soit aussi attrayant et inoffensif; il s'y portera de son propre mouvement et, lorsqu'il en sera fatigué, il vous priera de lui en indiquer un autre.

Une défense sèche de l'exercice dangereux ne convaincrait pas l'enfant de l'intérêt que vous lui portez, de l'utilité de la défense; il n'y verrait souvent que le désir de le contrarier, que la manifestation d'une autorité tyrannique, et il reprendrait, dès qu'il pourrait échapper à notre surveillance, le jeu défendu avec un redoublement d'ardeur, avec une sorte de passion née de l'esprit d'indépendance qui est au fond de la nature humaine, à des degrés différents, mais que rien n'éteint complètement.

Si l'enfant manque de docilité, c'est-à-dire, s'il ne se rend pas à nos bonnes raisons, vous ne pouvez pas faiblir sans compromettre l'intérêt présent et surtout l'avenir. Si vous n'êtes pas maître de l'enfant que vous avez à diriger, il sera votre maître, un maître exigeant, incapable de tempéraments et de concessions, toujours à la recherche des occasions de manifester sa puissance, habile à les faire naître et à en tirer parti pour votre tourment.

Il faut de la fermeté avec les enfants, mais une fermeté calme, sans emportement, sans colère. Les ordres absolus doivent être rares, et, lorsqu'on y a recours, il faut les motiver, en expliquer brièvement l'utilité, la nécessité, afin que l'enfant soit bien convaincu qu'il ne s'agit pas de lui faire sentir sa dépendance, mais de lui épargner des désagréments que son inexpérience pourrait lui occasionner.

Ce qui nuit le plus à la discipline et à la bonne éducation des enfants, c'est le manque de calme, de mesure, la prodigalité de l'éloge et du blâme, des recommandations et des réprimandes.

On leur défend souvent comme des fautes graves des actions indifférentes ou présentant peu d'inconvénients. Toutes les sévérités de langage sont épuisées pour reprendre des écarts qui auraient pu passer inaperçus, et, lorsque les fautes graves se produisent, on ne peut que répéter des admonestations affaiblies par un usage trop fréquent et par une application hors de propos.

Les parents et les maîtres qui commandent le plus sont le moins obéis. Les enfants, déconcertés, ahuris par la multiplicité des recommandations et des défenses, comprenant que, malgré leur bonne volonté, ils ne pourraient pas ne pas manquer en quelque chose, ne font cas de rien, se résignent aux reproches, s'endurcissent aux punitions, finissent par penser que le mal est un accident impossible à conjurer, et le bien, une chance indépendante de la bonne volonté et de la bonne conduite.

L'enfant a naturellement le désir d'être agréable à ses parents, parce qu'il sent instinctivement sa faiblesse, sa dépendance et le besoin qu'il a de leur secours et de leur affection.

Si on ne le gâte pas, c'est-à-dire, si on n'altère pas ses qualités natives, soit par une tendresse désordonnée, soit par trop de froideur ou de rigidité, l'enfant est facile à diriger, à bien élever. Il suit avec abandon l'impulsion qui lui est donnée par des parents tendres sans faiblesse, fermes sans raideur et d'une humeur toujours égale.

L'habitude rend l'obéissance facile à l'enfant, le devoir aimable; il croit même faire sa volonté, suivre son penchant en obéissant et en travaillant. N'étant pas aigri par les contrariétés, il est disposé aux émotions douces, et son bonheur fait le bonheur de ses parents.

Mais si les rôles naturels sont intervertis, si les parents obéissent au lieu de commander, l'œuvre de l'éducation est fort compromise.

Les enfants sont habiles à découvrir les faiblesses de leurs parents, et, dès qu'ils se sentent les maîtres, ils abusent de leur pouvoir. Ils demandent pour le plaisir de mettre les autres en mouvement, pour la vanité de se voir obéis. Ils repoussent bientôt ce qu'ils ont obtenu, pour se donner la satisfaction de faire un nouvel acte d'autorité; ils ne se fatiguent pas de ce jeu, jusqu'à ce que leur entourage soit à bout de patience. Alors les larmes arrivent, et les petits tyrans se font consoler des tourments qu'ils ont fait endurer aux autres. C'est dire qu'ils sont prêts à recommencer, et ils recommencent avec une variété de ressources, une ingéniosité de moyens qui assurent leur domination.

Les mères ainsi dominées se croient plus tendres que les autres, plus soucieuses du bonheur de leurs enfants.

Il n'y a souvent dans leur conduite que l'amour de leur propre repos. Elles laissent faire pour s'épargner la peine d'intervenir. Elles interviennent lorsqu'il n'est plus temps, lorsque la direction n'est plus possible et que la répression s'impose. Elles faiblissent devant la nécessité de la répression, et l'impunité aggrave le mal.

On croit que l'enfant est emporté par son tempérament, alors qu'il n'est dominé que par les mauvaises habitudes qu'on lui a laissé contracter. On compte pour l'amélioration sur l'âge, sur l'influence de la discipline de l'école. Mais le temps ne fait souvent que développer les mauvais germes qu'on a laissés s'implanter dans une jeune âme, et la discipline de l'école, lorsqu'elle est ferme, n'est guère du goût des parents faibles.

La discipline scolaire doit commencer dans la famille et être constamment favorisée par la famille, sous peine d'être inefficace.

CHAPITRE LXIX

Fondement de la discipline dans l'affection réciproque des maîtres et des élèves.

Il n'est pas fort difficile aux parents attentifs et dévoués d'obtenir que leurs enfants leur obéissent et les respectent. Ils ont mille prises sur eux; ils les tiennent par toutes leurs faiblesses, tous leurs besoins, tous leurs plaisirs.

Si les parents n'abandonnent pas par faiblesse les ressources que la nature a mises à leur disposition, s'ils n'abusent pas de leur force non plus, ils réussiront presque toujours dans l'œuvre importante de l'éducation de leurs enfants.

L'instituteur, dit-on, est le délégué de la famille ; il en a tous les pouvoirs ; sa tâche est aussi facile que celle de la famille ; il doit obtenir les résultats qu'obtiendrait un père instruit et dévoué, qui se consacrerait exclusivement à l'éducation de ses enfants.

La délégation du père de famille à l'instituteur n'est pas aussi absolue qu'on a coutume de le dire ; le serait-elle dans la pensée des parents, la volonté des enfants y mettrait souvent obstacle.

« Vous obéirez à l'instituteur comme à moi-même, vous le respecterez, vous l'aimerez, » dira le père en conduisant son enfant à l'école pour la première fois.

L'enfant aimera-t-il son maître au commandement ? Assurément non. Il le regardera, il l'examinera, et quelquefois, à la suite de cette observation, il jugera qu'il est impossible de l'aimer.

Voilà une première résistance que le père de famille ne rencontre pas. Avant, pour ainsi dire, que l'enfant ait eu la force de fixer son regard, il s'est habitué à la physionomie de son père ; avant qu'il ait su démêler les sons, il s'est habitué au timbre de sa voix. Tout lui plaît dans son père, jusqu'à ce qu'il puisse faire des comparaisons défavorables, et les comparaisons défavorables sont difficiles, parce qu'un enfant est toujours plus aimé par son père que par un étranger, qu'il en reçoit plus de soins, plus de services, même lorsqu'il est loin d'être gâté.

L'enfant n'aimera donc pas l'instituteur aussi naturellement qu'il aime son père ; il ne l'aimera que si celui-ci est aimable, s'il sait s'emparer de son cœur.

L'enfant est sensible aux témoignages d'intérêt, mais surtout aux préférences ; il se donne volontiers à qui le distingue, à qui l'aime mieux que les autres: mais il est médiocrement touché d'une bienveillance banale.

L'instituteur qui veut être aimé de ses élèves ne doit pas se contenter d'être juste et bienveillant pour tous; il faut qu'il attire chaque élève en particulier par des attentions qui ne s'adressent qu'à lui, qu'il lui montre le désir de le voir personnellement content, qu'il entre dans sa vie morale propre, le consolant dans ses heures de découragement, se montrant heureux de ses succès, sachant surtout apprécier ses efforts et sa bonne volonté.

Les enfants, comme les hommes, ont leurs passions, mais ils n'ont pas appris, comme les hommes, à les maîtriser ou à les dissimuler.

Un enfant irritable s'emportera pour la moindre contradiction; si le maître s'émeut de cet emportement, il abaisse son caractère presque au niveau de celui de l'élève emporté. Il n'y a pas de supériorité dans le maître, et ce maître n'obtient pas de respect. S'il avait repris l'oubli de l'élève avec douceur, s'il lui avait fait sentir par de sobres observations tout ce qu'il y a de laid dans la colère, tout le tort qu'il s'est fait à lui-même; s'il l'avait plaint avec sincérité, la faute aurait tourné à l'amélioration de l'élève et à la consolidation de l'autorité morale du maître.

La révolte existe dans les esprits avant de se traduire dans les faits. Rien ne froisse tant les enfants et les hommes que la suspicion. Si votre règlement prévoit minutieusement tous les cas possibles de manquement, si tous les écarts sont réprimés avec une froide impassibilité, si la meilleure bonne volonté ne met pas à l'abri des punitions, les enfants, se sentant constamment menacés, auront constamment l'esprit sur la défensive, et le plus léger incident pourra déterminer une révolte.

Pour qu'il ne s'établisse pas dans une école un accord tacite pour la défense, il faut simplement que les enfants n'aient pas à redouter de surprise, que les prescriptions réglementaires n'aient pas l'air de pièges tendus en prévision de manquements certains, de défaillances inévitables. Cette réglementation étroite, soupçonneuse, n'établit pas la confiance entre le maître et les élèves ; elle conduit au contraire à l'état de lutte, à l'état de guerre plus ou moins ouverte.

Lorsqu'un maître veut être trop fort, ses élèves lui apprennent bien vite qu'il est faible, qu'il ne les domine pas, que la répression implacable ne corrige personne, qu'elle affaiblit au contraire le ressort de la discipline et l'autorité du maître.

Ne vous croyez jamais assez fort pour mener une classe sans ménagements, pour maintenir votre autorité par la crainte seule. Cherchez à faire régner un bon esprit dans votre école plutôt qu'une discipline sévère.

C'est de l'action sympathique du maître sur ses élèves que naît le bon esprit d'une école. La confiance ne s'accorde pas collectivement, mais individuellement. Chaque élève désire une place bien à lui dans l'estime du maître, et si vous la lui donnez, il ne prendra pas parti pour un coupable ou pour un révolté, parce qu'il a quelque chose à perdre. Le coupable, moralement isolé, est bientôt réduit ; sa faute le rabaisse dans l'esprit de ses camarades comme dans celui du maître ; il se rend compte de sa faiblesse et de son isolement ; il ne s'exposera pas à une nouvelle humiliation et rentrera franchement dans le devoir, surtout s'il sait que le cœur du maître n'est jamais fermé.

Ne fermez pas votre cœur au repentir et au retour

sincères; que les élèves comprennent que vous demandez de la bonne volonté plutôt qu'une perfection irréa-
lisable. Établissez une distinction entre l'intention et
l'acte répréhensible; s'il n'y a pas préméditation, soyez
très indulgent.

On recommande aux instituteurs, dans tous les livres
de pédagogie, d'aimer les enfants, comme si l'homme
n'avait qu'à vouloir pour aimer, comme si le cœur pouvait subir une contrainte.

Aimer les enfants en général par raison, par nécessité professionnelle, ce n'est pas faire une grande dépense de sentiment, ce n'est pas mériter en retour une
affection bien vive. Les écoliers ne s'y trompent pas et
ne sont guère touchés d'un amour collectif de raison.

Peut-on les aimer autrement? — Oui. Si l'amour
des enfants ne s'empare pas de nous irrésistiblement
par le fait de notre entrée dans les fonctions de l'enseignement, il peut naître de notre commerce avec eux,
il peut se cultiver et se développer.

Nous avons déjà donné le secret de cette culture :
s'intéresser à chaque enfant en particulier. L'intérêt
direct, personnel, inspire de la reconnaissance à celui
qui en est l'objet; un bon sentiment embellit et rend
aimable; si vous vous intéressez sincèrement à un enfant, vous arriverez à l'aimer et à en être aimé.

Un maître avisé trouvera le moment juste pour
placer une parole d'encouragement et d'intérêt; cette
parole soutiendra l'élève qui en aura bénéficié, pendant des jours et des semaines. Le tour de chacun
viendra, et bientôt on dira que le maître est bon pour
tous. Mais comme on sent plus vivement les bons
procédés dont on est l'objet, que ceux qui s'adressent à d'autres, chacun se croit préféré, et une préférence se paye presque toujours par l'affection.

Un enfant qui aime fait son possible pour se rendre aimable, et il y réussit sans grande peine, la nature lui ayant donné toutes les séductions pour nous le rendre cher, pour nous faire trouver du plaisir à l'élever, à en faire un homme.

CHAPITRE LXX

Le respect découle de la force morale et de l'observation de la règle.

Nous avons établi, dans un précédent chapitre, que l'affection ne s'impose pas aux enfants, à l'égard de leurs instituteurs comme à l'égard de leurs parents. Si les parents délèguent leur autorité, la nature ne délègue pas ses sentiments les plus doux, ses tendresses les plus instinctives.

Les maîtres doivent se rendre aimables pour être aimés. Nous avons indiqué des moyens certains d'arriver au cœur des élèves, de s'en emparer. Mais il ne suffit pas de conquérir, il faut savoir garder ; vous ne garderez l'affection de vos élèves qu'autant que vous les payerez de retour, que vous les aimerez vous-même sincèrement. Si en approchant des enfants vous n'éprouvez pas un mouvement de sympathie marqué, n'entrez pas dans la carrière de l'enseignement, vous n'y seriez pas heureux.

On peut discipliner sa volonté, s'accommoder de sa situation, être juste et bienveillant pour les enfants ; mais on ne réussit pas complètement dans l'œuvre de l'éducation, si on ne possède pas la chaleur de sentiment nécessaire pour réchauffer les âmes.

La première condition d'une bonne discipline scolaire, on le voit, c'est que l'instituteur aime ses élèves et sache s'en faire aimer.

La seconde, c'est que les élèves respectent l'instituteur et aient confiance en lui.

Le respect s'inspire par toutes les manifestations de la force morale.

Si vous vous laissez aller à un mouvement de vivacité lorsqu'un élève s'oublie ou résiste, vous montrez une faiblesse, et le respect dont vous jouissez reçoit une atteinte. Votre vivacité peut inspirer une certaine crainte aux élèves, parce qu'ils sentent que vous pouvez abuser de force physique lorsque la force morale vous fait défaut.

La crainte peut nous valoir des témoignages extérieurs de respect ; mais elle nous aliène les cœurs, mal considérable qui peut paralyser tous nos efforts.

S'il ne faut pas montrer une excitation déréglée, non contenue, qu'on prend bien à tort pour une explosion de force, il ne faut pas avoir la faiblesse de capituler.

L'enfant n'est pas généreux parce qu'il n'est pas fort. Avant d'éprouver le plaisir d'être indulgent, de pardonner, la nature nous fait éprouver celui de vaincre.

L'enfant indiscipliné est en état de lutte ; si vous le laissez goûter au plaisir de vaincre, il sera difficile à réduire. Vos concessions lui paraîtront des capitulations ; si vous avez des retours de sévérité après trop d'indulgence, son cœur vous taxera d'injustice.

Le soupçon d'injustice nuit au respect autant que la faiblesse. Pour échapper à ce soupçon, l'instituteur ne doit pas faire découler la discipline de son autorité personnelle, mais d'une règle supérieure, à laquelle il se soumet le premier, règle édictée dans le plus grand intérêt de l'enfant.

Nous avons dit que le père de famille ne délègue à l'instituteur ni l'affection de ses enfants, ni, en réalité, son autorité sur eux.

Vous auriez grand tort de prendre au pied de la lettre les paroles d'un père ou d'une mère lorsqu'ils vous disent de ne pas ménager leur enfant parce qu'ils ne peuvent pas en venir à bout, de le punir sévèrement lorsqu'il ne travaillera pas, lorsqu'il agira mal. Si l'enfant se plaint de votre sévérité, les premiers jours on ne l'écoutera pas, surtout si sa conduite à la maison laisse à désirer; mais peu à peu les plaintes réitérées seront entendues plus favorablement; de l'oreille elles arriveront au cœur de la mère; le coupable ne sera pas l'enfant, surtout s'il a su se contraindre à la maison lorsqu'il s'abandonnait à ses mauvais penchants en classe.

Ce jeu est familier aux enfants; ils sont d'autant plus aimables à la maison qu'ils ont été plus insupportables en classe. L'autorité que les parents vous délèguent en termes les plus exprès, vous est tacitement retirée aussitôt que les enfants le veulent bien.

L'autorité de l'instituteur a son principal point d'appui dans le règlement scolaire. Le père de famille, en envoyant son enfant à l'école, ne délègue pas son autorité, mais il accepte l'autorité du règlement. La différence est capitale. Si, comme on le dit trop souvent, le père de famille déléguait son autorité à l'instituteur, l'instituteur serait subordonné à tous les caprices du père de famille dans l'accomplissement de son mandat. On peut toujours modifier un mandat, l'étendre ou le restreindre, le retirer ou le confirmer. Le mandataire ne doit pas dépasser les volontés du

mandant; il n'a aucune initiative ni aucune responsabilité en dehors des termes formellement exprimés de
sa délégation.

L'instituteur ne saurait être ce mandataire servile.
Lorsqu'il accepte un enfant à élever, il assume une
responsabilité presque illimitée. Cette responsabilité
ne saurait être atténuée par aucune convention ; le
droit de l'enfant à devenir un homme de bien prime
le droit des parents.

Les règlements scolaires ne doivent être que la con-
sécration des droits des enfants, des droits de la patrie
qui doit, si elle veut vivre, préparer le citoyen dans
l'enfant.

Le règlement scolaire oblige à la fois le maître, les
élèves et les parents.

L'instituteur puise dans la scrupuleuse observation
du règlement une grande force, gage de respect et de
soumission.

Pour les enfants, vivre sous une règle qui oblige tout
le monde, c'est commencer la vie morale qui fait la
grandeur de l'homme, qui seule est capable d'assurer
son avenir et son bonheur.

Les parents se soumettent plus volontiers à l'autorité
de la règle qu'à celle du maître ; ils se sentent dominés
par l'autorité qui domine les maîtres eux-mêmes ; ils
se plaignent rarement lorsque la justice et l'impartialité
règnent dans l'école ; ils respectent le maître respec-
tueux de son devoir.

Les devoirs professionnels de l'instituteur sont nombreux et délicats. On n'est pas un homme comme les
autres dès qu'on est investi de fonctions qui mettent
l'avenir moral et même matériel de plusieurs générations d'élèves entre nos mains.

Un ouvrier, pour devenir habile, peut faire des

essais, risquer de perdre un peu de matière première ; un artiste mécontent de son œuvre peut la briser pour recommencer sur nouveaux frais. Mais l'instituteur travaille sur l'âme des enfants ; ses erreurs ou ses négligences pourraient avoir des conséquences irréparables.

La mission d'enseigner implique l'obligation de savoir ; si un bon instituteur craint toujours de ne pas savoir assez et surtout de n'être pas suffisamment maître des matières de son enseignement, il accroît chaque jour par l'étude la somme de ses connaissances ; il revoit ce qu'il sait déjà pour parer à l'envahissement de l'oubli.

Cela est triste à constater, mais nos connaissances s'effacent graduellement de notre esprit, si nous ne les ravivons pas continuellement, comme les traces des travaux de culture disparaissent dans les champs qu'on laisse en friche. Il faut travailler sans relâche, non seulement pour acquérir, mais surtout pour conserver.

L'effacement de nos connaissances n'a pas lieu tout d'un coup ; il s'opère presque insensiblement ; c'est un nuage qui s'épaissit graduellement et finit par nous plonger dans les ténèbres.

C'est lorsque les souvenirs sont encore perçus, mais altérés, vagues, flottants, qu'il faut redoubler de vigilance. Notre paresse voudrait s'accommoder d'une demi-obscurité que l'habitude nous ferait prendre pour la lumière.

Lorsqu'on fait une leçon sans préparation, on s'aperçoit, avec un peu de réflexion, de la rapidité du travail d'effacement. On ne trouve que des mots vagues pour rendre des idées obscures ; des lacunes se produisent dans l'exposition ; les démonstrations manquent de clarté ; l'intérêt est complètement absent et le résultat à peu près nul.

Une leçon qu'on sait mal ressemble beaucoup à une leçon qui n'a pas été préparée.

Être au-dessous de sa tâche faute d'étude ou faute de préparation, est une faiblesse volontaire, et le respect, l'autorité ne s'attachent pas à la faiblesse.

Si le maître, pour avoir de l'autorité, doit posséder une instruction solide, il doit aussi avoir de la conduite, de la modestie, de la discrétion, de la prudence.

Il faut qu'il se respecte lui-même, qu'il évite la morgue et la prétention, qu'il ne tombe pas dans une familiarité banale, qu'il sache se contenter de son sort.

Un éducateur est un modèle pour ses élèves; s'il a de l'influence, il est imité dans ses travers encore mieux que dans les beaux côtés de sa nature. Un instituteur doit donc s'observer avec vigilance, se rendre irréprochable, puisque la moindre légèreté peut devenir une faute grave professionnelle.

L'instituteur doit être modeste, parce que la modestie est une force qui nous soumet les instincts égoïstes de notre nature, qui nous empêche de nous juger avec trop de faveur, de nous rendre injustes sur le mérite d'autrui. La modestie inspire la bienveillance et commande l'estime.

La discrétion et le tact sont des forces qui nous font garder une sage mesure dans nos rapports avec nos semblables; la discrétion nous rend toute confidence sacrée; le tact nous porte à ne jamais parler ni agir hors de propos. Un homme de tact est toujours considéré.

La prudence est une force qui nous fait résister à tous les entraînements irréfléchis, une vertu qui exige que les moyens soient adaptés à la fin, qui nous conserve le gouvernement de nous-mêmes et nous permet de triompher de la mauvaise volonté d'autrui.

« La prudence, dit Victor Cousin, enseigne la tempérance ; elle maintient l'âme dans cette assiette modérée sans laquelle l'homme est incapable de reconnaître et de pratiquer la justice. Voilà pourquoi les anciens disaient que la prudence est la mère et la gardienne de toutes les vertus. »

Le manque de tenue tient à un défaut de respect pour soi-même et pour les autres ; il accompagne aussi la paresse, qui est une faiblesse et un juste objet de mépris.

La familiarité nous expose à mettre à découvert nos défauts ; elle éloigne le respect et diminue notre autorité morale.

La prétention est une faiblesse qui se donne les allures de la force ; personne ne s'y laisse prendre, et il n'y a de trompé que le prétentieux qui recueille le mépris où il cherchait le respect.

Le mécontentement de son état ne prouve pas qu'on soit capable de remplir les devoirs d'une situation plus élevée ; mais il témoigne de plus de vanité que de mérite réel, d'une infériorité morale certaine.

Toutes les forces de notre nature augmentent le respect qu'on nous porte ; les faiblesses le diminuent.

L'éducateur devrait être parfait ; mais il est homme, et l'homme présentera toujours un assemblage de forces et de faiblesses. Combattons nos faiblesses : si la victoire est incertaine, la lutte est honorable.

CHAPITRE LXXI

Réactions artificielles.

PUNITIONS ET RÉCOMPENSES

Le désir d'être aimés, d'être distingués des autres, d'être préférés, offre une prise sérieuse sur la volonté des enfants ; c'est une grande ressource disciplinaire. Les natures affectueuses peuvent être longtemps retenues dans l'obéissance par la crainte de déplaire, excitées à bien faire par l'approbation et l'éloge.

Mais tout s'use, tout s'épuise ; la sensibilité la plus vive s'émousse si on la met trop souvent à contribution. Les reproches incessants endurcissent ; les éloges prodigués deviennent fades.

Il n'y aurait d'ailleurs ni grandeur ni solidité dans une éducation basée sur la soumission absolue, sur l'anéantissement de la volonté de l'élève.

Il faut mettre l'idée de devoir, l'obligation d'obéir aux règles établies dans l'intérêt de tous, au-dessus de la préoccupation de plaire aux personnes, de prendre la première place dans leur affection.

La perte d'une affection n'est pas moralement un mal si grand que l'oubli d'un devoir, qu'une violation de la règle. D'ailleurs les sentiments ne sont pas absolument soumis à la volonté et à la raison. Il n'est pas bon que la sanction du devoir dépende des entraînements de la sensibilité.

Les réactions naturelles ne préviennent pas le mal et l'augmentent souvent au lieu de le réparer.

La discipline scolaire doit être à la fois préventive

et réparatrice. Elle doit s'appuyer sur des réactions artificielles, *sur les punitions et les récompenses.*

Un devoir est mal fait, vous le faites recommencer ; une leçon n'est pas sue, vous la faites apprendre en dehors des heures de classe : voilà de la discipline réparatrice. Écartez toutes les punitions qui n'auraient pas d'action réparatrice ou excitante.

La peine de recommencer un devoir, celle d'être privé d'une partie de la récréation, de faire une tâche extraordinaire, sont des réactions artificielles qui, produites au moment opportun, ont généralement un effet utile.

Les réactions naturelles, les regrets du temps perdu à l'école, produits par les inconvénients de l'ignorance dans les affaires et les relations de la vie, sont trop tardives, et le mal dont on souffre n'est pas réparé par les regrets qu'on éprouve ; c'est le plus souvent un mal irréparable.

Les *récompenses scolaires* font partie d'un bon système de réactions artificielles.

Les punitions peuvent irriter les enfants qui les encourent, provoquer des résistances, précisément parce que les punitions ne sont pas des réactions naturelles, que les enfants sentent qu'on pourrait les leur épargner, qu'ils ne saisissent pas toujours le résultat éloigné que l'on poursuit en réprimant leur dissipation ou leur paresse.

Les punitions ne touchent qu'à un côté de notre sensibilité, la peine.

Les récompenses embrassent à la fois *la peine et le plaisir.*

Un élève récompensé pour un effort est porté à renouveler cet effort par le plaisir de la récompense. L'élève qui n'obtient pas de récompense est puni de son manque d'ardeur ou d'application par une privation pénible.

La privation de récompense est une peine mieux acceptée que la punition directe et souvent plus efficace. Cette considération est d'autant plus importante que de bons pédagogues nient la légitimité des récompenses, et les bonnes raisons ne leur manquent pas.

La notion de devoir, disent-ils en substance, emporte la notion d'obligation. Lorsqu'on ne fait que son devoir, on ne mérite pas de récompense. Les enfants des écoles font-ils plus que leur devoir? Assurément non. Dès lors c'est altérer chez eux la notion du devoir que de leur accorder des récompenses.

Les récompenses présenteraient en effet des inconvénients si les enfants pouvaient bien se rendre compte du but que l'on poursuit en leur faisant donner de l'instruction, si leur participation aux exercices de l'école était bien volontaire, s'ils étaient bien convaincus que toutes les préoccupations des parents et des maîtres sont désintéressées, que la discipline scolaire n'est établie que pour le plus grand avantage des écoliers.

Mais les enfants n'ont pas de longues visées; tous les discours qu'on peut leur faire sur le sérieux de la vie, sur les graves devoirs qui les attendent, sur la nécessité de se préparer à être utiles à eux-mêmes et aux autres, sont peine perdue.

L'enfant se trouve opprimé par tout ce qui contrarie sa mobile volonté, ses désirs changeants, ses caprices irréfléchis. Il est insouciant parce que son présent est assuré dans la famille; quant à l'avenir, il ne l'aperçoit pas, il ne le devine pas, il ne s'en occupe pas. Il n'a réellement conscience que de sa faiblesse, de son impuissance, de sa dépendance; il se résigne par nécessité ; il n'est touché que de la peine du moment, que du plaisir présent.

Le plaisir de la récompense et la peine de la privation de récompense sont de puissants moyens d'action sur l'enfant. La nature lui donne le désir et la volonté de poursuivre un avantage immédiat, le rend sensible à une distinction à sa portée, à sa taille ; les récompenses scolaires sont donc d'ordre naturel, et nous pouvons en user, sans scrupule, mais avec discrétion. L'abus des récompenses ferait de l'enfant une sorte de trafiquant à l'esprit étroit, qui ne donne, qui ne fait rien pour rien.

Le système des récompenses scolaires peut d'ailleurs être établi de manière à échapper à l'inconvénient grave du mercantilisme. Il faut habituer peu à peu l'enfant à trouver la récompense du travail dans le résultat du travail lui-même.

Le plaisir de la difficulté vaincue, de la vérité conquise, est d'un ordre très élevé ; c'est la récompense des forts.

Si nous savons rendre notre enseignement intéressant, nos leçons lumineuses, nous n'aurons guère besoin de récompenses pour obtenir l'application des élèves, pour leur faire aimer l'étude.

Mais la clarté et l'intérêt de la leçon ne dispensent pas les élèves de tout effort d'attention ; nous dirons même qu'il n'y a profit pour eux que lorsqu'ils font effort, et que l'acquisition est d'autant plus durable que l'effort a été plus énergique.

L'important n'est pas, comme l'ont cru les auteurs de romans d'éducation, et comme le croient ceux qui étudient la pédagogie dans les romans, d'épargner toute peine à l'enfant, de l'instruire en l'amusant, mais bien de lui faire aimer le travail et l'effort ; de lui faire contracter l'habitude de l'ordre, de la régularité dans ses occupations ; de diriger toute son énergie vers un but utile ; de donner une bonne trempe à son caractère.

Par un bon système de récompenses, nous pouvons obtenir des efforts de la part des élèves. Les récompenses doivent être multipliées au début, jusqu'à ce que l'effort soit devenu une habitude, qu'il se soit transformé en application soutenue. L'application soutenue amène le plaisir de l'étude sérieuse, c'est-à-dire une réaction naturelle qui diminue la nécessité des réactions artificielles, des punitions et des récompenses.

Les règlements scolaires n'admettent qu'un très petit nombre de punitions : *la réprimande, la retenue, les tâches extraordinaires*. Mais on a de nombreux moyens de punir en privant les élèves de récompenses.

La récompense est bonne en elle-même lorsqu'elle ne surexcite pas les passions égoïstes ; lorsqu'elle ne pousse pas à l'effort pour nous mettre plus en vue, mais pour nous rendre meilleurs et plus utiles ; lorsqu'elle nous fait triompher des choses plutôt que des personnes.

Les récompenses attribuées aux premières places obtenues dans les compositions ont les inconvénients des luttes personnelles.

Dans une classe ou une division faible, il n'y a pas quelquefois grand mérite à obtenir la première place ; la récompense peut ne pas coûter un grand effort, ne pas tomber sur un élève bien distingué.

Est-il bon, d'ailleurs, d'entretenir des rivalités ardentes parmi les élèves, de faire entrer dans leurs âmes l'ambition et la cupidité, de les enflammer de désirs qui dessèchent le cœur et tourmentent la vie ? Une bonne et saine éducation, au contraire, devrait nous apprendre à modérer nos désirs, à nous contenter de notre sort, à ne tirer vanité d'aucun avantage, à ne pas se troubler en face de la mauvaise comme de la bonne fortune.

Il faut des stimulants aux enfants comme aux hommes pour entretenir leur activité, pour les porter à des efforts utiles, pour leur faire accepter la peine que coûte l'effort. Mais ces stimulants doivent agir sur tous les élèves, et non pas seulement sur une élite restreinte qui n'aurait pas besoin d'être excitée pour bien marcher.

Les compositions ne changent guère, sauf de rares hasards, les places des élèves; les premiers restent premiers sans de grands efforts, et les derniers finissent par prendre leur parti de leur infériorité. La lutte n'existe qu'entre les deux ou trois meilleurs élèves de chaque classe ou de chaque division; les autres s'en désintéressent.

Pour rendre l'émulation plus générale, nous proposons de faire consister l'honneur du succès à être compris dans un premier ou un second groupe, plutôt qu'à occuper personnellement la première où la seconde place. De bons élèves, qui n'espèrent pas arriver premiers, feront des efforts pour se maintenir dans le premier groupe de la division, le premier tiers, par exemple; des élèves médiocres feront des efforts pour monter du deuxième groupe dans le premier; il y aura aussi des efforts pour monter du dernier groupe au second.

Tout élève qui passerait dans un groupe supérieur aurait une récompense; dans un groupe inférieur, une mauvaise note. Un élève qui monterait de rang dans un groupe, recevrait un bon point; il en perdrait un, s'il descendait. Le gain de plusieurs rangs pourrait valoir plusieurs points; la perte d'un certain nombre de places entraînerait le retrait d'un même nombre de points.

Cet ordre d'idées amènerait à déterminer les conditions de l'obtention d'une récompense pour chaque genre de compositions : pour obtenir un bon point pour la dictée, par exemple, il ne faudrait pas dépasser un certain nombre de fautes d'orthographe.

Avec ce système, la lutte personnelle disparaît, au grand avantage de l'éducation, et l'émulation subsiste.

Les récompenses dont on peut faire usage dans les écoles sont indiquées dans les règlements départementaux ; il est inutile de les énumérer. Disons cependant un mot des distributions solennelles de prix, dont l'utilité est fort contestée.

La distribution des prix est une fête de famille, une fête communale qui appelle l'attention sur l'école et qui peut lui attirer des sympathies.

Mais dans une fête, il faut qu'il y ait du bonheur pour tous les intéressés. Les familles dont les enfants n'ont pas de prix ne sont pas heureuses ; elles reçoivent, en quelque sorte, une humiliation publique, et sont portées à en rendre responsables les instituteurs plutôt que leurs enfants. Si les instituteurs multiplient les prix afin que tout le monde soit content, que deviennent la justice et l'émulation ?

Les distributions solennelles de prix peuvent avoir leur raison d'être comme fêtes locales ; mais une saine pédagogie ne saurait les admettre comme moyens d'émulation.

CHAPITRE LXXII

Participation des familles à la discipline scolaire.

Les efforts des instituteurs et des familles, en vue de la bonne éducation des enfants, sont rarement combinés de manière à produire l'effet le plus puissant, à exercer la plus salutaire influence.

L'éducation de beaucoup de parents laisse considérablement à désirer; leur action est quelquefois plus nuisible qu'utile; la tâche de former le cœur et l'esprit des enfants incombe souvent tout entière aux instituteurs. Ils sont même obligés de redresser de mauvais plis, de combattre de mauvaises habitudes, de réagir constamment contre les influences fâcheuses du dehors.

Tous les parents veulent certainement le bien de leurs enfants; mais ils ne le comprennent pas tous, ou ils se trompent sur les moyens à employer pour atteindre le but proposé. Ils ont été élevés d'une certaine manière qui leur paraît la plus naturelle à suivre, la plus conforme à leurs intérêts, la plus avantageuse pour leurs enfants dans la condition où ils se trouvent.

Pour modifier des habitudes enracinées, pour détruire des préjugés, pour avoir raison de la routine, il ne faut ni impatience ni découragement.

On ne modifie des habitudes prises qu'en créant d'autres habitudes; on ne détourne les esprits de la routine, c'est-à-dire des chemins battus, qu'en leur ouvrant de nouvelles voies aussi faciles et plus agréables.

La mission éducatrice des instituteurs est délicate auprès des enfants, plus délicate encore auprès des parents. On peut réagir sur les parents par les enfants et sur les enfants par les parents; mais la difficulté consiste dans les moyens à employer pour obtenir le concours utile selon les circonstances.

On a conseillé aux instituteurs de visiter les parents de leurs élèves, de les entretenir de leur travail, de leurs progrès, des espérances conçues à leur sujet, et aussi de leurs défauts, de leurs négligences, de leurs résistances et des moyens de les vaincre avec leur concours nécessaire.

Ces visites ne sont guère possibles dans les villes. Les parents pauvres n'aiment pas à être visités dans leur triste habitation. D'ailleurs, ils sont à leur atelier depuis le matin jusqu'au soir, les jeudis comme les autres jours, et ils profitent du dimanche pour aller respirer à pleins poumons à la campagne, lorsque de mauvaises habitudes ne les retiennent pas dans les cabarets.

L'ouvrier des champs, le cultivateur, est également occupé toute la semaine; les loisirs que lui font la pluie ou la neige sont consacrés à des travaux intérieurs.

Il est des parents aisés, de petits commerçants, petits industriels, cultivateurs travaillant leurs propres champs, qui recherchent la société de l'instituteur, qui aimeraient à le recevoir de temps en temps.

Ces liaisons n'auraient aucun avantage pour la discipline scolaire, et pourraient présenter de sérieux inconvénients.

Les parents qui ne sont pas en situation d'inviter l'instituteur ne manqueraient pas de le soupçonner de partialité à l'égard des enfants des familles qui le recevraient. Ils seraient mal disposés à l'écouter lorsque l'intérêt de la discipline scolaire serait en jeu. « Vous

vous plaignez, serait-on porté à lui dire, bien plus souvent de nos enfants que des enfants des riches; vous ne les aimez pas autant, voilà pourquoi ils sont moins faciles à conduire. »

Les parents aisés s'occupent beaucoup plus de leurs enfants que ceux qui ont à se préoccuper la veille du pain du lendemain; les enfants laissés à l'abandon dans la famille apportent à l'école un esprit d'indiscipline qui nuit à leurs progrès et appelle sur eux les sévérités du règlement. Avec les mêmes leçons, les mêmes soins, il y a inégalité de résultats; avec la plus grande impartialité, inégalité de traitement.

Ces considérations et des raisons d'un autre ordre ont conduit les instituteurs expérimentés à mettre la plus grande discrétion dans leurs relations personnelles avec les familles. Ils ont cherché à correspondre avec elles au moyen d'un livret donné à chaque élève, et sur lequel sont inscrites les notes obtenues chaque jour, chaque semaine ou chaque quinzaine.

Le livret de correspondance a été quotidien à l'origine. Dans les innovations, on ne voit d'abord que les avantages; les inconvénients ne se manifestent que plus tard.

Les inconvénients des notes à reproduire chaque jour ne tardèrent pas à faire juger impraticable l'emploi du livret. Le travail des notes à faire tous les soirs prenait beaucoup de temps; la vérification du visa des familles tous les matins, la réclamation des livrets oubliés, n'étaient pas non plus une petite besogne.

Après que l'intérêt de la nouveauté fut épuisé, les familles négligèrent de lire et de signer les livrets; les maîtres les remplirent avec moins de soin et tombèrent dans une répétition banale d'indications sans intérêt.

Pour diminuer le travail, on ne donna plus les notes

que tous les huit jours ; puis, que tous les quinze jours, sans augmenter l'intérêt du livret, dont l'utilité est bien problématique.

Les familles ne s'intéressent pas à des notes sans contrôle, sans preuves à l'appui, qui peuvent être discutées par les élèves, et qui le sont toujours lorsqu'elles ne sont pas favorables.

Un livret de notes avec preuves à l'appui peut seul constituer une correspondance sérieuse entre l'instituteur et la famille de l'élève.

Nous pensons avoir donné une bonne solution du problème, mais d'une manière si simple, qu'elle n'a pas d'abord frappé l'attention de tout le monde.

On admet généralement aujourd'hui que tous les devoirs scolaires peuvent être faits avec avantage sur le même cahier.

Le cahier unique, pourvu d'un tableau de notes imprimé au verso du premier feuillet de la couverture, constitue le cahier de correspondance par excellence.

En n'inscrivant que le cahier terminé, les notes se rapportant au temps mis à le remplir, le travail de l'élève devient le contrôle de son bulletin moral.

Les parents accordent la plus grande attention au travail et aux notes qui mettent en évidence les progrès comme les défaillances des enfants. La vie de l'école, ainsi prise sur le fait, ne peut manquer d'intéresser les plus indifférents.

Les cahiers portant les observations des parents sont rendus à l'instituteur, qui les conserve toute l'année pour les produire dans les inspections officielles, pour le guider dans la confection de la liste des prix et la distribution des autres récompenses scolaires.

Le cahier unique de devoirs journaliers et de discipline est réglé et paginé comme le cahier de devoirs mensuels; aucun feuillet ne peut en être distrait sans qu'on s'en aperçoive tout de suite.

Le cahier unique est terminé par un billet de satisfaction d'une riche impression. Si le maître signe ce billet, c'est une précieuse récompense pour l'élève; si le billet reste en blanc, c'est un avertissement pour la famille, et, pour l'élève, un blâme indirect plus stimulant qu'une réprimande sévèrement formulée.

Les effets de la correspondance de l'instituteur et des familles par le cahier unique de devoirs journaliers et de discipline seront appréciables en peu de temps. Les élèves, jugés sur preuves, n'essayeront pas de se justifier en manquant de sincérité; ils comprendront qu'il est indispensable de bien faire pour être bien traités à l'école et à la maison. Les bonnes habitudes se contractent vite lorsque les familles et l'instituteur agissent de concert; rien ne peut mieux assurer une entente tacite que la correspondance que nous avons innovée (1).

CHAPITRE LXXIII

Du caractère et du tempérament des enfants.

Le mot caractère dérive d'une expression grecque qui signifie j'*imprime*, je *grave*. C'est le signe, la marque distinctive d'une idée, d'une chose.

Les facultés dominantes qui distinguent une personne d'une autre, qui donnent du relief à sa physionomie morale, constituent son *caractère*.

(1) Mon cahier unique se trouve à la librairie Paul Dupont, rue Jean-Jacques Rousseau, 41.

Le *caractère* s'entend des dispositions naturelles, des penchants, des habitudes, des sentiments qui gouvernent nos actions et dessinent notre personnalité.

Il appartient aux hommes d'équilibrer leurs mœurs, de régulariser leurs tendances, de se conformer aux règles de la justice et aux lois de l'honneur, malgré les impulsions contraires du tempérament ou l'entraînement des circonstances. Il suffit pour cela d'un travail assidu sur soi-même, de l'exercice constant de sa volonté.

Le mot caractère est presque devenu synonyme de volonté. On dit, en effet, qu'un homme est sans caractère lorsqu'il manque de volonté, de résolution, obéissant toujours à une impulsion étrangère, s'accommodant à tous les intérêts, effaçant sa personnalité devant toutes les personnalités prétentieuses.

Le caractère, c'est-à-dire la constitution morale, existe en dehors de la constitution physiologique ou tempérament; mais on ne saurait nier l'influence énorme du tempérament sur le caractère.

Pour travailler plus efficacement à la formation du caractère des enfants, les instituteurs ont besoin de quelques notions physiologiques sur les tempéraments. Nous les empruntons à l'anthropologie du docteur Bossu :

« Les tissus se combinent pour former des organes; les organes s'assemblent, s'arrangent pour constituer des appareils ; la prédominance des appareils constitue les *tempéraments*. On pourrait donc reconnaître autant de tempéraments qu'il y a de prédominances organiques ; mais réservant ce nom aux appareils qui exercent le plus d'influence sur l'ensemble, on en compte cinq principaux : le *sanguin*, le *bilieux*, le *nerveux*, le *lymphatique* et le *musculaire*.

» Tempérament sanguin. —Le *tempérament sanguin*
est caractérisé par la prédominance des systèmes de la
circulation et de la respiration; par la grande capacité
de la poitrine, la souplesse des solides et l'exacte proportion des humeurs. Les personnes qui en sont douées
joignent à ces caractères une peau douce et vermeille,
sillonnée de veines où circule aisément le sang, des
cheveux châtains ou blonds, une hématose active,
des sécrétions abondantes, toutes les fonctions faciles
et une chaleur animale assez prononcée.

» Sous le rapport du moral, les sujets sanguins sont,
en général, francs, enjoués et souvent inconstants. Ils
ont une imagination vive, des idées heureuses, généralement plus d'esprit que de jugement et de génie. On
les voit aussi préférer les arts aux sciences, le brillant
au modeste et solide.

» Tempérament bilieux. — La prépondérance de
l'appareil bilieux et des organes digestifs donne lieu
au *tempérament bilieux*, qui, selon Cabanis, joint à la
grande capacité du thorax, le volume plus considérable
ou l'activité plus grande du foie, la rigidité des parties
solides de tout le corps. Les individus bilieux ont, en
général, la taille moyenne, peu d'embonpoint, la peau
brune, sèche, chaude et velue, les empreintes musculaires bien marquées. Ils sont doués d'une énergie
physique et morale peu commune. Leur physionomie
expressive brille par un regard vif et un air de supériorité et d'assurance.

» Ils ont une imagination belle, sublime, et, différents
des sujets sanguins, ils se distinguent plus par la profondeur de la conception que par l'esprit. Hardis, ambitieux, avides de gloire, ils ne craignent pas d'entre-
prendre les plus grandes choses, et s'irritent contre les
obstacles, qui semblent redoubler leurs efforts. C'est

chez les hommes de ce tempérament qu'on trouve ordinairement les grands coupables comme les grands
bienfaiteurs de l'humanité. Les savants, les conqué-
rants, les législateurs illustres, comme les scélérats,
les tyrans, en ont offert des exemples dans tous les temps
et dans tous les lieux.

» TEMPÉRAMENT NERVEUX. — Le *tempérament nerveux*, l'un des mieux dessinés dans la nature, est caractérisé par la prédominance du système nerveux ou
sensitif sur les autres systèmes, et particulièrement sur
le musculaire ou moteur.

» Les personnes qui l'offrent (son type se trouve surtout chez les femmes) ont peu d'embonpoint, une peau
aride et décolorée, des formes grêles, la fibre sèche,
irritable. Elles ont le pouls vif, fréquent, concentré, le
sommeil léger et tourmenté par des chimères ; leurs
impressions sont toujours vives, profondes ; leurs diges-
tions se font lentement et s'accompagnent d'un développement de gaz.

» La tristesse, l'ennui, la méfiance, la jalousie, causent le malheur de ces âmes susceptibles, irritables,
grondeuses au dedans, mais aimables au dehors. Si ce
tempérament s'allie au bilieux et au sanguin, il peut
faire des hommes sublimes, comme Pascal, Rousseau,
ou des monstres, tels que Louis XI, Tibère. Il est souvent le fruit des habitudes sociales, des émotions de
toute espèce, des plaisirs, des spectacles, du luxe,
enfin de tout ce qui tend à développer l'action du système sensitif et intellectuel, au détriment des fonctions
motrices et digestives.

TEMPÉRAMENT LYMPHATIQUE. — Dans le *tempérament
lymphatique*, les liquides blancs, lymphe et sérosité,
prédominent sur le sang, et le système cellulaire sur
les autres appareils. Le foie est inerte, les solides sont

lâches, la quantité de fluides est considérable, et par suite, malgré le grand volume des poumons, la circulation se fait lentement et faiblement, la chaleur produite est moins abondante, les dégénérations muqueuses sont habituelles et communes à tous les organes. Une peau blanche, fine, peu garnie de poils blonds ou cendrés, des chairs molles, le visage bouffi, des lèvres décolorées, des yeux bleus, éteints, etc., caractérisent l'individu lymphatique, dont les fonctions sont généralement languissantes.

» Au moral, c'est la même inertie : l'imagination est froide, la conception lente, la mémoire peu heureuse, quoique dans l'enfance elle se montre active et que l'intelligence paraisse devoir être précoce ; mais c'est un éclair qui s'éteint bientôt. Du reste, les personnes lymphatiques sont douces de caractère, affables, paisibles, incapables de grands crimes comme d'actions sublimes, et se contentant de peu pour se trouver heureuses.

» TEMPÉRAMENT MUSCULAIRE. — La prédominance du système moteur sur le système sensitif caractérise le *tempérament musculaire*, qui peut être le produit accidentel de l'exercice gradué et longtemps prolongé des muscles. L'homme qui le présente a le cou épais et lourd, les épaules larges, ce qui fait paraître sa tête petite. Sa stature est ramassée, ses muscles se dessinent en saillies et dépressions très marquées, et sa peau est dure et épaisse.

» Le moral offre des modifications inverses. Les athlètes sont presque tous impropres à la méditation ; ils sont dépourvus de ces élans des facultés cérébrales qu'on remarque souvent chez les sujets les plus faibles et qui les rendent capables d'efforts physiques extraordinaires, mais peu durables. Leur force est relative à leur puissance musculaire et non à la surexcitation morale, qui n'est jamais portée à un haut degré.

» Tels sont les principaux tempéraments. Ils se mélangent et compliquent les uns avec les autres. Les proportions de ces mélanges sont aussi diverses que les combinaisons et les complications elles-mêmes ; et celles-ci peuvent être aussi multipliées que les divers degrés d'intensité et les nuances dont chaque tempérament est susceptible, ou, pour mieux dire, à l'infini. Mais on ramènera facilement à ces chefs généraux tous les cas physiologiques que l'observation présente. Chacun de ces cas pourra être considéré par deux côtés qui se correspondront avec exactitude, je veux dire par le côté physique et par ce qu'on appelle le côté moral. Et j'ajoute que la connaissance et la juste évaluation de leurs rapports mutuels ne demandent que l'application méthodique des règles générales directement résultantes de ce qui précède. Mais ici, pour descendre aux exemples, surtout pour le faire utilement, il faudrait se perdre dans les détails. Des exemples, au reste, s'offriront en foule aux esprits observateurs et réfléchis. »

CHAPITRE LXXIV

Formation du caractère des enfants.

VOLONTÉ. — FERMETÉ. — RÉSIGNATION

La formation du caractère des enfants est la partie la plus délicate, la plus difficile de la tâche de l'instituteur, de l'œuvre de l'éducation. On y a même échoué si souvent, que l'on s'est demandé si le caractère est véritablement modifiable, si l'on ne perd pas sa peine en voulant corriger la nature.

Le tempérament physiologique se modifie par l'alimentation, les conditions hygiéniques, le genre d'occupations, les influences de climat et même de milieu moral.

Le caractère, qui n'est autre chose que le tempérament moral, peut non seulement se modifier, mais se créer, se former par l'éducation, par l'exemple, par l'habitude, par une culture intellectuelle bien ordonnée, par l'intensité de la vie sociale.

La principale manifestation du caractère, c'est la *volonté*, la *fermeté*. On dit, en effet, d'un homme qui manque de volonté et d'énergie, que c'est un homme sans caractère.

Mais on ne loue pas un enfant d'être volontaire, parce que son impulsion est une force aveugle plus nuisible qu'utile à son avancement moral.

Il semble difficile de concilier le respect de la volonté des enfants avec l'obéissance qu'exige leur éducation, soit à l'école, soit à la maison paternelle. Si on ne confondait pas la volonté, qui est une force consciente, réglée, avec des impulsions irréfléchies, le problème paraîtrait moins ardu. Un enfant qui s'entête ne fait pas un acte de volonté, mais un acte de résistance qui témoigne souvent de plus de faiblesse que de force. Un mauvais élève désobéit parce qu'il n'a pas la force de s'arracher à l'entraînement d'un plaisir présent, ou parce que l'effort à faire dépasse son énergie. L'élève obéissant dépense une grande énergie et une volonté soutenue à se conformer à la volonté de ses maîtres ou de ses parents; en obéissant, il apprend à vouloir.

Tous les enfants désirent réussir dans ce qu'on leur fait faire ; ils désirent être distingués, applaudis, récompensés. Ceux qui se distinguent, qui obéissent ne sont pas les faibles ; ceux qui s'arrêtent à moitié chemin ou ne se mettent pas en route, qui désobéissent, ne sont pas les forts.

Il n'y a guère d'hommes qui n'aient fait, à leurs heures, des rêves brillants, qui n'aient bâti des châteaux en Espagne. Les forts se réveillent, regardent la vérité en face, entreprennent et soutiennent la lutte, le plus souvent à leur honneur ; les faibles ne sortent de leurs rêves que pour maudire la fortune adverse, sans prendre les moyens de la rendre favorable. Ils sont sourds à la voix de la raison ; ils résistent par inertie ; l'inertie n'est pas une force, dans ce cas, c'est une déplorable faiblesse.

La volonté au service de l'inertie n'est pas respectable chez les hommes et encore moins chez les enfants.

Mais l'inertie n'est pas toujours un fait volontaire, c'est plutôt une disposition maladive de tempérament.

Les enfants lymphatiques redoutent l'effort, l'agitation, parce que la fatigue arrive promptement pour eux et qu'ils ne goûtent guère le plaisir du mouvement, des jeux actifs. Ils ne sont pas portés à la résistance, parce que la résistance exigerait un effort qui leur répugne ; mais ils désobéissent par insuffisance d'excitation naturelle, d'énergie.

Il n'y a pas à engager avec les enfants de ce tempérament une lutte de volonté ; mais à les soigner comme malades, à leur faire faire des exercices physiques gradués, de la gymnastique, des promenades dans les champs, s'il est possible. Avec la force physique, la force de volonté et la responsabilité morale grandissent.

Les enfants d'un tempérament sanguin ont généralement une exubérance de vie qui les rend légers, inconstants, oublieux de leurs promesses et de leurs devoirs. Ils sont ardents et volontaires ; mais leur ardeur s'éteint promptement ou change d'objet. La volonté qui manque de durée n'a que les apparences de la force. Il ne faut pas heurter les enfants de ce tempérament dans leur premier mouvement, mais attendre le calme qui succède à l'excitation. On leur fait remarquer alors qu'il est déplorable de n'avoir pas assez de volonté, de fermeté pour rester maître de soi-même, pour conserver sa dignité et ne pas devenir un objet de pitié sinon de mépris pour les autres. Une grande vigilance, des observations qui mettent l'amour-propre en jeu, des témoignages de confiance et d'estime sont des moyens propres à agir efficacement sur ces natures généreuses au fond.

Les enfants d'un tempérament nerveux sentent vivement, ont le travail intellectuel facile ; mais ils sont irritables, faciles à décourager et souvent irrésolus. Il faut les ménager, parler à leur cœur et à leur raison, les prémunir contre l'indécision. On n'est pas indécis par irréflexion, mais par excès d'examen des conséquences possibles de ses déterminations. On voit des inconvénients à tous les partis à prendre et on n'en prend aucun ; à l'extrémité, on prend souvent le plus mauvais. Prendrait-il le meilleur, l'indécis regretterait sa détermination, pensant, dans son indécision, que le parti contraire aurait été encore plus avantageux.

Il faut bien se garder d'encourager cet excès de circonspection chez les enfants. La circonspection poussée trop loin est une faiblesse de caractère, une pusillanimité. Les enfants et les femmes d'un tempérament nerveux sont souvent irrésolus et pusillanimes.

Les nervosités se guérissent par la vie et le travail au grand air, par l'activité physique, le calme moral.

Demander de l'activité physique à celui qui est sans force, que la fatigue un peu prolongée semble accabler, peut paraître singulier. Il n'y a pourtant aucune singularité : une dépense modérée de force fortifie au lieu d'affaiblir ; c'est l'économie d'action qui ruine l'activité.

Le mauvais côté de notre enseignement intensif, de l'ampleur de nos programmes, c'est de déséquilibrer les tempéraments, d'affaiblir le système musculaire et de donner au système nerveux une prépondérance troublante.

Nous affaiblissons le caractère des enfants en voulant leur épargner tout effort, comme en les surmenant. Mesurons-leur l'effort, mesurons-leur la peine ; mais ne supprimons ni la peine ni l'effort. Les caractères ne se trempent pas dans un milieu trop tendre, trop indulgent, pas plus que les lames d'acier dans l'eau tiède.

La nature a vigoureusement trempé certains tempéraments, dits tempéraments bilieux. Les personnes de tempérament bilieux sont généralement énergiques et persévérantes. Il n'y a pas à les pousser en avant ; elles s'y portent trop naturellement ; il faut les modérer et les contenir, mais non les révolter en les contrariant sans cesse.

Former le caractère des enfants, des jeunes gens, d'après le sentiment des personnes qui ont peu réfléchi sur les questions d'éducation, c'est assouplir leur volonté, vaincre toutes les résistances, obtenir une obéissance passive. Lorsqu'on parle d'un enfant que les parents ne savent pas maîtriser, on trouve toujours quelqu'un prêt à dire : « Si cet enfant m'appartenait, j'en viendrais bien à bout, je lui formerais le caractère. » — Réduire un enfant par la contrainte et quelquefois par la violence, ce n'est pas exercer une bonne

influence sur son caractère ; ce n'est pas le préparer à
devenir un homme, mais plutôt un esclave ou un
révolté.

La raison, l'affection et l'exemple sont les seuls
moyens d'action efficaces pour former le caractère des
enfants. Lorsque le tempérament nous seconde, l'œuvre
de l'éducation est facile ; lorsqu'il nous contrarie, elle
n'est pas impossible. La raison nous commande d'agir
autrement avec les enfants lymphatiques ou nerveux,
qu'avec des enfants sanguins ou bilieux. Mais il faut
que tous soient convaincus que le maître les aime,
qu'il n'agit pas par caprice, mais par intérêt pour eux
et dans l'unique but de les rendre meilleurs. La lutte
ne doit pas s'engager entre la volonté du maître et
celle de l'élève, mais entre la raison du premier et
l'inexpérience du second. Ce qui est raisonnable frappe
l'enfant, le dispose à l'obéissance. S'il n'a pas assez de
force pour céder à un bon mouvement suggéré par la
légitimité de l'ordre reçu, la punition de la désobéis-
sance ne l'aigrit pas ; les ressorts de la volonté ne reçoivent aucune atteinte dans l'épreuve.

C'est surtout sous le rapport de la formation du
caractère que l'influence de l'exemple est considérable.
Un maître emporté prêchera en vain la modération ; un
maître faible exercera à son insu une influence débilitante sur le caractère de ses élèves ; un maître capricieux aura à lutter contre des résistances capricieuses
que son exemple aura fait naître ; un maître ferme,
juste, égal de caractère aura moins de peine et plus
de succès qu'un autre dans l'œuvre de l'éducation.

Les différences de traitements que les bons maîtres
et les parents clairvoyants appliquent aux enfants selon
leur tempérament ou leurs aptitudes ne choquent personne. Les enfants se jugent parfaitement entre eux ;

ils saisissent fort bien le sentiment de justice qui fait demander beaucoup à ceux qui peuvent donner beaucoup, et peu à ceux qui n'ont qu'une faible puissance de travail. Ils sentent que l'encouragement est dû à l'effort plutôt qu'au succès ; seules les préférences non justifiées les révoltent.

La beauté du caractère se révèle autant par la résignation que par la fermeté. Se résigner, c'est ne pas vouloir l'impossible, c'est obéir à la raison. Il faut une grande force de volonté pour obéir à la raison, pour ne pas se laisser entraîner par des mouvements passionnels à la poursuite d'avantages plus qu'incertains, de projets illusoires.

Le défaut de résignation fait plus de malheureux que le défaut de volonté. En poursuivant des chimères on se détourne de bonnes réalités à sa portée et qui n'y sont plus, lorsqu'on retombe épuisé par de vains efforts.

La résignation n'est pas le découragement ; elle nous sauve au contraire du découragement, en nous portant à changer la direction de nos efforts ou à les ménager pour une circonstance plus favorable.

La volonté séparée de la raison est une force plus nuisible qu'utile. La volonté de l'enfant doit être dirigée tant que sa raison n'est pas suffisamment développée ; mais il faut le préparer de longue main à user plus tard de sa liberté d'homme, en ne lui imposant que la contrainte nécessaire à l'accomplissement de ses devoirs présents.

CHAPITRE LXXV

Formation du caractère des enfants.

VÉRACITÉ. — LOYAUTÉ

Un beau cacactère ne tient pas seulement à une volonté ferme, mais encore à la véracité et à la loyauté.

Dans la personnalité morale, la volonté est la manifestation de la puissance; la véracité, de la grandeur; la loyauté, de la noblesse.

Ces trois forces ont besoin d'être exercées, développées, dirigées dans les enfants.

Nous avons vu que la volonté doit obéir à la raison et à la règle; que cette obéissance ne la diminue ni ne l'infirme; que la volonté peut devenir une force aveugle, nuisible, si on la met au service de l'instinct brutal et de la passion.

La véracité est la base des rapports entre les hommes, la condition nécessaire de la vie sociale. Par le mensonge, on se sépare de ses semblables, de ses proches; on se condamne à l'isolement et au mépris.

La loyauté est la vérité dans la justice. La loyauté repose sur le sentiment de nos devoirs envers autrui et la délicatesse de la conscience.

Les hommes aiment naturellement la vérité; ils ne s'en détournent que par faiblesse, intérêt ou passion.

Les enfants mentent par faiblesse, le plus souvent. On leur demande un travail, un effort; ils promettent avec sincérité. Mais ensuite ils trouvent l'effort pénible, ils l'ajournent et finalement ne font rien. — Si, ils mentent pour se tirer d'affaire.

Les enfants ont des désirs, des convoitises; pour les satisfaire, ils peuvent se laisser aller au mensonge, si on n'y prend garde.

L'égoïsme est commun chez les enfants, et ce vilain défaut peut leur faire commettre des bassesses. Pour tout attirer à eux, les égoïstes dénigrent quelquefois leurs camarades sans se faire scrupule de mentir.

La vanité se loge un peu partout, et elle ne peut pas se passer du mensonge. Une personne vaine a peu de mérite réel; elle veut en montrer beaucoup. Pour paraître, elle se vante; se vanter, c'est mentir.

Toutes les formes de mensonge ne sont pas également coupables; mais aucune ne doit être tolérée. Si un enfant s'habitue à manquer de sincérité dans les petites choses, il en manquera dans les grandes; la dissimulation formera bientôt le fond de son caractère.

L'éducation n'a guère de prise sur un caractère qui manque de droiture; on ne sait par quel côté le prendre; il nous échappe comme tout ce qui est vague et ténébreux.

Il vaut mieux avoir affaire à un caractère franchement difficile qu'à un caractère dissimulé. Il y a des remèdes pour le mal connu; pour le mal inconnu, l'application d'un remède expose à des erreurs irréparables.

Nous devons chercher, avant tout, à faire aimer la vérité aux enfants et à les corriger de l'habitude du mensonge, lorsqu'ils l'ont contractée.

Malheureusement, les enfants sont souvent contaminés par l'exemple de la mauvaise foi, lorsqu'ils entrent à l'école. Des intérêts divers ont été débattus devant eux; la loyauté n'a pas toujours présidé à ces débats; il leur reste quelquefois le souvenir d'un profit obtenu par la dissimulation et le mensonge. Ils sont portés à croire que le mensonge est un moyen de réussir; ce moyen est légitimé à leurs yeux par l'usage qu'en ont fait des personnes qui ont au moins la supériorité de l'âge sur eux; l'exemple est encore plus pernicieux s'il vient des parents.

Il y a des parents imprudents qui ne craignent pas de tromper sciemment leurs enfants. Ils ne tiennent pas ce qu'ils ont promis; ils présentent comme vrai ce qui sera bientôt reconnu faux; ils montrent le mal où il n'existe pas; ils se font un auxiliaire de la peur.

Cette conduite porte ses fruits : les enfants perdent toute confiance en leurs parents; un abîme se creuse entre eux. Étrangers les uns aux autres par la pensée, ils le deviennent par le sentiment.

L'affection ne subsiste pas sans la confiance, au moins du côté des enfants. Ils portent des jugements absolus, *cet âge est sans pitié.* Ils n'admettent guère d'excuse, ne pouvant faire la part des intentions. Les intentions ne justifient ni les parents ni les maîtres; ils sont des guides pour les enfants, et ce n'est pas le moyen de suivre le bon chemin que de renoncer à la lumière de la vérité.

Nous n'avons pas encore signalé tous les périls; en matière si grave, on ne saurait être trop prémuni.

Dans les familles qui se piquent de savoir-vivre, on abuse des témoignages de politesse, des formules laudatives; on distribue les compliments sans s'inquiéter s'ils sont mérités; on loue en face des personnes qu'on a dénigrées absentes. Les enfants saisissent parfaitement ce jeu; ils y prennent goût; ils sont aimables avec les visiteurs et se moquent d'eux lorsqu'ils sont partis. On ne les blâme pas, on leur trouve de l'esprit; on rit de leurs petites perfidies et on veut pourtant qu'ils deviennent des hommes loyaux. C'est un grand aveuglement; une éducation commencée de la sorte ne saurait donner de solides espérances.

On ne saurait mieux augurer des enfants élevés dans des milieux moins polis. La brutalité n'est pas toujours sincère, et le mensonge ne gagne pas à être grossier. Si d'un côté on ment pour plaire, de l'autre c'est souvent pour exploiter. Il n'y a rien d'édifiant pour les enfants dans les fraudes qui se préparent devant eux. La laitière ne se cache pas pour baptiser son lait; le vigneron, pour augmenter la quantité de son vin en le mouillant; les marchands, pour surfaire leur marchandise.

Les enfants se développent trop souvent, on le voit, dans une atmosphère malsaine pour le respect de la vérité. Le fait est déplorable à constater; mais nous pouvons en tirer la conséquence plus consolante que les enfants ne sont pas naturellement enclins au mensonge. Ils doivent même posséder une certaine force de résistance pour ne pas être plus gravement atteints par de pernicieux et inévitables exemples.

Si le milieu moral scolaire n'était pas plus sain que celui de l'entourage le plus ordinaire des enfants, l'œuvre de l'éducation serait bien compromise. Un instituteur ne doit jamais altérer ni déguiser la vérité; il ne doit pas souffrir le mensonge dans son école; il doit agir avec ses élèves comme s'il ne les croyait pas capables de mentir, se contentant de punir sévèrement les menteurs.

Il ne faut pas obliger un enfant à s'accuser et encore moins à se faire dénonciateur.

S'accuser avec sincérité demande un effort pénible; il importe que l'enfant n'associe pas l'idée de vérité avec l'idée de peine. Ne jouons jamais la petite comédie de dire aux enfants : Avouez et vous serez pardonnés. Ils avoueraient par calcul et par ruse plutôt que par sincérité.

Lorsque l'aveu est spontané, on doit se montrer indulgent.

Provoquer la délation ou l'accueillir favorablement, est un moyen disciplinaire désastreux. Les enfants ne se portent pas à la délation par amour de la vérité ou de la discipline, mais par esprit de dénigrement ou par basse complaisance.

Lorsqu'on a manqué de vigilance ou de clairvoyance, on doit en accepter les conséquences, et ne pas faire un grand mal pour en réparer un petit.

Voulez-vous éloigner un enfant du mensonge, conduisez-vous à son égard de manière que le mensonge ne puisse pas lui profiter.

N'exigez des enfants aucune promesse; ne multipliez ni les prescriptions ni les défenses.

Faites-leur comprendre qu'il est de notre intérêt de ne pas chercher à échapper à de petits inconvénients momentanés par des subterfuges capables d'amener tôt ou tard des désastres moraux et matériels.

Si un enfant ment pour conserver votre affection en dissimulant un tort, persuadez-le que vous l'aimiez surtout à cause de sa sincérité, et qu'aucun tort ne pouvait vous affliger autant que le mensonge.

N'acceptez les démonstrations affectueuses que lorsque vous les savez bien exemptes de calcul égoïste.

Soyez avare de vos éloges; ne les accordez pas à ceux qui les recherchent; réservez-les pour le mérite modeste.

Présentez la sincérité comme la forme la plus élevée du respect qu'on doit aux autres et qu'on se doit à soi-même.

Faites ressortir les graves conséquences du mensonge et les avantages de la sincérité par des récits, par des lectures qui saisissent les esprits, leur laissent de profondes impressions.

Faites appel à la conscience des enfants; demandez-leur s'ils accorderaient leur confiance et leur affection à un menteur. Ils se prononceront unanimement pour la négative. Montrez-leur le menteur sans amis, sans consolations, isolé au milieu de ses camarades, malheureux par sa faute, lorsqu'il lui serait si doux de vivre de la vie commune, pleine de gaieté et de sympathie.

Ne donnez jamais à penser qu'il soit possible d'avoir affaire à des menteurs incorrigibles. Assurez au contraire qu'il n'y a qu'à le vouloir pour se corriger de toute mauvaise habitude; que le menteur qui ne se corrige pas n'a pas de volonté, qu'il est un lâche : le mensonge est en effet une lâcheté.

On peut trouver un aliment à l'exercice de la volonté dans le soin de rester toujours fidèle à la vérité.

On doit aider les enfants dans ce soin important, et, pour cela, ne rien leur prescrire qui puisse être une occasion certaine de chute, qui puisse les rebuter ou les porter à croire qu'il ne s'agit pas uniquement de leur intérêt, de leur plus grand avantage. Il faut leur donner des ordres sous forme de conseils ; il faut leur témoigner une grande confiance.

La confiance du maître grandit les élèves à leurs propres yeux ; ils mettent de l'amour-propre à la justifier, et la justifient le plus souvent.

Les bons effets de la confiance ne seraient pas durables si le maître manquait de vigilance. Il faut toujours compter avec la mobilité d'esprit des enfants, et se mettre en mesure de les arrêter à temps pour n'avoir pas de fâcheux écarts à réprimer.

Avec du tact, on prévient beaucoup de mal, mais

pas tout le mal. Un instituteur doit s'attendre à se trouver souvent en présence d'un mensonge à punir. Il faut qu'il punisse avec discrétion, mais sans faiblesse ; il faut que la confiance ne soit rendue au menteur qu'après une longue épreuve sans nouvelle défaillance.

La suspicion d'un maître confiant est la plus salutaire punition du mensonge, et le gardien le plus sûr de la sincérité parmi ses élèves.

Un système disciplinaire inquisitorial priverait l'instituteur d'un des plus puissants moyens d'action morale sur les élèves.

Lorsqu'on a obtenu que les enfants respectent la vérité, on a tout gagné. Les fautes sont plus rares quand on a renoncé à les couvrir par le mensonge. Il n'y a qu'une bonne conscience qui puisse supporter le grand jour de la vérité.

CHAPITRE LXXVI

Politesse. — Modestie. — Propreté

« *Il me semble que l'esprit de politesse est une certaine attention à faire que, par nos paroles et nos manières, les autres soient contents de nous et d'eux-mêmes.* »

LA BRUYÈRE.

« *La politesse n'inspire pas toujours la bonté, l'équité, la complaisance, la gratitude ; elle en donne du moins les apparences et fait paraître l'homme au dehors comme il devrait être intérieurement.* »

LA BRUYÈRE.

« *La politesse est à l'esprit*
« *Ce que la grâce est au visage;*
« *De la bonté du cœur elle est la douce image,*
« *Et c'est la bonté qu'on chérit.* »

VOLTAIRE.

La politesse consiste à montrer qu'on a bonne opinion des autres.

La politesse nous prédispose à toutes les vertus sociales. Nous ne pouvons nous montrer tous les jours aimables et complaisants sans le devenir par habitude. L'expression de la bonté dans notre physionomie et notre langage nous porte à des sentiments bienveillants. Si nous sommes toujours équitables dans nos discours, nous le serons dans nos actes. Il a été établi, en psychologie, que nos habitudes extérieures réagissent sympathiquement sur nos dispositions morales.

L'impolitesse est presque toujours une injustice, découlant de la vanité et de l'égoïsme.

Contredire, par exemple, une personne qui parle, c'est vouloir montrer plus de savoir ou de raison qu'elle, c'est chercher une satisfaction d'amour-propre dans son humiliation.

Les personnes promptes à contredire ne sont généralement ni les plus réfléchies, ni les plus zélées pour la vérité. La réflexion les porterait à entendre avec patience le développement de la pensée d'autrui; l'amour de la vérité leur ferait craindre de se tromper elles-mêmes en voulant redresser les autres. Elles entrevoient uniquement la possibilité de briller et elles sacrifient tout à un mouvement de vanité.

La discussion n'est pas incompatible avec la politesse, pourvu qu'elle soit mesurée et courtoise; qu'on ne cherche pas à avoir raison quand même, mais à s'éclairer; qu'on se rende de bonne grâce lorsque la lumière est faite.

La disposition à tout critiquer est un travers contraire à la justice et à la politesse. Le critique s'érige en juge de la conduite et des actes d'autrui; il commet une usurpation sur la conscience indivituelle; il se pose comme plus parfait que ceux qu'il censure, alors qu'il vaut moins qu'eux le plus souvent. La critique ne corrige pas, elle aigrit en humiliant celui qui en est l'objet; elle n'est pour celui qui s'en sert qu'un moyen de manifester sa vanité ou de masquer son insuffisance.

La raillerie est une critique fine, d'autant plus dangereuse qu'elle divertit la compagnie, qu'elle ne blesse que celui qui en est l'objet. Mais la blessure, pour être plus délicatement faite, n'en est que plus profonde : le ridicule tue.

Si on ne parlait jamais qu'avec gravité, les réunions de société seraient bien tristes, et les hommes resteraient dans un isolement préjudiciable à leur bonheur. Les frottements sociaux nous polissent, mais au prix de quelques froissements. Il faut savoir les subir sans mauvaise humeur.

L'humeur difficile, la susceptibilité sont des défauts contraires à la politesse. Ces défauts nous rendent gênants dans une société. Ils nous portent à nous offenser facilement de paroles sans conséquence, et, par suite, à répondre en termes blessants; à taxer les autres d'impolitesse, ce qui est une injure grave, lorsqu'on n'a pas eu d'intention hostile à notre égard. Celui qui ne peut pas maîtriser sa mauvaise humeur ne doit pas fréquenter la société.

L'habitude de parler de soi, de se vanter, ne s'accorde point avec la politesse.

Se vanter, c'est proclamer sa supériorité. Cette attitude est blessante pour les autres et par conséquent impolie. Le vantard est ridicule si on ne lui connaît aucune supériorité; il est vain, s'il possède quelques avantages. On est porté à discuter le mérite qui s'affiche, à le nier, à l'interpréter en mal.

Si on a quelque avantage naturel ou acquis, il faut se le faire pardonner par une grande modestie.

La modestie est une sage retenue dans la manière de penser et de parler de soi. Elle procède du respect d'autrui et de la conscience de notre propre imperfection.

La modestie n'est pas un manque de dignité, de confiance en soi et une admiration niaise pour les autres. L'homme modeste n'oublie ni ce qu'il doit aux autres ni ce qu'il se doit à lui-même; il est également éloigné de l'orgueil et de l'humilité.

Les enfants et les personnes qui ont peu de commerce avec les gens bien élevés se croient tout permis ou tout défendu; ils peuvent passer de la timidité à l'insolence. Pour les rendre polis, c'est-à-dire confiants et modestes, il ne suffit pas de leur apprendre quelques préceptes de civilité, il faut leur faire comprendre les devoirs qui découlent des rapports des hommes entre eux. La réciprocité des bons offices est une condition de la vie sociale; de là la nécessité des sentiments bienveillants, qui sont le fond de la politesse.

Les formes polies ne sont pas à négliger. Non seulement un langage grossier blesse ceux qui l'entendent, mais encore il met la personne qui le tient dans un état mental capable de faire succéder des actes de brutalité aux paroles brutales.

La bienséance du langage accompagne presque toujours la dignité de la conduite. Des expressions aimables éveillent en nous des idées bienveillantes avec tendance à se traduire en actes.

Nous vivons moralement des idées les plus familières à notre esprit. La vie morale ne saurait être élevée lorsque le langage est bas ; un langage toujours noble finit par donner de la noblesse au caractère.

Après avoir établi les fondements psychologiques de la politesse, nous n'entrerons pas dans les détails infinis de l'application. La politesse embrasse tous les rapports des hommes entre eux, et par conséquent toute l'éducation. C'est pourquoi on dit d'une personne qui commet une impolitesse, qu'elle est mal élevée.

Il y a toujours une injustice dans l'impolitesse : prendre la meilleure place dans une réunion de personnes plus âgées ou plus considérables que soi ; gêner autrui pour prendre ses aises ; faire perdre le temps des autres en n'arrivant pas à l'heure convenue ; faire un bruit qui empêche les autres de profiter d'un discours ou de jouir d'un spectacle ; bousculer les gens sur son passage, sont autant d'impolitesses et d'injustices. C'est avec raison que l'on dit qu'un homme impoli n'est pas un honnête homme, honnêteté ayant le sens de probité.

La malpropreté, qui inspire du dégoût à nos voisins, qui leur cause une peine, par conséquent un préjudice réel, est une impolitesse.

La propreté est une condition de santé physique et morale.

La propreté témoigne du respect de soi-même et des autres, de goûts délicats, d'habitudes d'ordre et d'activité.

Pour faire contracter aux enfants des habitudes de politesse, il faut se montrer polis à leur égard, surtout lorsqu'on doit réprimander et punir.

Il y a des enfants timides et gauches qui s'acquittent mal des devoirs de politesse et qui cherchent à s'en dispenser. Il faut les enhardir par une familiarité bienveillante, leur faire comprendre le ridicule de leur sauvagerie, leur donner le sentiment de leur propre dignité, en leur inspirant le respect des autres.

Pour les enfants qui aiment à se mettre en avant, à occuper tout le monde de leur petite personnalité, qui mendient les éloges par une affectation de politesse, il faut leur faire comprendre qu'ils tiennent trop de place, qu'ils n'en laissent pas assez aux autres, qu'ils sont importuns et par conséquent impolis.

Il ne faut point tolérer dans une école un langage de mauvais goût, et encore moins des expressions grossières ou indécentes. Nous savons qu'il y a une relation intime entre les mots et les idées, entre les idées et les actes. Pour gouverner l'esprit et le cœur, il faut bien gouverner la langue et les autres manifestations extérieures des passions intimes.

Le maître ne respecte pas ses élèves lorsqu'il ne leur donne pas l'exemple de l'ordre et de la propreté, lorsqu'il se présente devant eux dans une tenue trop négligée, lorsqu'il leur parle sans retenue ou avec une familiarité déplacée.

Si tout respire l'ordre, la propreté et la dignité dans l'école, les élèves y arriveront propres et s'y tiendront bien. Les familles mettront de l'amour-propre, après une courte résistance, à seconder le maître soucieux de la bonne éducation de ses élèves. Les familles n'ont pas de plus cher intérêt que leurs enfants; rendons-les bons, agréables et instruits, l'estime et la considération publiques ne nous feront pas défaut.

CHAPITRE LXXVII

Ordre. — Préparation des leçons.

L'ordre est la disposition des choses selon des rapports apparents et constants, simples ou complexes.

La régularité des mouvements des corps célestes, le retour périodique des saisons, la constance des phénomènes naturels dénotent l'ordre de l'univers.

Sans l'ordre universel, il n'y aurait ni science ni vérité. Les savants calculent avec facilité la durée des révolutions des astres, parce que l'ordre existe dans la complexité de leurs mouvements, qu'ils semblent obéir à certaines lois. Le retour régulier des saisons résultant du mouvement de la terre autour du soleil, est une loi naturelle ; la succession du jour et de la nuit, conséquence du mouvement de la terre sur elle-même, est une loi naturelle. Les plantes et les animaux naissent, grandissent, atteignent leur complet développement, puis dépérissent et meurent, c'est la grande loi qui fait que la nature est toujours jeune, toujours belle. La rapidité du passage des êtres dans la vie est masquée par l'uniformité du spectacle : à chaque moment il y a à peu près la même proportion d'enfants, d'adolescents, d'hommes faits et de vieillards. Le milieu reste le même ; il n'y a que l'individu qui change, et comme son changement se fait par degrés insensibles, il ne s'en aperçoit pas ; il ne se trouve pas étranger dans une société renouvelée graduellement, et la mort frappe à ses côtés sans trop l'émouvoir.

L'ordre, c'est-à-dire la régularité dans la succession des phénomènes et le retour des événements, est en quelque sorte la vie de l'univers.

L'expérience nous manifeste l'ordre dans le monde; mais c'est la raison qui nous fait conclure de l'expérience à la loi.

Un cultivateur sème en automne pour moissonner en été. L'expérience lui a appris que le blé semé lève en herbe avant l'hiver, se développe en chaume au printemps et mûrit ses épis en été. Il ne doute pas que les choses ne se passent ainsi éternellement; sa raison voit une loi où l'expérience ne montre que des faits.

Un ouvrier coutelier a appris par expérience qu'une lame d'acier chauffée au rouge et trempée dans l'eau froide devient plus dure que si on la laissait refroidir lentement à l'air. L'effet de la trempe trouvé expérimentalement et reproduit aussi souvent que le nombre des essais, est rangé par la raison dans les lois physiques.

Un chimiste découvrit l'hydrogène en mettant en présence un métal, un acide et de l'eau; on obtient le même gaz en faisant des expériences analogues.

Si l'ordre, c'est-à-dire la régularité des mouvements et la stabilité des lois, n'existait pas dans la nature, non seulement il n'y aurait ni agriculture, ni industrie, ni science, mais la vie elle-même serait impossible; car la vie est la résultante de plusieurs forces combinées dans un ordre régulier. Supprimez l'ordre d'association de ces forces, la vie s'éteint.

L'état social repose aussi sur l'ordre. L'ordre social consiste dans l'accord des membres de la société en vue de la protection de tous les intérêts communs. Un membre porte-t-il atteinte à l'un de ces intérêts, il fait du désordre et compromet l'existence sociale autant qu'il est en lui. Les lois, c'est-à-dire les règles adoptées pour l'établissement et la conservation de la société, doivent réprimer le désordre.

L'école est une petite société qui ne saurait prospérer et remplir ses fins sans ordre dans l'enseignement et la discipline.

Nous avons parlé longuement de la discipline ; nous allons emprunter à F. Guizot quelques conseils fort judicieux sur l'ordre des leçons :

« L'ordre établi dans les leçons des enfants est, en général, assez arbitraire : on en règle les heures et la succession d'après les convenances, presque toujours étrangères au fond des choses mêmes : ainsi une leçon de latin suit quelquefois une leçon de dessin, et la leçon d'écriture vient ensuite. N'y aurait-il pas de l'avantage, pour faciliter aux enfants leur travail et hâter leurs progrès, à consulter dans cette distribution les associations d'idées qui peuvent les conduire naturellement d'une leçon à l'autre? L'enfant qui vient de prendre sa leçon de dessin s'est appliqué à copier; il a étudié des traits, des formes : si l'on n'a pas trop prolongé pour lui cette étude, sa main est peu fatiguée, et son esprit est disposé sans doute à transporter sur une étude analogue l'attention qu'il vient de donner et l'expérience qu'il vient d'acquérir. Que n'en profitons-nous pour sa leçon d'écriture? On prend bien soin de rapprocher l'étude du latin et du grec, celle de la géographie et de l'histoire; il serait aisé, si je ne me trompe, de distribuer ainsi les heures du travail selon une sorte d'ordre des matières qui soulagerait l'enfant d'une partie des efforts que lui cause la multiplicité de ses occupations. Le changement serait assez sensible pour que cette variété qui délasse l'esprit subsistât encore, et pas assez brusque pour que l'attention fût obligée de se redonner sur nouveaux frais, à l'occasion d'un objet nouveau, la peine qu'elle a eu de se fixer d'abord sur un objet quelconque. L'enfant commence à faire un effort pour s'appliquer; cet effort lui réussit : au moment du succès, la leçon change, le cours de ses idées est interrompu; nouvel effort à faire, plus pénible que le premier : aussi n'est-il pas rare de voir les enfants mêler dans une leçon ce qu'ils viennent d'apprendre dans la leçon précédente, bien qu'elles n'aient entre elles aucun rapport. Si elles en avaient d'essentiels, cet inconvénient deviendrait un avantage, et l'enfant lui-même, charmé des facilités inattendues qu'il trouverait dans son nouveau travail, redoublerait de zèle. Ajoutez à cela qu'une pareille méthode établirait de bonne heure, dans ses connaissances et dans ses idées, cet ordre, cette liaison que la plupart des hommes parvenus à l'âge mûr ont tant de peine à mettre dans les matériaux épars qu'ils ont amassés pendant leur jeunesse. »

L'expression « ordre » désigne encore l'arrangement des choses, des objets dont nous faisons usage, la distribution de notre temps, de nos occupations et même de nos loisirs.

L'ordre nous plaît parce qu'il rapproche les choses, qu'il les lie et permet à l'esprit de saisir sans peine les rapports que nous avons intérêt à connaître. Un travail bien ordonné est à moitié fait.

L'ordre ménage le temps, nous procure une avance dans la lutte pour la vie et contribue par conséquent à notre succès.

On fait contracter des habitudes d'ordre aux enfants en les obligeant à bien tenir leurs livres, leurs cahiers, leurs effets; à faire chaque chose en son temps; à ménager les choses utiles; à ne rien gaspiller.

Il ne suffit pas d'avoir une place pour chaque chose; il faut mettre les choses à la place la plus convenable. Les objets dont nous faisons usage à tout moment doivent être placés à notre portée, afin que nous n'ayons pas à nous déranger pour les prendre. Ceux qui nous servent moins souvent peuvent être plus éloignés, mais faciles à retrouver.

Dans l'arrangement adopté, il ne faut pas seulement considérer la commodité, mais encore faire une part au goût.

L'ordre est une des conditions du beau; un arrangement sans goût donne l'impression du désordre. Il est important d'éviter cette impression pour les autres et pour soi-même.

Les personnes qui n'ont pas de goût sont rarement ordonnées; en cultivant le goût, nous travaillons à l'ordre, qui a tant d'influence sur le bonheur des individus et des peuples.

Agir sans règle, sans plan arrêté à l'avance, c'est manquer d'ordre; le désordre dans l'emploi du temps et la direction du travail, pour être moins sensible que le désordre dans l'arrangement des choses, entraîne des conséquences plus fâcheuses encore. On se fatigue beaucoup et on n'avance guère dans une voie qui n'est même pas jalonnée.

L'activité pour être féconde ne doit pas se dépenser aveuglément : un travail qui n'est pas fait en son temps est souvent un travail inutile; on ne se remet pas volontiers à un travail négligé; l'effort est d'autant plus pénible qu'il revient moins régulièrement. Le travail prévu et réglé à l'avance paraît léger si on se conforme dans l'exécution à l'ordre arrêté.

Ne pas ménager les choses utiles est un désordre très commun chez les enfants, qui ne connaissent le

prix de rien, qui trouvent tout prêt et sont sans souci
du lendemain. On doit tenir rigoureusement la main à
ce qu'ils ne déchirent ni ne salissent leurs livres et leurs
vêtements ; qu'ils emploient bien tout le papier de leurs
cahiers, qu'ils n'en suppriment aucune page, même
pour faire disparaître une tache faite accidentellement.
Les couvertures des livres et des cahiers doivent être
préservées par une garde en papier souvent renouvelée. Ces soins minutieux sont d'une grande importance
au point de vue éducatif : les habitudes d'ordre contractées à l'école se conservent toute la vie.

Il faut beaucoup de vigilance aux maîtres pour faire
régner l'ordre dans l'école ; il leur faut surtout une
grande attention à s'observer eux-mêmes.

Les enfants tiennent peu de compte des prescriptions qui ne sont pas corroborées par l'exemple. Ils ne
se laissent diriger avec docilité que par les personnes
qu'ils ne trouvent pas en défaut.

La préparation des leçons est une des conditions de
l'infaillibilité que les enfants exigent de leurs maîtres,
et, par suite, une condition d'ordre.

D'ailleurs, il nous sera facile de montrer par des
exemples qu'on ne peut guère parler sans préparation.

Si nous nous engageons inopinément dans une discussion, nous pourrons être abondants et même élo-
quents ; mais nous nous apercevrons, après avoir quitté
nos adversaires, que nous avons oublié une foule d'ar-
guments favorables à la cause que nous défendions,
que ce sont les raisons les plus convaincantes qui nous
ont échappé, que ce que nous avons dit est insuffisant.
Nous nous en voudrons, pensant que ces absences
d'esprit n'arrivent qu'à nous ; elles arrivent à tous ceux
qui parlent, non seulement sans avoir bien réfléchi,
mais encore sans avoir inventorié, classé, ordonné

leurs idées pour n'en négliger aucune, pour les présenter dans leur meilleur jour.

La mémoire la plus tenace a ses fuites, ses défaillances. Un mot inutile, dans le discours, suffit pour faire naître une association d'idées intempestive qui nous égare, qui nous fait prendre un nouveau chemin dans lequel nos auditeurs ne nous suivent plus.

Pour dire les choses les plus simples avec bon sens, il faut y avoir réfléchi, c'est-à-dire s'être préparé.

Pour faire une bonne leçon à ses élèves, le professeur doit préalablement se la faire à lui-même; s'il est content comme auditeur, sa leçon sera goûtée en classe.

Lorsqu'on répète une leçon, il faut en rajeunir la forme ou du moins s'efforcer, par un perfectionnement du débit, de produire des effets nouveaux sur soi-même d'abord et sur les autres ensuite.

La routine consiste dans l'immobilité du fond et de la forme des leçons. Cette immobilité engourdit l'esprit des professeurs; ils deviennent incapables de marcher en dehors de la voie frayée; ils opposent au progrès une force d'inertie invincible, lorsque l'habitude est bien enracinée.

Gardons-nous de contracter des habitudes de routine capables de rendre notre esprit paresseux. La paresse de l'esprit est une diminution de la vie intellectuelle, comme la paresse du corps, une diminution de la vie physique. Il faut que notre âme soit pleine de vie, pour que l'âme de nos élèves se trouve dans un milieu favorable à son épanouissement.

La préparation des leçons préserve de la routine; il ne faut pas négliger cette préparation. Mais l'instituteur primaire n'est pas dans les conditions du professeur qui se renferme dans sa spécialité. L'instituteur a, dans ses six heures de classe par jour, plus de six leçons à faire sur des matières différentes. La préparation devient difficile; la répétition mentale de chaque leçon doit être très rapide. Il faut, en outre, que l'ordre des leçons soit bien déterminé à l'avance, que le programme journalier de l'enseignement corresponde au programme mensuel, pour que le maître ne ralentisse ni ne précipite inconsidérément sa marche. La nécessité de cette correspondance de programmes avait donné lieu à l'établissement du journal de classe, qui subsisterait encore et rendrait des services, si on n'en avait voulu tirer que ce qu'il pouvait donner, si on n'y avait vu qu'un programme journalier, au lieu d'y chercher la preuve d'une préparation effective des leçons.

Nous avons créé le *Carnet pour la préparation quotidienne des leçons,* véritable registre d'ordre, qui n'impose qu'un travail insignifiant à l'instituteur, lequel n'a qu'une double page à remplir toutes les semaines.

Chaque double page du *Carnet* est divisée en autant de colonnes verticales qu'il y a de jours de classe dans la semaine, et en autant de colonnes horizontales que de matières à enseigner. La rencontre des lignes verticales et des lignes horizontales détermine un nombre de petites cases suffisant pour recevoir les indications sommaires nécessaires pour guider l'instituteur pendant une semaine. Dans quatre feuillets, on trouve le développement du programme pour un mois; quarante feuillets suffisent pour l'année entière (1).

Le *Carnet* peut préciser l'objet de la préparation des classes; mais il ne dispense pas de la préparation effective.

Il y a une préparation prochaine et une préparation

_____

(1) Ce carnet se trouve à la librairie Paul Dupont.

éloignée. Nous avons déjà dit que la préparation prochaine consiste dans une sorte de répétition préalable,
où l'on se professe à soi-même avant de se présenter
devant ses élèves. On ne se contente pas de bien savoir
ce que l'on va dire ; on cherche l'expression juste, le
ton convenable au sujet traité et au tempérament de
son auditoire.

La préparation éloignée consiste à entretenir ses
connaissances, à les fortifier, à les augmenter. Si nous
voulions vivre sur nos acquisitions intellectuelles de
jeunesse, nous serions bientôt dépassés par les nécessités d'une tâche qui va chaque jour grandissant.

La vie d'un homme d'enseignement doit être une
vie d'étude. Toutes les occupations de l'esprit sont
saines ; mais l'instituteur doit s'occuper d'une manière
particulière de ce qui concerne sa profession et peut
être applicable à son enseignement.

Apprendre pour s'instruire, c'est bien ; apprendre
pour communiquer, c'est mieux encore.

Nous serions heureux si ce modeste Manuel, fruit de
nos veilles, pouvait être utile à nos lecteurs.

FIN

TABLE DES MATIÈRES